秦皇岛长城地域明清方志丛书

燕山大学中国长城文化研究与传播中心◎主编

康熙抚宁县志

光绪抚宁县志

燕山大学出版社
·秦皇岛·

图书在版编目（CIP）数据

　　康熙抚宁县志 ；光绪抚宁县志 / 燕山大学中国长城
文化研究与传播中心主编 . -- 秦皇岛 ： 燕山大学出版社，
2025. 1. --（秦皇岛长城地域明清方志丛书）. -- ISBN
978-7-5761-0754-8

　　Ⅰ．K292.24

　　中国国家版本馆 CIP 数据核字第 20248KX552 号

康熙抚宁县志　　光绪抚宁县志

燕山大学中国长城文化研究与传播中心　　主编

出 版 人：陈　玉	责任编辑：孙志强　方志强
封面设计：方志强	责任印制：吴　波
出版发行： 燕山大学出版社 YANSHAN UNIVERSITY PRESS	地　　址：河北省秦皇岛市河北大街西段 438 号
邮政编码：066004	电　　话：0335-8387555
印　　刷：涿州市般润文化传播有限公司	经　　销：全国新华书店

开　本：710mm×1000mm　1/16		印　张：32	字　数：452 千字
版　次：2025 年 1 月第 1 版		印　次：2025 年 1 月第 1 次印刷	
书　号：ISBN 978-7-5761-0754-8		定　价：160.00 元	

出版说明

　　长城是中华民族的代表性符号和中华文明的重要象征。秦皇岛域内的长城最早可以追溯至北齐时期，如今保存最为完好的是明长城，东起山海关老龙头，西到青龙满族自治县城子岭口，秦皇岛域内汇集了明长城精华的地段。典籍文献中保存了很多有关长城的记述，其中的重要文献就是明清地方志。秦皇岛地区的明清方志中，记载了长城地区的攻防战略、驻守长城将士的丰功伟绩、长城居民的生活状态、长城主题的文学作品等内容，有些内容与正史的记载不尽相同，这为我们了解、研究长城史和中华民族共同体形成史提供了不一样的视野和角度。

　　本丛书名为"秦皇岛长城地域明清方志丛书"，收录整理明清时期永平府、山海关、卢龙县、抚宁县和临榆县等今秦皇岛长城地域的地方志共 13 种。本丛书为燕山大学中国长城文化研究与传播中心主编，在征得整理者同意的前提下，采用了已有的点校本。分别是：2001 年中国审计出版社出版的董耀会主编、康占忠和阎醒之副主编的《秦皇岛历代志书校注》，1999 年天津人民出版社出版的山海关旧志校注委员会编的《山海关历代旧志校注》，2007 年中国文史出版社出版的李利峰编注的《抚宁县志校注》。以上校注本都由秦皇岛本地作者点校，且都成于 20 世纪末 21 世纪初，在当时资源不丰富，经费紧张，技术不发达的情况下，古籍的搜求、整理和出版极为不易，因此甫一出版便成为格外珍贵的研究资料。相比之下，在今天的信息化时代，古籍资源大量数字化，为古籍的获取和整理出版提供了很大的便捷性，但考虑到一般读者的阅读需求和推动古籍普及的需要，我们认为仍有必要修订这些旧志。

为尊重整理者的成果，现将本丛书原点校者姓名列之如下：

弘治十四年《永平府志》，原点校者：齐家璐、李岚；

万历二十七年《永平府志》，原点校者：李岚；

嘉靖十四年《山海关志》、康熙九年《山海关志》，原点校者：张椿林、司凤岐、刘金玉、何福成、高颖；

万历三十八年《卢龙塞略》，原点校者：齐庆昌；

康熙十八年《永平府志》（附康熙十二年《续补永平志》），原点校者：王继汾；

康熙五十年《永平府志》，原点校者：王凤华；

乾隆三十九年《永平府志》，原点校者：齐庆昌；

光绪五年《永平府志》，原点校者：康群、谢煜；

康熙二十一年《抚宁县志》、光绪三年《抚宁县志》，原点校者：李利峰；

乾隆二十一年《临榆县志》、光绪四年《临榆县志》，原点校者：张椿林、司凤岐、刘金玉、何福成、高颖。

本次修订，改正了原点校本的若干错误，统一删除了注释，并将旧志的插图影印后放在正文相应位置。限于编者水平，书中难免仍有舛讹之处，欢迎读者批评指正。

燕山大学出版社
2024 年 12 月

总目录

康熙抚宁县志

清·康熙二十一年

‖ 目录 ‖

卷之七

卷之八

卷之九

卷之十

卷之十一

卷之十二

抚宁县志跋

挖掘历史资源
弘扬骊城文化

张学军

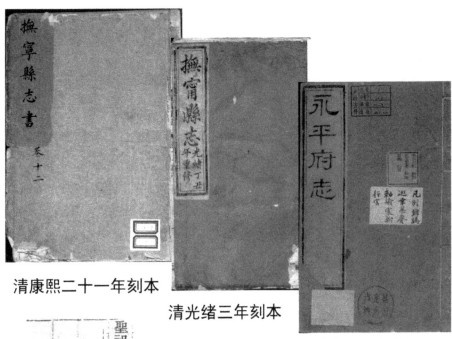

清康熙二十一年刻本

清光绪三年刻本

清光绪五年刻本

聖祖仁皇帝御製詩

撫寧

輦路平鋪孤嶺東日華升處海雲紅忽聽百舌春
曠巧盡在蒼條古木中

高宗純皇帝御製詩

過撫寧縣

驛城坤堄枕溪河翠阜金根此重過督眼冒時復
今日慰心歲美更人和短長驛路郵簽散苑轉迤
山畫幃羅應是士民奉清蹕永教㕔耳聽絃歌

兎耳峯

兎耳峯頭常阜雲見志果然玉筍盡氤氳初冬喜
見朝暾蒻便望濛濛六出紛

背牛顶　李占义摄

戚继光题　李占义摄

山河一览　李占义摄

带砺山河　李占义摄

海天在目　李利峰摄

天马行空　李占义摄

南寨垛石寺　李利峰摄

天马山戚继光塑像　李占义摄

天马山玄真观　李占义摄

兔耳山　李占义摄

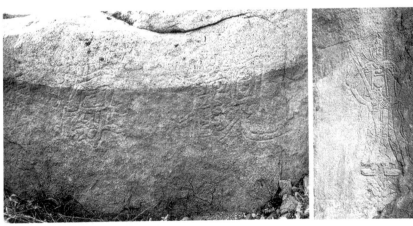

兔耳山清知县张毓中题"观海"　贺俊英摄　　兔耳山人物刻像　贺俊英摄

狮子河村石狮子李利峰摄　　　　　　　　　　　　　洋河古渡　李利峰摄

绿湾蛙静　李利峰摄　狮子庄村石狮子　李利峰摄

绿湾蛙静　　佛岩瀑布　　金马遗踪　　洋河古渡

杨志声绘　　郭永春摄

寻真观刻字　林保民摄

寻真观遗址　李利峰摄

明永乐年间抚宁卫指挥同知赵铭墓碑　李利峰摄

赵铭墓碑　李利峰摄

紫荆石婆　李利峰摄

县城鼓楼北门　郭永春摄　　　　县城鼓楼东门　王景曜摄

抚宁镇白果树村白果树　　明蓟镇总兵萧升墓前石兽　　明兵部尚书翟鹏家谱
———李利峰摄　　　　———李利峰摄　　　　———张澍林摄

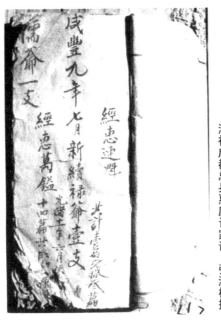

清初成都总兵惠应诏家谱　张澍林摄

清代抚宁县衙官印　李利峰摄

清马鸿图状元府（今榆关小学）　李利峰摄

黄牛顶王简"削壁天成"刻字

黄牛顶三清观　李利峰摄

拿子峪长城　张宝金摄

宝峰禅寺山门处刻像　李利峰摄

邓林钓台　李利峰摄

明末永平兵备道朱国梓隐居处---北未庄　李利峰摄

吊挂长城　张宝金摄

一片石关九门口　李占义摄

香山纪寿石刻字　赵子英摄

界岭口　张宝金摄

牛顶兜绵　李利峰摄

背牛顶金光洞　李利峰摄

背牛顶弘亮寺遗物　李占义摄

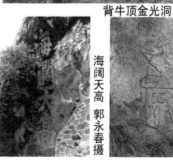

海阔天高　郭永春摄

吕祖背剑　李利峰摄

宝峰禅寺　李占义摄

猩猩峪龙潭　李利峰摄

猩猩峪龙王庙　李利峰摄

图1:清康熙二十一年《抚宁县志》边关图1

图2:清康熙二十一年《抚宁县志》边关图2

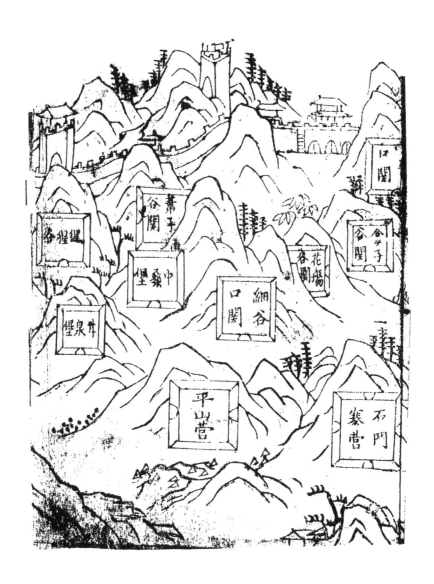

图3:清康熙二十一年《抚宁县志》边关图3

图 4：清康熙二十一年《抚宁县志》边关图 4

图5：清康熙二十一年《抚宁县志》边关图5

图6：清康熙二十一年《抚宁县志》边关图6

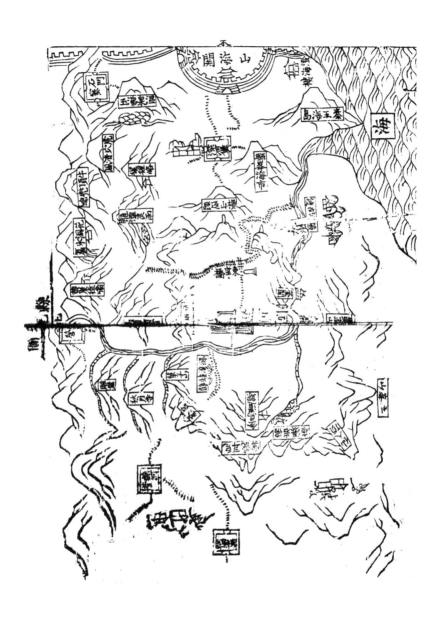

图7:清康熙二十一年《抚宁县志》县境图

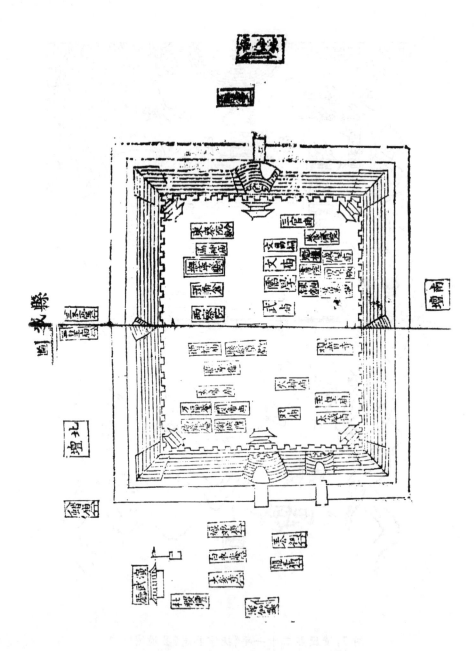

图8:清康熙二十一年《抚宁县志》县城图

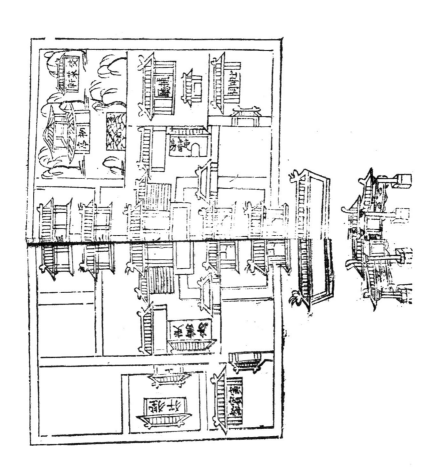

图 9：清康熙二十一年《抚宁县志》县治图

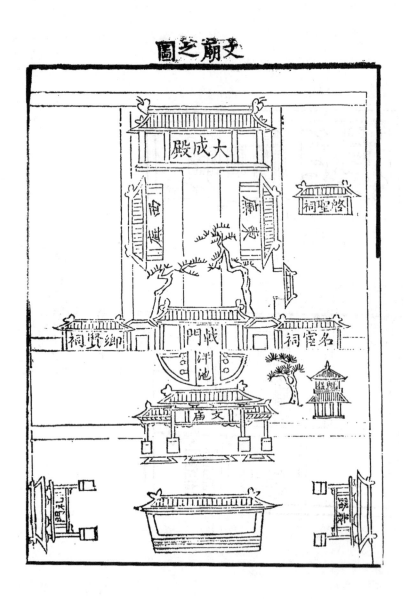

图 10:清康二十一年《抚宁县志》文庙图

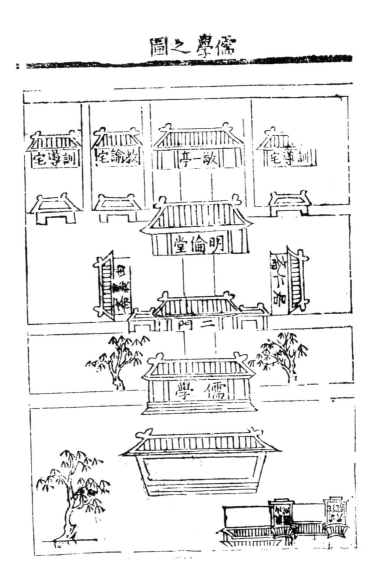

图11:清康熙二十一年《抚宁县志》儒学图

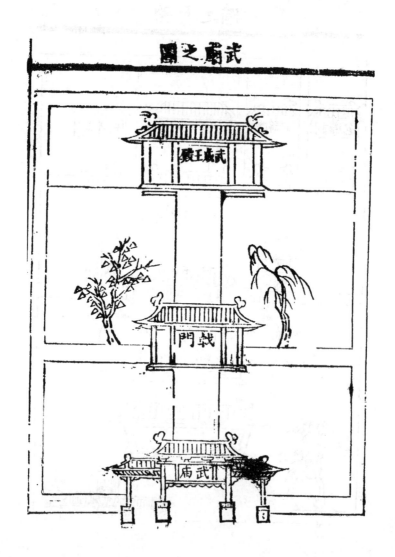

图 12:清康熙二十一年《抚宁县志》武庙图

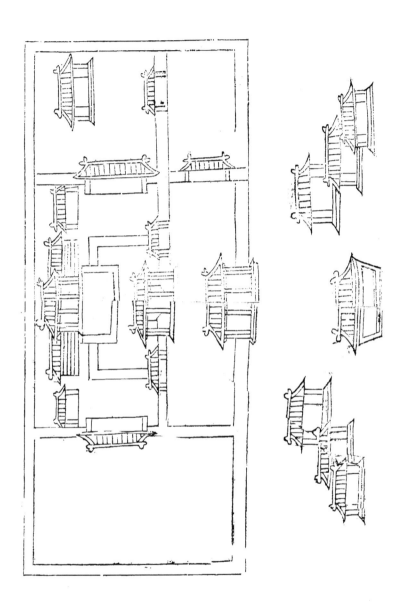

图 13：清康熙二十一年《抚宁县志》卫治图

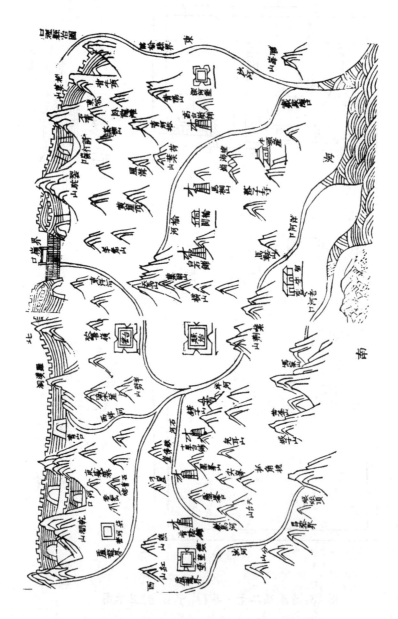

图14：清光绪三年《抚宁县志》口里县治图

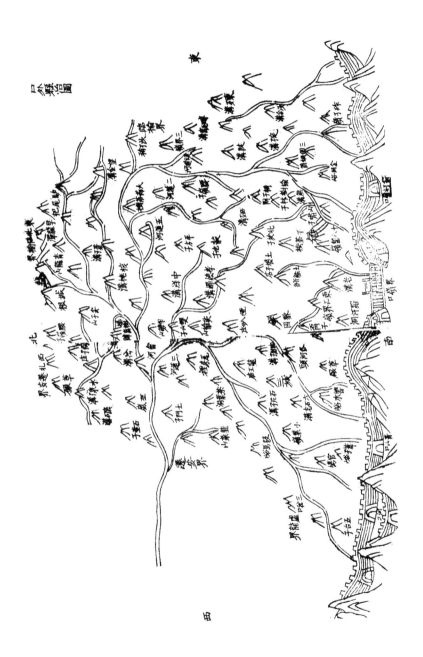

图 15：清光绪三年《抚宁县志》口外县治图

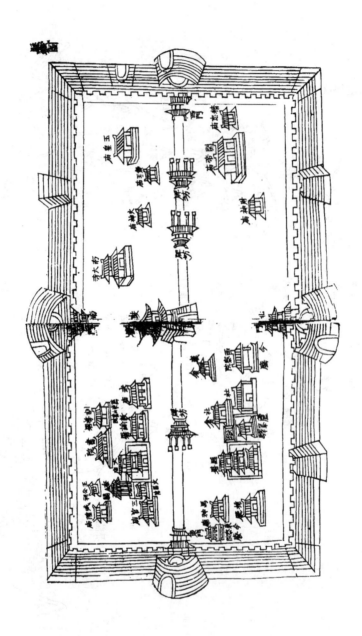

图 16:清光绪三年《抚宁县志》县城图

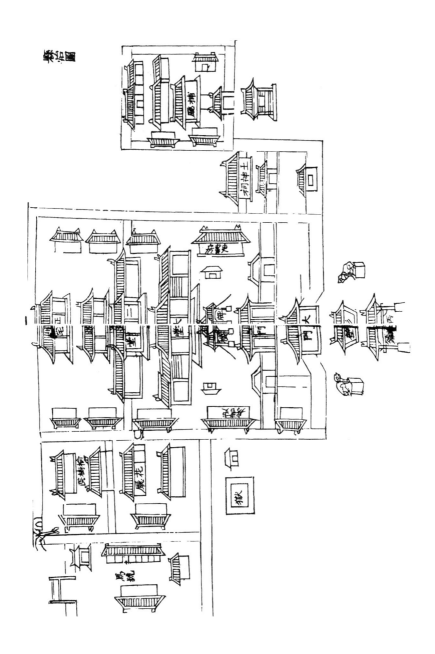

图17:清光绪三年《抚宁县志》县治图

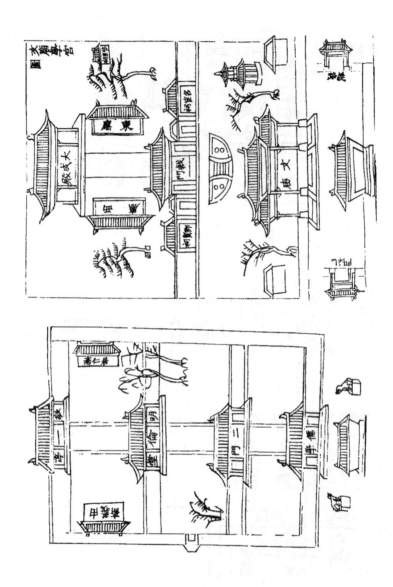

图18:清光绪三年《抚宁县志》文庙学宫图

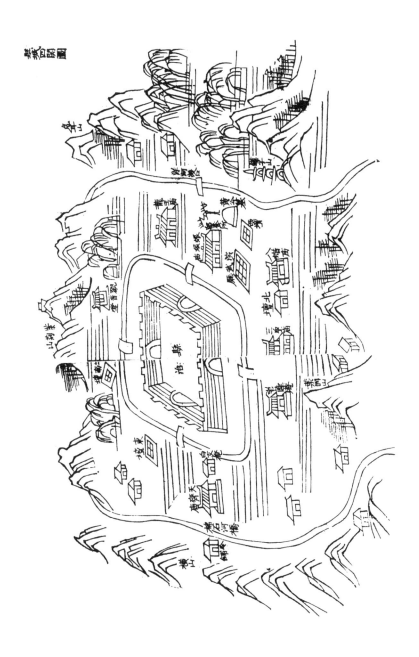

图 19：清光绪三年《抚宁县志》县城西关图

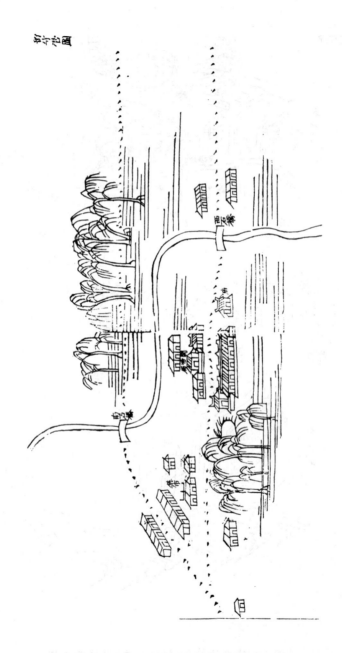

图 20：清光绪三年《抚宁县志》留守营图

图 21：清光绪三年《抚宁县志》牛头崖图

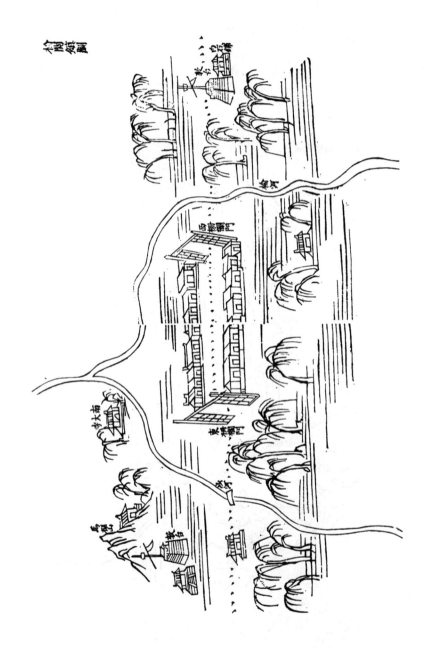

图 22:清光绪三年《抚宁县志》榆关镇图

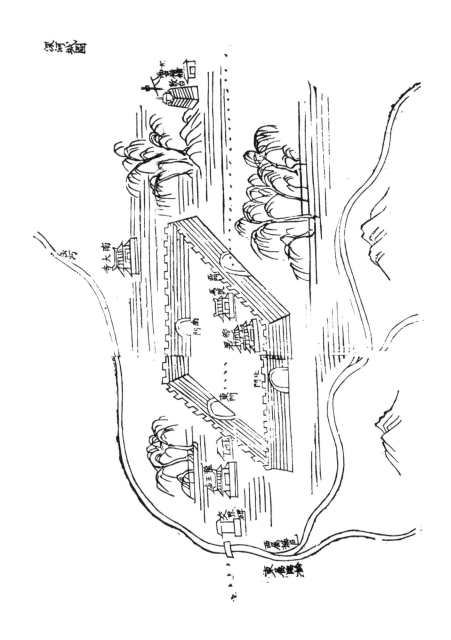

图 23：清光绪三年《抚宁县志》深河城图

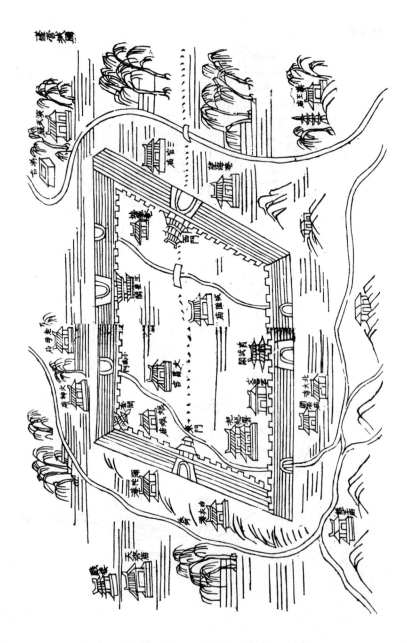

图 24：清光绪三年《抚宁县志》台营城图

图 25：清光绪三年《抚宁县志》界岭口图

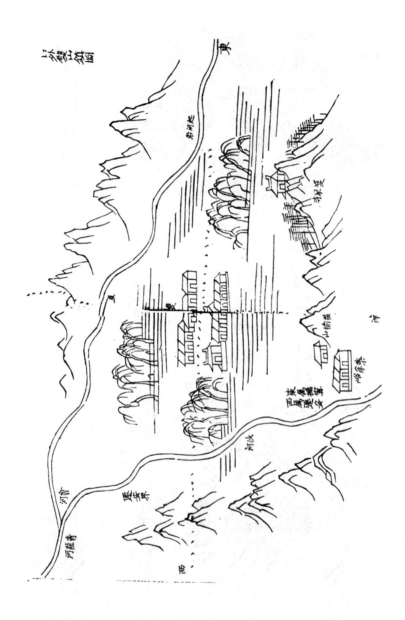

图 26:清光绪三年《抚宁县志》口外双山镇图

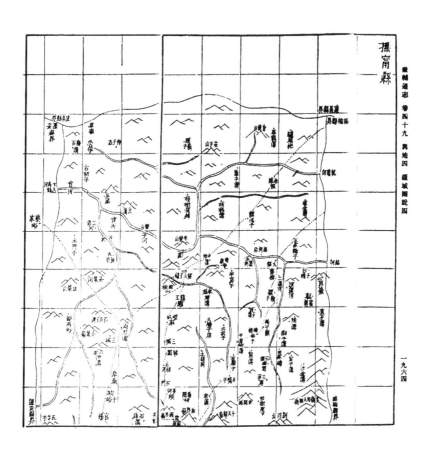

清光绪十年《畿辅通志》抚宁县地图1

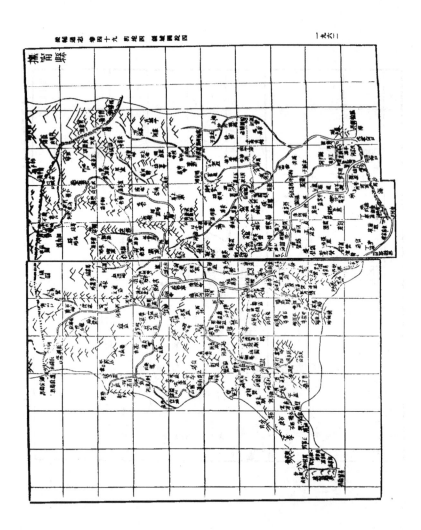

清光绪十年《畿辅通志》抚宁县地图 2

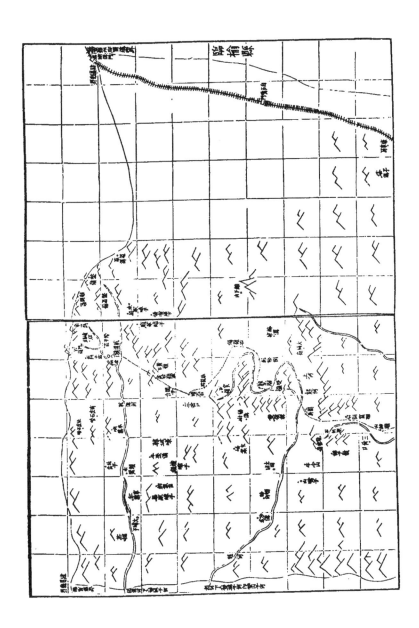

清光绪十年《畿辅通志》临榆县地图1

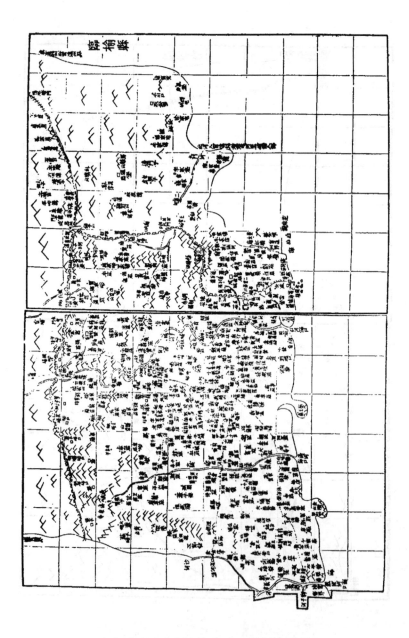

清光绪十年《畿辅通志》临榆县地图 2

抚宁县志序

我国家自三韩创业，奄有海内入关首郡，即属平州故卢龙列邑，不特为神京左臂，实亦丰沛咽喉之地也。至若阻海负山，重门百二，则抚宁一邑尤称形胜焉。第四封之内，岩谷居半。其地碛以瘠，东西洞达，轮蹄络绎；其境冲以疲，民旗杂处；其俗庞而政烦，非有过人之才且贤者，未易任也。

庚申秋，予友赵君又吕令是邑，其明年以所修邑乘稿见贻，且乞弁言。余曰："嘻！赵君之才且贤，殆加人一等矣！夫古人尝有围棋宴客而决其能（辨）〔办〕贼。与事无成者，盖人必挟持有素，然后应于外者，常从容而有余。不然者反是。今君莅瘠邑，处冲途，理不一之民，其为鞅掌也甚矣！而沛然游刃焉，不期月，即邑乘是问，不才而能然欤？"邑乘之有无，事不系乎殿最。况前之人已既为之，即其间瑕瑜、详略，稍待焉可也。而君亟亟然为之，唯恐后，然则君之修废举坠，不以艰大而姑有所诿者概可知已，不贤而能然欤？邑之有志，凡一切象纬、山川、民物、废兴之迹俱，于是乎载故镜乎？史则不下堂阶，而治乱兴亡之故，若烛照数计而龟卜镜乎？志则虽出瓯粤之士，以理燕、代，而因俗制宜，不异聚家人、父子而整齐之，君而知重乎此。吾知仰而观，俯而察，上下今昔而损益变通之，以得其平。骊城之父老、子弟，其有豸乎？顾以备职宫寮，恒鹿鹿未暇搦管以报。

壬戌春，适余有广宁之使，历其境，田畴辟桥梁，治村无追呼之胥，巷多弦诵之声。时正值大驾东巡，君供顿周置不少误，而自东西往复，君以其暇尚能携酒命驾，与余啸歌山泽而无厌色。余于是信君之果才且贤，而骊城士庶之有瘳也。昔杜少陵《和元道州春陵行》

诗，思得结辈十数。公落落然，参错天下，为邦伯万物吐气。今宇内干戈甫息，疮痍者未起，余于君亦且有元道州之想焉，恨无能效春陵行，以从少陵后，姑为述，所以知君者之不爽如此，题之志端，即以为弁言，可也。

时康熙壬戌之春

日讲官起居注加礼部侍郎詹事府詹事兼翰林院侍读学士加一级华亭沈荃拜题。

重修抚宁县志序

抚宁，岩邑也。在胜国时，为极边首邑，兵马云屯。国家定鼎则又为两京关钥，冠盖络绎，虽安危迥异，而其为冲且烦一也。故言是邑者多惮为之。

庚申夏，余再补令而得是邑。至之日，即取邑乘而考其所载。其境阻海负山，东控天险，南距溟渤三十里而近，气候早寒，凛冽倍燕、代。其北崇山蜒蜿，屏隔大荒，秦城亘焉，崭然使人畏。其地硗以瘠，薇蕨之外罕他产。其民质直而劲，耕读而渔钓。予曰："嘻！是固墨胎两公子所让之国也。其风气似之矣！"既数月，巡行四境。按其山川、风俗、物产事宜，较之乘所载无或爽者。予因以叹邑之有志，其关于政教者非轻，而前任谭、刘二君修茸之功为甚大也。孟子云："闻伯夷之风者，顽夫廉，懦夫有立志。奋乎百世之上，百世之下闻者，莫不兴起。"而况于亲炙之者乎？今予不特闻其风，而复身历其国都，践其土，食其毛，而周览其云物，即与亲炙者何以异？是虽顽且懦者，犹将兴起，而廉以立，而况未至于顽且懦者乎？而凡后之宰是邑，览是志者，能无勉乎？然则虽冲且烦，亦奚惮焉。惟是修纂之事，大都不出一手，故或彼此错杂，或详略失宜者，往往有之。因思数载来户口既已重编，制度不无因革，旧乘所载，今昔多殊，不因时修辑，何以示信？爰与旧修志明经王子贞一辈商确焉，而重付诸梓。或有以好事诘予者，予曰："不然。夫郑，小国也。为命恒事也。然草创之后，继以讨论、修饰之余，济以润色，必兼数子之所长，而后鲜败事。今抚虽屡，其四履当不下于郑志之成也。统之郡上之太史，垂之千百世，为政教之所自出，其为重于为命远矣！前之乘待谭、刘二君而后修，安知二君所修者不待予而益彰乎？重视邑，固不得轻视乘，此予亟以修之之志也。"客曰："然。"因笔而叙之，以俟后之继予而补其所未逮者焉。

康熙壬戌仲秋

文林郎知抚宁县事加二级钱唐赵端撰。

抚宁县治结作得失说

廪生傅汝翼　识

　　堪舆之道，自古尚焉。其《县龙图记》，尤宜详尽。而旧志失载，今补其阙，增其略，庶成一邑全书，俾后世有所考证耳！盖县龙分北干大龙一枝，左转至天马山，为少祖；跌断冈岭，磊落奔腾十余里，突起叶固山，系子脉；入首撒落平洋，后山左分一枝，为横山，作下砂；右起一土冈，作上砂。面前特起紫荆山，作朝案塞水口。两山脚摆开，西边逆收随龙大水，东边逆关内堂小水。西北南众水趋朝入水口，归大海。四山罗城周密，诚为美结也。但旧有抚宁卫城，坐在右边，护砂上，而新迁县基亦因之，并为一城，遂致县城偏右而后坐，与前朝俱未得其正。然犹门向合矩，山水不背，庶物康阜，人才叠出，亦称望邑。迨后为无识者妄作谬改，西门南向，南门东向，使逆水者反为顺水，迎山者反为背山。迄今数十年人文寥落，户口贫乏，屡议改正西门向辛，南门向坤而未果，其事或亦气数之未至也，姑记之以俟后之采择云。

　　按此地兔山高大，且系外山。县基理宜挨左，就本龙砂，亲切为妙。又文峰塔与魁阁建于紫荆山，虽为美观，实非生旺之乡，乃属休谢之地，而文星岂可陷于休谢乎？故建塔之后，即有三、二发科者，多不得荣显终身，盖因前人之误也。县基与塔断不能更移者无论矣！愚意城门与魁阁，终当用生旺方向，则财禄自盛，人文显达，所可期也。本不欲琐言，诚恐后人妄信邪术，有如建塔、建阁之说者，反遗害不浅矣！谨识以质后人考证。

‖ 卷之一 ‖

　　昔羲和为历象之司，职方属保章所掌。盖齐七政，厘百工，尽人以合天。自古帝王他务未遑，必首重于兹焉。司刍牧者，体一人之心，宰百里之地，以敬天而勤民责，亦綦重矣。一邑虽小，其间列宿之分野，灾祥之迭更，乌不可考欤。

星　野

　　抚宁，古《禹贡》冀州域。舜受尧禅，以冀州地广，分东北医无间之地为幽州，以二十八宿分属箕尾。《周礼》注疏：箕尾为幽州。《春秋·元命苞》云：箕尾数为幽州，分为燕国。《文献通考》云：箕尾分幽、燕。汉《律历》云：箕尾为析木。刘向云：幽燕，箕尾之分，自危之肆度，至斗六度，谓之析木之次。《尔雅》曰：析木之津梁。释者为天汉之津梁，为燕。晋《天文志》云：自尾十度至南斗十一度，为析木。辰曰寅，州曰幽。又《州郡躔次》云：箕□□箕分燕而尾分幽也。县属永平，实幽州地，以度数□之□□□□□云。

灾　祥

汉

献帝初平元年，四星聚尾。

后帝建兴十三年冬，太白昼见在尾。

晋

惠帝永兴元年秋七月，太白犯尾。

元

至正二十六年冬十二月，太白岁星聚尾，次年秋八月庚午。

明

太祖遣常遇春将兵取燕，寻取永平。

景泰三年，饥。

成化七年，大饥。

正德五年，太白犯尾。是年，刘贼兵起。

八年，岁星荧惑，合于箕尾。

嘉靖四年，大雹，如鹅卵，杀稼，岁饥。

六年，地震。

十四年冬十二月，雷。

十七年秋八月，星陨，其光烛地。

二十一年，淫雨伤禾，霾沙屡作，蝗蝻遍地。是年，大饥。冬十月，桃李花。

二十七年，地震，大风拔树，雨雹杀稼。是年，饥。

三十二年秋七月，五色云现。

三十八年秋，白气如练冲尾，有刀兵。

三十九年，春涝秋旱，飞蝗蔽天，大饥。

四十年，六月不雨，蝗蝻随生，食稼殆尽，斗米二钱，人食草根草皮。

四十二年四月初七日，霜。

隆庆元年秋九月，毛家营大柳树鸣三日，甚悲。不一二日，土蛮自界岭口入，杀抚宁、昌黎两县人民十余万。

二年三月地震，四月复震。六月飞蝗蔽空。十月初三日，白昼星陨，有光。

四年正月初八日，日下五色云现。

六年秋七月，阳河溢，有大树数百成筏，由义院口入过阳河，至刘家寨入海。

万历九年，太白经天。

十四年秋七月二十日，大霜，大风伤稼。

十六年秋，大水。

十七年夏六月二十五日，大风伤稼。

三十二年，淫雨四十日。

三十四年，飞蝗蔽天。

四十四年，蝗蝻灾。

四十五年，旱。

四十六年夏，大风霾。冬，蚩尤旗见东方。

天启四年春三月，地震。

五年，慧星见，白气冲天。

崇祯元年，有防兵采薪，锯大木，中有"天下泰平"字。

四年六月初七日午时，天气晴明，西南城角楼崩，裂木石如雨，飞去数百十里许，中梁见存济南府历城县境内村落中。

七年，海溢，漂波沿海居民，地生土阜。

九年，大饥，人多饿死，食树皮草子。

十五年六月，大风拔木，飘屋瓦。

国朝

顺治七年，大水冲龙王庙，高出城濠。

十年，重阳大雪。冬雪月余，民多冻死。

十一年，饥，遣吏部左侍郎佟代、大理卿郝杰给银布赈之。

十五年，饥。夏五月，遣刑部尚书白胤谦、启心郎巴格赈之。

十七年，募民实辽，抚民应募者甚众。

康熙元年春正月丁亥，日双耳。三月辛巳风霾，壬辰始霁。

四年春三月戊子，地震。九月庚子，雪。十月庚辰，日重晕，四珥，白虹数丈，贯其中。

六年夏四月，移石狮二，镇阳河庄，后河南岸水不为患。

王运恒曰：尝读《唐书》，见开元中蒲津桥每冬冰未合，春冰初泮，流渐奔突，缃断船碎，而民不得济，乃授有司以铁代绠，结为连镍，复镕铁为牛，伏于两岸，絷绳以压水物。自是桥不复坏，桑道茂居，有二柏甚茂茂曰。人居木蓄者去之，以铁压其下，诚发者死。后太和中温造居之，发铁而造死。近江水冲洗浦子口城。相传归咎于部使者之拆画墙，天津卫少鱼鲜，归咎于水浒之石狮子。压胜之说，自古有之。今阳水不溢，无漂没之患，后人慎勿轻为改易也。

夏七月夜雨，阳河东徙近城。

王运恒曰：父老相传，明嘉庙前，河密迩城郭，人文蔚起，户口庶富。自后西徙里许，否塞凋残日甚一日。山抚杨公嗣昌曰："河水湾环紫荆山，北邑有显达者。"今河流故道，复环绕山麓，天道为之丕变矣！何人文荒落，生齿萧瑟依然如昨也。抑人事未之或尽欤。凡我邑人当洗心涤虑，却末务营本计，进德修业以俟福禄之锡，不然徒恃地理何益也。

十一年旱，井泽竭。

十二年夏旱，井泽竭。秋，大雨雹。

十八年夏六月，飞蝗自西北来，蔽天漫野，存十余日，损晚禾十分之二：一去东北出口外，一去东南入海。念日始过尽，幸有年，不为灾。七月二十八日巳时，地震甚，三更复震，城垛屋墙间有倒坏者，震六十余日不止，庐舍人民幸获安全。如通州、三河、平谷、涿州、武清等处于二十八日巳时地震，屋室倾陷，压死人民无算。

二十三年五月二十三日戌时，暴雨竟夕，阳河溢，城中水深三尺。

‖ 卷之二 ‖

自古封建废而郡县兴，或革或沿，定名不一，载在故史，昭然可考。抚邑东接雄关，两连上郡。南距大海，北邻边塞，为辽蓟咽喉之地。胜国时，戎马云屯，军民杂处，邑殊苦之。今国朝定鼎，附在甸服之内，东西一堠，居民不见兵革。于是勤稼穑，敦诗书，崇礼让，务节俭，彬彬乎略有可观矣！若夫襟山带海，险阻纡回，自昔经营攻守，兴亡之迹以及芳踪遗迹、庐墓丘墟，历历在目，不可不备志也。他如驿递、兵防、民风、土俗，一切张弛、损益，足备后世之所采取者，亦不容或略焉。

沿　　革

抚宁，永平属邑也。在古为冀州，虞分幽州，又分营州。商属孤竹，周为幽州。春秋属山戎，战国属燕。秦属辽西，汉为骊城，属右北平郡。东汉以后废，汉末分裂，为公孙度所据，乌桓、鲜卑续相侵夺。三国属魏，魏亡属晋，晋永嘉后，慕容氏据之。至隋，属平州，唐属平卢。五代后隶中京大定府。辽初置新安镇，属平州。金大定末升为抚宁县。元至元初寻复析置，明因之，我朝亦因之。

疆　　域

抚宁县在永平府东七十五里，东西界广九十五里，南北界袤九十里。东至山海界六十里，到山海关一百里。西至卢龙界三十五里，到卢龙县七十五里。南至昌黎界二十五里，到昌黎县四十里。北至界岭界三十里，到界岭口七十里。东南至戴家河大海四十里，到秦王岛七十里。东北至一片石一百十五里，到黄土岭关一百二十里。西南至两家店昌黎县界五十里。到乐亭县一百二十里。西北至燕河营卢龙县界五十里。到迁安县一百二十里。自县到京师六百里。

风　俗

士尚实学，农勤稼穑，人好礼乐，有古夷齐风（出《旧志》）。

人性劲悍，习尚戎武（出《地理志》）。

男耕耨，士诗书，闾阎淳厚（出《风俗歌》）。

人尚义勇，节俭务农（出《一统志》）。

孝义为先，质实无伪，勤于栽植，趋于稼穑（出《风土记》）。

（节　日）

春正月元日，昧爽，设庭燎，爇香烛，祀神祀先，响爆竹，家人称寿。及旦，戚里相拜贺。上元，张灯，放花，宴客前后三日。二十五日，添仓。下旬，子弟入学，农夫于耜。

二月二日，启蛰，迎女归宁。春分日，酿酒造醋。花朝日，宴客，冰泮取鱼，后则举趾。

三月三日，种瓜蔬。寒食，墓祭，标楮，添坟土。清明，插柳，戏秋千。二十八日，赛醮祀东岳，以后造酱饲蚕。

夏四月，农锄田，濒海者网鱼。十八日，士女祀碧霞元君。月终，蚕茧始登。

五月五日，贴门符，食角黍，童系彩丝，人戴艾虎，行追节礼。夏至后，治丝刈麦。

六月六日，储水。伏日，掐棉花尖，造麦麺，黍始登。

秋七月七日，妇女列瓜果，庭前乞巧，设彩线盒中，行拜献礼，得巧者针与线相连。十四日，迎蔴谷。中元，祭墓，谷始登，秋忙至。

八月，木绵始登，家治纺织。中秋日，戚里咸馈瓜饼，宴会赏月。

九月九日，酿菊酒，姻家馈糕，士夫多携酒登山，以应节候。

冬十月一日，墓祭，焚寒衣，场工毕，醮宴举，佣人遣归。下元日，再祀碧霞元君。

十一月至日，祀先。士夫相拜贺，以后本地商赴京，置年货，客商多裹囊归家。

十二月八日，食腊（八）粥，造腊酒。二十四日，扫舍祭灶。除夕，易门神桃符，修岁事，陈祀仪，守岁，多嫁娶。

山　川

兔耳山　在县西七里。双峰尖耸，状类兔耳，绝顶有潭，云常罩之。微径而登，可容数万人。南为黑鹰、平房二峪，高秀深茂，多果实者为石佛岩，岩上石佛踞瀑布上，岩下有井，深黝不可测，祈雨多应。

双顶山　银铜峪　在兔耳山南，距县四十里。其阴为松流河源。

业固山　在城北五里余，为本县入首正龙。

大崇峪　一名大虫峪，在石佛峪东南。其石横生成片，或厚数寸，或盈尺，可碾可磨，可条可版，利于用。

对嘴崖　在县东南二十五里。山寨险峻，二崖相对。又有鹊峙两峰者，为冯家山。近大海，属昌黎。

紫荆山　在县南一里，临阳河，有立石如婆。康熙十二年孟夏，知县谭琳捐俸建奎阁于中峰。

黄家山　在县南八里。其石天生楅块，可资民用。

尖　峰　在兔耳之北。峻拔有洞，昔有修炼者居之。

芦　峰　在尖峰后。

铧　山　一名滑子山，在兔耳山东。松流河逆而环之，由曹西庄入阳河。

七王山　在尖峰之南，逾河。

背阴山　在七王山北十里，接卢龙界。

熊　　山　在背阴北。先年常产熊，其阳白塔庄产金。

严家山　在熊山北，有水入松流河。

楸子峪　铁佛顶　岩口山　在熊山东。

雕　　崖　在熊山北，距县西北三十里。怪石直立，旁峰平漫。其东北面若刀削，可筑寨避兵。

刁　　崖　在台头营南。顶平，可容千余人，惟一微径，匹夫荷戈守之，众莫能攻也。

天马山　在县北二十里。峻岩突兀，如马首昂控于云霄。三伏常有积雪。

流壕峪　又名青石山，在天马东北十里，有三青石佛像。

滴水崖　在天马西五里，高千丈。

麻塔峪　在天马西五里，山腰有石洞，南向，深二丈余，广半之。其中东北泉不盈勺，久雨盛暑如常。

半壁山　在滴水崖西五里，如刀削，有避兵寨。

鹧鸪峪　栲栳山　在半壁山北，距县西北五十里。

将台山　距县西北七十里，连界岭关，亦高峻，并在青山河西，为避兵处。

八角山　九花崖　桃儿峪　在天马东，又曰茶芽山，顶有洞如盘，泉不盈勺，百人饮之不竭，名圣水。

羊角山　在县东北三十里，亦高峻，有避兵城，可容三四百人，土名南寨。

塔子山　在县东北三十五里。顶有瓴甋浮屠，高二丈余，名女儿塔。明隆庆元年，敌入罗汉洞，杀掠万计，惟此山中避兵千余人获全。

偏顶山　在塔子山西南五里。高插云霄，山腰平漫，半顷可耕，号平台，可容二千余人。昔人多避兵于此。

青阳山　在偏顶山北，上有塔，后有寺。其下洞水清涟，晴明登绝顶，望南海、东关，如在足下。

拉角山　在青阳东，峰尖秀出者为孤石峪。有温泉，饮之可愈疾，南流为河。又名和尚山，有窟名风洞，岁为灾，居民时祭焉。

芙蓉山 旧名裂头山，在县东九十里。高广倍出群山，而尖头分三、四者为前芙蓉山，中为水峪，迤东十余里七峰相连，极东而尖为后芙蓉山。

平　山 在前芙蓉东，迤南十里为营。

石门山 在芙蓉山西。

临渝山 在县东三十里。汉县名。峰峦崛起，千余仞，旧为关隘，崖高百尺，一名马头坡。

望海岗 在县东三十里。

牛头崖 在县东南三十里。先年有倭浮海至此，因设兵戍焉。

联峰山 在县东南三十里，俗名莲蓬山。渝水自其西入海，东有双峰如对话者曰话石。

金山嘴 在县东南四十五里。其山如嘴，半入于海。

秦王岛 误秦皇岛，在县东七十里。四面皆水，惟岛居中。唐太宗征高丽驻跸于此，岛上荆条伏生，相传秦王下拜，故伏。

孤　山 在秦王岛北，去海四里，屹如砥柱。

角　山 在县东北一百里。有二山，后角山去前角山二十里。其山自居庸、古北、喜峰诸山而东，延亘千余里，至是，耸峙面海，西长城枕之，为蓟、辽二镇界。

三峦山 在角山北，多猿猴，物产苦之，下有寺。

蟠桃峪 在角山之北。

元阳洞 在两角之冲，孤峰峭拔，悬崖空洞，倒蘸深潭，樵径纤引，下有寺。其间为双松岩，石河径。

围春山 在元阳洞东五里，屹若环堵。金宪萧公筑别墅其中，有围春庄、墨香亭、荫秀亭，今废。

拦马山 在围春之西。壁立万仞，马不能行。

尖　山 在拦马山西八里，下有龙潭，深冽。

五泉山 在拦马山北五里，山有泉五。

玉王山 拦马东北。

平林山 在黄土岭西。

六罗山 在黄土岭，上庄坨产煤。

傍水崖 在石门寨西北，层峦屏列，石河带绕前。

案：峭壁数仞，悬崖傍水百尺，内平外险。明隆庆元年，戚大将军设伏，歼黄台吉众于此。云雾中见关帝，事平，建祠祀之，立石纪事。殿宇巍峨，苍松夹道。朱邓林先生读书垂钓于此。

石　岭 在椒果山西，产煤，佳于上庄坨。

房　山 在石岭北，高峻，可避兵。

溥塘山 在石岭北，内空洞，深十余丈，水渟为渊。

团云山 在石岭南，亦曰云蒙山。距县东北九十里，一峰高出，四时云气变幻无常，故名。

黑　山 在团云山南，产煤。

平　山 在黑山南，环石门山皆峡。旧志云：汉公孙瓒败乌桓处。至山海四十里，关南十里，为瀰儿海，东六里为欢喜岭，又曰悽惶岭，言戍辽者去而悲还而喜也。

黄崖山 在县东北五十里。自台头营东一舍为猩猩峪，又北二十里为是山。在边内盘礴于外，此山为大，高可十里。崎岖其半，有舍身崖，深三、四十丈。崖旁石壁上凿佛像三尊，其石径仅容足，为望海寺。寺东半里有二石穴，冬夏不涸，名双龙眼泉。瓜果熟时，猿来窃食，不下数十百，僧饭之。

□□□□有洞，高二寻，广仞余。昔有马和尚居之，洞因以名。东有池不竭，名卧龙滩，西寺曰金峰，南寺曰云崖。下为鹁鸽堂，西半舍为中桑堡。其云蒙山及花坡在口外。县东北六十里有牡丹坡，其坡皆牡丹，因名。

三石洞 在坡西，高二仞，广半之，深二寻。洞东傍有水帘，泉倾于石龟背上，汇为河。石下为蛟窟，常出绕水，居人狎之。明万历初，蛟徙去，其窟沙壅云。

背牛山 在县北七十里。其山秀拔高峻，辽天庆间开创。至明正德己卯，僧佛海始凿井，建浮屠，聚徒焚修。上有无梁殿，参将谷永修，有洞如屋。崇祯五年，僧慧息益拓大重新。东西二峰，高数十仞。每雨时铺云万里，如卷雪，如堆絮，上晴下雨，名"兜罗绵世界"。有李存宇先生游山记，其文如鉴，而山之面目须眉俱具，当与王履之纪西岳，袁石公之纪胜，王季重之唤，并垂不朽云。

龙　潭　在猩猩峪北，石镌"龙泉"，金灿书。泉深不可测，上有瀑布，飞涛溅沫。每旱，士民斋戒取水，雨随水至。邑侯谭公以其灵异，拟建祠祀神未果，有《祈祷灵应记》。

虎　穴　石镌"虎穴"，戚南塘展边，虎徙去。今土人依穴结茅居焉，每见游人老稚环视，质朴俭率，人咸以为无怀氏、葛天氏之民。

花果山　在界岭口外，有洞，道人筑阁其中。洞右有悬泉万派，飞涛溅沫。至冬凝结如冰帘，夏初始解。

横　山　在县东五里，自县东望，横截于东，故名。

玉旺峪　在县东北九十里。明嘉靖三十六年间，有矿银从地中涌出，土人每窃取之。事闻，差中贵锦衣采煎作课，冠盖旁午，劳费几二年，矿竭乃罢。

尖山洞　在县东南二十里。相传有道人修炼于此。

寻真观　在县西北二十五里。俗名蚂蚱庵，道士刘大成结庵于此，日率弟子种植果木，积金创建玉皇殿、紫霞洞、小蓬莱阁，费数百金，皆资果实之力。春月花开，游赏者众，称为一时名胜。

石　河　在石门东，源出口外龙潭城子谷。

阳　河　今名洋河，县西里许，源出界岭口外裂坨山，流经县东南紫荆山下入于海，故名。昔年河徙去，向西二里。康熙七年五月间，复归故道，其所徙之地仍壅。

渝　河　在县东二十里，源出古瑞州，流经联峰山南，下入于海。

张果老河　在县东五十里。

石　河　在县西北十二里，源出双望东山，中流经背阴铺，至石河庄东入洋河。按此石河即松流河也。

狮子河　在县东南三十里，内多出菱芡。金大定时，有两石狮沦于泥。又蒲河即狮子河下流，内多产蒲笋，味极甘美。

温　泉　在县东北七十里，泉常温。相传浴之可愈疾。

汤　泉　在县东北六十里。

满　井　在县东三十里，居民百余家共之，随汲随满，虽大旱亦然。

双龙池　在县南八里。

海　在县东南。自直沽、新桥、赤洋东转折，渐北抵辽境金、复州，南崖即登、莱二府界。南北相望，水光接天，莫知涯涘。早则红涛浴日，夜则月色浮金，本县鱼盐之利尽出于此。

八　景

| 横山夕照 | 洋水秋涛 | 马头积雪 | 兔耳笼云 |
| 紫岫莺啼 | 绿湾蛙静 | 联峰海市 | 秦王海岛 |

续八景

| 金马遗踪 | 佛岩瀑布 | 牛顶兜绵 | 黄崖猿啸 |
| 龙潭灵雨 | 虎穴清风 | 温泉喷玉 | 花洞冰帘 |

古　迹

长　城　今人皆谓秦始皇帝使蒙恬所筑，起临洮至辽东，延袤万余里。然查历代史，自燕至隋，多有筑者。今山海关之长城，乃明中山王徐达所修，非古长城也。康熙七年，发帑金，委官重修。

碣　石　按《书·禹贡》"夹右碣石入于河"注云："碣石在北平郡骊城县西南河口之地。今平州之南也。"郦道元言："骊城县枕海有石，如甬路（数）十里。当山顶有石，如柱形，立于（巨海之）中，世名天桥柱。韦昭以为碣石，旧在河口海滨，历世既久，为水所溢，渐沦入海，已去岸五百余里。今碣石在平州东，离海五十余里，远望其山，穹隆似冢，有石突出山顶，其形如柱，疑即《禹贡》冀州之碣石。"然《史记·苏秦传》"南有碣石、雁门之饶。"《索隐》以为"在常山九门"则去此绝远，又不得援以解《夏书》之碣石也。

　　海洋城　在县东六十里。汉为海洋县，后改为海山县，久废，故址尚存。

　　渝关城　在县东二十里，下有渝河通海，历代恃为关隘。明太祖时，徐中山王以其地非四塞，遂移关于山海。此城废为店，即古临渝县也。

　　洋河城　在县东南十五里，方圆六里。世传唐太宗征高丽时筑，旧址尚存。

　　山西城　在县西南五十里，旧址尚存。

　　阳乐城　在西关外，即古阳乐县，旧址尚存。

　　五花城　在县东九十里，其城连环五座，故名。相传亦唐太宗筑，今废。

　　秦王井　在县东九十里，水甘洌，异于常井。相传秦王征东曾饮此。

　　饮马河　在县西北，相传阳乐家饮马处，今改为洋河。

　　绿湾　在县西北五里铧子山坡下。相传唐太宗驻此，闻蛙声恶之，至今不鸣，近为平地。

　　栖霞涧　在县西南十二里，石桥跨涧上，傍有寺。相传唐尉迟公建。涧石上马形似金，知县张公毓中题曰"金马遗踪"。康熙甲子夏，洋河水汜，桥被冲塌。知县赵公端捐资鼎造。

坟　墓　附

　　姜女坟　在县东南九十里，入海里余。其上有姜女祠，又有石出海上，其形肖冢，人以为姜女坟云。世传女许姓，居长，故称孟，陕西同官人。其夫为范郎，秦筑长城，郎掺版服役，久不归。女制衣送至筑所，闻夫亡，向城痛哭而死。土人于高阜石上祀之，名曰望夫石，石上有乱杵踪。夫秦、陕俱无载范郎事。郎者当是剿齐杞梁，妻崩城之事而附益其说，不知梁妻所哭之长城乃战国时之长城，非秦所筑之长城也。旧志以长城属辽东。按《秦史》，长城无至辽东者。见今祠墓俱在关门南海之滨。又不知所哭长城在何处也？识者详之。

张果老墓 在县东南七十里，无可考。

阳乐墓 在县南五里。

明诰封奉直大夫、按察司佥事鲁公铎墓 在县西北七里铧山之阳。

明兵部尚书翟公鹏墓 在南关外，赐祭葬，有碑记。

明都督萧公升墓 在东关外，赐祭葬，有碑记。

明敕封给事中王公枕墓 在县西五里。

明烈女赵氏墓 在县东北一片石，有坊表、碑记。

明诰赠前军都督府同知黄惟正墓 在县西关，有坊碑记。

清赠诰朝议大夫、礼部仪制清吏司郎中加从四品佘公崇贵墓 在县东九十里七星寨岭前，有诰命碑。

清赠诰都督同知、四川总兵官惠公应诏墓 在城东八里。

铺　舍

县总铺 在县治东。

横山铺 在县东五里。

白石铺 在县东十五里。

马头铺 在县东二十五里。

深河铺 在县东四十里。

张果老铺 在县东五十五里。

丰台铺 在县东六十五里。

团山铺 在县东七十五里。

迁安铺 在县东八十五里。

绿湾铺 在县西五里。

芦峰口铺 在县西十五里。

背阴铺 在县西二十五里。

双望铺 在县西三十五里。

里　社

抚宁原设二十一里，今止设十二社、五屯，共存十七里。

在城社一里。

在城社二里　在县南十五里。

宣北社一里　在县北七十里。

宣北社二里　在县北二十五里。

宣南社　在县东北二十里。

良仁社　在县西北四十里。

张家庄社　在县南二十里。

万家庄社　在县东十五里。

山西社　在县西北五十里。

洋河社　在县南二十五里。

回安社　在县东一百里。

海洋社　在县东北六十里。

兴福屯　在县北三十里。

富饶屯　在县北二十里。

富实屯　在县北十二里。

歌欢屯　在县西北十五里。

庆福屯　在县西五十里。

‖ 卷之三 ‖

金汤者，王公之所为设险也。抚邑虽未遭兵燹，而戎马驰驱之后，干戈甫息，疮痍未起，虽城垣雉堞岿然如故，而郊坰牧野化为衰草寒烟；学宫官舍半属颓垣败壁，幸贤有司后先修葺，顿复旧观。至于裕度支，备起解，则有仓库；应邮差，供上使，则有驿递，并载之以见瘠土之积贮存留较昔倍少，冲邑之轮蹄络绎较昔倍多，览者不无三致意云。

城　　池

旧土城一座，在阳河东二里。明洪武十三年迁河西兔耳山东。永乐三年于旧县址置抚宁卫。成化三年春，复县于旧治，乃于卫东立县，合为一城。今卫裁，卫务归并山海。

抚宁城　共一千一百五十丈，高一丈五尺。池阔二丈，深一丈五尺。门四座，月城四座，水门一座，敌台一座，桥四座，楼八座。明成化三年，本府同知刘公遂、指挥陈公恺建。弘治三年，知县李公海、指挥陈公勋重修。至嘉靖四十二年秋，士民以城低难守，争愿助修，以资保障。巡抚温公景葵、永平道王公维宁、知府廖公逢节剂量其事，属通判李公世相总领之。于是，分南门迤东至北门东边止，为知县段公廷宴修；分北门迤西至南门西边止，为指挥凌公云汉修。夫役，取之里社、卫屯；石，采之山；砖灰工食等费，资之俸；廪不耗帑，藏不费公储。工肇于四十二年之二月，竣于四十四年之十月。城之周围如旧，高增二丈九尺，堞增一千六百四十八个，台增一十六座。池阔五丈余，深三丈余。水门塞里口，旧以土筑，隆庆三年春易之以石。城门外拦马墙高一丈二尺，周如城。万历十四年，掌县事通判雷公应时同指挥张公耀先建，今废。十六年夏淋雨，州县卫城垣坍塌者十之六七，雷、张二公复修。十八年春，恐里口不固，雷公复以三合土墁之，后岁远不修，遂多废坠。国朝康熙六年冬，知县王公文衡捐俸倡义，鸠工修葺。始事于康熙七年之二月，告成于康熙八年之四月。至康熙十二年五月，淫雨绵浸，西北隅倾四丈许，知县谭公琳捐资修补。十六年夏，淫雨，倾圮东北城二十余丈，知县刘公馨捐资修理。二十年秋八月，淫雨，倾圮东西北三处，八丈有余，知县赵端捐资修筑。二十一年秋七月，又值淫雨浃旬，东西南北四门共倾圮八十余丈。知县赵端当经申详各宪，蒙批，饬令该县劝捐修理，随谕阖邑士民共输若干，余俱知县赵端捐俸修筑，周围重新，城复完固。

谯楼 在县前。明嘉靖间，知县黑公文耀易门额为"辽海通衢"楼，移城东门上。知县姜公密建。

东南角楼 明季废。

东北角楼

神京要路楼 在城西门上，指挥高公维祺建，后废。知县王公文衡协同山抚卫守备陈廷谟连瓮城门重修。

西南角楼 崩废。

西北角楼

镇海楼 在城南门上。

筹边楼 在城北门上，知县王公文衡重修，又添建瓮城上厅三间。镇海、筹边二楼俱知县张公彝训建。

楼 坊 附

钟楼 在县二门东，久废。知县王公文衡建于西城上迤北。

鼓楼 在县二门西，久废。知县王公文衡改建于城中央。

京辽冲邑坊 在县前。知县叶宗荫立，掌县事通判雷应时修，改曰"畿东首邑"，年久就废。康熙二十年，知县赵端捐赀重建，颜曰

"两京锁钥"。

兴贤、育才二坊 在儒学左右，今废。

进士坊 为进士解贯立。

登瀛坊 为壬戌进士鲁铎立。

分巡辽海坊 为山东按察司佥事鲁公铎立。

廉宪坊 为陕西按察使翟公鹏立。

都宪坊 为宁夏巡抚翟公鹏立。二坊被回禄灾。

总督六镇坊 为兵部尚书翟公鹏立。

紫宸渥宠坊 为敕封刑科给事中王公枕立。

青琐名臣坊 为刑科给事中王公胤祥立。

大鸿胪坊 为鸿胪寺卿王公道中立，今废。

青云得路坊 为举人谢仲达立，今废。

警代坊 为举人胡宪立，今废。

腾蛟起凤坊 为举人周良臣立，今废。

贞节坊 为赠户部主事翟昊妻王氏立。

贞节坊 为生员金禧妻高氏立。

贞节坊 为生员许俊妻刘氏立，今废。

贞节坊 为民乔润妻王氏立，今废。

贞节坊 为民姚斌妻李氏立，今废。

烈女坊 为烈女赵氏立。

孝行坊 为孝子省祭官杨珍立。

流芳百世坊 为孝子生员杨有成立。

学　宫

学 在县治东南，明洪武十一年建。其历年增修者：成化间知县姜镐，弘治间知县刘玉，嘉靖间知县叶宗荫、通判李世相，万历间知县张彝训、徐汝孝。至康熙八年，倾圮已极，知县王文衡劝阖县输助，乡绅冯泰运特助金二百两，修葺殿庑门祠，俱焕然一新。

大成殿 五间，东西庑各五间。康熙十一年夏，大雨，庑坏。知县谭琳捐资补修。

敬一亭 三间。圣谕箴铭在壁。

启圣祠 三间。大殿前戟门三间，东名宦祠三间，西乡贤祠三间。戟门前泮池，石桥三座。泮池前棂星门一座。

明伦堂 三间，倾圮不支。康熙十八年，知县刘公馨捐俸暨阖学输助，教谕辛公进修捐俸，躬督重修，焕然一新。有石碑，东西进德修业斋俱废。

魁星楼 向建城外紫荆山。知县赵端以本邑科甲寥落，康熙二十一年在文庙泮池之东，另建造高楼一所。

教谕公廨 三间 **训导公廨** 俱废。

学宫祭器

立柜一座，知县王文衡置，并置铁线纱灯十个。炉一座，瓶二个，磬一件，铏二件，杓二把，笾四十个，豆六十个，簠四十个，簋四十个，爵大小共五十四个。共计二百四十二件，乡官冯泰运捐置。

学 田

满井三段，一百一十六亩一分二厘。曹西庄十五段，一百八十八亩三分三厘。任各庄五段，二十五亩。杨家庄头二段，二十七亩。吴家庄一段，二十五亩。李官营一段，五十亩。共计四顷三十一亩四分五厘。

武成王庙

大殿三间，戟门三间，棂星门一座。康熙十六年，知县刘馨协同教谕聂应闻捐资创建。

公 廨

县 治 在城东北，明洪武七年建。成化十七年，知县姜镐修。弘治十一年，知县刘玉重修。康熙七年，知县王文衡重修。大堂三间，抱厦三间，堂东西耳房各一间。又东幕厅一间，神器库房四间。又西库房十二间，知县王全忠重修。堂前为戒石坊一座，东西司典房十四间，柜房三间。戒石坊前为仪门三间，东西角门各一间，东角门外为土地祠三间，西角门外为寅宾馆三间。前为大门三间，堂后为二堂三间，东西厢房各三间，后为知县公廨一所。大堂东为典史廨一所，仪门西为狱一处，二堂东为囹一处。

巡更房 前后左右共六处，知县王文衡新设。

察 院 在县治西。明成化三年同知刘遂建，康熙七年知县王文衡重修。旧有东察院，今废。其石狮二座移镇洋河水口，迄今水复故道，无泛溢灾，为移镇之验。正厅三间，东西皂隶房六间。前为仪门三间，大门三间，后为厅房五间，东西厢房六间。

太仆分司 即东察院，久废，址在县治东。

小官厅 在西察院东，今废。

卫 治 在县治西，卫务归并山海，今废。

云从书院 万历乙卯年，知县王公台创建，日集诸生会文讲艺，一切纸笔饮馔之需，皆捐俸以给，六年如一日。知县张毓中、王全忠、谭琳继之，后先一揆。十四年，知县刘馨莅任，即临书院，见其颓废，捐资修葺。拔生童之俊秀者，课艺其中，日给饮食，风雨不辍，一时人文彬彬蔚起。

社 学 云从书院内。知县王文衡置田一百五十一亩，岁修金十二两，延塾师教课阖邑俊秀子弟。康熙十年，知县谭琳捐俸二十两，增置田五十亩。十四年，知县刘馨到任后，即临小学，多方劝勉，捐资修葺，优礼如昔。

乡 学 康熙十九年，知县赵端置。先此有邑学而无乡学，乡子弟欲执一经，通一艺者，贫无师。公择诸生练达明通者，东、北、西、南各置一，岁各膏火费十二两，塾课其中，乡子弟顾学者就业焉。薪米供馔，颖墨楮牍之需，给无缺，捐资增置学田一百四十亩，充笔楮之费，故刀剑斗狠之风一变而为礼让。时论崇文之政，唯公为不朽云。

东山书院　在云从书院之西，康熙二十一年知县赵端捐俸，买生员惠熙地，建瓦房，为诸生课文所。先是，每月课会，或在云从书院，塾学诸童两相妨混。至是有专所，始获索蕴抒奇文澜为益展云。原契存库。

仓　　库

抚宁县仓　在县治西北。明成化三年都御史阎公题设，同知刘遂督建，今废。

预备仓　在县治西，正厅三间，东西廒房各三间，前廒三间，后廒五间，大门、二门各一间。

义　仓　在县治东南。明万历元年知县张彝训建，今废。

草　场　二处：一在县治东南城墙下，一在卫治东。

学　仓　在县内，久废。

县　库　在县堂西。

仪仗库　在县堂东。

驿　　递

榆关马驿　在县东四十里，驿丞廨废。额设马共五十匹，扛轿夫四十名，厨役五名，抄牌马夫二十七名，接递皂隶八名，驿皂二名。

西关递运所　在县治东南。明成化三年都御史阎公题设，同知刘遂督建，万历二年裁并芦峰驿。

芦峰口驿　在县治南门外，久废。驿丞因移居递运所内。本驿原府属，明万历二年知县姜密申为县属。额设马共五十匹，扛轿夫四十名，厨役五名，抄牌马夫二十七名，接递皂隶八名，驿皂二名。

抚宁县公馆　原在永平府东关路北，因岁久颓废，于康熙二年四月内，阖社置买王开乾瓦房一所，共计价银二百两有奇。坐落府衙门西柴市口路北。续于康熙十六年，复置买王开乾、赵锦地基二块，共计价银十八两，永为本县公馆，红契俱付库收贮。

头层门房三间　二层厅房三间　二层后书房二间　西边厨房三间　东边马房三间　三层房四间　四层房四间

府东关路北旧公馆地基阔十二大步，长三十七大步，见地一亩八分五厘。

社　学　田

东河南荒田一段，十二亩。新庄一段，十亩。李良峪荒田二段，一百二十九亩。老坡张一段，五十亩。共二百零一亩。

医　学　在县治东，久废。

阴阳学　在县治东，久废。

僧会司　在县治南。

乡　学　田

富实屯荒地四十二段，共一顷四十亩三分七厘。总名义学户，招佃张应奎等承种。每年输租，除纳正粮外，余交儒学，给乡社学，为笔楮膏火之助。册牒儒学卷领存库。

‖ 卷之四 ‖

古者，任土作贡，因地制赋，良以经国必资于民，而裕下乃能安上也。抚邑一弹丸耳，地值冲疲，民力困顿，输将正赋尚虞不给，休养生息全在牧民者。览全书，察版籍，上体德意，下念民依，殷然有郑侠流民之感思，所以起疮痍，而致蕃息则罢民，庶几，有起色耳！

地　亩

实在征粮民地并新收榜式壮丁庄头清查首出等地，上中下不等，共折上地二千六百五十七顷八十八亩八分一厘一毫七丝五忽，每亩征银四分一厘三毫五丝二忽七微六纤一沙，共征银一万九百九十一两一钱一厘六毫二丝二忽二微九纤九沙三尘五埃一渺八漠。

人　丁

实在行差人丁并抽出供丁清查首出及编审幼丁共一万五千七丁，中下则不等，通共折下下则一万六千五百六十则，每则征银一钱一分七毫五丝，共征银一千八百三十四两十一两三钱一分六厘二毫五丝。地、丁二项通共征银一万二千八百二十五两一钱二分一厘六毫二丝一忽二微九纤九沙三尘五埃一渺八漠。

起　运

户、礼、兵、工并太仆寺马价等银四千二百四十七两八钱三分五毫四忽二纤六沙一尘一埃八渺二漠，奉文总归户部项下。

起 解

奉裁奉文并抽扣官役俸食等银二千七百五十九两一钱二分五厘七毫七丝八忽二微七纤三沙二尘三埃三渺五漠。

存留支解官役俸食及二、三年一办等银五千八百一十八两一钱六分五厘三毫四丝。遇闰加银四百一十一两八钱一分七厘七毫七丝八忽三微七纤四沙九尘七埃四渺八漠。其起运、存留细数备载《赋役全书》。

本色粮草

每亩征夏秋草折米八合九勺九抄四撮四圭，共征米二千二百九十石六斗一升九勺七抄八撮三圭四粟八颗一粒。每亩征马草六厘五毫，共征马草一万七千二百七十六束二分七厘三毫四丝一忽三微七纤五沙。实在民壮地并拨补退出共地一十三顷七十九亩七分三厘二毫五丝。每亩征黑豆七升四合九抄四圭四粟，共征黑豆一百二石二斗二升四合九勺八抄八撮七颗三粒。

太永荒田地共三百二十八顷二亩四厘八毫，每亩征银一分，共征银二百二十八两二分四毫八丝。

丈后备荒地共一顷二十三亩五分，每亩征银三分，共征银三两七钱五厘。

节年新垦荒田地共二百四十六顷三十七亩二分八厘，每亩征银一分，共征银二百四十六两三钱七分二厘八毫。

牧马草场地共一十一顷八十九亩九分一厘六毫，每亩征银二分九厘八毫四丝，共征银三十八两四钱九分一厘九丝三忽四微五纤。

班匠共三十五名，每名征银四钱五分，共征银一十五两七钱五分。

周庄头退出瓦房三十间，每间租银二钱五分，共租银七两五钱。

新更实在人丁共四百三十四则，每则征银一钱一分七毫五丝，共征银四十八两六分五厘五毫。

十六年春，奉文清查出地亩：

上地三顷三十四亩五分一厘八毫；中地一顷一十四亩九分六厘；

下地三百二十七顷六十九亩二分八厘四毫；荒田地九十八顷一十二亩二分。

又续查出地亩：

上地三十一亩六分二厘；中地一十二亩五分；下地七十四顷二十三亩五厘四毫；荒田地一十三顷六十六亩六分六厘；牧马草场地一顷六十八亩九分三厘六毫。

康熙二十二年，奉文为海氛既（靖，案内起）科垦荒地六顷七十三亩五分。

盐 法 附

本县每年额销盐引一千六十八引。

盐场二处：惠民场，归化场。

惠 民 在石碑东一百五十里，距分司二百九十里，使司七百九十里。南滨海，东南至洋河海口，西连石碑，接昌黎境。北至龙王庙，周二百二十里。中盐坨三：曰官庄，曰蒲河，曰团林。煎滩三处，灶房四十间，浅锅四十面，草场一处，共地五顷。

归 化 在惠民东南一百四十里，距分司四百五十里，使司九百五十里。东抵山海关，西北连惠民，接抚宁境。南临海，接秦王岛，延二百里。中盐坨三：曰东，曰中，曰西。堡三：曰东，曰中，曰西。滩倚山荡麓，灶房二十间，浅锅二十面，无草场，煎时买山柴。

盐有煎、晒二种，晒易而煎难。晒宜南，而北则煎，风气殊也。其煎法择碱地，畚锸起之，摊晒候干乃实。土池中以水浸淋而卤渗之，投以石莲子，验其浮沉，须莲子浮立卤面，乃可入锅。沉则淡，不可煎矣！投卤于锅，炽薪于灶，卤干盐结，随干随添，必盐至满锅乃起。锅有大小不等，每锅可煎数斗，有至石者。然必资于水草，故必冬窖冰，秋积草，而春有淋煮之劳，夏复谋食而耕，昼作而夜候潮。盖四时无宁晷焉。既计时而事遂，计灶而课，户无虚口，岁无虚时，困苦之极，逃亡者半矣！

其课额，明初损益元制，每一大引四百斤，折小引每包二百斤，外加包索五斤，后增至八十斤，计一引凡二百八十五斤。

嘉靖八年，御史傅焖奏，长芦、济民、石碑、惠民、归化四场离小直沽批验所窵远，外接境山海等关，舟楫不到，商旅不通，商引支掣，实难丁课，倒瞪相继，商遂弃引不返。先年准纳布价，至今商灶称便。合将四场灶丁，每引改折银一钱，解司给商，收置勤灶，余盐以补原中之额，是亦疏通之法也。从之。

惠民场 供用三十九引一百六斤，折价一千五百四十二引一百九十九斤十两四钱，折布一千五百八十二引一百五斤十两四钱，征价一百二两八钱六分四厘一毫四丝六忽一微二纤五尘。

归化场 供用四十六引四十九斤四两九钱，折价一千三百十五引七十二斤十一两一钱，折布一千三百六十一引一百二十二斤，征价八十八两五钱四厘六毫五丝。

其白盐，形散色洁，以土供内府及藩府京用。此惟正之供也。外本色以给商及布价折价，俱征于总催，而场官督之，验实以通关，是岁事之成也。其杂征乃户口盐钞原额本折二顷，嘉靖六年改本色，每贯折银一厘一毫四丝三忽，折色每贯铜钱二分，每七文折银一分。惠民场，本折各一千七百七十贯，共折七两八钱。归化场，本折各一千六百七十七贯，共折六两七钱八厘。隆庆四年，御史苏士润奏准，自五年起，各场盐钞尽数豁免，永罢追征。

其黑土课米，惟近海数场有之，乃刮取黑土，淋煎成盐，工力极省，但苦海潮往来，遂废不煎，舍盐而渔。洪武三十年，查近海场户船共办黑土课米。永乐元年，增户加米。嘉靖二十九年，改课米为折色，每石折银五钱，赴司经解官司纳完，给批关销照。济民七石三斗，石碑五石五斗五升，惠民四石六斗，并解永平府界岭口仓。

其只候马夫力役之征，各场逐年计口派征，皆令总催输司，每口派银一分四厘一毫五丝五忽六微。济民银十七两八钱六分四厘三毫六丝七忽一微，石碑银二十两三钱八分四厘六丝四微，惠民银八两八钱八分九厘七毫一丝九忽八微，归化银八两七钱一分九厘八毫四丝九忽六微。此解司之数也。

其门库皂快水手各工食，每名九两六钱。石碑六人，济民、惠民、归化各一人，皆计口派而自取之。行盐地方以课之多寡、量地之远近，分界立制，不许越境。捣卖违则，具有律例。嘉靖三十九年，户部定派永平三千九百十八引，分属州县：滦州、卢龙各一千八十九引，迁安、抚宁、昌黎、乐亭各四百三十五引。官立循环簿，记买过引盐，并水程期限，按季送盐院稽考。隆庆五年，盐院议派商引，因边境不通商贾，故将盐引酌量州县大小，计里分引。每引纳银一钱，题准减派，为一千引。滦州七百，迁安一百，卢龙、昌黎、乐亭、抚宁各三百引，共纳引银二百两。又于丁口食盐，每百斤抽纳税银一分五厘，共多银一百六十余两。本府印票发州县，填给卖者，如数纳课，按季解司。滦州一百二十三两六钱六分，迁安五十七两七钱二分二厘四毫，昌黎六十两三钱，乐亭六十二两八钱四分六厘，抚宁二十九两八钱七分一厘八毫，卢龙二十五两三钱八分。以上共三百六十两七钱八分一厘二毫。至次年后，复加银及六卫，共五百两，为年例。滦州加十四两，迁安加十两二钱一分八厘八毫，昌黎加十两，乐亭加十二两，抚宁加十五两，卢龙加八两，共六十九两二钱一分八厘八毫。六卫共加七十两，具州县卫分纳。至万历三年，将附郭一县三卫之课归之税课司，府给号票，每张纳银六分，各卫具领送县投府，而发司如数，给领县，（径）[经]解运司若羡，入之府库，登循环簿。其外二县有卫名附县，至十七年山海亦归之，抚宁为之代征解焉。其不附卫者三：滦州、乐亭、昌黎，无代征解。其附卫者三：迁安代解兴州右屯卫十两，抚宁代解抚宁卫十二两、山海卫十三两，卢龙代解永平卫十一两、卢龙、东胜左二卫各十二两。通计六属六卫，每岁包纳课银五百两，官给小票，行贩纳钱于官，自行买卖，法至便也。自嘉、隆以来，通行无滞，以至新朝仍沿旧例。顺治四年，户部奏立画一之规，因天下各司俱有盐商，惟顺、保、永三处无商，遂题奉旨改引招商，以州县户口之多寡定额，每丁岁食盐十斤四两，府属共定五千八十六引，每引岁纳银二钱六分。至十三、四年以兵饷不继，每引加银四分。十六年又加八分，计旧额新增每引该银四钱，计府属共该课银二千三十四两四钱云。

顺治四年，改包课为行引，纲商武国臣、□□□（张希稳）赴部认商纳引。滦州额盐一千四十引，卢龙县额盐四百七十七引，迁安县额盐三百四十六引，抚宁县额盐五百六十八引，昌黎县额盐一千二百三十三引，乐亭县额盐一千四百二十三引。以上共盐五千八十七引。

附：户科都给事刘鸿儒条陈疏

题为《畿东行盐之法未善，请厘正，以资民用，以无损国课事》

臣窃惟盐政之设，因民生日用之需，取天地自然之利，必使上能裕国，下不疬民，始堪为经久不易之策也。如江淮诸处，水陆四达，产多食广，商人资本富厚，招中销引，自属成法。惟臣乡永平所属州县地方无几，食盐止取给滦、昌、乐濒海诸处，产亦无几，惟产与食一隅亦自相准。自明季国初以来，行贩流通郡邑，悉地方有司给票，收其正税，禁遏私贩，名为包课，而课亦不至失额，民颇便之。忽于顺治四、五年，有等无籍棍徒，规时射利，亦借纳银销引之名，投认盐商，力承课税，所司自易信从。一自纳银之后，遂于每州县居要地方各张盐店，一区行贩悉行禁绝，小民居止不齐，即有买自邻近店中者，亦坐以私盐首告胥，远近而惟一区是资，已属艰苦，况其以扼吭自恣，价凭自定，数倍于昔。至于升斗抑勒，尤难悉状，以致民间咸称不便，怨讟丛生，至有宁甘食淡而不肯一窥盐店者矣！如此专利病民，即使国课足额，已非善计，乃诸人本属赤手贫棍，实无蓄贮多盐可售，不过初由借倩以支撑，意图取偿于重价，价既腾踊，买者自少，所谓贪贾三之，势所必至也。及于年例应输额课，依然拖欠，封纳不前，竟至公私交受其困矣！平时有司以承课有人，不复管理。及至销引不及，纳课失期，复以干己考成，从而为之代纳，则其累及于有司者又如此。昔人云："塞人之养而隘其途。"犹云将以取利也。今此一事，而上下咸属不便乃尔，则将安用此坐店之盐商为哉？臣请部察其积弊，将畿东盐店商人尽行裁革，所有当发额引，仍责令有司支领，给票通商，禁止私贩，务俾正课足额，而民间亦不致苦窳，庶公私两便之道也。此事止一隅，似属细故，以臣乡见闻最真，不敢不以上闻，如果臣言不谬，祈敕部议施行。

新增引一千六百一十五道。

康熙十七年，九卿等衙门议覆长芦盐院迈公色条奏，为商引之岁额有限，灶盐之岁产无穷，请敕清查灶盐，酌加商引，严禁私贩，以裕国课事，并覆御史傅公廷俊条奏，为再陈均引之法，以昭画一，以裕国课事。请下各该御史会同该抚，照依人丁多寡定议，继奉旨长芦差户部司官会同确议，抚宁县人丁一万六千八百八十七丁，本县所属山海卫人丁九千七百五十四丁，又山海关人丁一百八十四丁。原额引一千六十八道，今按十丁一引，余丁一万六千一百四十五丁，计增引一千六百一十五道。

‖ 卷之五 ‖

设官分职，各有专责。司牧者，综理教养，保全城社；秉铎者，修明礼乐，造就人才。其余襄猷佐化，要在恪共乃职，方无旷瘝之诮。官兹土者，循良代不乏人。检阅曩帙，搜其迹，而得其大端，非仅以题名，备不朽云。

官　秩

知县一员　县丞一员（裁）　主簿一员（裁）　典史一员　司典吏一十六名

知　县

明

洪　武　娄大方　浙江奉化人，由儒士任。
永　乐　陈　坤　四川石泉人，由监生任。
景　泰　王　懋
成　化　胡　方　江西新喻人，由监生任。
　　　　姜　镐　河南修武人，由举人任。
弘　治　李　海
　　　　刘　玉　山东乐陵人，由监生任。
　　　　窦　信　山东振武人，由进士任。
　　　　曹　年　山东寿张人，由监生任。
　　　　高　翔　临海人，由监生任。
　　　　赵之彦　陕西泾阳人，由举人任。

嘉　靖　陈思谦　广东揭阳人，由进士任。

　　　　盛　懋　直隶仪真人，由监生任。

　　　　张　仿

　　　　李　嵩　直隶海州人，由监生任。

　　　　叶宗荫　浙江遂昌人，由举人任。

　　　　袁　滨　南通州人，由举人任。

　　　　陈　谏　陕西保安人，由监生任。

　　　　谢应征　山西安邑人，由贡生任。

　　　　王良臣　山西绛州人，由监生任。

　　　　黑文耀　湖广常德人，由举人任。

　　　　郭　涞　陕西咸宁人，由举人任。

　　　　萧　铸　河南上蔡人，由监生任。

　　　　段廷晏　山西太原人，由监生任。

　　　　姜　密　山东夏津人，由举人任。

隆　庆　李一本　河南（陕）[郏]陕县人，由进士任。

　　　　张彝训　山东宁阳人，由进士任。

万　历　宁　笏　河南河内人，由举人任。

　　　　徐汝孝　山东嘉祥人，由监生任。

　　　　雷应时　山西芮城人，由举人任。

　　　　崔时亨　山西浮山人，由选贡任。

　　　　孟　召　陕西灵州人，由贡生任。

　　　　梁　槐　陕西人，由贡生任。

　　　　崔敬立　山东临清人，由举人任。

　　　　仝　梧　河南郏县人，由进士任。

　　　　阎国魁　山西人，由举人任。

　　　　李尚恒　江西新淦人，由举人任。

　　　　曹司礼　山西潞城人，由举人任。

　　　　王　台　山东临清人，由举人任。

天　启　黄中色　陕西绥德人，由举人任。

薛寅宾　山西临县人，由贡生任。

王道同　山东黄县人，由贡生任。

崇　祯　余　爵　河南禹州人，由进士任。

卢以岑　山西太原人，由举人任。

李果珍　陕西雒南人，由举人任。

熊钟张　江西临川人，由举人任。

霍　藻　广东南海人，由举人任。

孙廷銈　山东益都人，由进士任。

刘名彦　山西人，由贡生任。

国朝

顺　治　侯一匡　山西人，由生员任。

张毓中　山西阳城人，由举人任。

李三元　辽东人，由贡生任。

张懋忠　辽东人，由贡生任。

王德新　辽东沈阳人，由贡生任。

王全忠　辽东人，由贡生任。

雷腾龙　陕西三原人，由贡生任。

张弘猷　榆林人，由贡生任。

康　熙　刘翊圣　福建闽县人，由恩贡任。

王文衡　江南江宁人，由生员任。

谭　琳　湖广崇阳人，由举人任。

刘　馨　湖广沔阳州人，由荫生任。

赵　端　浙江钱塘人，由贡生任。

县　丞

明

黄　里　河南邓州人。

朱　显　河南钧州人。

葛　昇　直隶满城人。
郭　完　陕西泾阳人。
白九皋　山西保德人。
刘　象　山西河津人。
相　贤　山西安邑人。

主　簿

明

宋　信　直隶宁津人。
杜希贤　山西洪同人。
张　逊　直隶吴江人。
郏　用　陕西徽州人。
范　扩　河南柘县人。
吴时颜　直隶邳州人。
马　琳
廉　宪　河南孟县人。
卢　奇　山东博平人。
李文元　山东临清人。
陈万策　山东蹜州人。
乔士廉　河南宁陵人。
陈一德　山东单县人。
张汝潮　山东济宁人。
程　卿　河南鲁山人。
刘培龄　山西盂县人。
王　业　山东靖海人。
王汝妥　山东掖县人。
李从周　陕西咸宁人。
郭如竹　山东登州人，由选贡任。

贾扬名　山西赵城人，由监生任。

高尚伦　直隶池州人，由吏员任。

吴遇芳　河南人。

崔宗楩　浙江人。

孙来福　山东人。

高自下　河南人。

张文光　山东人。

王国祯　山西人。

王佐才

国朝

钱良基　江南人。

典　　史

明

倪　隆　浙江慈溪人。

梁　俊　直隶宿迁人。

祁奉张　山东潍县人。

杜　亨

崔继先　山东胶州人。

张　鲸　山东武定人。

毛　凤　陕西咸阳人。

王尧卿　山东历城人。

杨　相　山西洪同人。

赵　热

张文林　山东太安人。

陈文儒　直隶丹徒人。

蔡正道　江西新建人。

程　廉　辽东宁远人。

郑维本　直隶泾县人。

鲁　相　浙江山阴人。

曹　玉　陕西华州人。

夏惟坚　江西新建人。

张闻诗　山东陵县人。

张鹏霄　浙江人。

陈光先　陕西人。

刘化训　河南人。

樊民昌　山西人。

国朝

魏邦秀　山西人。

彭尚式　湖广人。

李亘古　陕西富平人。

汪　湄　江南苏州人。

胡大鹏　江南无锡人。

王希彦　浙江鄞县人。

王震芳　浙江会稽人。

儒　学

教谕一员　　训导一员　　司吏一名

教　谕

明

游　艺　山东长清人。

吴　翔　直隶颍州人。

吕永福　河南信阳人。

赵　巡　山东兖州人。

潘　良　山东胶州人。

徐　镛　　山西潞安人。

吴　宜　　山东滨州人。

毛鹏翔　　山东高密人。

李孟阳　　辽东复州人。

徐德元　　直隶吴江人，由举人升新河知县。

曹应诰　　山东郓城人。

郭　进　　保定涞水人。

郑思恭　　保定新安人，升国子监助教。

曹希植

仇顺方　　广东南海人，由举人升广西容县知县。

刘奇栋　　陕西咸宁人，由举人升四川荣经知县。

谢鹏南　　顺天人。

梅　焕　　直隶遵化人，由举人升山西荣河知县。

王　津

邢大钦

罗　达

王三旸　　苏州人。

卫天命　　举人。

张　述

刘完士

刘时仲

姬登科

彭彦冲

栾国祚　　安丘人，举人。

安如磐　　陕西延安人。

杜　浤　　直隶定兴人。

黄可献　　辽东人。

国朝

王梦旭　　唐山人。

王家遴　　高阳人，举人。

霍文炳　顺德人。

萧功一　顺天宛平人，教习，生员。

聂应闻　宣府人，例贡。

辛进修　保定新安人，拔贡。

胡文蔚　顺天通州人，岁贡。

训　　导

明

史应熊

陆　镛　直隶南游人。

陈　聚　直隶如皋人。

姚　宗　辽东锦州人。

邵　昇　河南陈留人。

顾　霖　河南太康人。

范希纯　辽东广宁人。

侯仁杰　山东清平人。

贾　恺　山东福山人。

王有年　山西人。

王　昂　陕西凤翔人。

盛　端　山东益都人。

魏邦彦　山东峄县人。

张元凯　山东长山人。

冯　时　辽东海州人。

金汝臣　辽东辽阳人。

马景和　辽东金州人。

张　绅　成都人。

刘必东　山西马邑人。

杨　芳　山东青州人。

孙　楼　河南商丘人。

段尧钦　易州人。

祕　祯　直隶真定人。

黄　臣　河间兴济人。

李　玲

刘　芳

孙继儒　辽东定远人。

郑应期　辽东海州人。

刘延祚

杜好义

张　济

丘　芝

颜师孔　直隶南乐人。

李　东

张邦政

夏登高

邓应鹏

金　淳

曲大伸

张可教

刘自诚

王家柴

张　梅

费　约

纪肇修

康　宇

王　捷　云南人。

胡　序　静海人。

宋　坤　辽东人。

侯来同　蓟州人。

刘国藩　雄县人。

国朝

吴士俊　良乡人。

杨应麒　辽东人。

丁与玉　顺天宛平人，教习。

吴　瑛　直隶顺天人，教习。

刘三德　直隶顺义人。

魏永昌　庆云人。

戈　暲　景州人。

王栋夫　交河人。

杂　职

榆关驿驿丞一员　驿吏

芦峰驿驿丞一员　驿吏

西关递运所大使一员（裁）

抚宁县仓大使一员（裁）

山海库大使一员（裁）

医学训科一员（裁）

阴阳学训科一员（裁）

僧会司僧会一员

道会司道会一员

杂　役　附

书手十七名	书办十名
门子一名	接递门子二名
阴阳生（裁）	快手（裁）
库子一名	皂隶八名
禁子四名	吹鼓手（裁）
兽医（裁）	铺兵三十名

坛户（裁）　　　　　船户（裁）

斗级一名　　　　　　馆夫（裁）

厨子（裁）　　　　　兵壮十名

马夫二名　　　　　　扛夫（裁）

灯笼夫一名　　　　　膳夫（裁）

青衣夫（裁）　　　　轿夫四名

更夫十五名

抚 宁 卫

与抚宁县同城，明永乐三年建，领左右中前后五千户所。今并入山海卫。

指挥使

陈 斌　　孟 永　　毛 纪　　林 良　　张弘猷

指挥同知

孙 能　　陈 英　　刘 禧　　赵 铭

指挥佥事

高 镛　　萧 鹏　　周 常　　吴继璘　　刘 荣

曹 勇　　纪 成　　宋 忠　　凌 海　　钟 楷

夏 寅　　张绳武　　张耀先　　魏国勋　　吴世忠

陈交泰

纳级指挥佥事

丘维藩　　王尚贤　　周 德

卫经历

卫镇抚

陈 得

左所正千户

范 庸　　任 俊　　陈（有）[友]谅　　程 和

副千户

王 祯　　傅 斌　　罗 忠　　胡 琳　　朱 贵

百 户

李忏保　　郭伴儿　　成 原　　董 兴　　苗见儿
杨 安　　方 敬

右所正千户

丘 安　　李 胜

副千户

王 德　　汤回子　　贾 锦　　陈 兴　　白 玉
谢 成　　潘 相

百 户

王成辅　　牛 彬　　陈 兴　　陈 贵　　陈 旺
康 贤　　徐 胜　　龚 景

试百户

尹 顺

中所正千户

王 兴

副千户

白 钦　　毕 达　　袁钦奇　　韩 荣　　田 兴
蔡 智

所镇抚

徐 斌

百 户

贾 成　　梁 通　　曹保儿　　张 剪　　白 整

康　荣　　李　春　　王宗儒

前所正千户

王　智　　陈　洪　　侯三锡

副千户

邸得新　　张　能　　宋　虎　　王　成　　黄　忠
石　玉

百　户

魏廷玉　　陈　贵　　解　仕　　贾　兴　　许　能
王　兴　　于　海　　张　堂　　晏　友

后所正千户

余　宣　　王　聚　　王　福

副千户

沈　英　　殷　纪　　卢　旺　　张　全　　孙　成
陆　永

百　户

吴　真　　王　全　　赵有通　　郝　福　　公　谅
赵　成　　王　敬

试百户

苏　贵

八百户所副千户

荣　春

百　户

苏　良　　李　安　　谭　整　　刘　聪　　赵　鑑
于　鑑　　高　镗

‖ 卷之六 ‖

　　榆关界险于燕，历代恃以屏藩。长城筑怨于秦，后人依为保障甚矣，创始者之难也。自明徐武宁准古揆今，依山面海，屹矣金汤之固，郡为畿东重镇，邑为郡之咽喉。胜国时，戎马云屯，刍粮蝐集，转输络绎，日不暇给。而今山无啸聚，海不扬波，较之往昔，庶几，称乐土焉。向设兵防，业经裁汰，然烽台斥堠犹存大略，考古者犹得见曩昔设备之深意焉。

　　石门路　原设参将一员。顺治六年改都司一员，领千总一员、把总一员，目兵二百五十名。

　　黄土岭关　原设守备一员。顺治六年改操守一员，康熙元年改把总一员，属石门路。目兵五十名，墩兵三十名。旧添设一片石营参将一员，黄土岭营游击一员，顺治六年裁。

　　义院口关　原设守备一员。顺治十七年改操守一员，康熙元年改把总一员，属石门路。目兵五十名，墩兵三十名。旧添设石义中营副将一员，花场峪营守备一员，顺治六年裁。

　　大毛山关　原设提调一员。顺治六年改操守一员，康熙元年改把总一员，属石门路。目兵五十名。旧添设城子峪营游击一员，顺治六年裁。

　　台头营　原设副将一员，中军一员，把总一员。顺治六年改都司一员，十三年改操守一员。康熙元年改把总一员，属燕河路。目兵五十名。

　　界岭口关　原设守备一员。顺治六年改操守一员，康熙元年改把总一员，属燕河路。目兵五十名。

　　青山口关　原设守备一员。顺治六年改操守一员，康熙元年改把总一员，属燕河路。目兵五十名。

蒲河营 顺治十三年新设都司一员，领千总一员，把总二员，目兵四百名。

抚宁县城守驻防官军 康熙五年，奉总督，拨石门路把总一员，马兵十名，步兵十名。

边 路 拨

石乔谷 南至石门寨十三里，东至长谷营八里，东北至义院口十二里。马军三名。

长谷营 东北至大毛山二十里，东南至破窑庄十里，西北至义院口八里。马军三名。

一片石 西至破窑庄十里，马军三名。

破窑庄 西南至沙河寨十里，马军三名。

沙河寨 西南至石门寨大道十里，马军三名。

大毛山 西南至长谷，里见前，马军三名。

义院口 东南至长谷营，西南至石乔谷，里俱见前，马军三名。

界岭口 东南至双岭儿十里，西接青山口二十里，马军四名。

双岭儿 西南至郭家庄十里，马军三名。

郭家庄 西南至台头营大道十里，西北至枯井庄十里，马军三名。

青山口 东至界岭口，里见前。东南至枯井庄，西南至潘家庄，各十五里，马军三名。

潘家庄 南至平坊店大道，东北至枯井庄，各十里，马军三名。

枯井庄 西北至青山口，里见前。南至台头营十里，马军三名。

大 路 拨

山海关 至七星寨十里，马军四名，步军一名。

七星寨 西至石门界长桥庄十里，马军四名。

长桥庄　西至石门二十里，马军四名。

石门寨　西至老岭九里，马军四名，步军一名。

老　岭　西至小悖老九里，马军四名。

小悖老　西至平山营十里，马军四名。

平山营　西至同野庄十里，马军四名。

同野庄　西界石门路平市庄十里，马军四名。

平市庄　西至李家庄九里，马军四名。

李家庄　西至聂儿口九里，马军四名。

聂儿口　西至天马山九里，马军四名。

天马山　西至台头营九里，马军四名。

台头营　西至平坊店十七里，马军六名，步军一名。

平坊店　西至燕河营十三里，马军六名。

边　城

石门路

义院口把总下　明季时所辖东至大毛山，西至界岭口扒喇岭止，共计空楼八十一座。顺治三年改设墩台十座，边墙隘口计长百里。每□（墩）安设兵三名，共兵三十名。

大毛山把总下　明季时所辖东自黄土岭关交界起，西至义院口交界止，共计边六十里，共计空楼七十六座。顺治三年，本关楼台拨与黄土岭关二十四座，义院口关拨给本关楼台三十六座。东至董家口七十六号台起，西至板长峪一百七十四里号台止，共计边长八十余里，共计楼台九十座，改设墩台十处，每墩兵三名，共三十名。

黄土岭把总下　明季时所辖东自山海路交界起南山崖石黄一号台，至新尖山六十二号台止。顺治三年，奉文，均拨大毛山下，空楼二十四座。至董家口八十六号台，西至大毛山交界止，共计八十六座，止存改设墩台十座，边长八十余里，每墩兵三名，共兵三十名。

燕河路

明季原设参将一员，统辖界岭、青山守提二员。内属长边九十七里零六十步，原设墩台共一百六十七座。顺治三年，户、兵二部大人诣边挨查险隘，革参将，设立守备一员，统辖台头、界岭、青山三关营，设立操守三员，改设墩台共十六座，每台设墩兵三名，共墩兵四十八名。

‖ 卷之七 ‖

论古人易，论今人难。古人乃谕定之品题，今人多难凭之月旦。然而昭代循良，治绩载于简册，与德政矢诸口碑者，此三代之民所不容泯没者。即一邑乡彦大者，致身廊庙，建业竖勋。至于穷檐蔀屋，或蓼莪情深，或柏舟志笃，与夫砥行砺节，堪为表式者，咸搜葺旧乘而胪列焉。近代以来，人文散逸，必取舆论，所孚见闻之确者，然后采而续之，备载斯编，所以示劝也。

名 宦_{宦绩附}

知 县

明

娄大方 浙江奉化人，洪武七年任。强干果毅，时值草昧，因旧鼎新，多所建置。寇至，率吏民避兵于洋河西兔耳山南，遂建县治。经营区画，屹然有法，寇不为患，士民德之，祀名宦。

陈 坤 四川石泉县人，由监生永乐九年任，有善政。

姜 镐 河南修武人。廉明勤敏，修建文庙，置祭器，筑社坛，建谯楼，招流亡，士兴弦诵，民安土著。有去思碑树仪门外，祀名宦。

胡 方 江西新喻县人，由监生成化三年任。六事孔修，士民安堵。

赵之彦 陕西泾阳人。廉明仁恕，待士有礼，治邑三年，百废俱举，行取监察御史。

刘 玉 山东乐陵县人，由监生弘治十一年任，民怀其德。

叶宗荫 浙江遂昌人，广西仪卫籍，由举人（任）。资性明敏，兴利除害，一境肃然。致仕去，民攀送至永平，涕泣如失怙恃。

陈思谦　广东揭阳县人，由进士嘉靖十二年任。刑清讼简，吏畏民怀，升户部主事。

谢应征　山西安邑县人，由监生嘉靖三十二年任。廉而有为，刚而不苛。

段廷晏　山西太原人，由监生嘉靖四十三年任。诚朴刚直，行所无事，士民爱之。去之日，行李一肩，士民扳送，为之垂泣。

姜　密　山东夏津人，由举人（嘉靖）四十五年任。廉明善断，凡事务从节省，擢户部主事。

李一本　河南郏县人。赋役公平，听讼明决，擢户部主事。

张彝训　山东宁阳人，由进士隆庆二年任。恩优学校，泽洽黎民，有去思碑在西门瓮城内。

雷应时　山西芮城县人，由举人万历十一年任。律身清正，莅事明决，课民织纺，朔望验其勤懒。捐俸修县志，功垂不朽。士民保留，加通判衔，治政九载，有古循吏风，宜祀名宦。

王　台　字古柏，临清人，由举人万历四十三年任。敷政宁人，筹边足用。复捐俸创建云从书院，课士较文，终始不倦，有生祠碑记。

余　爵　字天有，河南禹州人，由进士崇祯四年任。鳌奸剔弊，吏胥畏服，历兵部职方司。

李果珍　字荆岑，陕西雒南人，由举人崇祯十一年任。端方简古，学问淹博，作养诸生，劝课不倦，冶本经术，升大名府同知。

孙廷铨　山东益都人，由进士任。沉静寡言，吏胥不能窥其涯际，待士民恩礼兼至，历官吏部尚书、内院大学士。

国朝

侯一匡　山西人，由生员任。当鼎革之初，恭俭仁恕，士民爱戴。未几，卒于官，士民如失父母，宜祀名宦，治绩详见《传》中。

张毓中　山西阳城人，由举人任。下车问民疾苦，知抚宁县人逃地荒，差徭为累。公清查通数，概请捐除，流亡复业。甫七月擢刑部去，百姓如失父母，宜祀名宦，治绩详见《传》中。

王德新　沈阳人。明决果断，刚方不阿。未几，卒于官。

王文衡 江宁县人，由贡生任。修学宫，建鼓楼，起城圈，新城楼牌坊及祀典祠庙，鸠工庀材，皆公亲为综理，升巩昌府同知。

谭 琳 湖广崇阳人，由举人康熙十年七月任。下车八月，即考试生童，集文理优长者，书院会文。一切供膳纸笔之费，捐资置（辨）[办]。建魁阁于紫荆山上。有民田化民女，聘定与民李得金之子，因其婿家贫转聘，婿诉之。公得其情，惩其女父，将女断归前婿，当堂给银，成花烛礼。养济院口粮奉文裁减，公捐俸照旧优给，士民安堵。未几，擢户部去。

刘 馨 字敬庵，湖广安陆府沔阳州人，由荫生（康熙）十四年正月内任。天性温厚和平，御下以宽，而民不能欺。捐赀协建武庙，设小学，延塾师，重修云从书院，课生童月三次，寒暑不辍。《抚宁县志》自前朝万历十九年修纂迄今，因革损益，名宦、乡贤、孝子、节妇，散佚未载。公数为咨访，将从前补续县志，捐赀刊刻，以补百年之阙。历任四载，诸凡毕举，十七里受安静之福。抚台奖云："政简刑清，不愧民牧。"

赵 端 字又吕，钱唐人，康熙十九年七月由贡元任。性慈和明敏，甫莅事，剔奸弊，讲教劝农，民畏而爱之。月课诸生儒，殿最奖励，拔其尤者，勒为成书。捐赀建奎阁于文庙东南隅，四郊各设乡塾，弦诵相闻，置学田，立义冢，劝开垦，新增之亩，视旧额有加，编审人丁于城隍庙，老死者去之，少壮者补之，积弊顿清，陋规尽革。设冰窖于城北以供部例，以免山海运驼之累。严行保甲，逃逋绝迹，一境肃然。壬戌春，大驾东巡，差使络绎，一切糗粮除道诸费，咄嗟立办，未尝派给于民。

教 职

明

吴 宜 山东滨州人，由岁贡万历二十六年任儒学教谕。言坊行表，士子矜式。捐俸置买学田三十亩以赈贫生，有碑记，祀名宦。

宋 坤 辽东人，由岁贡崇祯二年任本学训导。时值兵警，赖公调戢，兵民地方保全。

杜浤 字腾江，定兴人，由岁贡崇祯十年任本学教谕。行谊端悫，学问渊博，诲人仿胡文定教条，起衰式靡，一时士风丕变，庠弟子至今宗仰之，宜祀名宦。

教　谕

国朝

辛进修 新安人，由拔监康熙十七年二月任。律身以正，饬士惟谨。见明伦堂倾圮，捐资首倡，重修一新。学院吴奖"品学端雅，办事克勤。"

胡文蔚 通州人，康熙二十一年十月由岁贡任。饬躬训士，文教聿兴。癸亥岁试时，学院董深加奖励。

训　导

刘三德 顺义人，由岁贡康熙四年十月任。留心学校，躬督大工，夙夜匪懈，升赵州学正。

戈暶 景州人，由岁贡康熙二十年八月任。

典　史

王希彦 鄞县人，由吏员（康熙）六年八月任。奉职惟谨，不擅受一词，三十六地方供应陋规一切蠲革。学院蒋奖："供职勤渠，匪躬夙夜。"学院王奖："才猷敏练，遇事精详。"

王震芳 会稽人，由吏员康熙十九年八月任。供职谨恪，督率巡御地方，野无萑苻，四境宁肃。

科　贡

进　士

明

宣德

庚戌解　贯太仆寺少卿

天顺

甲（戌）[申]刘　珙刑部员外郎

成化

乙未赵　绣行人司行人

弘治

丙（戌）[辰]王　春翰林院检讨，改周府左长史

壬戌鲁　铎山东按察司金事

正德

戊辰翟　鹏兵部尚书，总督宣大等处六镇

甲戌王道中顺天府尹

隆庆

辛未王胤祥刑科给事中历陕西按察司副使

国朝

顺治

丁亥田国足江西饶州府推官

举　人

明

永乐

辛卯吴　杰湖广布政司参议

丁酉姚　政两浙盐运司副使

宣德

壬子白　璧山西沁水县训导

正统

甲子刘　钺浙江布政司布政

景泰

癸酉颜　真山东曹州训导

癸酉刘　□（钺）山西介休县知县

丙子欧阳懋浙江宁波府同知

成化

戊子吴　谦湖广蒲圻县学教谕

辛卯郭　钦河南遂平县知县

辛卯谢仲达河南孟津县知县

甲午黄　敬辽东盖州学训导

甲午金　茂山东昌乐县知县

丁酉刘　琦山东兖州府通判

丁酉刘　玟河南汝宁府通判

弘治

乙卯胡　宪山西大同府通判

正德

己卯周良臣山西沁州知州

嘉靖

己酉翟绍光

（己）〔乙〕卯白　经山东寿张县知县

万历

戊午王调元山东兖州府滕县、临朐县知县

崇祯

癸酉王胤吉

国朝

顺治

丙戌田国足饶州府推官

岁　贡

明

杨　建	户科给事中	乔　益	寿州知州
李　式	工部主事	朱　奠	光禄寺署丞
赵　通	韶州府经历	李　宸	沔阳州知州
李　昇	葭州知州	刘　本	严州府知府

周 郁	垣曲县丞	刘 清	猗氏县丞
赵 春		赵 祯	
李 显	户部员外	葛 永	华阴县丞
袁 节	青城知县	张 鹏	阳和县经历
张 建		冯 晟	
王 辅		张 端	
王 恂	崇德县丞	张 献	太康知县
陈 洁		张 勉	安乐知县
李 惠		王 幹	
赵 璧		董 鑑	
刘 俊	滨州判官	贺 祥	山西按察司经历
王 春	桐城县丞	周 密	荥泽知县
刘 芳		王 瑶	怀庆府知事
郭 瑄	西乡知县	吴 洪	上虞县丞
俞 讓	定远知县	马 驯	绥德州判
韩 昇		乔 嵩	长山知县
冯 彰	英山县丞	李 敬	
赵 宏		张 本	略阳知县
陈 琰	沁水县丞	朱 吉	定辽县丞
金 镛	光禄寺署正	单 雄	太原知县
姚 让	汝州州判	袁 通	扶风知县
白思谦		乔 忠	新野知县
王 绍	思明州吏目	郭 理	通州州判
邵 镛		王 楫	晋府奉祀
李 麟	安庆经历	张 琦	祥符县丞
孟 诚	泽州吏目	张 相	高密知县
堵 昶		李 昱	复州卫训导
胡 英		李 恕	范县县丞
周 南	盐城县丞	冯世宁	徐州州判

王　深		金　夔	武城县丞
王廷相	衢州府照磨	赵　通	嘉县主簿
乔　璜	长州县丞	刘　堂	中书舍人
袁　奎		陈　翱	临漳主簿
贺　表	宁海主簿	金　溥	江浦主簿
王廷纲	招远教谕	赵　铠	莱州府教授
赵　武		张　淳	茌平主簿
郭宗智	赵州吏目	陈文辉	
姚希贤		袁　栋	建水州吏目
陈　铠		张　诚	广宁卫经历
张　伟		陈文质	
石　坤	栖霞训导	马　镮	
赵　宏		徐　行	
潘士英	甘州卫知事	傅　金	观城知县
李　儒	绩溪主簿	朱　珍	京泰仓经历
潘　锦	宝丰县丞	谢恩诰	
杨　闰		冯学诗	武城教谕
乔明叙	崇德县丞	萧　韶	
王　凤	永城主簿	吴　锦	
袁　锡		杨　泽	
鲁　东	卢氏县丞	顾　伟	
赵　钦	金华知县	朱　跃	闻喜县丞
李　相		金　榜	
张尚质	崇信教谕	郭　相	临县教谕
陈　言	顺宁经历	黄　镇	大同训导
黄　钤	荥阳训导	吕光海	太平训导
王汝珍	延长知县	陈　清	招远教谕
王　卉	榆社训导	赵　相	中牟教授
赵　轩	容城教谕	朱自新	太平县丞

张九三	汝宁通判	丘维德	定兴教谕
朱正心	房山教谕	王嘉礼	赞皇教谕
杨凤仪	儒官	周尚卿	米脂知县
刘朝彦	汉中教授	傅如兰	沧州训导
周尚赤	丘县训导	黄道东	复州训导
陈所学		王学礼	
黄道南	训导	李蕴粹	知州
陈中行		周宗尧	
张曜	获鹿训导	袭承德	
苗来贡	训导	解所蕴	南阳府同知
赵桂	潞安教授	徐应登	真定训导
翟登云	训导	罗士佳	静海训导
贾继业	三河训导	郭典学	完县教谕
张东铭		袭祚	怀安卫训导
王际明	沔县知县	王之聘	巨野训导
田大有		张汉	密云训导
傅佳胤	山海卫教授	徐文耀	庆云教谕
王德育	蓟州训导	周之祯	
魏之璠	奉天经历	姚应光	
徐升	玉田教谕		

国朝

徐延周	奉天府训导	李弘涵	完县训导
陈谟	高阳训导	杨定国	密云训导
李惟艳		邹勷	萧山知县
张凤羽		田芳标	
鲁大治	铎之孙	解起元	
王运恒	调元次子	徐廷瑿	霖之曾孙、应登之孙
杨毓奇		陈治恒	

杨时盛　　　　　　　　郭永昌

副榜贡

明

杨国柱

恩　贡

周宗尧　　　　　　　　李蕴粹　东昌通判
翟凌云　兖州府同知　　萧奇栋　南阳府同知
温克敏　汉阳府同知　　郭永静　邵武府同知

国朝

俞秉直　阶州同知　　　赵君镛　考授通判
徐延荣　考授通判，改选新乡县丞，仍六品服俸
王　简　庄浪知县　　　张　复　考授县丞
钟蕃祉　　　　　　　　赵应瑞

准　贡

明

丁元会　山东乐陵县丞　张鹏云　河南灵宝县丞
郭朝元　考授州同　　　刘国玺　山东历城县丞
王之葵　徐州州同

例　贡

明

乔廷桂　宁州吏目　　　傅　扬　旌德县丞
张　政　大同县丞　　　陈献策　高密县丞
陈九畴　淇县主簿　　　贺　镛
傅　诱　上虞县丞　　　翟重光　鹏次子，卫辉通判
周嗣昌　裕州吏目　　　吕希周　自在州吏目
夏　卿　卫辉照磨

翟圻彦　鹏孙、重光子，信阳州吏目

周尚象　彻子，隰州吏目　　　贺　潜　德府审理

贺　瀛　南京东城兵马　　　　杨　桐

杨　相　　　　　　　　　　　金文炤　应州吏目

傅如箎　　　　　　　　　　　惠尚贤

夏尚质　　　　　　　　　　　俞　旸

杨　梓　　　　　　　　　　　杨　柱

王衍庆　胤祥子，鸿胪寺序班

国朝

萧　苇　渭南知县　　　　　　冯泰运　溧水知县

冯隆运　长山知县　　　　　　冯昌运　沁水知县

冯永潾　巨野知县　　　　　　张希思

张　霖　岁贡，工部营膳司主事

冯永洁　　　　　　　　　　　杨仲昌

唐之迪　　　　　　　　　　　冯永濼

张　雯　候选县丞　　　　　　张　霈

罗国玺　　　　　　　　　　　萧　范

武　科

进　士

明

嘉　靖

乙未周　径

万　历

庚戌李天培保定游击

崇　祯

癸未吴　迪守备

举 人

万 历

- 罗 泾
- 周德明
- 周尚文
- 陈复先 罗文峪守备
- 周光祖
- 李干城

将 材

- 惠 溥
- 才定国
- 钟国鼎

国朝

武 举

- 乙酉萧 篆
- 乙酉惠应诰 仪真千总
- 壬子张 震
- 甲子张正传

乡 贤 乡彦附

明

王 春 弘治丙辰进士，授翰林院检讨，侍寿王讲。出邸，迁春左长史。日以善道开悟，赐正四品服。庚申，改周府左长史，王在幼冲，启迪如在寿邸。（己）〔乙〕亥，以辅导勤劳，奏加三品服。庚寅，力求去。居乡以诗酒自娱，不交接权贵。嘉靖丙申，卒，祀乡贤。

鲁 铎 弘治壬戌进士，授岳州府推官，行取大理寺评事。以忤权珰，左降河内县丞。后起沂水令，擢刑部主事，转员外郎中，分巡辽海，历官山东按察司金事。解组归家，绝口不言产业。天性孝友，每事躬行实践，教子弟不专事举子业，晚好读书。所著有《过庭文集》。非公事未常有所请托，归林二十余年，士大夫识与不识，咸景仰其清风，入祀乡贤。

  翟　鹏　正德戊辰进士，授户部主事，抽分河西务。首革例金若干，诸商感德。出守卫辉，历四年，入觐铨考，天下第一。迁陕臬，兵备洮岷，转按察司，寻擢佥都御史，巡抚宁夏。至嘉靖二十年，有边寇，会推鹏提督北直、山东、河南等处军务。鹏至，平，复命还京，升兵部右侍郎兼右佥都御史，总督宣、大、偏、保等处军务。疏请兵粮以御边警，不报，寻谢事，还里。亡何，寇果深入，复起鹏，照前总督，斩获甚众。捷闻，晋秩兵部尚书。后以忌者中伤，被逮，卒于京。穆宗嗣位，始复官，恤赠赐祭葬如礼，宜（祠）[祀] 乡贤。

  王道中　正德甲戌进士，授安庆府推官，多异政。庚辰，升刑部主事。嘉靖初，转员外郎，升鸿胪寺右卿，旋转左卿。十二年侍经筵敬谨如一。乙未，改大理右卿。己亥，升顺天府尹。辛亥，卒于官。著有《黄斋集》。

  王胤祥　隆庆辛未进士，授河南偃城县知县，多善政。行取刑科给事中，以劾江陵夺情，外转河南金事，进四川参议、陕西副使。亲老辞归，杜门著书，不请托，邑大夫乡里钦其高。

  王调元　中万历戊午科举人，初署河南嵩县教谕，升山东临朐县知县，疏调滕县，历任多善政。丁丑，解组归里。生平不喜干谒请托，邦大夫经年不一见，邻里址畔有争者辄让之，三党之亲贫者周济不倦。时遭横逆不校，每饬子孙以耕读、孝友、勤俭、忍让为诫，乡里服其德量。

贡　士

  李蕴粹　字懿完。读书好古，痛恶樗蒲，乡人化之。由恩贡授东昌府通判，修筑河堤，工竣省银万余两，仍缴部，后升西安府乾州知州，有诰封。

徐应登 字子科，号进吾。敦行孝友，不昧孤侄遗金，乡党推重，以明经授真定广文。教人先德行而后文艺，不计束修之有无。公署敝坏，出家赀修理之，庠弟子景仰其高。

翟凌云 字昆瀛，由恩拔授山东肥城县令。不畏权势，除巨奸大蠹，擢兖州同知，浚河有功，省帑银四十万，为共事者所忌，罢归林下三十余年，闭门养重，称乡望焉。

萧奇栋 号擎元，由恩拔初筮山西蒲县知县。时流寇猖獗，骚扰地方，蒲邑凋残，民不聊生。公至抚循多方，悉备战守之具，百姓恃以安辑，一时戴之。寻升南阳府同知，卒于官，有诰封。

王际明 由贡生任清河县学博。秉性刚直，言行不苟。升陕西沔县知县，未半月，遭防兵通寇，夜袭破城，士民惊散。公执铁铜，率家童与敌，贼多有中伤者，公为乱矢所困，犹血战不屈。贼惧，乃却。未几，复挟忿调兵，严攻七月不下，积劳成疾，告休还里。路经临清之变，誓不偾生，登楼自焚。山左抚按以临难不苟于逆旅，交章入告，部覆方下，闯贼陷京师，未沾恤典，人至今痛之。

温克敏 字明宇。循循雅饬，行孚于乡，足为后学矜式，由恩选授湖广汉阳府同知，卒于官。

王之葵 由贡士任江南徐州河粮厅。智明胆决，不肯阿狗。当流寇之乱，州牧自焚，公亦坚求自尽，士民力救得免，以徐水陆要冲，南北限界，难治易乱，各宪司勉以代篆。公勉视事三载，抚恤疮痍，安辑流离，民得复业，一时称颂不辍。

王德育 字养吾，由明经任蓟州训导。介洁质朴，教诲有术，起衰式靡，楷模多士。上台将云："贤良方正，不愧司铎。"

国朝

郭永静 字上垣，由拔贡初授江西上饶知县，以守御功升绍兴府同知。莅任多异政，兵民安戢，士民镌石颂之。服阕，补邵武府同知，至今有政声于闽。

徐延荣 字仁甫，抚宁人，由恩贡考通判，改授河南新乡县丞，仍加六品服俸。居官一载，固辞而归。杜门谢客，不入城市，人咸重之。

邹 勤 字扶皇，任萧山知县。县素称难治，无久任者。公以慈俭御之。上怜其拙，民乐其宽。任及六载，始解组旋里，寒素如诸生时。

冯泰运 字羲轩，任江南溧水县知县。吏治精敏，尝捐赀二百余金，助修抚宁学宫及制铜冶祭器二百四十二件以光春秋祀典。

冯隆运 字明轩，初筮山东长山令。慷慨明爽，治政明断，士民钦服。及还里，笃友爱，崇信义，解人之纷，济人之急，乡党重之。

忠　孝

明

高 德 洪武年间归附，从征累立战功，除授副千户。洪武十四年，奉调征进云南金齿卫等处，所至奏绩。洪武十五年八月内，攻打阿白寨不下，与蛮寇对敌，奋勇争击，力战，死之。及云南平定，事闻，诰封明威将军、金指挥使司事，荫世袭指挥佥事。

周 建 本卫指挥佥事，成化十六年管界岭驻操营事。三月内寇入境，参将王宣督令截杀，至白石店，赶回被掠人畜辎重。至椴木岭，伏贼突出，前贼复回，两下夹攻，势已不支，犹以刃伤贼臂，群贼怒，争刃之。事闻，诏加实授指挥同知。后孙彻、径，彻显于武，径之子尚赤、尚卿显于文，人以为忠节之报云。

陈 舜 本卫指挥使，任黄花镇守备。嘉靖二十五年三月，内寇入境，公奋身率轻骑，持短兵截战，贼众我寡，死之。事闻，诏加都指挥佥事。

诏旌孝行

明

杨　珍　省祭官。雅重谦恭，克供子职。母早逝，事父惟谨，侍食侍寝，昼夜无怠，内外咸以孝子呼之。父疾笃，医药无效，亲口尝其父之便泄，以味甘知不能起，遂治后事如礼。父果卒，及葬，庐于墓侧，负土筑坟，三年乃归。事闻，诏立坊以旌其门。

金　镛　本县生员。父禧早逝，母高氏苦守育镛，凛然有松柏操，见《节妇志》。镛性孝，负米采薪，勤于供养，母恙即忧见于色，焚香祝天，愿以身代。进食必先尝其寒热，侍疾初不懈于朝夕。虽贫，尝奋志读书，由选贡累官至光禄寺署正，以清廉受诰，因母老乞归终养。生平慷慨，有古人风，居乡无纤毫之可訾云。母节子孝，萃于一门，允为后人仪型。

杨有成　本县生员。八岁丧父，即知哀毁。及母有疾，汤药亲供，卒之日，浆水不忍入口。柩出，结庐于侧，茹蔬啜粥，负土筑坟，日三次而三哭奠，历寒暑不辍。即边报紧急，心亦不为少动。旧有枯松，逾岁复活，时有禽鸟栖噪于上，人皆以为纯孝所致。事闻，诏立坊以旌其门。

袁　卉　本县民。素敦孝行，母早逝，及父没，庐于墓侧三年，蛇驯蓐次，地忽涌泉，人以为孝感所致。按院竖扁以旌之。

孙国贤　母萧氏故，庐墓三年，诏旌其间。

扁旌孝行

国朝

徐从新　武庠生。母性严，从新知遵母训，任侠好施，急公务，人服其义。本县扁旌曰"孝行可风"。

徐进孝　县民。其父徐行善，心痛几死，孝因家贫，父病无医，叩神许愿未偿，父病复作，进孝将镰割胸肉如掌，祷神还愿，父病立愈，将肉挂于庙前枣树上，经数月，鹰雀不忍食，亦不腐臭，人以为纯孝之感。本县扁旌曰"一乡称孝"。

刘从性 母李氏，年八十二，病卧不起，性赴本庄关帝庙，刲股祷神，情愿借寿与母，母病果愈。

赵名元 本县生员。母卒，筑庐墓侧，衰绖不去身，晨昏哭奠，三年始归。本县赵公给扁示奖。康熙二十年，督学吴公以其孝上闻，奉旌表。

贞 节

明

高氏 本县民金禧妻，年二十五岁，禧故，子镛方二岁。抚孤自守，舅怜其幼，勉谕适人，不从。人有慕其容者，争求之。氏闭户以艾灼面，勤女红课，镛读书。镛官光禄寺署正，封氏为孺人，年九十终。事闻，诏立坊以旌其门。

王氏 本县民乔润妻，年二十六岁，润故，男嵩在抱。氏以节自持，抚子成立，为邑庠生，由贡官山东长山县知县。氏守节，始终不渝。事闻，诏立坊以旌其门。

李氏 本县民姚斌妻，年二十七岁，斌故，男政方在襁褓，誓不他适。亲自纺绩，供政读书。政举永乐丁酉科乡试，累官两浙盐使。事闻，诏旌其门，以子贵赠太宜人。

王氏 本卫人翟昊妻，年二十五岁，昊故，子鹏方三岁。氏矢节自守，闭门绩纺，课鹏读书。虽至亲，亦不相见。鹏举正德丁卯科乡试，戊辰进士，授户部主事。事闻，诏旌其门。以子贵赠太安人。有翰林院修撰李廷相旌表叙。

刘氏 生员许俊妻，年二十四岁，俊故，遗孤幼弱。氏昼夜勤女红，给衣食，抚子成立，八十岁卒。事闻，诏立坊以旌其门，今废。

李氏 本县民金鼐妻，年二十八岁，鼐故，无子。氏贞烈自励，誓不他适，感翁妾张氏、刘氏同守，衣食屡乏，节操愈坚。事闻，诏旌"一门三节"。

袁氏 生员贾真儒妻，年二十八岁，真儒故，氏遂绝饮食，欲从夫于地下。亲属劝之者曰："上有孀姑，下有幼子。若死，奚所赖焉？"氏始悟，勉进饮食，亲女红，敦俭朴，事姑教子。其子继志，增广生；继业，廪膳生，皆氏之抚成也。年逾七十，妇道、母道，克尽无遗。按院先旌以扁，俟题请焉。

华氏 本卫军余华寿女，母潘氏，年二十五岁。寿告回原籍，取讨军资，杳无音耗。时女方五岁，母曰："夫去不回，女幼无倚，我将何之？"于是，誓守弱息，贫苦不恤。及女稍长，母欲议婚，女曰："母为我守，我安忍离母哉？"亦誓与母共甘苦四十年，母故，遂柩母于床侧，其节益励。破屋半间，风雨不支，衣食屡缺，惟闭户持斋诵经。至万历七年病故，邻里怜之，为之助棺举葬焉。知县徐汝孝上其事，诏旌其门为"贞孝之门"。

赵女 一片石军人赵来住之女，年一十四岁。其母有事于邻家，有驻劄军马铎窥母不在，假借针以挑女，女怒，以手批其面，军惊走，俄而思曰："我女子尚未适人，贼军辄敢清平白昼以淫语戏我？安用生为？"竟自缢死。时本府知府张公世烈勘其事，置军于法，以雪其耻，仍为之营葬，树〔竖〕碑坊以旌其列焉。

王氏 县庠生王尧相妻，年二十一岁，相故，昼夜号泣，勺水不入口。姑以姑老子幼谕之，始毁容截发，勉事鞠育。及姑病痿，饮食扶掖，克尽其孝。姑卒，祭葬如礼。纺绩训子，三十九年如一日。万历戊午，子调元领乡荐，直指刘公思诲以"铮铮一具铁心，凛凛满腔血性。姑无缺养九泉，子职尤供；子赖成名半世，书香不泯"，具题建坊旌表。

扁　　旌

朱氏 李鹤年妻，年二十六岁，夫故守节，抚孤天培成名。扁旌曰"孀节松龄"。

范氏　民任子孝妻，年二十七岁，夫故，茹蘗食苦，矢心柏舟。扁旌曰"鹤龄松节"。

惠氏　州同郭朝元妻，年二十九岁，夫故，抚孤游庠。扁旌曰"矢柏和丸"。

贾氏　杨枝盛妻，年二十四岁，夫故，抚孤游庠。扁旌曰"矢志诒经"。

周氏　民温应学妻，年二十四岁，夫故守节，抚孤成立。扁旌曰"贞节"。

祝氏　都司陈复先妻，（夫）故，抚孤成立。扁旌曰"贞节"。

惠氏　茹英妻，年十九岁，夫故，抚继侄，苦守终身。扁旌曰"天植贞操"。

傅氏　廪生王有庆妻，年二十七岁，夫故守节，抚孤游庠，享年九十。扁旌曰"松筠节寿"。

徐氏　生员傅大成妻，年二十七岁，夫故守节，抚三子皆游庠。扁旌曰"孝慈贞寿"。

张氏　生员萧春育妻，夫故，守孤成立。扁旌曰"共操孟训"。

单氏　生员萧奇幹妻，夫故，守节，抚孤游庠。扁旌曰"节孝可风"。

杨氏　生员钟朝杰妻，年二十七岁，夫故守节，抚孤游庠。扁旌曰"感燕和熊"。

董氏　民王隆明妻，年二十七岁，夫故守节，抚孤游庠。扁旌曰"孝慈节寿"。

杨氏　民李守敬妻，年二十四岁，夫故守节，抚孤成立。扁旌曰"清节遐龄"。

鲁氏　民刘天学妻，夫故，守节终身。扁曰"节孝"。

高氏　丁亥进士田国足妻，年二十七岁，夫故守节，抚孤游庠。扁旌曰"柏节遐标"。

史氏　民赵中正妻，夫故守节，抚孤成立，享年八十。扁旌曰"高节遐龄"。

栾氏　民马承爵妻，年二十一岁，夫故，子方在抱，上奉孀姑，下抚孤儿。扁旌曰"一门节孝"。

张氏　生员田如梁妻，年十九岁，夫故，抚子游庠。扁旌曰"节坚金石"。

张氏　罗士俭妻，夫故守节，抚孤成立。扁旌曰"节凛冰霜"。

王氏　民杨会妻，年二十二岁，夫故，遗孤在哺，苦守成立。扁旌曰"节凛秋霜"。

杨氏　民张国仕妻，年二十二岁，夫故，子甫三岁，抚孤守节。扁旌曰"贞节"。

刘氏　民杨凤翼妻，年二十四岁，夫故，守节抚孤，备尝艰苦。府扁旌曰"幽谷之兰"。

田氏　生员陈斯文妻，年二十五岁，夫故，抚子成立，苦守六十余年。

党氏　民惠应征妻，夫故抚孤，守节终身。

夏氏　生员丘行三妻，夫故，子女俱无，守枢四十余年，病故，亲族为之合葬。

惠氏　生员茹良翰妻，年二十七岁，夫故，守节，年至八十而终。

黄氏　民焦朝卿妻，年十七岁，夫故抚孤，守节终身。

杨氏　民朱廷佐妻，年二十四岁，夫故守节，抚孤五十余年。

贺氏　民孙承宗妻，年二十岁，夫故守节，抚孤成立。

郭氏　民郑起鹃妻，年二十七岁，夫故守节，抚孤成立。

惠氏　民钟之彦妻，年二十四岁，夫故守节，抚孤成立。

董氏　民齐步瀛妻，年二十二岁，夫故守节，抚孤成立。

赵氏　民齐应聘妻，年二十四岁，夫故守节，抚孤成立。

惠氏　民傅禀成妻，年二十八岁，夫故，无子，苦节八十余岁。

张氏　总旗田芳显妻，年二十岁，夫故，无子，守节六十余年。

傅氏　民贾一麟妻，（年）二十岁，夫故，子女俱无，守节四十余年，以寿终。

任氏　生员唐之魁妻，年二十岁，夫故，守节四十余年。扁旌曰"贞节"。

翟氏　生员王辅妻，年三十岁，夫故，守节三十余年。扁旌曰"贞节"。

孙氏　民陈天禄妻，舅姑以无子令改嫁，不从，自缢死。人奇其节，惜未旌表。

陈氏　民单勉行妻，年二十三岁，夫故，抚孤守节，历今八十余岁。扁旌曰"贞节"。

杨氏　生员陈鸿策之侧室，夫故，守柩十余年，茹蘖食贫，苦节终身。

陈氏　生员冯永清妻，年二十八岁，夫故守节，抚孤成立。扁旌曰"彤管有光"。

邹氏　民杨克礼妻，年二十岁，夫故无子，坚志守节，历今八十有余。

马氏　武生金启成妻，年二十七岁，夫故，无子，苦守，奉事舅姑，族人怜之，为继侄立后。扁旌曰"贞节"。

王氏　知县萧苇妻，年二十四岁，夫故，矢志苦守，抚孤成立。扁旌曰"节孝德门"。

张氏　王一元妻，年十九岁，夫故，家贫，姑老，子未周岁，苦守五十余年。

张氏　王晏妻；祖氏，王振祖妻，夫故，子皆周岁，苦守成立。"姑媳双节"。

陈氏　生员高科妻，年二十四岁，夫故，子方在抱，抚孤游庠，苦节五十余年。扁旌曰"贞节"。

赵氏　民王址妻，年二十五岁，夫故，苦守三十六年。

赵氏　武生员杨毓英妻，年二十七岁，夫故守节，抚孤成立。

刘氏　高庭桂妻，夫故守节，抚孤成立。扁旌曰"孝慈仁寿"。

陈氏　生员茹春芳妻，年二十七岁，夫故抚遗孤良弼、良翰、良佐如己出，训诲成立，良翰游庠，食饩。年八十六卒。事闻，诏旌其闾。

陈氏　校尉杨凤鸣妻，年二十五岁，夫故，苦守励节，抚孤成立，年七十卒。事闻，诏旌建坊。

陆氏 生员王绍先妻，年二十一岁，夫故，无子，遗女才六月。氏绝饮食，矢志殉夫。姑嫜慰以抚养遗女，女后夭殇，氏自缢。康熙二十年，督学吴公以节烈上闻，诏旌其闾。

武　　勋

抚宁侯朱　永 少读书，勇健多谋略，累立战功，封（武）[抚]宁伯。成化二年五月，襄阳贼刘千斤借号，势甚猖獗。事闻，上命永为平远将军，与兵部尚书白圭总两京诸路兵讨之。贼众脱走，负险阻，老我师。永奋勇，破其巢穴，斩首九百余级，贼遂溃，既而又战于古路山，斩首一万有奇，擒千斤及贼将苗龙、刘长子、石和尚等百余人。班师，论功永进封抚宁侯，加圭太子太保。成化四年，蒲四反，上敕永偕定襄伯郭登率京军四万以往。贼据险力阻，时廷议添兵，永坚主坐困之策，相持三月余，贼刍水俱乏，人马多死。我军设伏东山，蒲四出战，遂为所擒，械送京师，诛之。论功，加永禄米四百石，寻进封公。

萧　升 本卫指挥佥事，举将材，升马兰峪参将。嘉靖癸巳，大同内变，结连外寇。兵部会推公以副将协守大同等处。公至，兵事戒严，内外不通。公诣军门，献倒剿计，贼遂瓦解，寻升前军都督府都督佥事，镇守蓟州等处。十九年，卒。讣闻，诏赐恤典葬祭。

周　彻 本卫指挥同知建之子，举将材，累升保定副总兵。嘉靖二十三年，寇犯浮图峪，锋甚锐，震动京师。公兵仅七千，夜发蜚狐峪，遇贼，自辰战至申，箭中贼首，少却，乘胜击之，计四日而贼北。捷闻，赐玺书奖劳，特升右军都督府同知，镇守蓟州等处。二十一年，兵部会用参神机营将事，因监造不如法，（摘）[谪]戍，卒。

钟　杰 本卫指挥佥事，举将材，累升独石参将。

丘　陵 本卫指挥佥事，举将材，累升葛峪堡参将。

吴尚贤 本卫指挥佥事，举将材，累升太平寨参将。

刘　恩　本卫指挥同知，举将材，升龙门守备，寻金万全，转大同都司。公好义乐施，乡党有婚葬不能举者，捐资助之。嘉靖十七年荒，公礼富民，劝粮七百余石赈济，活者甚众。

曹　纲　本卫指挥佥事，举将材，升河间游击。

刘　涵　本卫指挥同知，举将材，升遵化守备，累升神机营游击。恩之子。

张绳武　本卫指挥佥事，举将材，升黄花镇守备。

萧继英　本卫指挥佥事，举将材，升遵化守备。升之子。

周　德　本卫指挥佥事，举将材，升遵化守备，以勇锐调喜峰口，寻转永平游击。彻之弟。

高维祺　本卫指挥佥事，举将材，升蓟州守备。先是缮城，勤劳懋著。丁卯，外寇拥众剽掠，公率众捍御，调度得宜，寇知有备，乃引去。

魏拜辅　本卫指挥佥事，举将材，升保安守备，累升三屯营都司，为镇守中军。

吴继璘　本卫指挥佥事，举将材，升八达岭守备。尚贤孙。

谢宗鲁　本卫正千户，举将材，升灰岭口提调。

高万里　本卫指挥佥事，举将材，升灰岭口守备。维祺子。

张耀先　本卫指挥佥事，举将材，升黄土岭关提调，复迁界岭提调。

刘　爋　本卫指挥同知，举将材，升义院口关提调，今掌卫印。涵之孙。

国朝

萧奇楹　临清左营参将，居官数载，持身冰蘗，林居食贫，无所干谒，士论重之。升之孙。

惠应诏　四川总兵。

惠应诰　仪真守备。

王度冲　镇守重庆提调汉土官兵总兵官、左都督，世袭哈番。

惠占春　总兵官应诏子，以父荫阿达哈哈番，历任徐州副将，今升济宁总河标下副将，加衔都督府同知，任沂州总兵。

貤 封

金　禧　以子铺贵赠光禄寺署正，妻高氏封孺人。

姚　斌　以子政贵赠妻李氏赠宜人。

王　荣　以子春贵赠奉议大夫，妻倪氏赠宜人，朱氏赠太宜人。

王　春　以子道中贵封奉议大夫，妻封太宜人。

鲁　海　以子铎贵赠承德郎、福建清吏司郎中，妻邢氏赠太安人。

鲁　铎　封奉直大夫、山东按察司佥事，妻张氏封宜人。

翟　昊　以子鹏贵赠户部主事，妻王氏封太安人。

翟　鹏　封资政大夫、兵部尚书，妻傅氏封太夫人。

王　枕　以子胤祥贵，一封河南偃城县知县，一封征仕郎、刑科给事中，奉恩诏加四品服。前妻祁氏赠孺人，妻单氏一封孺人，再封孺人，奉恩诏加四品服。

王胤祥　一封文林郎，再封征仕郎、刑科给事中，妻傅氏一封孺人，再封孺人。

张　楫　以子九三贵赠登仕郎、国子监学正，妻□氏赠□人。

李□□　以子蕴粹贵赠承德郎，妻□氏封□人。

萧春台　以子奇栋贵封文林郎，妻周氏封孺人。

萧奇栋　封文林郎，妻陈氏赠孺人，继妻张氏封孺人。

国朝

胡景鼎　以子松贵封奉政大夫，妻冯氏封安人。

王　凤　以子度冲贵封荣禄大夫、左都督，妻□氏封夫人。

耆 德

明

翟　昊　天性温厚，与物恂恂，人有侮者，受而不报，若太怯者。见义辄勇为之，至辜恩负贷之辈亦无愠色，苛辞以相较，遇颠连疾苦者，尤爱惜焉，如解衣推食，其常也，行谊卓荦，入祀乡贤。

许　敬　本县宣北人，景泰三年大饥，出粟八百石赈济。事闻，诏旌其门，有尚义坊，今废。

王　信　抚宁卫人，进士王胤祥之祖也。成化七年大饥，出粮米八百石赈济。事闻，诏旌其门，有尚义坊，今废。

徐　霖　养孤侄，产金均分，横逆不校。生平以积德宽忍为务，乡人重之，邦大夫高其行谊，给授官带。三子九孙，无一白丁。青箱世世不替，人以为积善之报。

王天相　好施乐善，不遗余力，结庵以斋缁黄，捐谷以济军需。本县扁旌曰"耕读乐业，泉石幽贞"。今子孙显达，人以为好善之报。

冯守业　尚义乐施，捐资活贫，输粟救荒，今子孙显达，人以为好善乐施之报。

国朝

赵夔龙　兄弟同居，乐举善缘，年登八十，子孙多游庠序，乡人重之。

杨重望　系武庠生，赋性和平，好施乐善，义方教子，品隆乡介。

惠文俊　由吏员外任海宁大使。清慎老练，士民德之，居乡好礼。巡抚扁旌曰"雅操高风"，享年八十四岁。

旌　善

明

县民杨　念　治家严肃，一门雍睦，七代不分。本县扁旌曰"七世同居"。

郭纯学　乐善好施，明万历间值岁荒，捐米赈饥。本县旌其门曰"纶褒左券"。

黄应科　修建观音堂，募化香火田二十四亩。族人黄大领家贫，转徙失业。科招回，将己田一顷二十亩给养。扁旌曰"乌台旌善"。

钟　钺　孝友倜傥，有大节，旌善扁云"行孚月旦"。

高　鑑　质朴未学，敦善行，事亲孝，抚两兄子。姓之孤者，周贫助乏，务农课子，乡人服其长厚。扁旌曰"教子成名"。

王一介　宽和乐善，蔼吉依人，恤难周急，一乡称为长者。本县扁旌曰"德寿兼隆"。

国朝

单择中　武庠生，持身醇谨，教子严肃。冬月舍米柴济寒，子孙多游庠序，乡人重之。

徐应虎　天性耿介，尚义乐施。本县扁曰"一乡善士"。山石道吕扁曰"德寿轶伦"。

张敬铭　尚义急公，孝友信果，寿享耄耋。本县旌扁曰"德副舆情"。

陈王基　系武庠生，耕读教子，修建庙宇，不出入公门。

杨启祥　武庠生，性质朴直，行敦谨，力田课子，足迹不入公门。

乡饮宾介

王天相	冯守业	鲁养心	贾继业	惠文俊
王　凤	萧春台	惠文秀	惠定边	徐文耀
周业隆	单笃行	李弘函	杨重望	魏之璠
张鹏云	袁应瑞	赵夔龙	祖思问	孙振祖
陈交泰	吴光先	萧奇楫	徐廷瑿	王之宰
王俗美				

侨　寓

朱国梓　号邓林，辽东前屯卫人，大将军朱梅之仲子也。由明经历兵部守山海关，升永平兵备，持正不阿。值国变，削发誓墓，以母老未遂殉节。就舍侍养，注书赋诗，垂钓傍水岩间。其弟国祯庐父墓，卒于墓侧。妻刘氏守节，抚孤运芳成立。忠孝节义，萃于一门，人以为大将军仁恕之报。

方 伎

黄象奎 江西赣州人，原姓李，名逢月，天启辛酉科乡荐两当知县，以土寇破城，逃匿至滦州，祝发萧寺。诸生蔡君见而异之，劝勉畜发，与共笔砚开馆横经，后教授抚宁，多士出其门。公邃于《易》，精岐黄之术，施药济人，全活甚众，卒葬紫荆山下。

仙 释

沈 环 本县深河堡人，幼得仙术，言祸福多奇中。相传于嘉靖某年值元宵日，与妻弟某骑木凳腾空跨海，到蓬莱县看灯，环半夜即回，遗妻弟彼处，丐食而归，呼吸导引，后不知所终。

明 见 号弗一，四川人，以国变祝发，住锡卫城隍庙中。庙僻，人昼不敢入，弗一子处诵经茹淡，起居宴如，历十余年，以五月七日坐化，面如生时。三日后，火其龛塔于大安寺之东。

‖ 卷之八 ‖

秩祀载在令甲，则有殿坛祠场。而神于土，庸于民，则专祀于邑。前创后因，遵行惟谨。若夫缁宇黄庐，咸载无遗，亦揽胜探幽者，所以不靳也。

风云雷雨山川坛 南门外，春秋仲月上巳日祭。

社稷坛 在西门外，春秋仲月上戊日祭。

邑厉坛 在北门外，清明日、七月十五日、十月初一日祭。

城隍庙 在县治东南。

文　庙 在县治东南，春秋二祭。

文昌庙 在文庙东，春秋二祭。

魁星阁 在西城上。以堪舆说文星宜巽方，知县谭琳捐俸创建于城南紫荆山上，春秋二祭。

武　庙 在明伦堂西。教谕聂应闻捐资倡输创建，春秋二祭。

马神庙 在县治东，春秋二祭。

八蜡庙 在北关外，春秋二祭。

关帝祠 在西门内，春秋二祭。

火神庙 在县治西南，春秋二祭。

卫城隍庙 在治西。

旗纛庙 在县治西北，霜降日，卫官祭，今废。

庙　寺　附

龙王庙 在西门外。明知县徐汝孝建，后废，仅存基址。康熙七年五月，知县王文衡祷雨感应，鸠工重建。

真武庙 在县治西北。

东岳庙 在县东关外，颓坏已久。康熙十七年，知县刘公馨捐赀，协同合县重修大殿、两廊寝宫，灿然一新。增修南北禅堂各三间，厢房各二间。

碧霞元君祠 在西门外。

三皇庙 在北门外。

玉皇庙 在县治西南。

增福庙 在县治西北。

三官庙 在县治东南。

五道庙 在北门外。

大安寺 在西门外。

碧岩寺 在县东北一百里。峰岗环绕，花木森秀，今废。

观音寺 在县治西南，习仪于此。

广化寺 在县东北八十里。

角山寺 在县东一百里。

石佛寺 在县南十五里。山林耸秀，泉石渊深。

蟠桃寺 在县东北八十里。

圣水寺 在县北三十里。山舍有二泉，冬夏不涸不溢，屡汲不竭。登其巅远观，海天一色。下有石棋盘，人传有仙人对奕于此，久废。僧超恩募化重修。

水峪寺 在县西北四十里。楼台掩映，泉壑环流。

长城寺 在县东北九十里，在古长城上。

龙泉寺 在县南二十里。

清滦寺 在县北十二里。

栖霞寺 在县西南十二里。山林幽邃，涧水潺湲，尤宜避暑。

旧县寺 在县西二十五里，即抚宁旧治。

福胜寺 在县北十二里西。有小石柱，呼之辄应。

报国寺 在县东（八）［六］十里，即旧海阳城中。

台头寺 在县北三十里。

圆通寺　在县西二十里。

崇兴寺　在山海关西城。

聚会寺　在县西三十里。

杏虎寺　在县东北八十里，废。

清凉寺　在县东十五里。

水月寺　在县南三十里。

崇福寺　在县南三十里。

望海寺　在县东南三十里。

庄头寺　在县东南三十五里。

隆兴寺　在县东南四十里。

清源寺　在县南二十五里。

福胜寺　在县东六十里。

柳会寺　在县东六十里。

东联寺　在县东南四十里。

元方寺　在县东三十里。

慈氏寺　在县东北二十里。创于元，内有古柏二株，大数十围，势冲霄汉，苍翠可爱。

云城寺　在县西北三十里。

龙岩寺　在县东南十八里。

香山寺　在县西北三十里。

东流寺　在县东北一百里。

五泉寺　在县东一百里。

沙河寺　在县东二十五里。

团云寺　在县东一百一十里。

云滦寺　在县西北四十里。

灵鹫寺　在县东北一百十里。

中峰寺　在县东北一百里。

椒园寺　在县西七里。

法云寺　在县东四十里。

清峰寺　在县东北三十里。

石桥寺　在县东北一百里。

隋石寺　在县北一百里。

弥陀寺　在县北六十里。

三圣祠　在北关外。

潮水寺　在县东六十里。

观音堂　在南关外。

金峰寺

慈悲寺

秋月寺　在城北天马山西岭上，庠生杨修道重建。山无泉，杨尔祚创僧舍，凿井得泉，有三鱼纯白，因立石以记其胜。

寻真观　在城北二十五里，即俗名蚂蚱庵。

五静庵　在县东北白云山一百二十里。

白衣庵　在县东关。

永芳寺　在县东南三十里。

观音寺　在县东二十里。

地藏庵　在卫胡同女道陈氏募建。

南天门洞　僧寂禄募建。

圣水寺　在干涧堡北青华山上，久废。道人刘云鹤筑舍修炼于此。

‖ 卷之九 ‖

礼有三本，用以轨物齐民，况呼嵩庆祝，布令行春。朝廷之钜典，即沴愆禳救，饮社读法。邦国之旧章，筮任而立之，仪宾兴而著之式，惟虔惟敬，引于勿替云尔。

凡庆祝，恭遇圣寿、长至、元旦，知县率僚属先一日习仪于观音寺，安奉龙亭于县堂中，设仪仗于露台之东西，明五鼓，具朝服，行礼如仪。

凡开读，恭遇诏书、敕书至县，具龙亭綵舆，仪仗鼓乐，率僚属师生出廓迎至县堂，行礼如仪。

凡日食至日，结綵向日，设香案于露台上，设金鼓乐器，僧道诸人于露台东西，知县率官吏师生人等，具朝服，救护如仪。

凡月食同日食，行礼止穿青服。

凡鞭春，立春先一日，县官率僚属吉服，鼓乐彩具，出东郊，迎春于县二门外。土牛南向，安于门之西。芒神西向，安于门之东。赴堂春宴，明五鼓，具朝服，祭芒神毕，鞭春，仍送春于各士大夫家。

凡新官到任，先一日，至城隍庙启神，明五鼓，或吉时赴庙祭神，然后赴县祭门，具朝服，行谢恩礼，更服上任，谕僚属报参，祭灶如仪。

朔望行香，县官早诣学宫，师生拱候于学门外，谒庙礼毕，登明伦堂，讲书课，有赏罚。

乡饮酒礼。每岁正月十五日、十月初一日举行。有司设席明伦堂，以致政有贤声者为宾，乡人有齿德者为二介，讲书献酬，行礼如仪。

宾兴附

举人会试，生员乡试，有司礼送饯赆如仪。

乡会中式，捷音至县，有司备礼往贺，竖旗悬扁，回日遣夫马伞盖，金鼓结彩，迎于郊，有司设宴以待。

岁贡应贡者，有司礼送考试。考中之日，备礼往贺，竖旗悬扁。赴部日，夫马路费，照例举行。

乡饮酒礼

主先至明伦堂候宾，执事生员二从庠门外，由仪门进至堂下，一揖右报云："宾至。"左云："请主迎宾。"四礼生引主出庠门外，通赞唱＿＿＿揖平身。初让请升门，至仪门唱，揖平身。再让请升阶，至丹墀下唱，揖平身。三让请升堂。四礼生檐下立，宾就西立，主就东立。通赞唱，宾主答拜。两拜毕，通赞唱宾主以下各序坐。引赞至宾前唱，请诣宾位；至主前唱，请诣主位；至介前唱，请诣介位；至司正前唱，请诣司正位；至僎前唱，请诣僎位；至僚属前，唱请诣僚属位。通赞唱讲读律诰，供律案，讲读者至案前。通赞唱揖平身，讲读读毕，唱揖平身。彻律案扬觯。引赞至司正前唱，请诣扬觯位，揖平身。扬觯又唱揖平身复位。通赞唱，宾主献酬。引赞至主前唱，请诣宾位。引至宾前唱，揖平身，主献宾，揖平身复位。至宾前唱，请诣主位。至主前，唱揖平身。宾酬主，揖平身复位。通赞唱，宾主以下皆坐，斟酒请酒，供馔请馔。初饭毕唱，歌诗，宾主以下皆起，歌《鹿鸣之诗》。歌诗毕，唱宾主以下皆坐，再饭唱，歌《菁莪之诗》。三饭唱，歌《南山有台之诗》，仪如初饭。三饭毕，唱休咎无算，宾主以下皆起。四礼生引向西北谢恩，五拜三叩头。宾东主西立，通赞唱，宾主答拜。两拜毕，通赞唱，主送宾于庠门之外。至门外，唱揖平身，宾主以下各序退，主大门内拱立，报宾者云，宾不顾矣。

律 诰

乡饮酒礼，所以叙长幼，论贤良，别奸顽，异罪人。其坐席间，年高有德者居于上，年高淳笃者并之，以次序齿而列。其有曾违条犯法之人列于外坐，不许干于善良之侧。乡饮酒礼，凡乡饮酒礼已有定式，违者笞五十。

扬 觯

恭惟朝廷率由旧章敷崇礼教，举行乡饮，非为饮食。凡我长幼各相劝勉，为臣尽忠，为子尽孝，长幼有序，兄友弟恭，内睦宗族，外和乡里，毋或废坠以忝所生。

正殿丁祭礼

主祭官，名宦祠更衣，签押至戟门内，暂立。通赞先行至殿台上唱，执事者各司其事。陪祭官各就位，主祭官就位，引赞唱就位。引至位前，东通赞唱瘗毛血；西通赞唱迎神。通赞唱鞠躬四拜，主祭官奠帛行初献礼。引赞唱诣盥洗所，着水进中，诣酒尊所酌酒，诣至圣先师孔子前，跪奠帛献爵，俯伏兴平身。诣复圣颜子神位前，诣宗圣曾子神位前，诣述圣子思子神位前，诣亚圣孟子神位前，奠献如一诣读祝位跪。通赞随唱皆跪，引赞唱读祝文，俯伏兴平身复位，行亚献礼，行终献礼，俱如初献、亚献。时通赞唱行分献礼，三献礼毕，通赞唱饮福受胙，引赞唱诣饮福位，跪饮福酒，受福胙，俯伏兴平身复位。通赞唱鞠躬两拜礼撤馔。西通赞唱送神，东通赞唱鞠躬。四拜礼读祝者，捧祝奠帛者，捧帛各诣瘗所，引赞唱诣望瘗所，祝一板帛，一段唱至九段唱，焚帛毕，引至殿前，西通赞唱礼毕。

祝　文

维某年岁次　月　朔　越　日，直隶永平府抚宁县知县某，敢昭告于至圣先师孔子之神，曰："惟神德配天地，道贯古今，删述六经，垂宪万世。今兹仲春、秋，谨以牲帛醴齍，粢盛庶品式陈。明荐以复圣颜子、宗圣曾子、述圣子思子、亚圣孟子配，尚飨。"

正殿省牲礼

从大门前引至殿前，揖平身，诣省牲所，由西边出戟门外，至牲所，请省牲揖平身，复到殿前，省牲毕，俱通赞唱。

启圣公祝文

维　年　月　日，某官敢昭告于先贤启圣公之神，曰："惟神诞生，圣嗣实万代帝王之师表。今兹仲春、秋云云。"

文昌宫祝文

惟神化神，千年道昌，百世光岳，灵英翼张，精粹桂籍，专司文明，是裨相我抚宁，佑此多士科第，后先永永弗替。尚飨。

厉　文

维　年　月　日，某官等遵奉圣旨，普天之下，后土之上，无不有人，无不有鬼神。人鬼之道，幽明虽殊，其理则一。天子祭天地神祇及天下山川，各府州县祭境内山川及祀典神祇，庶民祭其祖先及里社土谷之神。上下之礼，各有等第。此事神之道如此。尚念冥冥之中，昔为生民未知何故而殁，其间有遭兵刃而死者，有死于水火盗贼者，有被人取财而逼死者，有被人强夺妻妾而死者，有遭刑祸而负屈死者，有天灾流行而疫死者，有为猛兽毒虫所害者，有为饥饿冻死者，有因战斗而殒身者，有因危急而自缢者，有因墙屋倾颓而压死者，有死后无子孙者，此等鬼魂，或终于前代，或殁于近世，或兵戈扰攘，流移于他乡，或人烟断绝，久缺其祭祀，姓名泯没于一时，祀典无闻而不载。此等孤魂死无所依，精魄未散，结为阴灵，或倚草附木，或作为妖怪，悲号于星月之下，呻吟于风雨之时，凡遇人间节令，心思阳世，魂杳杳以无归，身堕沉沦，意悬悬而望祭。兴言及此，怜其惨凄，故敕天下有司，依时享祭，仍命本处城隍以主此祭，钦奉如此。今某等不敢有违，谨设坛于城北，以三月清明、七月十五日、十月一日置备牲醴羹饭，专祭本县阖境无祀鬼神等众灵，具不昧来飨此祭。凡我境内人民倘有忤逆不孝、不敬六亲者，有奸盗诈伪不畏公法者，有拗曲作直欺压良善者，有躲避差徭靠损贫户者，似此顽恶奸邪不良之徒，神必报于城隍，发露其事，使遭官府，轻则笞决，杖断不得号为良民；重则徒流绞斩，不得生还乡里，若事未发露，必遭阴谴，使举家并染瘟疫，六畜田产不利。如有孝顺父母，和睦亲族，畏惧官府，遵守礼法，不作非为良善正直之人，神必达之城隍，阴加护佑，使其家道安和，农事顺序，父母妻子保守乡里，我等阖境官吏人等如有上欺朝廷，下枉良善贪财作弊蠹政害民者，灵必无私，一体昭报如此，则鬼神有鉴察之明，官府非谄谀之祭。尚飨。

‖ 卷之十 ‖

发政施仁，必先无告。古有五十赐帛，七十赐肉之例，凡以养民也，而致治之美，恤民疾苦，泽及枯骸，何惠之渥欤？然乘舆济人，惠而非政，故徒杠舆梁，民不病涉，政有大体，良有司咸加意焉。

养济院　在县治东南。孤贫残疾，老幼无依者，核实矜恤收养。知县王文衡因口粮奉裁，每名设备养给。知县谭琳复捐俸，优其廪饩。

漏泽园　在县北门外，今改东门外。

惠民药局　在县治东，今废。

阳河桥　七处：一在县西一里，一在县南二里，一在县东五里，一在县西北八里，又一在县西北十五里，又一在西北三里，一在正北三十里。以上七桥，水寒则设，水泛则拆，俱有司修理。

冰　窨　在县城西门外洋河左侧。部例每岁积冰三百块，抚邑旧无冰窨，转寄山海。溽暑驮运，岁费夫役银若干，且缓急无济。康熙二十年，知县赵端相度地势，捐资创设。二十一年，圣驾东巡，供应一切，扈从往来，差使取之立至，上无时日之淹，下无跋涉之苦，节费恤民，遂为定制焉。

义　冢　在城东片石山路北。康熙二十一年，知县赵端捐赀买自生员钟朝鼎同其婶魏氏地十二亩，原契存库。

本宗九族五服正服之图

凡嫡孙父卒为祖父母承
重服斩衰三年若为曾高
祖父母承重服亦同祖在
为祖母止服杖期

凡男为人后者为本生
亲属孝服皆降一等惟
本生父母降服不杖期
父母报服同

高祖（即大太公大太婆）

曾祖（即太公太婆）／堂曾叔祖父母 缌麻（公太伯叔公太伯叔婆）谓曾祖之兄弟及妻即伯叔祖父母

祖父（即公婆）／伯叔祖父母 小功（婆叔公叔婆）谓祖之亲兄弟及妻即己之伯公伯／从祖祖父母 缌麻 谓祖之同党兄弟及妇即公之伯叔兄弟

父 衰斩／伯叔父母 期年（母叔婶）谓父之亲兄弟及妻即己之伯／从伯叔父母 小功 谓父之伯叔兄弟及妻／再从伯叔父母 缌麻 谓父之再从兄弟及妻即父之同曾祖

己／兄弟期年 大功（弟及妇妻）谓己之亲兄弟及弟妻／从父兄弟 大功（及妻缌麻）谓同祖伯叔兄弟及妻／从祖兄弟 小功 谓同祖伯叔兄弟之子即己／再从兄弟 缌麻 谓父之伯叔兄弟之子即己之子妻无服／三从兄弟 缌麻 谓同高祖兄弟（谓三从兄弟）

长子 妇期年／侄期年（妇大功）谓己兄弟之子及妇／从侄 小功（妇缌麻）谓同祖伯叔兄弟之子及妇／再从侄 缌麻（妇无服）谓同祖伯叔兄之子

嫡孙 妇小功期年／侄孙小功（妇缌麻）谓己兄弟之子及妇／从侄孙 缌麻（妇无服）谓同祖伯叔兄弟之孙及妇

曾孙 麻缌（谓孙之子）／曾（孙小功妇无服）谓己兄弟之曾孙及妇

玄孙 麻缌（谓曾孙之子）

143

				父母 齐衰三月
			堂曾祖姑 谓曾祖之姊妹即太姑婆 在室缌麻 出嫁无服	父母 齐衰五月
		从祖姑 谓祖之同堂姊妹即公之伯叔姊妹 在室缌麻 出嫁无服	祖姑 谓祖之亲姊妹即己之姑婆 在室小功 出嫁缌麻	祖母 齐衰不杖期
	再从姑 谓父之再从姊妹即父同曾祖姊妹 在室缌麻 出嫁无服	从姑 谓己之伯叔姊妹 在室小功 出嫁缌麻	姑 谓父之亲姊妹 在室大功 出嫁期年	母 三年
三从姊妹 即同高祖之姊妹在室缌麻	再从姊妹 谓父之伯叔兄弟之女即己之同曾姊妹 在室小功 出嫁缌麻	从姊妹 谓己之同祖伯叔姊妹 在室大功 出嫁小功	姊妹 谓己之亲姊 在室期年 出嫁大功	身
	再从侄女 谓再从兄弟之女即己同曾 在室缌麻 出嫁无服	从侄女 谓己之同祖伯叔兄弟之女 在室大功 出嫁小功	侄女 谓己兄弟之女 在室期年 出嫁大功	众 子期年 妇大功
		从侄孙女 谓己之同祖伯叔兄弟之孙女 在室缌麻 出嫁无服	侄孙女 谓己兄弟之孙女 在室小功 出嫁缌麻	众 孙大功 妇缌麻
			侄曾孙女 谓己兄弟之曾孙女 在室缌麻 出嫁无服	曾孙 妇无服
				玄孙 妇无服

凡姑姊妹女及孙女在室或已嫁被出而妇服并与男子同出嫁而无夫与子者为兄弟姊妹及侄皆不杖期

凡同五世祖族属在缌麻绝服之外皆为免亲遇丧葬则服素服尺布缠头

妻为夫党服图

夫为高祖父母 缌麻
夫为曾祖父母 缌麻

（左）姑服大功 生父母舅 其妻为本 夫为人后

（右）夫为高曾祖父 母及祖父 承重者并从夫服

	姑祖夫 缌麻	母父祖夫 功大	父叔夫 母祖伯 缌麻	
姑堂夫 缌麻	姑亲夫 功小	姑舅 三齐三斩 年衰年衰	父伯夫 母叔之 功大	父伯夫 母叔堂 缌麻
姊夫 妹堂 缌麻	妹夫 姊 功小	夫 年三衰斩	姒弟夫 妇姊兄 功小	兄夫 弟堂 缌麻
侄夫 女从 堂 缌麻	侄夫 女堂 功小	夫侄 女 年期	妇　子 妇杖期众衰长 大期嫡子三子 功众妇杖年齐	妇夫 侄 大期 功年	侄夫 妇堂 缌小 麻功	堂夫 侄从 缌麻
女侄夫 孙堂 缌麻	孙夫 女侄 功小	妇　孙 麻缌功大	孙夫 妇侄 缌小 麻功	侄夫 孙堂 缌麻
	女侄夫 孙曾 缌麻	孙　曾 麻　缌	孙夫 妇曾 缌麻	
		孙玄 缌麻		

外族亲党服图

祖父母缌麻亲母虽嫁犹服
外祖母小功妻母缌麻
外祖父小功妻父缌麻
妇人为夫服妻亡别娶犹服

母之兄弟妇人
舅 小功
为夫之舅缌麻

从母小功
为妻从母缌麻
母之姊妹妇人

母之子也
两姨兄弟姊妹
谓从
从母之子 缌麻

身 己

舅姑之子 缌麻
舅之子曰 内兄弟
姑之子曰 外兄弟

姊妹之女
甥女小功
曰甥女

女婿 缌麻
女 缌

姊妹之女
甥 小功
妇 缌麻
子曰甥

外孙 女之子也 缌麻 妇服并同

‖ 卷之十一 ‖

抚宁南海北山，中土如掌，货财生殖，资用为艰。昔近海者，日纲如木之鱼，今虾蟹有禁矣！近山者，日伐如鱼之木，今藜藿不采矣！物产虽多，为利者鲜。二三子遗户口日繁，生计日促，守士者不能不目击而心伤焉。

石 灰 旧有场，今废。

石 炭 即煤，出石门寨，供应为艰，百姓苦之。

青 石 出大崇峪。

谷 类

黍 稷 稻 粱 粳 糯 粟 大麦 小麦 荞麦 薏仁 苏子 葛秫 稗 芝麻

豆 类

黄豆 白豆 青豆 黑豆 小豆 红豆 黎豆 茶豆 菀豆 羊角豆 裙带豆 羊眼豆

木 类

松 栢 桧 桑 榆 柳 椿 橡 杨 椴

蔬 类

葱 韭 薤 蒜 芥 苋 芹 瓠 白菜 茄 茖蓬 莴苣 芫荽 香菜 蔓菁 菠菜 花椒 黄花

瓜 类

王瓜 冬瓜 西瓜 南瓜 北瓜 甜瓜 稍瓜

丝瓜

花 类

牡丹　　海棠　　芍药　　迎春　　丁香　　山丹　　宜男　鸡冠　　月季　　茨梅　　菊花　　莲花　　石榴　　萱草

草 类

芦　　蒲　　蓼　　马兰

果 类

梨　　栗　　枣　　杏　　桃　　李　　榛　　榴　　核桃　蒲萄　　樱桃　　羊枣

羽 类

鹅　　鸭　　鸡　　雉　　燕　　莺　　鹊　　乌　　鹞　　班　鸠　　鹰

毛 类

牛　　马　　骡　　驴　　猪　　羊　　猫　　狗　　兔　　鼠　狼　　虎　　豹　　獐　　鹿

鳞 类

鲤　　鲁　　鲇　　白眼　　同罗　　羊鱼，俱临海河口出。

介 类

蟹蛏　　砺，俱临海河口出。

药 类

桔梗　　苍术　　远志　　防风　　麻黄　　莴　　半夏　　五　味子　　益母草　　车前子　　黄柏　　苍耳　　艾

∥ 卷之十二 ∥

　　艺文者，一邑之文献也。前贤记序，或志学校，或纪城池，披卷三复，而夙昔苦心，千载如见。若夫循良舆颂，勒诸贞珉，节孝箴铭，述之银管，亦缁衣之好所不容泯者。至于吟咏山川，流连景物，荒边远塞，月冷笳凄，古今人应同此黯然也。其时贤著作亦附于编末焉。

碑　　记

抚宁县新城记　　　　　　　　　　　　彭　时　兵部尚书

　　距京师之东五百余里，有府曰永平。又东七十里，有县曰抚宁，是为永平属邑。盖其地在汉隶右北平郡，汉以后率多荒废。至金大定末，升新安镇为抚宁县，抚宁之名始于此。元无抚宁与昌黎，邻地或并或析，最后乃并置焉。国朝因之。洪武十一年，知县娄大方以避寇故，请迁治于兔耳山之阳。永乐中，复即旧治置抚宁卫，而卫与县相去十里许，皆未有城，居民惴惴焉，惟外患是惧，名虽曰抚宁，而实有不能自宁者矣！时提督左都御史李公秉、巡抚右佥都御史阎公本询查民情利病，乃具疏，请城卫并，复县治、学校于一城。制曰"可"。于是，镇守右少监龚公荣、总兵官东宁伯焦公寿相与赋财鸠工，命永平府同知刘遂、抚宁卫百户郝铭督率军民，分工筑砌，始成化三年三月一日，越明年五月告成。周围一千一百五十六丈，高一丈有九尺，其上为堞口一千八百七十。其东西南北辟门，以通往来。县治、学校并列于内，自外观之，城垣崇固，濠堑深阔，森严壮观，隐然为一邑之保障矣！同知刘遂、指挥毛绥具事本末，致书兵部左侍郎昌黎张公文质，托以求予记。予惟天下郡邑，有僻有要，恒因时势为轻重。抚宁之地，在唐宋以前，僻居东北，概视为荒远，未之重也。迨肇建北京以来，是为畿内要地。盖其北密迩边徼，东控扼山海，为辽阳襟喉，其要且重如此，故军卫置焉。置卫所以安民也，而县与卫异治，非因循之过与？兹当承平百年之久，所宜思患而预防，不合于一，何以相守以安生？民不固以城池，亦何所凭藉以相守也？《易》曰："王公设险以守国。"斯其时矣。阎公有见于此，于是首倡请城之举，而龚、焦二公乃能谐谋经营，以成厥事。府卫诸俊亦殚心劳力，以佐其成。非皆有忠爱上下之心，宁及此欤？可谓得大《易》设险守国之义矣！虽然险可设也，不可恃也。继今军凭城以为固，民资军以为安，拱翼京师，将有赖焉。司军民之政者，尚思和辑其心，使居有以乐，患有以捍，而奸宄不敢作。庶几，抚宁名与实相称，长治久安，永为京师之巨防也。倘恃城而怠政，不恤其人，则人心嗟怨离叛，虽有金城汤池之险，奚益哉？此又来者所当知也。昔圣人修《春秋》，凡城必书，说者以为重民力，兹所为书者，不独重民力，且将使民德诸公不忘，并告来者，是修是葺，益善其政，保民于不怠矣！

原设抚宁卫记　　　　　　　周良臣　乡进士、知沁州

抚宁，古骊城地也，属右北平郡。东汉以来，废矣！逮至永乐三年，创设抚宁卫，因县建于兔耳山之阳，相去十有余里，卫县相隔，政令难通，兼之西联神京，东接辽海，其间星鞘络绎，迄无宁日，地里迂远甚非，所以一道而同风也。成化初，本卫具由申请，巡抚都御史阎奏准，将抚宁县迁于本城东北隅，增扩旧制，军民同处，而卫县合焉。成化四年，指挥使陈君恺重修卫治，堂宇维新，官威重矣！临莅有地，官业立矣！方隅有象，风水萃矣！官威重则军士服焉，官业立则当道重焉，风水萃则将材出焉。建立之功，焕然其可述哉！嘉靖丙午，掌卫事指挥刘君涵率僚属请言，以纪其事。余曰："汝知国家所以设官之道乎？文武并用，致治之术也。要使互相砥砺，以资化理，若悠悠自待，不克振拔，究与碌碌者等，岂国家建官之本意

哉？"盖前有所创，则后有所继。今刘君以一人倡之，将鼓舞感化，咸思自奋，以效大用者，接踵矣！是卫也，有正厅三间，后厅三间，仪门三间，东西典吏房六间，大门三间，東房三间，经历司三间，镇抚司三间，预备仓一处，杂造局一处，左、右、中、前、后五千户所及带管八百户所各门房一间，所厅三间，创于指挥陈君，兴于总戎周君，成于指挥刘君，有始有卒，规模可谓宏远矣！是为记。

抚宁县重修庙学记　　　　　　　李东阳　翰林院学士

抚宁县学教谕袁溥、训导刘瑁、沈钰具书，因县丞张俭上京师，以达于余，曰："抚宁庙学久不修，惟一殿一堂，亦就倾圮。修武姜侯镐来知县事，乃会官赢财，复劝富室为义举，图新厥制，葺大成殿五间，建东西庑为十间，饰先师及四配、十哲，为龛各一，为贤主二十有三，龛及主皆用木而糅，以朱其外。为宰牲之厨，为簠簋笾豆，与凡祭物咸备。为棂星门为戟门，皆一而三。为持敬致洁门，左右皆一。为碑六，覆以亭，增明伦堂三间。为重檐翼室，其旁为二斋，后为馔堂。前为仪门，又前为大门，为二楼曰兴贤、育才之楼。凿地为泮池，有亭曰泮亭，为井曰桂井，为亭以习射，曰观德之亭。皆挟地势，简物财，规度宏丽，制周详密。"盖曰："侯莅政以来，再阅寒暑，而命工举役，仅及其半，于是献荐有所，教学有地，章缝衿佩之士有所瞻法，闾井之民有所观化。按州部而察吏治者有所据，而称为才。侯虽不敢自以为功，而兹事也，不可以不识也，敢以是请于太史氏。"予尝观之《易》曰："盥而不荐，有孚颙若。"其《传》曰："圣人以神道设教，而天下咸服。"盖诚积会神以示仪表，莫切于祭而设教垂训，成天下之治者，于道则甚重焉。必其为祭，不徒簠豆龠羽之仪，而所谓教者，不独以词章句读条格号令为事，然后足以观于天下。此《易》之道，孔子之意也。今天下郡县必有学，学必有庙，庙必为孔子设者。盖道学之传，彝伦为著，而其著于经者，待孔子而后明，则仪刑所在，非极崇奉，以为报祀，有不可者，故其名学先而后庙，彼斋居禀食者，不过习口耳！为身家计，彝伦之重，漫不省为何物，是自弃于孔子之教也，则所谓崇奉报祀之典，蔑为末节细务而不举也，奚惑哉！然苟祭焉，而诚不至，礼不备，徇文而遗实，其视学之末者，殆无以异也。夫学者，士之所有事，而倡导训厉之政，则有司存。圣天子尝视国学，躬释奠戒，饬师生俾进学业，以为天下倡。抚宁，畿内地，风化所先，承宣之功，于是乎在，而凡有事乎庙与学者，虽欲不自致于文明之治，其亦有不容已哉！姜侯，本宦裔，初命为今官，廉勤而惠，殚修仓库，举凡废，事多可书者，而无与乎庙学之事，故不复及云。

抚宁县科第题名记　　　　　郑　己　翰林院庶吉士

科第，今天下仕进第一途也。故上用人必于科第求之，则得天下第一等人物也；下之致身必于科第由之，则为天下第一等人物也。於戏盛哉！其关系一何大矣哉！洪惟我国家自太祖高皇帝之创有天下也，立之定制，养士于学校，取士于科第，养之无他，曰《易》，曰《书》，曰《诗》，曰《春秋》，曰《礼乐》耳！是皆三皇五帝、禹汤文武传心之要，治天下之大经大法也。养之成材，例三岁一设科，而礼罗之。其试之乡也，曰乡进士；及策之天子之庭而叙以秩也，曰进士之二者，始授之官，内之则科道耳，诸司之僚属耳！外之则州县耳！诸府之参佐耳！官之久而报政之有成效者，于是乎，亲之而侍从也，要之而台省也，重之而旬宣藩臬也，则其任愈重矣！任之者一以其养之正，而有得也。盖养之《易》而有得焉，则其人羲、文、周、孔也；养之《书》而有得焉，则其人尧、舜、汤、武也；养之《诗》而有得焉，则其人文、武、周、召也；人而羲轩，则世道可以羲轩矣；人而尧舜，则世道可以尧舜矣；人而禹、汤、文、武则世道可以夏、商、周之盛矣！用是见我朝科第之制、之善，直将驾往古而夐出乎其上也夫。岂隋唐以来，上之牵制以声律，下之奔走以权利之科第比哉？抚宁，永平之属县也，学建于洪武之六年，殆百年于兹矣！登乡进士第者若干人，登进士第者若干人，较之他县，若少劣矣！孔子曰："才难，不其然乎？"以此抑亦时有所俟，而将以大发之也。盖我国家启运，并天地，而为之无穷，譬之《诗》云："绵绵瓜瓞，初生者小。"理势然耳！继继承承，他日庸有既乎，前有司事昧，先务未之纪良，为一大缺典也。兹姜侯镐，中豫全材也，探图书之古学，绍伊洛之正传，偕计吏而策名天府，领乡秀而卒业，贤关选，谒铨曹，任专花县，兴学校，善风俗，作贤才，为第一事。初考行书以上最，三年遽告以有，随以科贡题名有石来托予记，将使已往者之不泯，向用者之知勉，方来者之有继，诚盛举也。夫科第，立之国者也，一定而不易者也，人材成之习者也，万变而不齐者也。科第以人材为重，亦以人或匪材而轻。抚宁之策名科第者，轻邪重邪，一时有公论，万世有青史，予固未之敢衮钺也。然有大器具则有大成就，有大运则有大器，诚以今天下之世道观之，真能与古昔何时相埒邪？吾徒知所以自反矣！窃惟三代以上之世道，必有三代以上之人材，能以振起，奈何人多？近名率已下矣！况舍名规利，又岂非下之下者乎？且人而规利，不为身家之计耳！借曰："位都三公，禄享万钟。"然身限百年之限，家能业业之昌，寻为灰飞烟散而遗臭万年，则科第之玷无穷矣！其得失何如也？人材如此，欲世道如西京之醇厚，东都之风节，赵宋之仁厚，且莫之得。况其等而上之为周、为商、为夏、为唐虞、羲轩者乎？是固不能不于吾科第中第一等人物乎？致望焉。故因侯之请，遂大书以归，用勒为《抚宁县科第题名记》。

抚宁县贡士题名记 李 文

贡士题名，前所未有。有之自邑侯姜公始，公仿《科第题名记》，将成化以前贡士一一镌石，以垂永久，谓之贡士题名，非徒识不忘也，且以使将来之贡士，顾名思义，咸知自重云尔。士自少游庠序，经几考校，历几年所，始得登名。古所谓孝弟力田，经明行修者非耶？邑每二岁贡一人，若天顺壬午一岁四贡，嘉靖己、庚、壬、癸，四岁四贡，则又出自特恩焉。明初有至谏垣、郡守、部属者，其勋名未尝不表表也。故备镌其姓名、年分，详著其地里、官衔，以足一邑文献之征。

抚宁县重修城隍庙记 　　　　　　　　　　　　萧瑞凤

抚宁列为县治，与诸邑同。其地西拱神京，东通辽海，畿外要地。国家设城隍以卫民，咸立城隍神祠，春秋祭享。其礼与风云雷雨、山川社稷之神并举，所以祈神祐而护国福民也。考兹邑沿革，旧有土城二，在洋河东二里许，名阳乐城，洪武十一年建。抚宁县邑侯娄讳大方者，居西土城。因避兵于兔耳山之阳，奏请依山为县治，创城隍庙。永乐三年，设抚宁卫，指挥吴浒居东土城，陈恺复建城隍庙于西门内。成化三年，左都御史李公秉、右（金）都御史阎公本以县卫事宜协同，檄县移治卫城，仍大其城池。邑侯胡讳方者，建城隍庙于新县西预备仓侧。迨十九年，邑侯姜讳镐者修庙，铸造钟鼓器具。弘治七年，邑侯李讳海者，复迁城隍庙于城之东南隅。十一年，邑侯陈讳玉者完之。嘉靖二十八年，邑侯叶讳宗荫者，阔大庙门，立碑纪事。四十二年，都御史温公景葵令砖石包城，邑侯段讳廷晏、姜讳密、李讳一本者，续茸之。其留心于地方，为斯民保障计甚厚，年久倾圮。至万历二年春，张侯鸠工，修茸正殿、寝殿，其调度有方，民不劳，而财不费，所以继往迹，崇祀事。邑侯来仅及三稔，其勤恤民隐，事难枚举。主簿鲁山程君卿、典史新建蔡君正道、庠师商丘孙君镂请纪其事于石，乃述其庙制之详，以俟考焉。侯，兖州宁阳人，名彝训，以麟经魁乡荐登辛未第，来莅兹邑。复所，其别号云。

移建文昌祠记 　　　　　　王胤祥　邑人、进士、给事中

抚宁旧无文昌祠，先是嘉靖末，余约诸友人各捐资，构祠于西北隅，地属乾亥，非文星所宜。邑侯静宇雷公深念人文寥落，率由风气闭塞，谓文昌祠幽僻于西北，文庙泄露于东南，不合堪舆法，乃移祠于文庙之东。厥位巽方，厥面荆冈，文星拱泮，青龙奋扬。于万历十六年春，经始不数月告竣。正殿三间，东西厢房各三间，二门三间，大门一座。周围缭绕砖垣，粧銮像饰，焕然一新。视昔僻处西北隅，盖天壤也。计其工费，皆公捐俸赞成，不扰民纤毫，且治邑十年，美

意良法，质诸帝君训言，诚无愧歉，宜其乔梓联芳，福祉未艾。及我士人并受其庇，而文风自是不变矣！夫以主司所较者，士之文也。帝君所鉴者，士之行也。乡人士试一省之果于帝训无愧乎？诚饬躬励行，苦学潜修，心事幽显，一一可对神明知，而忠孝节义之士，应科叠出，人将曰："雷公精于堪舆也如此，士子应于风气也如此，雷公神于教化也如此，士子果于修为也如此。"美士风益美雷公，不然文艺虽工，而实行则缺，即日事呻吟铅椠，神将夺其鉴，而益之疢也。无怪乎人文日否，而雷公迁祠之意亦徒焉尔！乡人士其勉旃。

抚宁县大尹姜侯去思碑　　　　　董　越　翰林院学士

君子之为政也，以有可及人为惠，惠之深浅，感之久近，系焉。严峻以威之，不若平易近之，之愈然，徒知平易之是务而施，或至于失宜令，或不能戢，则惠爱虽存，而民之所被者，亦浅矣！民被之浅，而欲求有誉于当时，无忘于既去不亦难哉？

永平有属邑曰抚宁，旧在郡东之兔耳山。成化四年，始迁今治。东距山海关百里，编户以里计者，仅十七。近边者，半贡道必经，飞輓供役所不能免，为之诚难也。成化甲辰，河南姜侯镐宗武者，以偕计需次来为县。下车初，首询民隐，慨然有兴革志。凡民之事，以身先之，率众共力，而不敢或轻。久之，视民有余力，公私有余积，乃修夫子庙学，范铜为祭器。次及境内坛、仓库、递置，而后丽谯亭。事作焉，招复流亡，闻风而来归者，相属于道，视其便而奠其居，廪其老而作其少，皆有实可纪。他如安良善，锄强梗，息词讼，时简教，皆有法，而抚宁之治遂大逾厥初，始仓库所积以石计者不逾五百，今则逾一万。弦诵之声，旧废于莫可居止，今日益流闻。转输与复旧，多至于厉民，今民自以为不厉，侯之尽心民事如此，可谓难矣！前后部使者，屡以其绩最上闻，迁秩守大州去，而民之怀其惠者，犹惓惓不能忘，乃以邑致政大尹王君纲状，君遗爱介。乡贡士刘锜来征言，归刻诸石，若侯者可不谓之有惠及民哉？自古论为政莫大于得民，而民心之所以得其道甚难。解衣推食，于耳目之所及，而乘舆济涉，或不能免议，心存冰蘖，以莅政子民，而鲜克有终，或不能免惑，若是者何哉？盖素不定而守，或移若是乎甚愚，而若神者之难于欺也。侯始即却供费，廉取神惠，人固尝疑之。比为政八年，始终一致，举此以例，其余则侯之有惠斯民，民之不忘于既去，皆非无自矣！予昔有使事，道抚宁，见垂白之老数十人，道跪陈侯治状。予既慰，遣之去，恒窃识于心，今之民欲图不朽于侯，而不他属者，岂亦予所尝及见欤？为作去思碑，以答其意，且系以诗："王畿东辅孤竹城，有山屹立摩青冥。下有属邑远柳营，何年今治斯合并？以临边境多震惊，况乃贡道所由经。维民凋弊晨落星，谁与安定全其生？维侯夙夜怀靡宁，抚之育之母保婴。锄强安弱且息争，有事教战无事耕。阴阴坛杏连孔庭，春弦夏诵今流声。侯今辕去不能攀，能攀岂惮修阻程。临渝兔耳目送青，具瞻百世存仪刑。"系后有作于焉征。

抚宁张侯去思碑铭　　　　史　钶　翰林院编修

抚宁，边邑也，军民杂剧，屡遭兵燹，百度丛脞，素称难治。张侯由明经掇高第，自隆庆壬申简授兹土。下车，观庶务凋瘵，官舍倾圮，瞿然有忧色，蘖苦冰清，以康济时艰为己任，更新学校，广储义粟，废坠以次修举。越三载，逋流渐复，户口滋多，弦诵相闻，章缝竞劝，骎骎乎，与单父匹休，士民沐侯之泽，碑口铭心，惧其久而湮也，乃征言于予，将勒贞珉，以识不朽。予读史，每见汉世良吏，心窃慕焉。闻张侯莅政有声，请询其实，曰："张侯性资敦朴，不事粉饰，每以实心行实政，悉情体恕，薄赋宽刑，仁之实也；破幽剖疑，不为苛察，明之实也；清白简约，纤介弗染，廉之实也。节里甲事宜则国用充，缮城池保障则边防静，革左右积弊则公庭肃，分田均税，审编得法，则岁额定，以至增学田，崇道学，课章程，靡不周，悉切至，真循良之选也。时以伟绩考最，天子锡诰封，留久任，期大用之，士民爱戴鼓舞，适如所愿。"一闻讣音告归，阖邑士夫、百姓惶惶焉，如赤子失怙恃，遮道涕泣，怀德不已，将刻于石，以昭去思之永。兹德政感人之深，亦士人怀德之心，有不容泯者。《经》曰："有斐君子，终不可諠兮！"张侯有焉。他日登朝，宁敷谠言，树勋庸以对，我后则必付之史馆，不将与斯铭并传矣乎？侯，讳彝训，号复所，山东宁阳人。

铭曰：古称利器，宜于盘错。亦有南金，虽火不烁。于烁贤侯，游刃烦剧。三载政成，声闻昭赫。维民有生，待侯而植。昔也流移，今也滋息。维士有居，待侯而辑。昔也怠荒，今也时习。士论既孚，民情允协。跂足内迁，霖雨舟楫。系侯之思，源源者溢。托始于兹，本之以实。以实与伪，其感孰深？贞珉不朽，忆侯此心。

云从书院记　　　　　　　　王　台　临清人　县令

人文之兴，或曰天运，或曰地锺，二说皆是，然未可恃也。予直以为存乎其人。昔文翁化蜀，文定授湖，唯是萃，而处之程，而课之士，遂蒸然崛起，即殊方绝徼，莫不向风归化，未闻移变。其星野更定其岳渎也，则人心之灵于此，征矣！

抚宁，号岩邑，连关接塞，应尾宿之墟，马头、兔耳、渝水、阳河，种种为邑胜概。往岁登甲乙籍者，不乏人迹，乃寥寥晨星，垂四十禩。或以堪舆家言，建浮屠于南之紫荆，或西辟廓门，诸建置不一。前令惺涵崔君加意学宫，其尤最云，然今寥寥如故。余不佞承乏兹土，求所以兴贤翊治，不敢自后于前人。窃以文物盛衰关天地转移，属人文。与其乞灵于天地，固不若乞灵于多士也。乃卜之学校迤南，得善地，捐俸赀帑羡若干缗，创书院一区，堂五楹，东西厢各三楹，亭一楹，厨馔供张具备，缭以周垣。集诸生，课艺其中，月三试之，别有条约，甫两月落成。会闽太史庄公以使节过临，余请名其堂。公题曰："云从"，盖取《易》"云从龙"义也。夫龙之需云以灵，讵不昭昭要之，非云灵也。有龙之灵，而后云从之以灵也。假令螟蜓当前，徒抱空质，即翁然蔚然，嘘以泰岱浓云，亦何所益？故士患不为龙，勿患云之弗从也。虽然应龙之神蛰以存身，不存不可以奋屈伸变幻，从泥蟠时陶成之跃而雄飞，直须时耳！诸生诚勿以土俗局限，藻乃志，凝乃神，相观相长，挺然以神龙自命，就先资之业，储为霖雨，源流泉浡冲而徐盈，有不跃然而起，骧首天路，润泽寰宇者，吾不信也。然则云龙一区，谓非诸生存以高奋之地，不可彼邀灵天地者，其为不足恃，明矣！不者泄泄宽假。今日俟气数，明日易山川，恐星野岳渎必有笑舍己之田，而芸人之田者，多士勉之抚之，为蜀为湖，将拭目睹之矣！

烈女碑记　　　　　　　　　　　傅光宅　巡关御史

自孔孟著成仁取义之说，学士雅言之。然至于所以成，所以取，即世所称丈夫者，胡寥寥也。安论妇人女子哉！大都生长于礼乐之区，耳目之所见闻，庭闱之所训诲，讲之明而守之定，彼其慷慨捐躯，从容就义者，世人犹以为两间正气所锺，称之不容置口。岂非以仗节死义求之妇人女子难也，况求诸边隅之妇人女子不尤难之难哉！以今观于赵烈女，当别论矣！

烈女者，一片石关戍卒赵来住之女也。美姿容，性庄重，未尝轻言笑。年甫十有六，而女红娴习过人。时有比邻马铎瞰其父母他往，谬为借针，而漫以淫词挑之，女即敛容，骂曰："吾父母偶出，若何为者，敢窥吾室，且若以我为何如人乎？"挥拳殴之。已而其邻叔闻之，具陈所辖提调，将铎稍惩责，女自是不胜惭忿，欲自尽，已又私念，曰："不面吾母，胡以自明？"次日，母回，具述之，即痛哭不食，曰："人谁无死？迟速等耳！儿宁能以皦洁之身，冒此褒辱于人世乎？"母知其志决，且夕守之。又三日，女佯为解愠者，绐其母曰："若且往理煤，吾自居此。"母不虑其远已也，趣而往，女即闭门自缢死。其邻妇觉之，排闼入，已无及矣！悲夫！余惟赵女者，问其地则边陲，问其家则戍卒，匪长育名阀，匪素谙姆训，其所渐染习闻，未知于成人取义之旨何如？而所为若此，其劲节刚肠，真欲凌霄汉而薄日月，视流俗猥鄙之行，不啻浼之。虽古竹帛所载，丹青所图，殆未能轩轾于其间矣！藉令女而丈夫显庸于时，其所以植纲常，维名教者，岂其微哉？顾造物者奈何厚其所禀，而虐其所遭，卒使之抱愤郁以殁也。天乎！虽然女子不遭恶少身不亡，即使幸而称百岁妪，亦汶汶闷闷以老耳！然后知天之所以玉成斯女者，千百世不死也。

抚宁令尹清源王侯生祠记　　　　　庄奇显　榜眼翰林

抚宁王侯，讳台，号古柏，山东清源人，万历四十二年除抚宁令。荐卓异者数次，越六年迁扬州府同知。去抚之日，士若民，如赤子之失母也，攀缘二百余里，至丰润涕泣而回，曰："何日再见侯乎？"于是，绘侯像，建祠祀之。不敏过抚宁，见而敬服焉。越四年，抚之士民束帛陈实，求一言于余，勒之石以垂侯政于不朽。不敏肃容而问曰："人情思于方去之时易，思于去后之四年难；树［竖］碑于显宦要津之人易，树碑于远郡佐闲散之职难。今日之思真思也。王侯何政而感人之深如此？"士民作而对曰："侯抚民以仁，训士以礼，赋役从轻，刑罚从宽，约束吏胥，裁革冗役，禁樗蒲，绳左道；问疾吊丧，表扬节孝；煮汤糜以活饥民，立保甲以资武备；创书院，建魁楼，置社学以兴文教。朝勤夕惕，百废俱举，此侯抚绥之政也。复修山石边墙二千六百余丈，建台三十座，烽墩一十有四。此又侯济变佐时之政也。"不敏闻而叹曰："侯抚民勤苦如此，又能佐时济变，可谓盛世之循良，而筹边之利器矣！"世人以沉灶产蛙为城守功，不敏独以为绸缪未雨，如王侯之功更大耳！士民爱如父母，戴如天地，敬如神明，有由然矣！是为记。

海市记　　　　　　　　　谢鹏南　本学教谕、江左人

或问谢子曰："海有市乎？"予曰："市起于《易》，如云日中为市。盖致民聚货，市之集也；交易得所，市之散也。故楼观城郭、车旗伞盖、井灶人烟，咸市所有而翕焉。海，水乡也，茫茫无际，混混无穷，市安在耶？"语未竟，吾君侯雷公在座，哂曰："子未知其详乎？吾语子：吾自万历癸未守兹土，迄辛卯，桐华望后，公出榆关，晓眺东南，海碧连空，朝曦散彩，赤光夺目。秦岛雄峙于前，濒浡汹涌于后。"乃与邑幕鲁子往观焉。既而乘渔舟，历甘泉，吊秦城，已

乃散步南行，跻陇陟巅，见洪涛巨浪，浴日吞天，诚奇观也。良久东旋，从者云："金山海市矣！"遥指而望之，隐隐然，伞盖三出，中颇高，又渐小渐高，顷之蔑如也。余方进饭，前箸未彻，从复报曰："海复市矣！"予往视一如前睹，无何金山彻莲蓬，联络数十里，忽伞盖，忽旗帜，若浮图，若城郭，殿阁脊兽，异状百态，变幻无穷。俄兔耳峰前，三山耸秀，层峦叠嶙，宛如笔架形，即摩诘亦难绘也。自午迄申乃已，竟莫究诘。吾与鲁子觞毕，即询诸土老云："不识此市可常见乎？"金曰："吾等垂白没齿，幸今一睹！噫！若此者，吾子以为何如？"学博谢子，怃然自失，乃前谢曰："南人不梦驼，北人不梦象，习使然也。矧百年奇观，岂吾辈所能与乎？前所对，诚妄矣！诚妄矣！"时邑尉郭公在侧，乃对予曰："子未学古乎？昔宋眉山氏守登莱，诏还日，心慕海市，未获一见，乃祷于广德王而见，盖至诚动山川也。故东坡诗曰：'异事惊倒百岁翁'。又曰：'自言正直动山鬼，不知造物哀龙钟'之句可验矣！"谢子闻之，色沾沾喜，起而敛容曰："我公斯言至矣！妙矣！虽然苏君迁谪也，必祷而后见。我侯久宰兹土，政善民安，神人胥悦，以故神休助顺，乃显是奇观也，不待祷而立见矣！"君侯曰："信如子言，吾何以当？"予曰："兰产于谷，不能秘其馨；玉韫于山，弗能隐其辉。我侯谦谦，即予不志，亦必有志之者。"郭君曰："善"。因觞谢子以酒，既醉，乃倚席而歌，以述其盛曰："碧海东南隅，茫茫逝水东。其中何所见？烟云空复空。一朝显神异，惊骇百岁翁。或言蜃气结，或言造物工。妙夺天孙巧，谁谈绘画功？我达天人理，感应恒相通。我侯有善政，至德动玄穹。不数休征出，无烦祷祀祟。我歌备采择，千古真奇逢。"

歌已，曙色东生，因起而笔之如左。

游背牛顶记　　　　　　李成性　进士、迁安县人

予自数年前，访奇胜于久裔王子，胰闻牛顶峭拔苍翠，撑空一柱，万山回合，环列画屏。面临沧海，不辨波涛，第如澹墨横挥，平满无际。遥看巨舟，似轻燕撩水，点点堪疑。至晓日将升，红云乍

起，晃作金光万顷，殊为壮观。尔时便已神飞绝顶矣！

至辛未秋杪，偕王子来游，以九月十四日发白衣庵，抵燕河，过台头，入猩猩峪。两山夹道，愈转愈幽，一水成蹊，旋涉旋行，又三里许，见瀑流一派，飞涛骤雪，下洼深潭，水色正绿，方可半亩。两崖草树，紫翠苍黄，秋容如绘。南壁磨石一片，镌"龙泉"两字，后题缺一字"村"，金灿书。王子语予曰："此所谓龙潭也。"予曰："此《易》所谓潜龙者欤？夫龙驾霆鞭电，霖雨寰区，总于潜中得力，人亦如之。"于斯笑燃犀者为多事矣！

出旧边之外，望山头立石数片，为老君崖。转折而北，前渡一水，悬崖在望。下有山家，壁镌"虎穴"两字，亦是金书。穴深丈许，今如胜国之社已成屋矣！想开边时，虎畏定远之窥，故携子去耳！摩壁拂苔细辨，上面有七言一律，后记"万历戊子季春八日，真定将军《帝乡望松》，徐道书。"

迤逦行来，山形渐窄，景物益渐幽，水石粼粼，如象如马，如豕如龟，咸如孟光，肥而色黑。山石磊磊，危者似坠，峭者似升，眠者似卧，立者似行，赏心悦目，应接不暇。不觉数里，则至弘亮寺。寺乃背牛下院，凡游人至止，为解装休骑之所，各换轻衣便屐，携杖绕出山后。远望山门，缥缈空际，乱石之下则有蒙泉，涓涓始流，是为水源。至其触山赴谷，因物肖形，或缓如带，或急如弦，或直如矢，或转如环；行则为濑，止则为渊，悬则为瀑，聚则为潭；浚鱼龙之窟宅，费仆马之盘旋；啮山露根，漱石出骨，偷云取影，弄日流光，风来面皱，月到心澄，千态万状，百折不回。披萝寻径，又三四里，见石丈植立，名将军石。此处遥呼，则上头相应。开关下迎，代负行李。过此则渐逼山麓，声不上达矣！西竖一岭，名为砂鼻，高可数里，鸟道纡回，俯躬差力，歇足数四，始造山崦。其南为欢喜岭，直北则登山线路也。石磴嵯峨，仅同马鬣，飞梯三处，势似猿攀，后人继前，直视足底。自崦口至山门，可八十余丈，虽称陡绝，石牢梯稳，步步可攀，只须定神，除其恐怖，则与康庄无异。梯穷之处，斯入山门，形如圭扇，游客到此，恍似升仙，疑与尘世隔绝矣！

山门之上，平台短垒，可以凭眺，松石引路，俄到梵宫，彩椽朱户，金相玉毫，宛一极乐小景。其大致负山面海，吞吐烟云，俯视群山，如丞如尉，若孙若子，不可胜纪。恍忆前闻，犹未尽也。因思山高路峻，尺木抔土，皆从下来。古音上人，成此杰构，住山之功，岂在开山者后哉？晚听梵响清圆，顿觉浮生无住，热肠欲冷。起行松下，见凉月去，人才隔数尺，疏星低岫，举手可扪，清狂欲仙。晓峰升日，晴晖满檐，不下禅榻，而海山尽在目。屋后见方潭一碧，云树倒影，如现镜中，乃凿成天井，以储水者。迤上一级，地势平敞，无梁殿内，供望海观音，有碣记参将谷成功造。因话此中，饭香鸟乞，果熟猿收，灵羊听经，猛虎戢暴。北植鲸音一架，苍藓斑剥，（扣）〔叩〕之清远，石畔万松插壁，钟路迤西百余步，则悬崖之下，枵然一洞，中二丈许，不甚平广，然背风抱日，温暖如春。石井居左，翠柏参前，右壁镌"海阔天高"四字，字如人大，笔势苍劲，题"参将林桐书"。复循旧路，过偏坂，斜穿松径，西北里许，始陟山巅，分为两顶，西顶稍高，遥望都山，积雪如玉；东顶有石如床，松株攒秀，可以眠卧。忽闻涛声骤至，因悟杜工部诗："万壑树声满"，殆谓是乎？独背牛古迹，无可觅处。老衲或云："三峰师闻牛鸣山后，即以名顶，至今山脚有牛象云。"想当然矣！兹山深路僻，又以险闻，文人墨士，无太白之豪，东坡之逸，往往望而却步，故山之奇胜，至今尚未发也。予与久裔，搜寻云秘，一纪胜游，好事君子，或将览焉。

抚宁县重修学宫记 　　　　　　　　　　王 简

抚宁县学立于明洪武之十有一年，事因创起不过一殿一堂，浅陋褊迫。成化间，邑侯姜公目击，心感曰："学宫之设，所以育养人材，求进于广大高明之域。卑塞若此，何以励后学而扬休誉也？"遂创建大殿五间，东西庑十间，启圣祠三间以及名宦、乡贤、戟门、棂星，莫不备举，可谓规模宏远，制度周密矣！嗣后，弘治间，刘侯再一缮葺。迟至数十载，蚀于蠹蝧，颓于风雨，不无残缺荒芜之虞，有欲改而重新者，或力屈于钱谷而不暇顾，或心惮于虑始而不敢为，虽修补时厘，不过因陋就简，一时权宜之计，而非经久不拔之业也。

金陵季平王公下车以来，百废俱兴，慨然以学宫为己任，上不费公帑，下不劳民力，自捐清俸，而使相劝以有成。与学博刘公鸠工庀材，尅日计事，自春徂冬，寒暑不辍，凡一木一石之微，咸经目睹而手任之者。又择诸生老成练达徐廷璕、萧来凤、赵联璧三人共襄此举。未期年而殿宇嵬嶐，门庑坚固。昔之泥沙相半者，今皆易以砖石；昔之朽蠹相积者，今皆改以松桧。泮池狭隘，无深蓄之义，浚而通之，冲潭演著，星泓四照。先师神龛，别为缋饰，加之以繁彩，聚之以绨幕，朱栏绿树，金碧交辉，从来制作之精，工程之速，无逾于此者。后之人文蔚起，蒸变风俗，皆公倡导训厉之功，有以启之也哉！在公之心，修理学校，兴贤育才，有司职分应尔，固无望于人之记述也。然秦汉以降，生而有功德政事者则碑之。季平贤父母之治累累，实不能泯，刻之于石，志不忘也。后之莅土者，读是记而奋兴焉，则善善相承于无穷矣！

重修文庙祭器缘始记 王运恒

自古纪改周之业者，书梁公而不载，发轫于昭德；纪造唐之功者，书汾阳而不载，肇基于青莲。尚论之士，往往搜遗核始，每扼腕于操觚者之略也。如吾邑之庙庑，圮而更新，规制之宏敞，结构之雅丽，甲于郡邑，乃邑侯王公之经营筹度，宵旰靡宁。学师刘公之匡翼劳来，风雨无间，与二、三弟子员之后先督课，以底厥成。此昭昭在人耳目间矣！究其始，自溧水令熙轩冯公始。王公下车，谒庙，见其倾圮不支，怵心疾首，思一改造，计无所出，日聚诸生而图画之，金命余小子拿舟南下，谋之冯公。公毅然出俸二百金以佐之。重建之功自此起手，否则不几补天无石，修月无斧耶！且公初莅溧水，肃事、祀典、奠献之际，见祭器皆昔，从事宗庙所未曾有者，遂捐俸范金为之，若炉若瓶磬，若铏若勺，与夫笾豆簠簋尊爵之识，共二百四十二

·163·

件，送置学宫，以肃陈荐。曩昔木豆瓦登，数尚不敷，粢盛菹醢之品，狼藉几案间。亵圣贤而渎大典，匪朝伊夕矣！今则商彝周鼎，岂垒肆筵，刚柔芼芷，腥肆焚营，咸式数而式度矣！青青子衿，骏奔在庙，莫不目炫而心德之也。原公初心不过处得为之，时崇报本之义，岂逆计夫后人，勒珉纪德，以垂誉于无穷耶！此功之有裨学宫所万不容泯灭者，因书诸石以告。夫后人之路视宫墙与窃毁祭器者，将有惕于斯文也。

紫荆山魁阁记　　　　　　　　　谭　琳　县令升户部主事

抚邑旧有奎阁，置西城之隅，与城堡伍，于人文绝不相属也。癸丑之夏，予乃捐资，卜建于紫荆山之中峰，仍绘象祀之。远近观者，莫不欣然志喜。盖峰（跪）[踞]巽位，阳河之水周绕山足，凡数折而后出阁，恰与峰宜，山灵实有待，非偶然也。客有过予者，谓之曰："魁星，文神也，宜与文庙依。兹乃距邑数里许，其于邑之文治，何居？"予曰："不然。魁星也，文明象也。在天则文明在天，在朝则文明在朝，在一邑则文明在一邑，在天下则文明在天下。矧登斯阁也，西望帝京，南挹大海，东尽辽岭，北极太行，俯视四方，纵目千里，莫不拥至。文以相向，斯文之大观在是，宁徒沾沾焉？存抚城一丸之见哉？"客曰："敬闻命矣！"行将全抚人士共睹文明之盛事矣！因记之。

祈祷灵应记　　　　　　　　　　徐廷瑻　邑人、岁贡

古者有求必祷，然祷之有应、有不应者，即应矣，或需之时日，未必其灵而应且速也。康熙十有一年，自春徂夏，亢旱不雨，四野一望皆赤，民方以无秋为忧。而我邑侯谭公忧民之忧，精诚步祷，卜日择士，取水于深山之龙潭，仰天而望雨焉。时天气晴明，水至而云兴，大雨如注。我侯率绅衿耆庶人等冒雨拖泥，自郊徂宫，未尝敢惮劳也。一时黄童白叟，欢呼载道，不旬日而赤地变为青野矣！民始有西成之望。是岁，又有蝗蝻来自西南，民患之，复于公。公令人收取一瓶，瘗之地中，复斋戒沐浴，祷于蜡庙，而蝗灾以消，其感应之灵

异若此。《语》云："传信不传疑"。琛目睹其事，因志之以告诸后之不及见闻者。

建天门洞双龙禅院记　　诸元寿

背牛奇矣，黄崖雄矣，五峰秀矣！天门兼雄奇秀奥，而名独晚出于诸山，岂不以时哉？兹山始则荒莽中一石崖耳，高插云岚间。斯时山显而洞隐，旧传野人掘土山窟中，岁久窟穿，忽见石洞，旁行往瞰，有苾蒭趺坐，盖化僧也，而洞显矣！但当日山属塞外，熊鹿所居，人迹罕至。时虽有洞而少僧，自南塘戚公展边，僧性存来住锡于兹，结庵施茶，才展其地耳！时虽有僧而无院，夫山灵之迥异，天胜之也；梵宇之弘隆，人胜之也，况人定胜天乎？昔人移山而山惧，非惧其人也，惧其子若孙耳！存勤修数十年，临殁嘱其徒海据以成其志。时当鼎革，兵燹未遑。康熙初，始募资构材，拮据卒瘏，乃于庵后凿崖辟地，建大殿三间，肯堂矣，未肯构也。弟子寂禄复持疏下三韩，趋齐鲁，栉风沐雨，奔走有年。于是，补建韦驮殿一间，两廊六间，大殿配房四间，山门一间，垣环砌垩，中塑三慈氏像，凿理洞门，悬钟于簴，于康熙十四年八月功始成。采龛朱几，绣柱雕题，望之如在天半，始与三山竞胜矣！登兹山也，直上逼诸天扪星汉，下视同苍苍耳！入其洞，窈然而深；升其堂，朗然而瞩。予因慨兹山之显晦，有时人力之通塞，有待当其时之未至。虽天造之奇，不能自显，苟人力不怠，始即见难。积数世之经营而志无不遂者，乃知时必有待而力不可不坚也。宁独开山也哉？予深嘉禄祖孙之坚其力，而山灵有待而显也，为记之如此。然禄所为特福田耳！若夫究无上之微言，参一乘之妙法，则洞中老僧，或出而有以诏之矣！

重修一片石九江口水门记　　刘　馨　抚宁县知县、沔阳人

距骊城百余里而遥，东北一带，地多崇山峻岭，壤接荒服，俗习边徼，马迹之所不至，屐齿之所未及，有名一片石者，雉堞鳞次，巍

然其上者，长城也。城下有堑，名九江口，为水门九道，注众山之水于塞外者也。山谷虽峻，泽匪江河，每夏秋间，或山泉泛滥，或淫雨淋漓，则众山之水，汇为一流，其汹涌滂湃，弗减万壑之赴荆门也。不宁惟是时而雨毕水涸，樵采者、负贩者，又咸利用往来，以故多历年所易为倾圮。

岁乙卯，余承乏骊邑，甫及半载，奉命修葺。爰鸠工庀材，取石于山，伐木于林，道里之殷遥也，山径之崎岖也，肩负背掖之劳瘁也，畚捆鍪凿之勤劬也，计费帑银三千余两。六阅月而事竣，用告厥成。是一役也，边疆之急务而朝廷之成命也。百姓虽劳，登登凭凭，又乌可以已哉？虽然早作夜思，岂惟民哉？心烦于虑，身亲其勘，固人臣之分应尔乎？分土分民无论矣！第王土王，臣设官分职之谓，何时启闭，稽出入，勤补苴，严防御，当不独余之责也夫。共襄厥役者，时则有若石门路都阃赵君辉，始终经营，例得并书。余因记其事而镌之于石，以见余两人之拮据匪解，且以质之，均有司土之责者，俾勿坏云。是为记。

柳亭记 　　　　　　　　　　段　铉　余姚人

骊城为古卢龙塞东北际，极边多崇山邃谷，即所以限内外者。厥上维下，不树桑麻秔稻，民藉皮毛秕稗以衣食，城郭之间居民鲜少，故县治颇空旷，而令于是者无所事事，尝得就其隙地，树艺以自娱。厅事旁有柳林，方可数百步，其柳皆大，数十围，高可三、四十尺，阴足覆数亩。间以枣梨枸杞，其旁以艺蓼莪、薯蓣、葵藿、薤韭，以给官之蔬。有井泉，甘冽可食，有小池，上作辘轳，可资灌溉。侧有小屋，为咬菜轩。艺植之暇，而为偃息者也。沔阳刘君敬庵令于兹邑，始至，游于是林，倚柳而叹曰："凡人之情，处于穷边绝塞，靡不悒怏怨尤者。斯皆气有所不平，顾官无崇卑，地无丰瘠，皆可以行其道而安其心。"于是，治书简易，阅二年，赋均而刑清，政平而民和。铉于是时得同游于所谓柳林者，顾其地，卑下污湿，不可坐卧眺远，于乃浚池为潴，复依柳而为亭，不久落成，遂以柳名其亭。与宾客登之，则见极边之崇山邃谷，有若俯而下者，昂首而高者，拱者卧者，若翔若舞者，而莫不一以亭为归。其缘山上下有雉堞，历历可数者，盖秦所筑长城也。长城之外，有山如引领望者，有仅见青黛色者，乃蒙古城也。亭之北为城垣，下有居民数家，土屋危垫，体拥败絮。其妇子呼号，声甚苦凄，无非迫于饥寒者。刘君复怃然谓客曰："始吾之作斯亭也，盖欲与二、三子烹葵刈菽、论道讲艺于此也。不意登斯亭也，见生民之疾苦，而惨然动怀，其城郭之间，以生以息者尚如此，推而至于乡遂陬野之氓，其为旱潦蟊螟之所戕，胥吏之所扰，豪强之所吞并，以致饥寒失所者，又当有几何哉？能无为之抉垢爬痒、惠保绥徕乎？吾恐忧勤之不暇而不得时偃息于是亭也。"铉闻其言而喜之，遂援笔而为之记。

义冢记 　　　　　　　　赵　端　抚宁县知县、钱塘人

义冢之设，由来久矣！顾在承平之世则其事缓，在乱离之世则其事亟，而又有所不暇。承平之世，贤圣继作，生民力耕作而安闾里，生有以养而死有以葬，固不待上之人之有以泽之也，故曰"缓"。乱离之日，干戈四起，和气垂而灾疠作，非死于锋镝，即死于水旱病疫。斯时长吏即恫目伤心，顾求荛求牧救生者之未暇，奚暇及于死亡乎？故曰"其事亟而又有所不暇"。唯是大难方平，大化将登之际，斯民虽已安于衽席，而元气未充，衣食未足，流离未归，疮痍者未息，则枯骨之泽，非王政之周遍而普及之不能也。

国家定天下，已历三纪。顾江南、黔、滇之间变乱再作，戎马转输，遍于四方。而抚邑界二京之中，往岁东辽之变，烽火几相照，肝脑涂地者，殆不知其几矣！今幸四方荡平，然则义冢之设亟且有暇，其在兹日与兹土乎？余任事期年，心切念之。适有文学生员钟朝鼎有弃地一段，即捐赀买以为漏泽园，未及申报。适大中丞于公檄至，谆劝各属举行义冢，辗然自喜，何下吏寸衷，竟与行台节使不谋而合也，因叙而记之。

邑侯赵公祈祷灵应记 徐廷璨

岁癸亥，旱魃为虐，蕴隆虫虫苗则稿矣！我邑侯赵父母念切民，依步祷郊坛，间或云行雨施，未得遍土，我侯忧旱之心未释也。六月望，复发牒于本境城隍，却舆盖，冒暑行二十里许，往石佛岩之龙潭而挹水焉，斋宿禅舍，既敬既戒，志气之通，感而立应。是夕，山泽有灵，雷雨骤至，可不谓显焉。既望之朝，侯自山中还，阖城士庶相与欢欣鼓舞，迎于洋河之浒，扶老携弱，坡野为满。侯亦载色载笑，悉我耄士而慰之。璨老耄不能出，因忆前任谭侯曾取东北龙潭之水，水至而雨倾，犹以为偶一为之事，今我侯取西南龙潭之水，水未至而雨已霈足，龙之为灵，昭昭也。孰非我侯之精诚，其感应更有神焉者乎？爰纪年月日，以传之志喜也。

重修抚宁县城记 赵 端

抚宁，《禹贡》冀州域，天文尾宿分野，为古孤竹国地。汉曰骊城，隶右北平郡。金曰抚宁，迄今因之。命名之义，乃欲凡牧兹土，以抚字为心，宁谧是图。用登斯民于衽席也，审矣！然而教稼明伦，弦之诵之，以植内也；深池坚垒，保之卫之，以捍外也。

抚邑自明成化三年始筑城于兔耳山之东，距府七十五里。当在昔时星轺罕至，商旅鲜通，四方担负之众，未尝杂出其途，不过一边陲列县已耳！迨我朝创业三韩，改辽阳为奉天府，路当两京冲要，轮蹄络绎，冠盖驱驰，既为邦畿之左臂，复为丰沛之咽喉，而弹丸一城，实与百二重门并峙，其险矣！惟是自明至今，历年长久，其间修葺者固属有人，而风雨剥蚀，冰雪凭陵，疏烟残照之中，不胜败垣断草之感也。

庚申秋，予宰斯邑，阅城毕，毅然有缮筑之志，既而未果。至癸亥冬，又四阅岁矣！虽因陋就简，时加完补，其如障隧零落，日渐倾圮，设不大兴工作，亟为一新，将何以俾守御之有资，卫民生于无患也耶？于是，具详郡宪佟公、通宪宋公、巡宪吴公、守宪李公、抚宪格公，而各上台又念国家岁额赋税均属军储，不便动支正帑，檄令劝输修理。幸我抚属之民，急公乐输，靡不欣欣恐后，而且二、三僚寀，缙绅多士，雅有同志，或捐清俸，或解囊资于以鸠工庀材，起颓举废，经始于甲子之春二月，告竣于本年秋九月，藉民力也。乐成之日，予率诸父老，登城瞻眺，把酒相庆。见夫崇墉侵碧，飞阁流丹，东接重关之胜，西连上郡之雄，南奠沧海之波，北壮缭垣之势。抚我黎庶，宁我妇子。金汤三辅，锁钥陪京。顾此城不綦重哉！虽然葺城，卫民也；卫民，邑宰责也。曷为而言乎？不知城固，予事也，而一时同官诸君，以暨夫绅衿士民乐输好义之心，不可泯也。爰勒片石，因记其事，使后之览者，知城之建于何年，修于何禩，殚心保障，无负抚宁命名之意也，是又予之厚望焉尔。

东山书院碑记　　　　　　　　　　　　　　　赵　端

抚宁为畿东首邑，枕山面海，在昔王学士、鲁观察、解冏卿、翟夏卿诸公，炳炳蔚蔚，彪彰史册，固文章仕宦之区也。迨自明季，兵燹饥荒，士民并困，司此土者，亦惟抚字催科，补拙不暇，文教之衰，未遑问焉。今我国家养士四十年，圣天子笃意崇文，诸上台殚心敷教。予不敏叨牧兹邑，亦幸值翊文之会也。莅任之始，遂相度于学宫南隅，捐资买地，建设社学一所，前后堂各五楹，设门备垣，颜其额曰"东山书院"。延廪生傅汝明，教习俊秀士子，岁捐赀十二金，给为束修。又于四乡各设社学一，延廪生左廉、杨呈秀、张敷典、惠愉教习，其捐给束修，一如在城之数。另又捐赀置田地一百四十亩，除正赋外，以余获为乡士笔墨膏火之助，盖使寒窗有赖，且为久远计也。

乙丑夏五（月），予有量移之命，广文胡君、王君暨社师率诸弟子辈饯予于书院中，举觞而前曰："公经营社学，悉心文治，五载如一日也。今熊轼遄征，盍记片言示劝乎？"予用是深有感矣！令之后令，固贤者多；师之后师，固贤者众；而诸弟子荐贤书升之后继起之为弟子者，其勤惰未可知也。使其勤也，为麟为凤，作楫作霖，予之望也，师之愿也；使其惰也，不但有负予设学置田之意，即先贤王、鲁诸公亦必大深扼腕，而总有山灵水秀，究沉埋于苍茫衍曼之中，虽记勒万言，奚益哉？然予有得乎《易》之义矣！在蒙之九二，包蒙吉以阳德之刚中，当发蒙之任者，是全赖夫良司牧、贤师长也。在益之初九，利用为大作，以阳德之居下，当大有作为，坚忍而不肆者，是专责之诸弟子也。上能率之，下自应之。将于此显忠孝、尚气节，又不仅文而已也。谁谓古今人之不相及，而王、鲁、解、翟诸公独美于前也欤？遂走笔而为之记。

重建栖霞寺石梁碑记 赵　端

县城西十五里有兔耳山，为邑屏障。山南麓有寺曰栖霞，背山面溪，溪傍石上马形金色，昔人题"金马遗踪"，乃邑之胜景也。山南即旧县治，村民错落以居，跨溪有桥，建自唐鄂国公尉迟敬德。乡之人，凡陟山樵苏者，赖之以登；往田耕耨者，藉之以济。桥之利众，实与舆梁徒杠等至其为坤水之要梁、兑山之关钥。又与邑为轻重，固不独金汤梵宇而已也。余于劝农之余，憩于寺内，登山瞻眺，俯仰之间，飞泉百折，峭峰双峙，林木阴翳，禽声上下，为低徊留连者久之。甲子夏五（月），洋河泛溢，平地水深数尺，沿河居民悉遭水患。余奉檄勘灾，重过山寺。见夫洪涛汹涌，桥被冲塌，隔岸山光，恍招故人。其如急流正泻，一望弥漫，无处问津，难复桃源踪迹矣！嗟！嗟！自唐迄今，历经千载，余以数年间桑沧兴废一至于此，忍使山灵落莫，水咽钟沉也耶？于时值修城孔亟，未遑兼为筑桥之举，怅然而返，作《兔耳山行》，以志慨，亦大不得已于怀者矣！秋杪，城工告竣，遂于冬十月捐资购料，重为建桥，令本乡之耆老董其事，于乙丑春而落成焉。余复与二、三知契，渡桥至寺，瞰而顾之，见蹲鸱低伏，雁齿遥铺，石虹高耸，云刹近连，较诸畴昔之登临，别觉一番新色。而碧涧清流，更无复山行之感矣！然是役也，谓余为利农樵之济涉，可谓余为资士庶之游览，不可谓余为表一邑之胜概，可谓余为作精蓝之善缘，不可山与城，俱寺并山永，而桥又同寺与山共传不朽也。

文

社学文　　　　　　　　　　　赵　端　抚宁县知县、钱塘人

三代教民之事详乎？后世教民之事详乎？或曰后世详。三代之时，王畿之内有太学，列国有国学，国之中乡有校，里有塾，如斯而已。今自太学而外，为省为郡，为州卫与邑者，不可胜计，盖莫有学焉，可谓详矣！余曰："不然。"禹会诸侯于涂山，执玉帛者万国。迨周之兴，列五等者犹千八百焉。今合天下之府州邑，其为数不敌周初五等之繁也。其在夏商，更无论矣！然自国学之外，乡校里塾，又不知其几？顾《夏书》犹曰："每岁孟春，使遒人以木铎巡于路。"呜呼！自周衰迄今，二千余年间，虽极至治文明之世，有如是欤？宜乎一道德而同风俗，不能复望之于二帝三王之后也。古者大国无过百里，在今一小县耳！二十五家为里，二千五百家为乡，在今一小堡小镇耳！而有校而有塾，分（折）[析]而统计之，古教民之事，殆十数倍于后。不止有志道民者，奈何不亟为之所也。抚邑幅员殆过齐鲁始封之履，而司教者唯教谕、训导二职。前任王君始置社田，延塾师一人，以教课俊秀。嗣谭君复增置田亩，以激劝之。余准古较今，增延塾师四人。庶几，古先王乡校里塾之遗意。余俟期岁之后，多方增置社田，以继二君之志焉。

劝耕文　　　　　　　　　　　　　　　　　赵　端

虞廷五臣，独后稷以稼穑开基，享国者八百余年。盖四行非土不生，而稼穑者，万物之宝也。故历代明君贤相，俱以劝农为亟，然知其亟，而不知其有尤亟者焉。大江以南患人满，有可耕之人而无可耕之地，故奢侈务末，或轻去其家而不顾。大江以北患土满，有可耕之地而无可耕之民，故流离盗贼，或轻弃其身而亦莫顾。夫有可耕之地而无可耕之民，虽劝安施？有可耕之民，而无可耕之地，虽劝亦安施，然而有异。人满者，地不足以食，人地限之也。地满者，人不足以食地，非地限之也。故江北之农利用劝，非江南之农不用劝也。江

南之农不劝而自劝，江北之农不劝则遂不劝也。

抚邑处塞北际，乱离地，十之八、九为山、为海，不特土满也。且土石焉、丘焉、波涛焉、磷火焉，虽欲耕乌乎耕，虽欲劝乌乎而劝，虽然乌乎可以不耕则乌乎而可以不劝乎哉？维岁之孟春，为农事之始，百务未遑毕，首至东郊，而与我父老子弟谆谆焉，五谷之外，桑麻枣栗，唯土所宜，勤有赏，惰有罚，亦唯以稼穑为生民宝，而斯邑尤为务农区也。

传

大鸿胪复庵王公传　　　　瞿銮 礼部尚书、内阁学士

公讳春，字景旸，号复庵，弘治乙酉中乡试，丙辰登进士。丁巳，改翰林院检讨，为寿王讲读官。未几，王出，封寿邸，王授右长史。王幼，尚居京师，公日以《经》《书》参侍讲幄，每对王云："孝事太皇太后，尊敬皇上，恪守祖宗法度，为王第一要务。他如读书循礼，好贤慈下，不可不加意焉。"王礼重之，转左长史，王以公清忠谨直辅导有方，奏孝庙，加正四品服俸。戊午，随王之国保宁。途中军卫有以贿赂诱王之左右，公严禁饬之。寿王好贤乐善，有古东平、河间风，公辅导之力居多。庚申，改周府左长史。王始十岁，公朝夕启迪，养之以善，禁饬左右毋以淫巧惑王志。王将婚，汴中巨室贿通内竖，谋为元配者。公发其奸，选良民袁姓女为王妃，生郡王、郡主二十余人。府之郡王几六十人，将军几四千人，公皆教之以礼，绳之以法。辛酉，汴大水，屡决堤防。府中有欲以土填禁城门，之他县以避之。公曰："王国，上有宗庙，下有宫闱，城中官民方在惊疑，王可先去，以为民望。"王遂止，水不为灾，城中赖以宁戢。封丘郡府庶子应袭封，其兄有花生者，以千金贿求保勘，公正色拒之，庶子遂得袭爵。王府庄田有侵夺民田者，公尽法清理，有司军民咸爱戴之。太宜人构疾，公侍汤药，焚香告天，愿以身代，居丧哀毁逾礼。府中宗室官寮启王，具奏夺情。公固辞回籍，经

营葬事，庐墓侧，岁余始回。己巳，服阕，复任。三十二年，随事匡救，裨益良多。府中百事，公为区画经理，惟详惟慎。解组家居之日，诗酒自娱，不通问馈遗。尝训道中曰："吾家世受国恩，吾老矣！勉尽忠勤，以图报称是，在尔辈！"乙未，道中以鸿胪乡考绩，诰封公为中宪大夫、鸿胪寺卿。尝与友人李嵝峒为濮王赋诗云："万事纲常万世承，何须假借立殊称。汉家典故今虽在，宋室嫌疑孰与兴？服降期年情未古，名隆两考理非恒。纷纷谕列人休罢，毕竟尊崇亦旧仍。"有《复庵集》行世。嘉靖十五年，卒。上遣官谕祭，命有司营葬。

中宪大夫鲁公传　　　　　林　俊　刑部尚书、莆田人

鲁公，讳铎，字文振，由壬戌进士授岳州司李。介洁质朴，遇事风生，不畏（疆）[强]御。未几，行取大理评事。执法无私，每讯大狱，多所平反。会逆瑾擅权，有党系狱，瑾使所亲啗以事解即迁官。公竟抵罪，忤瑾，谋中伤，自分必死，乃以他事，谪河内县丞。出都日，车一辆，马一匹，慷慨就任。瑾败，起沂水县令。廉明恺悌，吏畏民怀。升刑部主事，转员外郎中。沉滞刑曹十余年，同列见俸深，有劝其求迁者，公辄拂衣麾去，以是见重台部。适辽海警至，科道交章荐公。公奉命按辽，清理粮饷，简阅军实，革绩弊，严举劾，条奏皆有成法。事竣，还朝，辽人如失父母。钦擢山东按察司佥事，驻节登州。登俗犷戾剽悍，世族凌驾寒门，公裁之以法，教之以礼，三年令行禁止，风移俗易，民争镌石颂之，抚按廉其贤能，欲奏绩为第一，公力以老疾辞任，束装载道，囊橐萧然，士民扳辕而送者，数百里，气节文章，至今犹为人推重。

大司马翟公传　　　　　闵如霖　礼部侍郎

翟公，讳鹏，字扶九，号联峰，正德戊辰进士，授户部主事，抽分河西务。先至者，往往以墨败，僚服咸惜公之行。公至，首革常例，上不损国赋，下深得商心，遂见重于台部，转为员外郎，出守卫

辉府。历四年，抚按以贤能荐者二十五疏，举卓异者三。及入觐，铨部考天下第一，扁于部楹。时抚河南者疏请改守开封；按四川者，疏保改守成都。上竟从开封请。公至开封，遂有并包之谣。抚按交荐，前后十有余疏，咸谓经纶之才。乃迁陕臬，兵备洮岷，转按察司，寻佥都察院，巡抚宁夏地方，有《筹边录》行于时。诸凡厘奸革弊之政，载于《宁夏志》并《全陕志》。会总兵诬排，赖清议东还。至嘉靖二十年，寇山西，边镇失利，守臣连疏告急。兵部尚书张瓒及府部会推，公以原职奉敕整饬北直隶、山东、河南等处军务。公至，寇平，复命还京，升兵部右侍郎兼右佥都御史，总督宣、大、偏、保等处军务。公至，地方据兵部议，预请兵粮以御寇不时之患。疏上，不报，革回籍。无何，寇果深入，复起公，照前总督。二十三年，值寇犯，督兵追剿，斩获寇首。捷闻，晋秩兵部尚书兼都察院（左）[右] 副都御史，总督前项军务。后设策生擒巨寇王三，夺获生畜军器甚重，人咸曰："宣大数十年来，仅有此捷也。"公天性慷慨，有气节，多谋略，故所至成功。他如挫逆瑾之党，却白爵之金，修已废之边，擒巨寇之首，奇猷石画，见于名宦。奏疏过直，不能俯仰权门，观其"惟有寸丹悬帝阙，更无尺素达权门"之句，可以知所养矣！竟以此被逮，卒于京。至隆庆嗣登大宝，追论前功，始复原官，加恤典，赐祭葬谕。

府尹黄斋王公传　　　詹　荣　山海人、工部尚书

王公，讳道中，字致甫，号黄斋，正德甲戌进士，授安庆府推官。太湖险远，人多避差，有一人至县，即令陪纳，荡产倾家，民苦最甚。公亲诣其所，婉曲晓谕，止令办纳本家，民甚称便。（杨）[扬] 州府知府孙□为御史张士隆劾奏赃私巨万，朝廷差给事中王俊民同清军御史陈杰会勘，久之未决。公一勘辄明，科道敬服，连章保荐。时宸濠之变，余党未尽，当事者往往以平民诬作奸细，时收捕甚冤。公查有脏仗旗帜，止坐四人，余三百余人尽释之，人称为神明，载彼郡志。庚辰，升刑部主事。嘉靖癸未，转员外郎。甲辰，升鸿胪

寺右卿，转左卿。十二年凡侍经筵小心如一。乙未，改大理寺右卿。己亥，升顺天府尹。辛亥，卒。有《黄斋集》藏于家。

中宪大夫王公传　　　　　　　　冯时泰　兵备佥事

王公，讳胤祥，字邦瑞，号槐亭，隆庆辛未进士，初授河南偃城县知县。吏治澄清，恩威并著，县前有苦水井化为甘泉。时屡荒，下车后，时和年丰，人咸谓善政之感。行取刑科给事中，丰裁峭厉，遇事敢言，激浊扬清，风生白简，条陈九边要务，才优识练，上嘉纳之。因劾江陵夺情，外转河南佥事。锄强扶弱，执法无私。进四川提学参议，禁淫俗，正士风，拔遗中解，人咸服其藻鉴。擢迁陕西按察司副使。适四番告警，公至，核军实，严守备，剔弊奸，内外肃然，当事特荐者凡二十余疏，皆以亲老力辞。公平生不喜人干谒，邑大夫非公事经年不面。性孝友，乐施予，晚年博览经史，纂释《左传》诸书，闭户却阉宦之馈，捐金建文峰之塔，归林十余年，士大夫皆仰其高风云。

旌表节妇王太孺人传　　　　　　余一元　山海人、礼部郎中

王太孺人者，抚宁王公调元之母也。年十五，归王太公，讳尧相，恪执妇道，佐君子蜚声黉序间。无何，太公以疾卒，太孺人甫念二龄耳一子，仅周岁，即王公也。于是，白夜伏緦帏，哭不绝声，矢以身殉，亲戚止之不已，父母止之不已，其舅谕之曰："妇从夫是已，如此呱呱者何？与其死节，曷若存孤，倘抚此襁褓儿得成立，俾大吾宗，不尤愈徒相从于地下乎？"由是，始进七箸事，鞠育矣！舅寻卒，家遂落，一切洴澼井（舅）[臼]之事拮据，不遗余力。及析爨，独与姑陈相依，姑病痿，饮食起居，问视扶掖，率以为常，乡族称其孝。阃间言子就塾，习句读，生业萧条，茹贫食淡，艰苦万状。每丙夜，颓壁寒灯，母织子诵，形影相吊。而节愈坚，行愈励，躬亲操作，无倦容。迨子应童子试，督学拔置前茅，名誉噪乡间。太孺人始稍慰曰："儿能读父书矣！"勉之，宜究其所未竟也。王公遵母训，

弥自奋，每试辄居高等。戊午，领乡荐，归拜庭下。太孺人为一开颜曰："余可见而父于九泉矣！"喜继以悲，母子俱泣，数行下。嗣是直指刘公思诲以节闻，允建坊表里门云。及令朐，迎养至署，每教以廉律身、慈抚众、忠报国三事。王公令朐而得循声，太孺人有以启之也。未几，调滕，而太孺人归。公寻以戆直忤当事，抵里伏谒，太孺人慰之曰："儿以一周孤，致有今日，诸孙罗列，孙女若而人，甥若而人，天之鉴厥苦，而申尔锡不可谓不厚也。官休矣！宦海风波，藉是得息又何怏怏为？"历一岁太孺人终，享寿七十八。

潜沧子曰：王太孺人抚周岁遗孤，励节五十七年。初游庠，继乡荐，继宰邑，而诸孙济济，福泽未艾焉。当其始茕茕孀孤，危悬一线，岂计其终成就乃尔耶？母贞子孝，郁久获通，彼苍报施，昭然靡爽，在人亦惟有尽人事耳！人事尽，天道因之。顾惮勤苦而希捷效，或慕繁盛而寡弱，是忽误矣！吾于王太孺人而天之不负苦节，不负善人，由兹益信也夫，由兹益信也夫。

儒学杜先生传
徐廷璋

先生讳浤，字腾江，直隶定兴县人，由明经崇祯十一年任本学教谕。公起家巨族，积学有素志，期巍科。万历己酉七篇中式，已拟本房上卷，因后场讥剌时事，遂不得隽，读其闱卷，为之扼腕。初座皋比，即申饬条约，以端士习。时年近七旬，讲学竟日忘倦。好善恶，恶又其天性使然。至于干谒逢迎之事，尤深耻而不屑。为词讼到学或有理诎求胜而馈暮夜之金者，挥之不受。秉公持正，从不扭曲作直。庠弟子有见恚邑令者，令衔之。走吏索款，一日凡数次而公不应。竟以直道不容于时罢任。呜呼！品行文章，堪为师范。甫及三载，士习顿更。其有功于名教风俗，非浅鲜也！细行不及尽载，谨志其大节，以示没世不忘之意，并为将来司铎者劝。

邑侯侯公传
鲁大冶 邑人、岁贡

侯公，讳一匡，山西人，由生员顺治元年任。质直，有吏材。时当鼎革，为吏者多桀骜凌人。公接士大夫以礼，恂恂雅饬，有儒者风。甫下车，即均徭减役，一方赖以安静。会流寇抵境，妇女惶惧。公素悉贼淫掠状，咸令避衙中。阖城恃以保全，士民感公德，惟恐失之。恭逢我大兵入关，绅衿耆老，遮道保留，蒙俞允，钦赐冠履袍带。公由此益励初心，严守御，抚凋残，刑清政简。惜以朴直忤当事，卒于官，邑人至今不能忘焉。

邑侯张公传   王运恒 邑人、岁贡

张公，讳毓中，字泪水，号去偏，山西阳城人，明崇祯己卯科举人，顺治元年十有一月捧檄来莅。邑为东西孔道，旄旌络绎，羽檄旁午，守土者支应为艰。值鼎革之初，亡者未葬，流者未归，疮痍者未起，市儿探丸以肆恶，吏胥舞文以乱法，守令者不啻衣败絮，行荆棘中也。公下车，即延访耆老，洞悉明季差繁赋重，一人逋累及一户，一户逋累及一甲，久之人逃地荒，而额税杂需有加无已，里季日鹑衣橐木以充役，岁卒更派，如捕逃兵。事竣而资橐，与之俱尽，甚则卖产鬻儿以代偿。公乃疾呼当道，将数十年逃亡荒芜之逋，力请蠲贳。至于挽输夫役，阖邑朋应吏胥，缘而为奸，公悉除之；即事有不可已者，公为之计，有无均道里。正用之外，一无所滥，而十七里始知有有生之乐，一切狐冠虎翼蚕蠹鲸食，与夫为鬼为蜮之辈，有犯必诛，习俗为之丕变。抚邑弹丸荒徼，人文寥落，士子博一第如登天，相沿视诵读为迂远无效而争营末计矣！公视事浃旬，即较试诸生，择可鞭策者，立社以课之，日夕鼓舞不辍，多士争相磨砺以应。甫七月而声誉四起，当道者知公政绩为畿东第一，擢公宪部以去。盱兹雕残冲疲之邑，而人荷土著，家有盖藏，庭无敲朴之声，里无追呼之扰，较之往昔称乐土焉，孰非张公之遗也欤？公殁于凤翔，讣闻之日，虽深山穷谷之民，莫不相向感泣，非公之深仁厚泽，沦肌浃髓，胡以致此也耶？古之循良，或以宽取誉，或以严致理，未有以神明之用而施其煦育之仁者，公不竞不絿，而刚柔互用，蛣箪不设而耳目周芒，刃不攫而髋髀解。论者谓公丐积逋以宽民命，似蔡福州而无陈烈之讥；减徭

役以息民力，似何益昌而无躬挽之劳；布德化以格民心，似鲁中牟而无亭吏之梗；其发奸摘伏，似赵颍川而无钩距之施；振兴教学，一时彬彬向风，似文翁而无买刀布之陋。良不诬也夫，良不诬也夫。

朱邓林先生传 　　　　　　　李集凤　山海人、拔贡生

先生，讳国梓，字邓林，号蔡诚子，辽东前屯卫人也。父梅以总戎屡建奇勋。先生，其仲子也。少颖异，负经济才，以明经入仕籍，累官至永平兵备道，所在有治声。甲申，流寇陷京师，先生志不屈，奉母太夫人诸氏归山海，誓以必死。母曰："死固其分，吾老将谁依？大忠必不死，视汝所守何如耳？"先生于是削发庐先茔，冀以仅存之身，令七旬之母知子未亡而稍慰榆暮也。故其诗曰："国丧君何在，家危母更劬。输忠应致命，顾孝暂留躯。大义不容发，雄心尚惜须。西山频怅望，惭汗隐裁愚。"观此而先生之志可知矣！后乱平，奉母居石门。当事者屡荐于朝，皆以陈情固辞不就，日理汤药侍慈闱，越十七载，母以寿终，居丧合礼，哀号骨立，几不欲生，允矣！忠孝性成者，与先生无疾言，无遽色，无惰容。从之游者，如坐春风，至其朗识，沉谋委折周至，不能测其涯涘也。先生善书笔法，遒媚匠心入古，或鸣琴于明月之下，或垂纶于流水之间，萧萧茅舍，虽家人数报绝粮，宴如也。盖其德宇纯深，养之者厚，而清风高节，真足以立懦廉顽。《易》曰："鸿渐于逵，其羽可用为仪吉。"先生之谓矣。

王和阳先生传 　　　　　　　宋　琬　山东人、四川按察使

王公，讳调元，字燮甫，号和阳。其先晋人也。明洪武初始祖孝通迁抚宁之深河里，七世皆力田。公父茝唐公，始为儒，折节读书，为诸生有声。公生甫期，而茝唐公卒。母王孺人抚之，食贫措拮，无间风雨寒暑；岁时伏腊，抱儿以见于庙，且泣且祝曰："未亡人所不即从地下者，以貌诸孤在也。顾安得见其任衣冠，以一盂麦饭浇尔父冢上草乎？"公为儿时，即崭然露头角，既稍长，痛其早孤，自伤不

比于人。于是博极群书，所学大就，十七补博士弟子员，学使者奇爱之，使食饩焉。尝读书维摩方丈中，丙夜呷唔，杂钟鱼梵呗间，朝齑暮盐，二十年如一日。万历戊午，举顺天乡荐，谒台使刘公，涕泣再拜，胪王孺人守节抚孤状以请，刘公为之恻然，疏上，报可，敕有司旌表如仪，乌头楔棹大书于闾曰"故茂才王尧相妻王氏贞节之门"。邻里嗟叹，有泣者，皆曰："王氏有子矣！"辛未，以母老乞署教职，乃除嵩县学谕，仿胡安定教士法，与诸生相切劘，嵩人始知师弟子之礼。势家奴有辱诸生于市者，公曰："士如此，我可去矣！"势家闻之，惶恐谢不谨乃已，其不畏强御如此。甲戌，升山东临朐知县，太孺人就养于官，退食必告曰："今日听断几何事，大人以为何如？"太孺人称善，乃敢就舍。齐俗夸而好讼，犹有六博蹋鞠、斗鸡走狗之遗风，公一切以宽平简易治之，吏不敢欺，民用大悦。时流寇犯河南，所过郡邑多破，朝廷用言者议，以修城垣、练乡勇、储仓廪、备器械，为守令殿最。朐城故版，筑地高无水，廛閈鳞次，附女墙，而居者千余家。令下之日，公曰："城坚，不须筑也。"青州道朱公之裔严檄切责，公曰："贼远在二千里外，而使吾民妇子露处，是人心先自解也，虽有金汤之固，吾谁与守？"朱公不得已，单骑来视。高埔屹屹，睥睨相望，而守御之具，纤悉毕备。乃叹曰："公言是也。"御史张公盛美，滕人也，上疏曰："臣邑虽小，而当河南之冲，贼渡黄河，而（北）［比］暮可至城下也。诚欲为疆土计，臣愚以为宜选良吏有文武才者，敕抚按推择更调以闻便。"于是当事以公应诏，调知滕县。先是妖贼徐鸿儒之乱，滕人死者无算；又其地邻曹、濮，其人轻剽悍疾，多椎埋探丸之盗，奸吏舞文，与巨猾相表里为民害。公曰："是不可以临朐治也。"令严法必，有犯必诛。于是奸盗屏息，境内肃然。莅滕甫两月，勾稽公帑厂驿及积逋之在民者六万两。太守王公国宾曰："公此举良快！顾吾方有水衡大农急逋，姑借用而徐偿公，可乎？"公有难色，太守业衔之。会邹、峄两令缺，乃以公请摄篆，将以困之也。公言之抚军曰："滕，乱丝也，早夜爬梳，惧犹不理，今舍而之旁邑，譬犹家有积薪，而两邻失火，主人自往救之，火未息而室先焚矣！夫一邑令何足惜，如疲邑之民何？"抚军韪之，戒公勿往，而檄太守再择署者。于是太守积不平，曰："此鞅鞅者，难为下也。"居亡何，以戆直论劾罢归。公归二年，而山东数被兵，州县破者十六、七。公率其四子及内外孙若而人，卷輴鞠跽，为太孺人寿，曰："某以一周孤，赖大人恩勤拊育至于今抱孙矣！乃得乞骸骨，归田里，非大人之赐，不及此！"太孺人喜为举一觞，已而以病卒。公哀毁逾制，充充如不欲生。丧葬毕，语所亲曰："使吾不以得罪上官斥，安能视慈母之含襚乎？乃知忌者之言，适所以成吾志也。"公家食三十年，足未尝一履公庭，邑宰到门，多以病辞；故人在选部者，数以书招之，且属台使者起之，公笑而谢之，曰："乃欲以我为薮中散耶？"孝廉张君启源，与公为一人之交，以其季女为公子运恒妇，既委禽矣，而张君早（世）[逝]。庚午，滦州城陷，女在兵间，公赎以金帛，而为运恒娶焉。或以为言，公曰："吾岂以死生患难，负我良友哉？"季子运明妻詹氏，父世烈，判禹州而客死，公为归其旅榇，而养其寡妻，诚季子以母事之。凡此皆人所难能者，而公顾毅然为之，虽前史所载范巨卿之与张（邵）[劭]，何以加焉？甲辰五月，寝疾，弥留，诸子侍侧，第以孝谨敦睦、勿忘祖考之艰难为言。卒之日，亲党咸吊，莫不流涕，叹息而去。公生于万历庚辰八月二十一日，卒于康熙甲辰五月初七日，享年八十有五。少宰石公申、仪部郎佘公一元尝表志其墓矣。以故子孙世系，多不载，为著其大者如此。

宋琬曰：余家青、齐之间，驱车而过骈邑之墟，其父老多言王公之为宰，诚长者也。后余持节右北平，尝一再造其庐，王公辄谢不见，然知其为笃行君子也。及闻张孝廉之事，不以生死盛衰易心，何其深于义耶！夫燕赵古多悲歌慷慨之士，而不少概见，何哉？若王公者，斯无愧焉。呜呼！徒循吏也哉！

邑侯赵公传
王运恒

赵公，讳端，钱唐人，由贡生康熙十九年任。公和而介，与人蔼如也，而不可干以私，好文喜客，毅然不可夺。下车匝月，即校士劝农，以兴利除害为己任，修葺云从书院，集生童，课试月必三，供给赏奖，每质衣以佐。督学使者吴公校士北平，独赏抚宁文风为一郡最。捐资创建奎星阁于文庙东南隅，桂花井上，春秋奠献之礼始展。复买宅，建小学于书院西，建东塾于下庄，南塾于张各庄，西塾于所各庄，北塾于石河庄，各择诸生之文行素优者司之，岁给束修十二金，一应炊爨诸费无缺，乡遂彬彬士风日盛。朔望集耆老讲乡约，谆谆劝诫，听者兴起。邑既冲瘠，农商流散，其猾者多投充射利权，子母以蚕食平民，狐虎鸱张，上下莫敢谁何？公廉得其恶，悉置之法，尤桀骜者，即上其事于部，民始知有三尺法。又念兵燹后，游手者众，蹴踘六博之习日炽，局设倾储，祸延比屋。公严惩必行，请托屏迹。于是，偷惰相戒归田焉。乃招流亡，劝开垦，务农重本，树果木为恒产。捐谷石，劝绅士，广积储，以备凶年，生民安矣！编审素多积弊，公矢诸神编审于城隍庙，一切陋规尽革，老死者去，丁壮者补，不阙亦不溢，且预示日期，朝至夕返，人无裹粮之苦，时十七里叟童有青天父母之颂。又买地置义冢于横山铺北，俾四方之旅（襗）［椟］游魂有所依止。正库吏仓委之罪，俾那移出纳之弊无所施；革差役三十六，俾地方无追呼之扰；息词讼，户婚田产有不可已者，诿乡三老议息，俾健讼者革心；官不置木隶，民不识县门，盖前此所无也。诸如修城池，葺仓库、廨署，皆躬亲综理，民不知役。《传》云："赵文子，冬日之日也；宣子，夏日之日也。"公殆兼而行之者乎？公又才优于繁剧，若运灰雇夫大差，措置较它邑樽节无算，邑民隐受其福。壬戌春，乘舆东巡，凡经临一切帐殿、行庖、御桥、辇路之工，公夙夜经营，上不误而下不困，顾公素以风雅著名，即处瘦硗邑，遇支应。□□（簿书）少暇，辄手不释卷，烹茗吟咏不辍，每衡诸生文，摘瑕指颣，人人率服。今岁三月，宫詹少宗伯沈绎堂先生奉命祭告辽陵过邑，暨夏征君宛来憩游栖霞。公携樽蹑屐，觞咏倡和，几与兰亭梓泽后先相映焉。此固公之风流剩事，无足为公重者，然亦足以见其游刃有余之大略矣。

序

抚宁县志序 　　　　　　　　　王胤祥　刑科给事中、邑人

夫志，识也，所以识事也。古者，小史掌邦国之志，而后之纂者必宗之，用资考征而昭鉴，戒莫要乎？是故天下有《一统志》，各省有《通省志》，郡邑有《郡邑志》，在在皆然。抚宁壤地虽小，为辽海咽喉，兼县卫同城，军民杂处，亦畿东要害处也。旧未有志，邑令张侯复所始修之，迄今岁数十易，旧者散遗，新者未续，是将无以备考征，矧鉴戒乎？幸我雷侯静宇莅兹邑九载于兹，凡事关国计民生者，班班就绪，乃政暇时以修志为任。托邑人张别驾九三次，其大概掌教谢君鹏南、颜君师孔、刘君延祚、庠生解来复二、三人咨询耆旧闻见，公议所素定者，计画参订，数越月始竣事。凡纲若干，目若干，卷若干，而卫治事迹悉载焉，略者补，缺者增，旧者无遗，新者俱续，一邑山川、风物、户口、赋役、名宦、乡贤、忠孝、节义之类披卷在目，庶可以称邑志矣！吾闻史者，事之纪也，义之寓也；志者，事之识也，史之遗也。志成则事具，事具则义彰，睹志稽事，顾事思义，必有惕然，思奋然，省群相劝勉，勤我耕织，供我租役，修我礼义，表我乡间，相率为善士良民者，乃若如何生养，如何训迪，如何剂量，追往哲芳躅，如何张弛，作后来楷范，是志所裨于世教者甚大，宁云止备考征是耶？将寿之梓，属予为序，予不敢以固陋辞序其事于简首。

抚宁县增修入《一统志》序 　　　　　　谭琳　邑令、湖广人

抚邑之有志，其来旧矣！自明神宗时，邑君雷公修辑后，无续之者。前志所载，如天文、地舆，迄户口、贡赋、古迹诸目，匪不详且确也，相沿已久，其间迁移、兴废，人物之盛衰，政教之得失，风俗之醇浇，历数十禩，卒无有远稽传闻，近考文献，以修辑为念者，岂近之司牧，仅旁午于钱谷、兵刑之未遑，抑邑之贤士大夫靡倡之者，遂置而弗问与？自国朝鼎定以后，四方之志莫不修举矣！琳于康熙之

十年初，承简命来莅兹土，搜邑之旧乘而流览焉。于其间之残缺遗佚者，间尝感慨系之。适道宪公征志于各属，郡守公慨然檄令即成兹，诚采风问俗，太史陈诗之遗意也。奖励世道，扶进人心，端于事乎有赖。琳因得于簿书之余，集邑之绅衿谋之，佥推明经王运恒、徐廷璨，委任编辑，爰令博采传闻，广咨口碑，得其实倾，堪据公议，素定者续为成书，既纲举而目张，亦条分而缕悉。邑虽弹丸，编户仅十有七里而遥，历象、水土，迄礼乐、政教、人物、风俗，灼然可睹，亦洋洋大国观也。志成，而后之人，或验天文以察时变，或稽川岳以效裁成，或考贡赋以节度支，或明版图以恤休咎，他如淫祀必斥，以崇民义之正，选举必备，以昭人才之盛，吏治之淑慝必辨，忠孝之伟行必录，加以著作之林驰驱班马，词赋之家游刃屈宋。凡皆有裨世道，有利名教，岂徒袭陈书，备搜阅，为一代之虚文已哉？是志既成，二子索予言以弁，予不敢以荒谬辞，爰率笔以为序。

抚宁县志序　　　　　　　　　刘　馨　邑令、湖广人

国有史，家有乘，郡邑有志，大抵记事之所为也。抚邑之志，创始于复所张公，续修于静宇雷公。其废而不续者，又八十余年矣！乙卯春，不佞以朴樕之材，奉上命，领牧兹邑。察土宜询风俗，兼取旧志而翻阅之，其间不无冗者、俚者、略者、讹者，私心欲更之，乃以邑当畿东之孔道，羽檄旁午，轮蹄络（驿）［绎］，簿书鞅掌，不惟不敢亦不暇，故有志焉而未逮。越四年戊午，行诸郡邑咸修厥志。不佞亟进邑之明经王子、徐子、鲁子辈而前曰："曷仍茸诸夫志，犹史也。大之关国计，次之陈民（膜）［瘼］，非究变征实，博洽淹贯者，其何茸之能，且数十年以来，宦游兹土者，可弗传乎？嗣登科名者，可弗著乎？孝子、节妇、逸民、贞士，其可沉沦而湮灭乎？"王子辈曰："唯，唯。"爰设馆授事，远稽近考，历数月而书成，俾冗者裁焉，俚者削焉，略者核焉，讹者正焉，废者续焉。迨户口之盛衰，赋役之损益，牧令之贤否，文教之升降，士风民俗之淳朴，巨灵胜迹之隆替，忠孝节烈之炳炳煌煌，不亦纲纪胪列，班班可考哉？至若（杨）［扬］

榷古今，采华撷实，是非于是乎著，劝戒于是乎存，于以绍前哲而垂不朽，则诸子之功为不可泯也已。余愧椎鲁无文，不能发潜德之幽光，有裨风化，夙夜只惧急课艺而培植菁莪，督畚插而兴利，原隰一长吏事耳！治行于抚邑何补乎？然以今日之抚邑观之，民物和乐，人文蔚起，亦骎骎乎日盛一日矣！后之君子，披览是书，思前人长育之由，念小民稼穑之依，御之以恕，载之以宽。为茧丝，宁为保障；为严父，宁为慈母。上之为朝廷养忠厚和平之福，下之为草野留丰亨豫大之形。昔也存政府，今也见施行。抚邑之民庶，其蒙休被泽，保世滋大已乎！则是书也，岂徒记事云乎哉？余不敏于志之成，弁兹数言以告后之生于斯、宦于斯者。

骊城课士录序　　　　　　赵　端　抚宁县知县、钱塘人

余莅任骊城既逾月，交代甫竣，即进邑之弟子员而问业焉。簿书之暇，手丹铅定其甲乙，自申秋暨于酉腊，历数试，得文数百首，择其尤隽者，将付之梓，既以示劝，亦以自娱焉。或曰：抚邑在明弘、正间，冠冕蝉联；迨末叶，丸泥东封，武备亟而文教衰。国朝定鼎，中界两京，既易边徼而辇毂，而明使君复弦歌而振兴之。成、弘、正、隆之盛，其再睹乎？余曰："否、否。"夫子云："君子学道则爱人，小人学道则易使。"国家监宋、明以制艺取天下士，岂徒以是为朱紫阶，使之揣摩呫哔而已哉？凡以使之学道也，夫心者，弘道之器，而文者，心之灵也。故凡人明于理者，其见必决；邃于学者，其气必厚；优于德者，其言必正大而从容；娴于古今者，其论必练习条畅而不浮。今有文焉，其见决其气厚，其言论正大从容，条畅练习而不浮。斯其人必学道之士也。次或得半焉，或一得焉。其学之大小、浅深亦视之。而不然焉者反是。今余录是集，凡合乎数者则进之，进其合乎道也；离乎数者则退之，退其离乎道也。予方以是为移风易俗之具，而徒望其阶朱紫蝉联冠冕，以争耀于成、弘、正、隆而已乎？客谢曰："边塞鄙人，识浅下，不知明使君期斯邑之深，待斯邑之厚至于此。请以是遍谕之父老子

弟。"余曰："犹有进，夫文运与世运相为盛衰者也。世运方盛则昌明，博学之言飏。世运方衰则支离，浮蔓之词进。今天子崇道右文，日御讲筵，征召寓内博学弘词之士，列之石渠，海内蒸蒸进于至治。此正王师旦黜张昌龄之时，而殴阳永叔擢二苏之日也。诸君子诚能一弃卑近之习，而以学道为志，明于理、邃于学，德优而古今娴习，则诚中形外，其光芒自有不可掩抑者。干莫埋于丰城之犴狴，其气彻于斗、牛。张、雷二君，犹将取之而去，而况当风胡开冶，薛烛相神之世乎？是则诸子即欲阶朱紫，亦舍学道无由。夫子不云乎学也，禄在其中矣！愿客并以为诸君子赠。"客曰："敬闻命矣！"遂笔而叙之。

劝积谷序

赵 端

盖闻救荒无奇策，以预备为良策。预备云者，藉富岁之所储，济凶年之所乏，如周制所谓余一余三是也。然小民终岁勤劬，半入官租，半给妇子，所获者尚不足以偿所用，即欲少有所积，而势常不能。万一岁有不登，富室则廪有余资，穷檐则瓶无半粟。于是，饥馑迫而流亡多，流亡多而农业废，农业废则彼此均无所赖。虽富者，亦不得不转而为贫者矣！当国者忧之，以为常平之仓常设也，赈贷之典时行也，然一则动淹时日，一则仅属虚文。以至平时虽有预备之名，临事终无救荒之实，古来积弊往往然也。今圣天子轸恤民瘼，各宪遵部颁行，直属郡县皆积谷备饥，真久安长治之至计也。抚邑虽小，十七里，山氓凋瘵之余，较之他属尤为难缓，所冀阖邑绅衿商民稍有余蓄者，各量力乐输，以为思患预防之图。遇丰年，则滞秉遗穗，不过减太仓之一粒；遇凶岁则彼饮之食之，皆得殚力耕耘，而不至于旷业，安知所入者不什倍于所出耶？上裕军国，下为身家计，莫善于此矣！若然则预备一策，非惟救荒之要图，抑亦屡丰之预兆也。

诗

观　海　　　　　　　　　　　　　　　　　　唐太宗

披襟眺沧海，凭轼玩春芳。积流横地轴，疏派引天潢。仙气凝三岭，和风散八荒。拂晴云布色，穿浪日舒光。照岸花分彩，连云雁断行。怀（旱）［卑］运深广，持满守灵长。有形非易测，无源讵可量。洪涛经变野，翠岛屡成桑。之罘思汉帝，碣石想秦皇。（霞）［霓］裳非本意，端拱且图王。

咏　海　　　　　　　　　　　　　　　　　　尚　纲　主事

当年来向海边头，蓬岛仙山何处求？潮汐奔腾坤轴走，波涛汹涌雪花浮。凭栏对酒看无厌，倚马题诗兴未休。沉醉漫思张博望，乘槎共到月中游。

兔耳山　　　　　　　　　　　　娄大方　抚宁县知县、鄞县人

地复群山几百重，巅峰独耸不雷同。形盘龙尾连沧海，势拱鳌头直接空。云覆寒潭晴作雨，霜凋老木夜生风。曾登兔耳三千丈，使我攀缘到月宫。

温　泉　　　　　　　　　　　　　　　孙　镇　卫辉知府

上方景界隔红尘，一派灵泉若有神。混沌溪边云不散，氤氲海底夜长春。火龙烧竭三江水，土釜燃空大地薪。我欲呼童闲澡雪，咏歌愿作浴沂人。

望联峰山　　　　　　　　　　　　翟　鹏　邑人、兵部尚书

不踏联峰麓，匆匆二十年。山灵犹识否？兰若自依然。勿假移文却，终当辟谷还。多情林外鹤，来往故翩翩。

天马山 傅光宅　御史

倚剑登天马，泠然御远风。乾坤双眼外，今古一杯中。怪石悬疑堕，晴涛望若空。烽烟清万里，白日海云红。

吊赵烈女 傅光宅

一冢青山下，经过感慨深。家贫依草莽，塞远对荒林。正气来天地，芳名自古今。崔巍一片石，千载见贞心。

横山返照 谢鹏南　本庠教谕

金台晚照昔曾闻，又见东横带夕曛。鸦背斜阳光闪闪，杖头藜火影昕昕。桑榆霁霭留琼岛，西陆余辉透暮云。几度登临遥送目，欲从天际问孤鸿。

西阳晚渡 谢鹏南

发源界岭势潺潺，入海流经自此旋。桥建旧梁三径晚，雨生新涨四垂天。朝来车马争前渡，日暮渔樵逐画船。善政便民通利涉，乘舆小惠信徒然。

紫荆石婆 谢鹏南

面对荆山列翠屏，石岩突立宛妪形。娥眉不扫一弯月，蓬发尤堆两鬓星。脂粉年深风雨淡，衣衫岁久薜苔青。凝然翘首频西望，只影寥寥伴野汀。

绿湾蛙静 翟　鹏

源发名山泻涧流，洋洋东逝绿湾洲。风行水面文章焕，日丽川中锦绣浮。浪静不闻蛙聒耳，天空惟见水澄幽。骊城应有清宁治，镇静封疆兆可求。

马头积雪 谢鹏南

峻嶒马首怯于登，积雪巅岩夏亦凝。日射昆冈千嶂壁，风吹瀚海一壶冰。山阴舟楫何时至？灞水楼台此际凭。琼玖满林观不尽，朱明天气爽无蒸。

联峰海市 翟　鹏

山头隐隐见楼台，万状千形顷刻开。出入人踪凌汉远，淡浓树影倚云栽。宫高星斗檐前挂，帘卷虹霓扃外堆。闲去登临消半日，浑如身世上蓬莱。

题杨孝子行 翟　鹏

古人读书为明伦，今日读书只荣身。吾党明伦有孝子，却乃不是读书人。眼底纷纷金紫贵，气焰熏天真可畏。问之金谓读书人，明伦孝著如君未。噫昔读书我少年，哀哀曾诵《蓼莪》篇。亲恩罔极浑无报，一度逢君一赧然。（莱）［莱］衣不见人间久，至孝那复为君偶？芳名应向竹帛垂，万载昭昭常不朽。呜呼！秉彝好德人皆有，仰君何啻如仰斗。

杨珍庐墓三年不归诗以嘉之 翟　鹏

瘗玉空山岁月深，结庐相守到于今。一身未忍离亲侧，三载尤难尽子心。寂寂荒丘秋色晚，森森乔木昼阴沉。频将卮酒临风酹，肠断啼乌急暮音。

过芦峰将军墓 翟　鹏

不见将军两岁奇，偶经荒冢重凄其。可怜芳草萋迷处，犹记高堂燕乐时。勋业穹碑应不泯，宠恩冥漠已无知。多情最是风林鸟，永夜哀鸣未忍离。

围春庄二首　　　　　　　　萧　显　山海人、兵科给事中

粗粝山庄饭，晨昏野寺钟。藓生偏湿处，云锁最高峰。熟客不惊犬，何人是卧龙。承恩许归老，尧舜荷遭逢。

路僻逢人少，山高见日迟。随宜但疏食，不似在家时。荒垒悲秦址，秋风读楚词。浮云今古态，搔首独兴思。

荫秀亭　　　　　　　　　　　　　　　萧　显

爱此园林好，凭高眼界余。鲸声吞海阔，鹤迹印沙虚。午饷炊农饭，晨兴课子书。天机自流动，上下见鸢鱼。

界岭正关楼得才字　　　　　刘景耀　洛阳人、右佥都御史

城头碣石郁崔嵬，倚槛春风塞外来。三辅河山时对酒，九边烽火共登台。秦皇岛上仙云散，姜女祠边新月回。莫道书生无侠骨，毛锥元负配刀才。

永平道中　　　　　　　　孙廷铨　益都人、官至大学士

烟开囗（林）下路，帘出水边家。山市秋多枣，荒溪雨落瓜。近边无广袖，列戍尚高牙。树尽看城阙，危旌有暮鸦。

山海道中　　　　　　　　　　　　　　孙廷铨

高柳荒亭下，残碑古戍前。秋光晴到水，山色净于天。气变虫音急，河沉月影偏。鸡鸣催（侯）[候]吏，争渡石溪船。

和吊赵烈女　　　　　朱国梓　（前）屯卫人、永平兵备道

残碣列贞迹，和诗敬服深。生为婧处子，死称丈夫林。不学何须问，古维自范今。九关石一片，不转万年心。

和吊赵烈女　　　　　　佘一元　山海人、礼部仪制郎

荒边一处子，秉节意何深。烈志惊前哲，高风动士林。孤坟垂已

旧，坊表照于今。一片石长在，留旌一片心。

和吊赵烈女　　　　　　　　吕鸣章　山海人、关西兵备道

孤贞一片石，凭吊引悲深。洁骨凌霜色，丹精化碧林。杀身逼视古，正气轶无今。断臂堪同烈，哀哉赵女心。

和吊赵烈女　　　　　　　　　　　　　王运恒

正襟胪赵女，山水景高深。生未诗书训，死归节烈林。纶音褒自昔，邑乘重于今。评吊抽银管，时伤述者心。

秋（抄）[杪] 游金山嘴　　　　　　　　　　佘一元

金山一望碧云天，秋（抄）[杪] 周游大海悬。关镇东临环紫塞，联峰西峙霭苍烟。崔嵬古庙汪洋际，兀突荒台浩渺边。怪石嶙峋如鸟喙，沧波探饮不知年。

九日登紫荆山　　　　　　　谭 琳　抚宁知县、湖广人

大观已如是，何必更高岑。秋色千峰淡，海云一望深。移樽因爱菊，落帽本无心。遣兴全赖客，狂呼万岛吟。

九日侍饮紫荆山　　　　　　　徐廷璨　邑人、岁贡

九日共登台，倚云楼阁开。西风频落帽，遥忆孟嘉才。

题魁星楼　　　　　　　　苏 铨　交河人、奉天府丞

东南山上是文峰，谁建魁楼势甚雄。天子右文有异数，书生励志岂终穷。贤侯况有指南意，边邑讵无奋北功。屈指中秋应有月，东升如照碧纱笼。

和苏次公登魁星阁阁在紫荆峰　　　　　　　谭 琳

大海沿荒涌秀峰，骊城快睹此峰雄。一拳巍阁空几壤，万仞奇观

望不穷。胜事已占云日近，人文争夺斗牛功。幸逢学士多佳兴，天汉珠玑彩笔笼。

又和题望兔耳山　　　　　　　　　　　　　　　谭　琳

秋声初赋雨峦开，喜见使星出燕台。逸兴拈来皆海岳，仙风何地不蓬莱。乍疑似鹤青莲迥，恍忆如龙紫盖回。见说笔锋能杀尽，尚留天半作云堆。

题石门傍水岩朱邓林先生筑舍读书垂钓处　　　　　王运恒

旧史曾镌拥节名，林泉今日仰仪型。石门地似苏门僻，傍水岩如颍水清。雪满孤山鹤影洁，风吹三径柳条馨。他年谁氏操彤管，不愧斯民汗简青。

午日登魁阁　　　　　　　　王　简　邑人、昆山知县

荆山洋水两俳徊，塔影魁光瑞气开。海市楼高呈五色，峰峦鼎峙列三台。菁莪化普他年盛，桃李风清此日栽。尽沐使君恩泽久，欣逢佳节共登台。

霜降日较武诗有序　　　　　赵　端　抚宁县知县、钱唐人

抚宁，古孤竹国，商周以前属在荒远，金鼓之事，史册罕载。迨自秦汉而降以碣石道，隶右北平，分争割据，侵代相寻，盖因此地负山阻海，天险之区也。胜国时，重兵屯聚，日苦扰攘。今则东连丰沛，西巩神京，安危迥异矣！然张皇克诘，圣人所戒消兵之失，一见于晋，再见于唐，故虽放牛归马，载干戈于虎皮，而四时讲武，未尝忘战，意深远矣！酉秋霜降，祭纛于西郊，继以大狝礼也，偶成十韵，以志安不忘危之意云尔。

天险雄兹邑，秋高诘五戎。河山迎杀气，金鼓动边风。展斾零霜白，挥戈旭日红。八门停过鸟，三略按非熊。插汉长城峻，连云渤海通。绿湾留古迹，紫塞壮皇功。圣代冲边异，平时伏莽空。安

疆思卖剑，训武敢弢弓。肃队师孙子，看书竹笑吕蒙。芦箛收阵急，归纛夕阳中。

王贞一诸君招游圣水寺看红叶　　　　　　　　　　　赵　端

秋色明郊甸，招游古寺隈。禅关寒日满，林叶晓霜催。作籁参仙梵，如花照客杯。御沟非圣水，传语莫飞来。

纪徐孝子赋诗十章章四句，孝子名进孝　　　　　　　王运恒

兔峰之西，乡曰翟田；淳庞萃止，孝子生焉。猗欤孝子，徐氏之息；皇锡嘉名，能称其实。父病沉笃，药石无人；傍徨号泣，求援于神。哀哀祝愿，刳豕刲羊；父病复作，刳腹以偿。捧肉荐神，神心亦痛；鉴兹血诚，拯其父病。肉悬树间，感孚物类；弗嗛弗餐，鹰饥蝇秽。不败不腐，数月如新；天存懿物，以示世人。载拜敬书，一字一泪；高山景行，俯仰含愧。至孝流芳，编中数见；以身代牲，古今独擅。复哉绝德，邑乘光垂；不惭银管，有道之碑。

五花城　　　　　　　　　　　刘　馨　抚宁县知县、湖广人

五花罗列近关门，怀古凄其入暮村。宿昔军容开紫塞。至今战垒向黄昏。长城不见春云色，虚寨仍连沙雨浑。驻马几回空怅望，萧萧华发独无言。

山海关　　　　　　　　　　　　　　　　　刘　馨

关门崭岏控京华，一眺平原万里赊。三卫旌旗闲虎豹，九边睥睨走龙蛇。狼山夏日寒凝雪，溟海秋涛暮卷霞。我欲相寻姜女石，数行烟树白云遮。

冯家山　　　　　　　　　　　辛进修　教谕、新安人

山因姓著久知名，一带春岩望倍清。石壁窗侵云蠹色，松涛梦讶海潮声。杖盘危径千峰绕，耳入绝巅万籁鸣。寄语主人悬榻俟，从兹桌雪有余情。

刘令君柳亭　　　　　　　　　　　　　辛进修

闲园曲曲抱城隅，恰有层楼缀此区。三载政成花满县，一亭吏隐
舄为凫。风生古木鸣弦管，窗布晴峦点画图。只恐玺书朝夕下，不教
仙令恋清娱。

东岳庙　　　　　　　　　　　　　　　辛进修

炎夏不宜居近市，无如此地学从禅。桔槔声带泉流滑，松柏阴移
殿影连。已遣兴余青嶂外，更敲句出绿樽前。快逢胜友浑忘暑，讵为
薰风落敞筵。

紫霞洞　　　　　　　　　　　　　　　王　简

紫霞洞旧号朝阳，白鹤青松落叶黄。石磴穿云通御座，流泉绕涧
带花香。愧随击钵无诗兴，乐听鸣琴助酒狂。见有桃源刘道者，不须
迷路问渔郎。

兔耳笼云 误吐儿，今改正　　　　　　　　诸元寿　山阴人

云气族而雨，兹山称独灵。孤踪盘鸟道，双耳列天扃。霾重疑无
顶，旸晞始放青。遥看西嶂缺，拟作自怡亭。

秦王石岛 误秦皇，今改正　　　　　　　　王运恒

魏征碑仆三韩役，曾驻銮舆憩此间。龙帜参差疑蜃气，羽林寂静
似鸥闲。黄荆岛上茎眠伏（相传秦王下拜，故伏），茜草洲边颖碧殷。
岂是吕秦鞭石处，幸存奎翰藻姵姵（志载唐太宗《观海》诗）。

和秦王石岛　　　　　　　　　　　　　诸元寿

大唐天子志勤兵，幕府犹传秦邸名。自是征辽趋乐浪，非关渡海
访蓬瀛。千年错事谈驱石，百代遗踪话拜荆。碛里秋风悲战骨，荒碑
空忆魏元成。

绿湾蛙静   单廷璠   会稽人

细细春水流，两两花鸥浴。蛙吹绝无声，一湾芳草绿。

骊城署中同刘敬庵夜坐   张郱曾

高柯落叶洒重檐，客里谁堪霜鬓添。官阁正琴依静几，闲庭纤月下虚帘。刘琨入夜频呼酒，张绪临风数断髯。醉后更当重剪烛，吟诗彩笔好相拈。

骊城登柳亭   徐世茂   兰溪人

柳荫虚亭上，凭栏翠万重。峥嵘临雉堞，突兀对芦峰。曲径流春水，危墙偃古松。低徊频送目，乡国白云封。

阳河古渡   徐廷璿

招招传古渡，怪石自中浮。不没瞿塘象，常凝白鹭洲。日干堪曝网，矶净可垂钩。独是人归后，空闲天际鸥。

录刘鲁一先生盐法疏入志偶成   王运恒

蹉政新更万姓艰，除苛章露九重关。名高斗北星辰上，功在畿东户口间。额外清裁终裕国，留中谁道未甦屠。敬书此疏邑编内，异代人人景犯颜。

金马遗踪   鲁大治   邑人、岁贡

仿佛图传大宛名，霜蹄如见逐风轻。常留石上超群影，每听山中嘶勒声。雨霶动时泥障湿，金毛落尽雪毫生。只今来往招提境，曾识驮归西域经。

又   王运恒

一幅飞黄蓦涧图，临流顾影志踟蹰。乘风不受人间勒，曾侍金门

汗血无。

又   傅汝翼   邑廪生

曾向蚕丛伴碧鸡，临流独见渥洼蹄。汉家宫阙铜驼泣，不复金门向晓嘶。

佛岩瀑布   王运恒

一片婆心石，跏趺岁几更。灯传山夜月，法演瀑泉声。寒暑因时序，荣枯任物情。闲来秃厖齿，于此悟无生。

牛顶兜绵   王运恒

欲作崇朝雨，旋铺万里云。层层排雪浪，滚滚漾冰纹。峰顶鸥凫没，晴空珠蚌纷。兜罗绵色界，尘世几人闻。

又   余 淮   沔阳人

牛崖云雾起，山半似兜绵。混沌千峰合，氤氲三辅联。流霞明绝顶，灵雨足沙田。高下无多远，阴晴各一天。

又   诸元寿

海上仙山塞上逢，千寻瑶笋矗云封。绵绵化出兜罗界，冉冉凝成白玉峰。龙护五钧菩萨井，虬盘一尺大夫松。漫言碣石高前古，下视寒烟数点浓。

黄崖猿啸   王运恒

悬崖佛踞三生石，绝壁龙开两眼泉。果熟猿啼峰岭上，饭香鸟集钵盂前。

又   诸元寿

黄崖远上碧霄边，蹴尽寒云尺五天。孤角呈将西子黛，双瞳流出老龙涎。山空莫辨生公石，碑古犹存大定年。何处猿声啼不断，乡心已在剡溪前。

龙潭灵雨 王运恒

千尺澄泓黝杳区，阳愆时许士民呼。祈来几点龙涎水，遍洒神膏万物苏。

又 郭永昌 邑廪生

忽下江湖敇，潭空龙自闲。暂时眠涧底，弗去洒人间。鳞起青冥上，云从绿水湾。须臾群望慰，无事归寒山。

虎穴清风 王运恒

於菟何年徙，空余此石窍。松涛岭上来，时惹山花笑。

又 高万锦 邑廪生

谁言德政物难通，异类怀仁尽渡东。阿虎当年曾伏罪，到今犹自啸清风。

温泉沸玉 王运恒

洪炉谁煽傍山泉，蟹眼松涛昼夜煎。味别一枝甘露冷，浴同三昧夙疴痊。风寒溪涧萍摇翠，日暖池塘玉吐烟。多少游人哆此胜，何时载酒洗狂颠。

又 王基命 邑廪生

骊池曾染胭脂色，汤水今闻沸玉声。灵派似从丹灶过，奇流疑傍劫灰生。起疴直并菩提露，瀹茗无须活火铛。沐罢弹冠凭远望，飞涛绕出凤凰城。

又　　　　　　　　　　　　　　　　　　余　淮　沔阳人

平山东北赤龙眠，吐出炎涛洗俗缘。冷眼何堪对热海，痴肠空目浴温泉。冰高绝塞波长暖，雪满荒坡水亦煎。客里尘怀涤不去，一声长啸白云边。

花洞冰帘　　　　　　　　　　　　　　　　　　王运恒

万派悬泉兴已阑，无声有色曳冰纨。惊涛暂息龙门浪，飞瀑浑凝雁荡滩。晴日朝烘苔藓润，冻云夕合翠微寒。梦中曾与山灵约，洞口支筇日日看。

又　　　　　　　　　　　　　　　　　　任运泰　邑廪生

流泉空际落，叠作水晶帘。只垂珠线脚，不挂玉钩尖。旭照琉璃壁，归云白雪帘。寒轻花早发，遥泻赤城盐。

又　　　　　　　　　　　　　　　　　　诸元寿

泉飞来兮出山崦，流为瀑兮凝为帘。望之玲珑兮日光暹，洞中有人兮披素缣。凿而饮兮何其廉，日坐冰壶兮绝尘纤。

登抚宁城楼　　　　　　　　　　　　　　　　　　单廷璠

戍楼凭眺欲黄昏，几处孤烟出暮村。天末西风吹不断，愁看秋色入关门。

一片石　　　　　　　　　　　　　　　　　　徐世茂

山回地迥几人家，斜抱长城一望赊。乱石远沙含夕照，深林空翠映飞霞。九门洞曲浮秋水，三辅风高起暮笳。寂寂客怀愁不寐，忽来寒月照窗纱。

花果山　　　　　　　　　　　　　　　　　　钮　中　会稽人

花果山中飞瀑布，阴寒暂结玉屏高。待看三月春风暖，石壁还腾千尺涛。

春游紫霞洞　　　　　　　　　　　　　　　　马惕然　沔阳人

东南一带清心目，有此千峰插翠微。人在下方冲日上，鹤从高处破烟飞。水深岩落寒侵骨，门静花开色照衣。欲识蓬莱今便是，更于何地学忘机。

又　　　　　　　　　　　　　　　　　　　　　　　　单廷璠

紫霞突兀近龙堆，良友携樽揽辔来。洞户寒泉岩际净，山坳虚阁洞中开。乔松映日浮岚翠，古雪连云冻石台。鸟道扳萝临绝顶，秦关千里雁飞回。

紫荆山奎阁　　　　　　　　　　　　　　　　　　　　　赵　端

飞阁临虚壁，千峰晚翠连。振衣时一上，秋气净长天。

壬戌三月下浣赵令君又吕邀同夏子宛来游栖霞寺四首

沈　荃　宫詹、华亭人

一涧龙潭胜，双峰兔耳悬。穿云寻野寺，拨草听新泉。石迹遗金马，松风韵管弦。兴来频顾曲，日暮未知还。
其二
陟磴循松径，携樽坐石矶。野花晴落帽，山翠冷沾衣。地僻留僧话，亭虚待鹤归。我来倦鞅掌，到此已忘机。
其三
幽刹何年构，栖霞此擅名。晓窗延海色，夜壑饱松声。园果秋堪摘，山田岁可耕。石桥流水静，湜湜照人清。
其四
登顿何辞远，山川信有缘。幽期真不负，东道况多贤。碧草余春色，黄鹂动暮天。酒酣题石去，回首渺苍烟。

前　题　　夏　骃　征君、湖州人

窈窕西山麓，鸣泉一壑停。日高双岭紫，风起万松青。选石仍携酒，循崖拟筑亭。关河游已倦，我欲注黄庭。

其二

迢递三千里，征途得化城。烟霞随地有，丘壑本天成。蹑屐羊肠断，停杯兔耳生。玉山从意倒，白日莫西倾。

其三

久客忘春暮，山中长薜萝。残花红雨霁，勺水白云过。百岁闲今日，诸天动浩歌。隔溪望樵者，隐隐下前坡。

其四

觉路元花柳，空山忽管弦。众香生白社，独鹤下苍烟。洗耳从听曲，缠头不费钱。异时《风土记》，可共虎溪传。

前　题　　赵　端

花明春寺僻，水净石桥幽。兔耳宜邀月，禽声直似秋。四时开士定，一曲夕阳留。酒兴兼诗思，殊堪纪卧游。

其二

片石老寒烟，霜蹄神骏传。碧抽青草恨，红对落花怜。松响涛生树，云低鹤下天。丘亭今有地，吾意欲逃禅。

其三

乱山巉崿处，绝顶觉天高。岁月惊芳草，生涯问浊醪。醉书应自圣，诗史定谁豪？石壁浸莓藓，临风落兔毫。

其四

薄日林皋迥，残霞出岫明。远钟虚谷应，古木暮烟平。蹊湿晴疑雨，苔青断复生。臣心同勺水，聊足慰怀清。

黄崖山　　王运恒

黄崖风景久荒芜，仙令攀跻万物苏。龙眼含青汪润泽，佛身踞险启迷途。萧萧叶落霜林醉，漠漠烟凝远岫晡。遥望北山新气象，骚吟题罢彩云敷。

和王贞一明经《黄崖山》韵 　　　　　　　　　　赵　端
木落郊原淡绿芜，山行处处见樵苏。好凌绝壁成高会，敢视悬崖
作畏途。凤阙遥瞻云北护，龙潭到影日西晡。永怀万乘登临宴，文教
于今已诞敷。

九日赵邑侯招饮栖霞寺 　　　　　　　　　　　辛进修
何幸逢仙令，郊原载酒过。黄花迷野径，红叶点山阿。涧泻泉声
远，桥横云影多。忘形已落帽，醉倒更婆娑。

九日栖霞寺宴集和辛广文韵二首 　　　　　　赵　端
高秋山逾峻，幽寺日西过。霜叶飞千岭，岚光荡四阿。茱萸边外
少，鸿雁坐中多。却忆长安日，吹篪拜驭娑。
其二
山寺登高会，鸣鸾胜友过。绮霞明细柳，弦月起纤阿。戏马题诗
众，参军作赋多。公余聊野服，风动冷娑娑。

柳亭楼远眺 　　　　　　　　　　　　　　　　夏　驷
闲闲十亩缭垣荒，高阁飞甍背女墙。一道寒泉初出井，数株垂柳
未经霜。青山绕郭留人住，明月开筵引兴长。翻笑弦歌元亮宰，篱边
偏少菊花香。
其二
北风萧瑟雁声阑，十月边城草木残。息足乍忘关塞远，登楼陡觉
地天宽。云开兔耳双峰峻，日落牛头大海寒。几欲振衣临碣石，不知
蜃气共谁看。

柳亭楼远眺和夏征君韵 　　　　　　　　　　赵　端
萧萧冰署未全荒，留得飞楼傍古墙。山入画图偏着雨，树如围带

半迎霜。两年宦迹家何处，千里羁怀塞正长。却爱公余多啸咏，茗炉新煮石泉香。

其二

清樽开罢更凭阑，古戍秋高叶半残。势压长城知地迥，望穷秦岛觉天宽。元龙卧后心偏远，庾亮登时月已寒。指点征鸿遥度处，西风万里共君看。

登抚宁城楼　　　　　　　　　　赵道敷　贡监生、钱唐人

□（叶）落千峰暮，含情上戍楼。悲笳鸣不住，吹尽塞垣秋。

其二

孤城控绝塞，叠嶂插天起。射虎人不还，悲风吹万里。

春日同汪子明峻、侄景从、儿景徕、景衡游栖霞寺二首

赵　端

三年薄宦滞边城，偶向春风浣俗缨。载酒不辞莲社远，携琴遥傍兔峰行。千蹊草色迷征骑，夹路梨花引去旌。来到勺泉箕踞处，石桥流水听新莺。

其二

禅房高耸乱峰头，此地烟霞足卧游。心远转疑仙路近，林深翻觉洞天幽。敢将啸咏同山简，自爱清狂过子猷。最是登临多胜事，竹床茶灶共淹留。

陪使君游栖霞寺二首　　　　　　汪启德　江南人

绿遍郊原花满枝，使君行部暮春时。禽声巧逐泉声细，蝶影翻依树影移。十里清尊陶令酒，一池芳草惠连诗。不辞酩酊相归去，看取山公倒接篱。

其二

临流藉草散晴空，人在西园逸兴同。短发不随杨柳绿，颓颜长为玉醅红。梨华夹路迟行客，古木悬崖啸晚风。独有溪前金马迹，烟萝

长伴勺泉中。

随伯父游栖霞寺二首　　　　　　赵景从　候补行人司正
绣草浮香骄玉骢，桃花几处踏春红。风连海市牙樯远，路绕荒村古寺通。金马久留幽涧曲，黄莺暂语绿杨中。移尊更坐溪南石，月色徐升兔耳东。

其二

闲看春水满晴溪，折柳寻花散马蹄。万里河山迷远近，一群鸿雁任高低。松涛乍起风生坐，鸟啭如邀客过蹊。碣石淼茫空极目，角声呜咽女墙西。

随家大人游栖霞寺　　　　　　　赵景徕　贡生
梵宫花柳散晴烟，十里香尘驻锦鞯。觞咏疑追春夜宴，风流不羡永和年。兔峰无恙摩霄汉，马迹何时枕瀑泉。歌管半残人欲醉，上方清磬自泠然。

其二

兴酣移坐乱峰边，满眼春光剧可怜。花为多情偏带雨，柳因无力故含烟。谢公自索尊前句，苏晋应逃醉里禅。吟眺却忘归去晚，天涯芳草正啼鹃。

柳　园　　　　　　　　　　　　　汪启德
五亩园林官舍东，琴声时送柳亭风。三春细雨连空碧，九夏斜阳一点红。好鸟翩翩云汉里，吟蝉断续薜萝中。小楼倚堞堪长啸，碣石秦城四望通。

前　题　　　　　　　　　　　　　赵道敷
六柳参差雨后天，画楼高耸女墙边。分来山色千重翠，漾出波光万顷烟。彭泽清风传此日，灵和逸韵忆当年。凭阑更觉添幽兴，几处斜阳起暮蝉。

秋日同友人汪明峻及门王畹仙、婿苏岷源、儿道敷、景徕、景衡游寻真观遇雨诗四首　　　　　　　　　　　　　　　赵　端

晓出城西路，仙坛访旧游。绿莎平野阔，红树乱山秋。数骑穿盘磴，双旌渡浅流。停鞭遥指处，骤雨湿征裘。

其二

一片冥濛色，千峰望不分。瀑声翻助雨，岚气总成云。过岭人呼队，穿林马失群。悬知仙院近，山果落纷纷。

其三

古观清幽处，偏宜静者寻。好将丘壑趣，遥浣市朝心。扪石凌虚壁，披云见远岑。啸台凭眺久，茗椀足长吟。

其四

吟眺忘归晚，隔林疏磬声。烟霞留永日，竹树寄余情。野渡流方急，沙痕湿更轻。严城灯火近，戍鼓报初更。

秋日游栖霞寺　　　　　　　　　　　　王　模　无锡人

策马骊城古塞西，万重飞翠拥招提。野花过雨香还浅，山树迎秋果正齐。踏遍乱云盘曲磴，坐临敧石弄清溪。徘徊更欲穷幽兴，兔耳峰高落照低。

前　题　　　　　　　　　　苏　滨　候补国子监学正

十里晴光散晓霞，寻幽重过老僧家。云开山径初传呗，木脱寒林尚见花。结社未携彭泽酒，汲泉堪煮赵州茶。归来策马斜阳路，遥听边城起暮笳。

前　题　　　　　　　　　　　　　　　赵道敷

严城霜落正深秋，重向琳宫续胜游。万壑碧云侵蜡履，千林黄叶点征裘。扪来绝壁山光冷，望入平芜海气浮。为爱清幽吟眺久，隔溪樵唱起边愁。

前 题
赵景徕

薜萝深锁寺门幽，杖策招寻物外游。一带白云封古堞，满山红叶醉高秋。谭经释子今何在？布地檀那昔此留。拂石坐来长啸处，勺泉金马两悠悠。

莲蓬山观海歌
赵景徕

骊城形势临卢龙，塞垣千里当要冲。两京拱峙咽喉通，背枕溟渤开鸿濛。滨海有岭号莲蓬，悬崖削就金芙蓉。海光山势相争雄，怒涛隐隐凌太空。我来登时秋正浓，溯洄上下吹天风。双螭初起驭祝融，元气磅礴涵苍穹。咫尺蜃楼变化中，早潮欲上雷隆隆。登莱城郭烟雾胧，三山何处求秦童？祖龙鞭石杳无踪，征辽遗迹推唐宗。张骞无复乘槎功，采芝徒羡安期翁。俯仰今古谁复同？八荒吞吐归心胸。酒酣拔剑喷长虹，光芒倒射鲛人宫。安得骑鲸直向烟波冲，倏忽已抵扶桑东。

和沈大宗伯游栖霞寺韵
王运恒

地藉人方显，品题石上悬。两朝推草圣，四韵响林泉。金谷旌诗序，兰亭艳管弦。旬然传纸贵，远近榻碑还。

其二

为践登临约，相将老褐衣。水流川上趣，花发个中机。短发羞春草，雄心付钓矶。诸峰留我醉，频促未能归。

其三

栖霞遗迹久，幽僻未知名。洞有鹤鸾侣，桥无车马声。风吟林树静，月印勺泉清。愿结山农耦，优游此处耕。

其四

一入高人目，攀跻别有天。溪涵三柳韵，岭接九峰缘。万籁吹诗律，苍苔护墨烟。从兹垂不朽，胜迹与名贤。

和邑侯赵公游栖霞寺韵　　　　　　　　　　　王运恒

初入栖霞路，溪桥一带幽。莺花渝塞晚，鱼藻蜀江秋。谷口笙歌沸，崖碑翰墨留。山村童与叟，乐道使君游。

其二

金马立溪边，萧萧对影怜。雨零胸汗血，雾卷鬣生烟。武子钟情癖，支公解悟禅。多贤题品后，名共此山传。

其三

曳杖千峰上，扪天尺五高。探幽纵癖性，蹈险藉醇醪。入望寰龙塞，题诗洒兔毫。昌黎兼胜具，华令古今豪。

其四

移席倚崖石，张灯夜景明。咏觞欣放浪，弦管奏升平。西岫寒烟暝，东皋新月生。溪流真眷恋，还照客颜清。

四郊劝农八首有序　　　　　　　　　　　　　赵　端

古者劝农之制，自天子以迄郡县，莫不行之。后世视为具文，弛而不举，甚非重农祈年之意也。癸亥春仲，始行斯典，四郊远近村落，靡不毕到。山氓观者，扶老携幼，余皆命坐，犒酒食，问桑麻，询疾苦，贷不足，复讲御制六谕，劝戒慰劳若家人，然父老感叹，有泣下者曰："不意今日复睹古初盛事也。"忘官民之分，而通上下之情，或亦庶几夫近古欤？爰赋八章纪之。

细草青青送马蹄，双旌徐过板桥西。停鞭遥看前峰去，一带春风遍绿畦。

其二

路入深山一径纡，桑麻无恙满村墟。道傍竹马欢迎处，风景依然似古初。

其三

黄发皤皤绕座旁，翠微深处命传觞。甫田本为曾孙祝，不是寻幽到上方（犒诸父老于崇兴寺）。

其四

春满平林绿渐肥，劝耕人去乱莺飞。杏花田舍厨烟淡，处处村翁带醉归。

其五

草暖烟新一望中，城闉晓出为三农。逢人乐问田家事，行路无劳避玉骢。

其六

路近仙坛丘壑深，乱松高下昼阴阴。登临却忆重阳候，绝胜烟岚带雨寻（过寻真观，客秋游此值雨）。

其七

三月边城晓正晴，绿畴千顷课春耕。行行更向深村去，到处杨花扑面迎。

其八

山村如画乱云浮，父老争迎郭细侯。石佛岩前千尺瀑，化为甘雨起龙湫（石佛岩有龙潭，祷雨多验）。

张游戎招饮联峰山　　　　　　　　　　　　赵　端

蜡屐同攀万仞峰，海天秋气正濛濛。何时片石填精卫，终古三山失祖龙。神蜃结楼虚上下，怒涛吞日动西东。酒酣不尽登临意，拟向沧波跨彩虹。

骊城秋望　　　　　　　　　　　　　　　　王　模

形胜由来控百蛮，羊肠千仞断跻攀。边城霜落征鸿急，古戍秋高战马闲。地拥荒沙连大漠，天开万嶂作重关。夕阳烟草苍茫外，不见将军射虎还。

榆　关　　　　　　　　　　　　　　　　　王　模

绝壁开天险，千寻控塞垣。荒沙寒白骨，新鬼啸黄昏。水急蛟龙怒，山深虎豹屯。当年百战地，遗恨至今存。

夜宿白云山 有序 赵 端

三载骊城，久爱白云之胜，而日夕苦于簿书，遂使寂寂山灵笑人千古。癸亥春，劝农过此，因留宿焉。皓月入怀，万籁俱寂，兀坐谈禅，夜分始寐，正如坡仙醉卧绿杨桥，不复知为人间世也。爰纪以诗。

夙慕名区胜，而今幸一过。不来萧寺宿，其奈白云何。月色逢山好，猿声出塞多。倚栏频极目，同此坐烟萝。

又和前令谭司寇白云山原韵 赵 端

禅宫天半耸，薄暮共登临。花坞泉流细，松阶月暗侵。钟声催旅梦，梵语助行吟。为忆开山者，凄凄支遁心。

祈雨诗 有序 赵 端

癸亥夏旱，祷雨于城南石佛寺之龙潭，斋宿僧寮，月色如昼，夜半忽雷雨大作，四郊沾足，喜占二绝题壁。

乱峰斜抱梵王宫，碧树森森路几重。此夕劳臣愁不寐，一轮明月数声钟。

其二

禅宫历尽见龙湫，石壁千寻翠欲流。夜半阴云肤寸起，伫看霖雨遍神州。

登柳亭二绝 姚世翼 慈溪人

官衙小筑柳亭幽，雨过凉深树树秋。旧是田畴征战地，月明笳鼓动城头。

其二

苍茫漠北野云生，阵阵惊寒雁影横。新著七言塞上曲，东园亭子学搊筝。

秦皇岛望海歌用子瞻题王定国所藏王晋卿烟江叠嶂图韵

宋 荦 通永道、商丘人

渤海之岸耸断山，横截巨浪排云烟。人言此是秦皇岛，回冈辇道留依然。白头山僧茸古屋，晨炊远汲荒村泉。危矶荦确带沙石，荡胸万里开长川。天吴出没老蛟舞，百灵仿佛惊涛前。我来渝塞正秋晚，苍鹰叫侣摩青天。靴纹波细风忽止，白鸥容与殊清妍。俄顷变幻不可测，归墟岂必非桑田。秦皇已去汉帝至，孤台野岸空千年。蓬莱方丈在何许？一眉新月来娟娟。解鞍脱帽便此住，斫松煮薇容高眠。移情爱鼓水仙曲，无须真到三神山。秦碑磨灭藓花绣，谁能与结翰墨缘？欲鞭蛰龙作海市，良惭玉局登州篇。

秦皇岛望海歌

赵 端

层冈叠嶙势插天，横截巨浪排百川。秦皇自昔登高巅，纡徐辇路犹依然。浩淼一望海云连，潜蛟奔走舞深渊。喷风吹雨岸脚穿，轰轰澎湃惊龙眠。疾如骏骑腾空边，勇如马陵万弩悬。暴如东游碣石鞭，猛如钜鹿沉战船。我来不为访神仙，羡门安期徒千年。人生变幻总相沿，奚知异日非桑田。老僧结构供檀旃，团蒲坐参一指禅。荡胸豁目冷荒烟，断碑磨灭生苔藓。安澜底定溯昔贤，谁能赤手独斡旋。榆关秋静月娟娟，塞鸿南望堪最怜。

海上杂诗共二十四首，不关抚宁者不具载

宋 荦

千里惟遵渚，连峰又见山。石林开鸟道，云海对禅关。涛泊牛头响，岩留话石间。秦碑沦没久，鸥泛自沙湾（联峰山、牛头崖、话石，皆在抚宁）。

榆 关

沈 荃

卢龙东下百重山，渝水汤汤绕旧关。关上停车一怀古，春风憔悴侍臣颜。

甲子春劝农过榆关和宫詹沈绛堂先生壁间原韵　　　　赵　端

胜势遥连万叠山，隋唐故垒说榆关。临渝三月春无恙，绿草黄云悴客颜。

立山使君劝农郊外以俸给穷民之无牛种者邑人德之因赋其事

姚世翼

乍看春风景欲迟，数行杨柳弄黄鹂。村庄农务商量急，要点寒衣去买犁。

其二

最是风流邑宰稀，朝朝雨后劝农归。无多七品全支俸，都为穷黎一解衣。

其三

城荒冷落鹤排衙，案牍无烦费咄嗟。总有河阳当日事，只栽黍稷不栽花。

其四

父老何烦二月丝，棠阴过处拜生祠。披垣早晚琴堂别，留得榆关一首诗（使君劝农至榆关，曾题一诗于壁）。

将至抚宁马上作　　　　　　　　　赵　朗　副总戎

清溪争度马，疏雨乱峰西。一路无花落，千山正鸟啼。柳围村舍静，云隐塞垣低。怪底多驯雉，青青垄麦齐。

抚署秋夜　　　　　　　　　　　　　赵　朗

地偏无应接，拥被坐空斋。鹤影风摇幕，蛩声月满阶。懒从羁客性，闲称老人怀。一卧沧洲晚，平生意转乖。

汤　泉　　　　　　　　　　　　　　赵　朗

寂寂汤泉寺，松风水一湾。僧居青嶂上，马度白云间。石底难寻脉，尘中且濯颜。华清千古恨，流祸满骊山。

夏日游栖霞寺 　　　　　　　　　　　　　　　赵　朗
兔耳双峰秀，摇青插海天。林深方结夏，寺古得安禅。蜃市楼中气，蚕沙槛外烟。腥风潭水沸，应有渴龙旋。

洋河晚眺 　　　　　　　　　　　　　　　　　赵　朗
饮马洋河秋水浑，绿湾遥隔几家村。边城九月无青草，只有斜阳似故园。

兔耳山行有序 　　　　　　　　　　　　　　　赵　端
兔耳两峰为抚邑灵镇，山麓有栖霞寺，寺前有桥，传为有唐尉迟鄂公所建，岁久倾圮。余于庚申秋，承乏邑事，捐资新之。甲子夏五（月）忽为暴雨冲颓，冬初复有修葺之举，载酒登山，曷胜陵谷之感，因作《兔耳山行》，示同游诸君子。

兔耳山高高入云，双峰插汉浮云分。骊城百雉与山接，卷帘长对青山色。我令骊城已四载，令渐苍颜山不改。谁云好山不待人，山灵生面令重新。彩霞一径萦香阁，红泉百道天边落。忆昔公余蜡屐来，汲泉终日坐松斋。山水尽堪供吏隐，簿书安得扰诗怀。今年五月蛟龙怒，风霆夜撼山中树。花台圮仄石桥颓，不辨春风游赏处。同游为山伤怀抱，令未有言口先笑。从来桑海如瞬息，何况兔耳一卷石。君不见山公酒醉习家池，举鞭真似并州儿。又不见杜公立石岘山上，深谷为陵徒恍怅。令今酾酒酹西风，惭愧山公与杜公。百年一日安足虑，笑策花骢下山去。

游栖霞寺 　　　　　　　　　　　　　　程士奇　新安人
宝地何年建，相传自鄂公。门前春柳绿，山外海云红。拂石寻金马，疏泉度彩虹。双峰天际起，兔耳插遥空。

‖ 抚宁县志跋 ‖

从来畿内视省郡为独重，边塞较腹里为倍难。抚宁县一区兼二者而有之，欲以提挈其重而调剂其难，则于志有赖。世之最重者多端，无如忠孝、贞廉；最难者亦多端，无如饥寒、困苦。二者何处无之？今必谓弹丸地，而实兼其事，且谓邑乘著而能通其穷，勿乃执见太私，立言甚迂乎是有说。余于戊午承乏抚宁学博，阅旧志，知纂在万历辛卯，距兹逾七纪矣！衣冠炳蔚，概剥蚀于断草荒烟；闺阁幽芬，半销沉于凄霜冷雨。倘有采风者过而问焉，不知杀青未逮，乃曰生材实难，微独无以阐已往而倡后来。抑将奚以光辇毂而齐风俗，又闻诸父老言："抚宁地极瘠，民极贫，在昔犹有资生策，近则坐困穷檐，日不暇给。"数十年来，竟无有议及敷陈，勒之简册，以启为民上者之洞凋残而生恻怛，鉴利弊而定修除揆之。盛朝留意边疆，何等事也？而疏旷乃尔。会学使者有重修《北平郡志》之命，诸生乘间请于刘侯，谋因续县志，侯果称善，而更赖二、三君子，如明经徐君我葵、鲁君兴周、王君贞一等抱提契之巨力，怀调剂之隐衷，纲举目张，固已煌煌乎称巨观矣。迨乎刘侯解绶，赵侯下车，敦士风，恤民隐，兴学校，剔奸弊，废者举之，坠者修之，制度之非宜者，易置而更新之。一境内之民和政成，于是有重辑邑乘之役，增删考核，更极精详，百年垂废之规，至此而臻其备，将见邑之忠孝、贞廉，蒸蒸蔚起，即饥寒困苦者，且渐次有春台之望焉。余既喜二侯之后先济美，诸君子之赞襄共事，并乐余之获观厥成也。因题数言以志其颠末云。

康熙二十年长至月之吉

抚宁县儒学教谕新安辛进修谨识。

‖ 抚宁县志跋 ‖

志自槐庭先生修后，继起之名宦、乡贤、孝子、节妇，幽郁者垂六十季。竟陵谭老父师修国朝《一统志》，撼实纪传，沔阳刘老父母集缉铨次，以寿诸梓。而前贤往哲，懿行徽猷，皭若列眉矣！钱塘赵老父母于兴学教士，息讼宁人之暇，日取而搜讨之。其间户口之增置，制度之因革，雠讹补遗，准今酌古，无不备极精详，公之留心邑乘者夙夕于兹矣！值邑有孝子、烈妇，交章应诏，为未有盛事。掌詹沈大宗师奉命至止，登临题咏，山川色动，且悉公删补颠末，与淑化维风之至意，手叙于简弁，有光邑乘，能以笔墨罄耶！剞劂事竣，嘱恒书数言于卷末，以俟观风者之采择焉尔。

时康熙壬戌秋杪　邑人王运恒跋

光绪抚宁县志

清·光绪三年刻本

‖ 目录 ‖

县 志 序

　　抚志自康熙二十一年吾乡赵公踵而修之，已一百九十余年矣。当时临、抚未分，所载山川、人物今昔攸殊。乾隆二年改山海卫，添设临榆县，东至渝水，南至戴家河，北至背牛岭，画疆而治，而一切纪载仍其旧，而不亟为釐订焉，可乎哉。光绪二年，奉檄纂修，于是招集诸生，广为采访，属樊君文心草创编次，特敦延乐亭史君香崖秉笔总纂，未期年而稿定。夫荒墩古垒，未得与老兵剩卒访求遗迹，乡间独行，又未能与缙绅先生发其遗书。年湮代远，欲搜罗二百载之事，巨细无遗，盖亦甚难矣。然而风俗之盛衰、人文之显晦、陵谷之变迁，按籍而稽，已了如指掌。抚城地当四达，邮政之要，供亿之烦，銮舆东幸，在所必经，贡使赍书，不绝于道，实两京之锁钥也。入台营，登箭竿岭，青山、界岭，长城如带，群山纠纷，真所谓天险，可以见古人行兵置戍之意焉。问物产则桑麻遍野，昔之砂砾不毛之区渐成沃壤。问文物则弦歌万户，昔之山陬僻处，今皆秉耒而读诗书。官无论久暂，有功者贵；士无论贵贱，薰德者良。至于闻义之匹夫，死绥之壮士，攀树之孤儿，断机之贤妇，此国家重熙累洽，久道化成，以有此也。若夫残碑断碣，羽客缁流，骚士品题，幽人高蹈，虽无关于政事，亦千古考镜之资也。余学术荒芜，谬膺重举，特恐此邦文献埋没于荒烟蔓草间。正复不少如我赵公之流风遗爱，鸿篇巨制，名传后世，其相去为何如哉？是所望于后之君子补其漏而釐正之则幸甚。

　　光绪三年岁次丁丑五月下浣

　　知抚宁县事钱塘张上龢撰

凡　例

　　一、《永平府志》分图、表、志、传，景定《建康志》例也。兹总谓之志，其人物志，即传也。而表则缺焉。盖抚邑幅员未广，文残献阙，不能如府志之详。

　　二、临、抚未分以前，统归一县。今既分疆而理。凡山川、人物在临榆境者，悉删之。

　　三、旧志首天文曰"星野"、曰"灾祥"，此后世史家所见讥于刘知几者，况邑乘乎？兹增立"前事"一门，编年纪载，即以灾祥间叙其间，亦大事必书之义也。"星野"既载府志中，县可从省。

　　四、邑志例有"八景"，半属凑合，《灵寿志》删之，后世每奉为圭臬。兹谨遵其例，凡《艺文志》内之诗文、碑记与一切留连光景之作，悉分附于山川、祠宇之下，省去艺文一门。

　　五、旧志艺文有王长史、鲁金事各传，与人物、名宦志殊嫌复沓，兹皆并而一之，以省纷烦。

　　六、旧志有《礼典》一门，乃天下所通行，郡县别无异同，兹撮其要附注于各事之下，而此门从删。

　　七、人物当以史传为首，因《明史》止有翟尚书一传，不便另分，故仍用旧传，而以《明史·列传》附于其后。宋玉叔观察《王和阳传》亦仿此例。

　　八、元魏窦瑗，《魏书》称其为辽西辽阳人，《北史》则称为辽西阳洛人。阳洛，即阳乐。其人本当收入，然今之抚宁有汉阳乐县地，而汉阳乐县地终难概以今之抚宁也。今府志已载，故县志从省。至《魏书》辽阳之误，其辨已见府志中。

　　九、明季抚宁卫裁并山海卫，抚宁卫人皆为山海卫人矣。杨忠愍公籍山海，而其祖居实在抚城，故收为县人。

十、旧志修于康熙壬戌，赵侯端去谭、刘二侯之修甫数载，增补采访，自易为力，今阅年将二百矣。文献无征，其难岂啻数倍。邑明经樊君文心因前志所载，益以已所见闻，采访编次，兼任其劳，一年而各门略备。兹虽稍有更定，然大半本于樊稿，至管见所及间事辨析，亦惟实事求是而已，不敢随声亦不欲掠美也。

乐亭史梦兰谨识

抚宁县志修辑姓氏

鉴定　诰授朝议大夫直隶永平府知府　游智开　湖南新化人　辛亥举人

篆修　钦加同知衔调署永平府抚宁县知县　张上龢　浙江钱塘人　附荫生

　　　钦加同知衔国史馆议叙知县　史梦兰　乐亭县人　庚子举人

协修　抚宁县教谕　杨呈华　武邑县人　戊午举人

　　　抚宁县训导　鲁　松　丰润县人　甲辰举人

　　　岁贡生、候选训导　樊　勰　邑人

分校　前署榆关驿丞　施廷柱　浙江山阴人

　　　五品衔现任榆关驿丞　王世兴　浙江山阴人　寄籍奉天

　　　前署抚宁县典史　万秉铨　江西南城人

　　　现任抚宁县典史　李金第　安徽含山人

参校　壬戌科进士即用知县国子监监丞　王兆柏　邑人

　　　增贡生候选通判　王立柱　邑人

　　　廪贡生候选训导　王致澄　邑人

　　　岁贡生候选训导　张近光　邑人

采访　邑举人　　　　　　侯永芳

　　　邑贡生　　　　　　马廷辅

　　　邑廪生　　　　　　党锡庚

　　　邑廪贡生　　　　　李晋园

　　　邑附贡生　　　　　杨艺林

　　　邑廪生　　　　　　王景颜

　　　邑附生　　　　　　任宾亨

　　　邑附生　　　　　　张凤仪

邑附生	韩大成
邑廪生	杨荫墀
邑附生	韩遇春
邑附生	张祖培
邑廪生	徐鼎勋
邑廪生	单崇庆
邑附生	金宝庄
邑贡生	张恩培
邑附生	杨元璞
邑廪生	黄际春
邑廪生	彭瑞云
邑贡生	张宏文
邑附生	王恩波
邑附生	魏宝书
邑附生	袁　益
邑附生	陈凤文
邑附生	刘名高

旧　序

　　我国家自三韩创业，奄有海内入关首郡，即属平州故卢龙列邑，不特为神京左臂，实亦丰沛咽喉之地也。至若阻海负山，重门百二，则抚宁一邑尤称形胜焉。第四封之内，岩谷居半，其地硗以瘠，东西洞达，轮蹄络绎，其境冲以疲，民旗杂处。其俗庞而政烦，非有过人之才且贤者，未易任也。庚申秋，予友赵君又吕令是邑，其明年以所修邑乘藁见贻，且乞弁言。余曰："嘻，赵君之才且贤，殆加人一等矣。夫古人尝有围棋宴客而决其能（辨）[办]贼。与事无成者，盖人必挟持有素，然后应于外者，常从容而有余。不然者反是。今君莅瘠邑，处冲途，理不一之民。其为鞅掌也甚矣！而沛然游刃焉，不期月，即邑乘是问，不才而能然欤？"邑乘之有无，事不系乎殿最。况前之人已既为之，即其间瑕瑜、详略稍待焉可也。而君亟亟然为之，唯恐后，然则君之修废举坠，不以艰大而姑有所诿者概可知已，不贤而能然欤？邑之有志，凡一切象纬、山川、民物、废兴之迹俱，于是乎载故镜乎？史则不下堂阶，而治乱兴亡之故，若烛照数计而龟卜镜乎？志则虽出瓯粤之士，以理燕、代，而因俗制宜，不异聚家人、父子而整齐之，君而知重乎此。吾知仰而观，俯而察，上下今昔而损益变通之，以得其平。骊城之父老、子弟，其有瘳乎？顾以备职宫寮，恒鹿鹿未暇搦管以报。壬戌春，适余有广宁之使，历其境，田畴辟桥梁，治村无追呼之胥，巷多弦诵之声。时正值大驾东巡，君供顿周置不少误而自东西往复，君以其暇，尚能携酒命驾，与余啸歌山泽而无厌色。余于是信君之果才且贤，而骊城士庶之有瘳也。昔杜少陵《和元道州舂陵行》，诗思得结辈十数。公落落然，参错天下，为邦伯万物吐气。今宇内干戈甫息，疮痍者未起，余于君亦且有元道州之想焉，恨无能效春陵行，以从少陵后，姑为述，所以知君者之不爽如此，题之志端，即以为弁言，可也。

时康熙壬戌之春

日讲官起居注加礼部侍郎、詹事府詹事兼翰林院侍读学士加一级华亭沈荃拜题

抚宁，岩邑也。在胜国时，为极边首邑，兵马云屯。国家定鼎则又为两京关钥，冠盖络绎，虽安危迥异，而其为冲且烦一也。故言是邑者多惮为之。庚申夏，余再补令而得是邑，至之日，即取邑乘，而考其所载。其境阻海负山，东控天险，南距溟渤三十里而近，气候早寒，凛冽倍燕、代。其北崇山蜒蜿，屏隔大荒，秦城亘焉，崭然使人畏。其地硗以瘠，薇蕨之外，罕他产。其民质直而勤耕读而渔钓。予曰："嘻！是固墨胎两公子所让之国也，其风气似之矣。"既数月，巡行四境。按其山川、风俗、物产事宜，较之乘所载无或爽者。予因以叹邑之有志。其关于政教者非轻，而前任谭、刘二君修葺之功为甚大也。孟子云："闻伯夷之风者，顽夫廉，懦夫有立志。奋乎百世之上，百世之下闻者，莫不兴起。"而况于亲炙之者乎？今予不特闻其风，而复身历其国都，践其土，食其毛，而周览其云物，即与亲炙者何以异？是虽顽且懦者，犹将兴起，而廉以立，而况未至于顽且懦者乎？而凡后之宰是邑，览是志者，能无勉乎？然则虽冲且烦，亦奚惮焉。惟是修纂之事，大都不出一手，故或彼此错杂，或详略失宜者，往往有之。因思数载来户口既已重编，制度不无因革，旧乘所载，今昔多殊，不因时修辑，何以示信？爰与旧修志明经王子贞一辈商确焉，而重付诸梓。或有以好事诘予者，予曰："不然。夫郑，小国也，为命恒事也。然草创之后，继以讨论、修饰之余，济以润色，必兼数子之所长，而后鲜败事。今抚虽屡，其四履当不下于郑志之成也。统之郡上之太史，垂之千百世，为政教之所自出，其为重于为命远矣！前之乘，待谭、刘二

君而后修，安知二君所修者不待予而益彰乎？重视邑，固不得轻视
乘，此予亟以修之之志也。"客曰："然"。因笔而叙之，以俟后之继
予而补其所未逮者焉。

康熙壬戌仲秋

文林郎知抚宁县事加二级钱唐赵端撰

‖ 卷之一 ‖

封　域

　　周官经野，禹迹画州。虽圣王不以域民而列侯允宜守土。顾自嬴秦置郡，已紊星分重，以马晋失纲，浸多云扰，关河犹壮。考往迹者，鸿爪空迷，井里新移，询遗疆者，犬牙莫辨。抚宁，地近边陲，俗成材武，控弦负弩，不少丁男驰檄飞书，遑求亥步。然而郦注《水经》多详北土，唐防渝塞，曾纪东征。兹当中外一家，固无分此疆尔界，斯既提封百里，亦宜思辨土问风，志《封域》。

沿　革

　　陶唐属冀州，虞属营州。夏省营州，仍属冀州。商为孤竹国，周属幽州，春秋战国属燕。秦置右北平郡，汉为骊成县，毗连阳乐县界。魏晋之际，或为临渝，或为卢龙。隋唐并入卢龙。武德二年始置抚宁县，七年仍省入卢龙。天宝以后为藩镇所据。五代契丹取平州，属之。后唐庄宗败契丹，复平州。及周德威为卢龙节度使，恃勇不设备，遂失渝关之险。辽以其地为新安镇。金大定末改升抚宁县。元隶永平路，至元二年省抚宁入昌黎，三年复置，四年又省入昌黎。七年复置抚宁，省昌黎、海山入焉。明初为魏国公徐达采邑，洪武十三年徙治县西北兔耳山东（案：今地势"西北"当作"西南"）。永乐三年于故县治置卫，成化三年县仍复旧，于卫东立县，合为一城。国朝因之，顺治二年省抚宁卫入山海卫。乾隆二年割县之东境，分置临榆县。

疆　界

东至深河堡四十里，接临榆县界。西至双望堡三十五里，接卢龙界。南至马家峪二十五里，接昌黎界。北至界岭口关七十里，自界岭口关外至城根一百三十里，接蒙古界。东南至戴家河口大海四十里，河东为临榆界。西北至燕河营五十里，接卢龙界。西南至两县店五十里，接昌黎界。东北至码礓岭六十里，接临榆界。东西广七十五里，南北袤二百二十五里。至京六百里，省九百六十里，府城七十里，迁安县一百二十里，昌黎县四十里，滦州一百三十里，乐亭县一百二十里，临榆县一百里。

附：

阳乐、骊城考

邑人　樊　瀄

阳乐，秦始皇二十二年置，隶辽西郡。历前后汉、晋、北魏未改。魏氏《土地记》曰："海阳城西南有阳乐城，阳乐水出阳乐县，西南入于沮水，又西南小沮水注之。"海阳，唐改为马城县，金改为海山县，而阳乐之迹遂湮。《府志》谓"在今永郡东南十五里。"《县志》谓即"西关外废城为阳乐县址"。马瑟臣泥，"海阳"改为"马城""海山"之文，疑"阳乐"当在今丰润、滦州、开平交界间。骊成废县，汉置，隶右北平郡，后汉省。《畿辅旧志》谓"在乐亭县"。《舆地广记》则谓"碣石，今石城县，故骊城也"。诸说各殊，几难征信。窃意郡县递更，山川不改。古今虽异名，亦可以参考。《辽史·迁州》兴善军下刺史，"本汉阳乐县地"；润州海阳军下县一，曰"海滨"，注曰"本汉阳乐县地"。《北蕃地里书》："润州在卢龙塞东北，西至渝关四十里，南至海三十里。迁州在临渝关东五十里，西至润州四十里，南至海二十里。"古渝关，即今县境东二十里之榆关。《明一统志》："魏国公徐达始徙而东之，去旧关六十里。"据此，则迁州当即山海关,《元史》所称"迁民镇";"海滨县",即临榆县西四十里海洋城。"金世宗大定元年冬,幸中都。十二月甲辰,次海滨县。"海滨,既隶海阳军,则《土地记》之"海阳城",唐改"马城"、金改"海山"者,自是《辽史》隰州平海军海阳县地,在今滦河西。润州海阳军,何由越滦而治之?况东至迁州四十里,犹是阳乐县地,所云"阳乐在海阳西南",定指润州海阳军言之,不宜牵入"石城""海山"之"海阳",明矣。抚宁旧有海洋社,今分为海上、海下二社,"洋""阳",古字通用。"阳乐水",今亦名"洋水",出塞外,由寨子岭入,经台头营城南,有西洋河自西南雕崖来会之,疑即沮水也。南流至石河庄,有松流河注之,疑即小沮水也。其上流曰"饮马河",相传阳乐家饮马处。又南经今县城折而东渡,西岸五里,阳乐墓在焉。若在丰润、滦州、开平交界间,墓安得葬此?至大小沮水,皆在肥如县。肥如,为今卢龙、昌黎境,故"阳乐水"可合"沮水"。若马城之海阳西南有阳乐,岂有沮水注合欤?历证古今,台头营城,实即阳乐县址。郦道元言:"骊城枕海有石,如甬道数十里,当山顶有大石如柱形。韦昭以为碣石。""骊城"为今之抚宁,与汉置"骊成在乐亭者"又非一地。今县东门额刻"古骊",昔人必非无据,则西关土城之即为骊城而非阳乐旧址,不待辨矣。详述之,以俟博雅君子。

案:《水经注》引魏《土地记》曰:"海阳城西南有阳乐城"。若就唐改"马城"、金改"海山"之海阳而论,西南自无阳乐遗迹辨之,诚是矣。然遂以《辽史》润州海阳军当之。郦系魏人,书系魏志,与辽相距尚数百年,所云"海阳"当非辽之海阳也。至于抚宁在古为"阳乐"、为"骊城"之说,《大清一统志·表》及洪稚存《乾隆府厅州县图志》皆谓"抚宁在汉为阳乐县",《广舆记》及《读史方舆纪要》皆谓"在汉为骊城县"。旧《府志》谓"在汉为临渝县"。汉之"骊城",原作"骊成",下注云:"大揭石山在县西南。揭石即碣石也。"今昌黎城北之碣石恰在县之西南。县西一里有阳水;南五里,相传有阳乐侯墓。晋以后临渝又省入阳乐,则谓此地为"阳乐"、为"骊城",俱不为无据,但阳乐侯今已无考。骊城下又无渝水,今渝河在县东二十里。《汉书》临渝下有渝水，则县之在汉又似以旧志"临渝"为确。总之，世代云遥，陵谷不无迁变，以数千百年以后之人考数千百年以前之地，而所据之书又不无鱼鲁亥豕、展转沿讹。若必欲字字指实，处处吻合，亦难矣。此地在汉、晋之时，大约不出阳乐、骊城、临渝三县之地。骊城之名止见于《汉书》，至东汉已无旧说。以乐亭为骊城，此承《禹贡·锥指》之谬。乐亭西南平原千里，毫无山迹，安得有大揭石山在其西南乎？至《辽史》隰州所统之海阳县当在今宁远州之西南境，亦不得越滦而西。

阳乐、骊城考 　　　　　　　　　　　　邑人　王立柱

《西汉志》于"骊成"言"揭石山""絫县"言"碣石水"。《东汉志》于"临渝"言"碣石山"，言"绳水（绳水或即碣石水）"，而无"骊成""絫"二县，知已并入临渝矣（文颖注《汉书·武纪》曰："絫县，今罢，属临渝。"颖，字叔良，东汉末人）。《东汉志》辽西郡领县五，曰阳乐、海阳、令支、肥如、临渝。而《魏书·地形志》有其三而无令支、临渝，则已分令支之北半、临渝之西半，并入肥如（《两汉志》于"令支"言"孤竹城"。《魏志》于"肥如"言"孤竹山祠"；言"令支城"，谓"令支故县城也"。是令支之北半入肥如矣。东汉于"临渝"言"碣石"，《魏志》于"肥如"言"碣石"，是临渝之西半并入肥如也），而令支之南半、临渝之东半则并入阳乐（《魏志》"阳乐"下云："并令支，合资属焉。""合资"，非县名，乃令支界内之地名也，是令支有并入之地矣。又云："有覆舟山、林榆山"。按《五代史》"幽州北七百里有渝关，东临海，北有兔耳山、覆舟山。"今兔耳山在抚宁县城西十二里，则覆舟山亦必去兔耳山不远。又按《汉志》于"临渝"言"渝水"，《通鉴》云"渝关下有渝水通海。"《辽志》云："临榆山，峰峦崛起，高千余仞，下临榆河。"是渝水，不离临渝山、渝关而皆去兔耳山、覆舟山不远。《魏志》林榆山、覆舟山皆于阳乐言之，是汉临渝之东半，全并入阳乐矣）。惟海阳则仍为汉县而未有移并（郦道元，北魏人也，其注《水经》于海阳界内，如龙鲜水、封大水、缓虚水，一一皆与班志合）。《前汉志》"濡

水，南入海阳"。《水经注》"濡水又东南过海阳县，西南入于海（师古曰：濡音，乃官切。《禹贡锥指》曰：即今滦河）。"是知离濡水以求海阳，必无是处。《水经注》引魏《土地记》曰："令支城南六十里有海阳城。"又曰："海阳城西南有阳乐城"，则知离令支以求海阳，离海阳以求阳乐，亦必无是处也。夫汉之令支为今之迁安县，古今无异辞也。然则自今迁安而南以得古海阳，由古海阳而西南可以得阳乐乎？曰："未也。"阳乐，必不得越今之滦河而西。《水经注》"阳乐水出阳乐县（《畿辅通志》谓即今之白沟河，在卢龙县东十五里，源出阳山，绕城东北，西流入青龙河），又西南入于沮水（《畿辅通志》谓即青龙河）。"夫阳乐界内所出之水，尚西流入青龙河，又合诸水，西南流以入滦河（即古濡水）。阳乐之地虽宽，必不能跨濡水东西之两境，是知滦河以东、迁安之南、乐亭之北，必为阳乐城之所在。《方舆纪要》系阳乐于滦州马城废县之下，虽近之而未是也（辽徙石城于滦州南，是辽之新石城，已非阳乐地。《方舆纪要》以故石城地挽入之，因致此误）。然此晋以后之阳乐而非汉之阳乐也。阳乐在东汉为辽西郡治。《赵苞传》："苞，为辽西太守，遣使自甘陵迎其母妻垂，当到郡，道经柳城（李贤注："柳城县，属辽西郡，故城在今营州南。《通典》营州柳城郡西至北平郡七百里，南至海二百里。"），值鲜卑入塞，为所劫质，苞、垂到阳乐，而道经柳城，则汉之阳乐距柳城甚近（柳城，据《京东考古录》《舆地韵编》诸书，皆谓在明大宁废卫，今喀喇沁右翼境内）。而距《北魏书》《水经注》所言之阳乐甚远，然则以何时而移入临渝乎？则或者以辽西郡在东晋为段氏所据，时（《北史》段务目尘据辽西之地，而臣于晋穆帝，时幽州刺史王浚表为辽西公，假大单于印绶。《十六国春秋》段氏自务目尘以来日益强大，其境西接渔阳，东至辽水）阳乐为慕容廆所取（《十六国春秋》："廆遣慕容翰攻段疾陆眷，取徒河、新城，至阳乐，引兵而还，翰因留镇徒河。"又《阳骛传》："骛父眈为辽西太守。慕容翰攻段氏于阳乐，破而获之。"），而遂移治于南境，如唐之营州为契丹所陷，而侨治渔阳之类，北魏遂因而不改与（《方舆纪要》云："魏并阳乐入徒河，改置县于辽西郡之西境",未知何本,亦可存备一说)。至隋唐,遂无阳乐之名。《唐志》北平郡领县三（与《魏志》合),"卢龙"注云"本肥如";"马城"注云"古海阳",至石城则正是阳乐故县地（据本注:"西南有碣石山,东北有临渝关",正合汉"临渝",魏并入阳乐之故地),注不云:"本阳乐者",盖隋末曾于其地置临渝（据《畿辅通志》),而唐仍之也,注又曰:"武德七年省",谓"省临渝,入卢龙也。""贞观十五年复置",谓"复置临渝也。""万岁通天二年更名",谓更"临渝"之名为"石城"也（《辽志》"石城"下云:"唐贞观中于此置临渝县。万岁通天元年改石城县。"正可与《唐志》互证,乃其下又云:"在滦州南三十里"。夫碣石山、临渝关,滦州之南,岂有是与？不问而知其误矣。按辽太祖分唐平州之东南置滦州,统县三,本皆唐马城、石城之故地,乃远引黄洛古城,其误一矣。义丰县,本析唐马城所置也。亦云:黄洛古城与滦州同,然可藉证。义丰为滦州之附郭,本非二地,不过筑城之地为黄洛耳,而志未明言,其误二矣。至于马城,即唐之马城,本属北平郡。辽但于其西南析置义丰县,而以其余地仍名"马城",改隶滦州耳,未尝有所移置也,乃全录《唐志》之文,而加以错误。《唐志》"马城,古海阳,开元二十八年置",谓"置马城于古海阳也。"志乃云:"马城,本卢龙县地,开元二十八年析置。"引《唐志》之文,而与《唐志》不合,其误三矣。石城,即唐之石城,亦本隶右北平郡,今既新立滦州,遂与马城同改隶之耳。志乃云"石城县,汉置,属右北平郡,久废。"夫石城之名,固始于汉,然汉石城去唐石城相距不下千余里,何故牵引之乎？其误四矣。至所云"临渝山高千余仞,下临渝河",正可为辽"石城",即唐"石城"、北魏"阳乐"、东汉"临渝"之确证,乃不系于石城,而系滦州条下,盖因辽徙石城于南,以就盐官。之后石城故地又置迁、润二州,修志者求故石城地而不得,遂将其境内所有之山水移而并入于新石城内,而新石城又实无此山水,遂不得不系于滦州条下,为广络原野之计。夫滦州自初立至今,未有移动也。渝山、渝河果何在乎？其误五矣。至滦州条下云:"汉为石城县,后名海阳县。"《汉志》"石城""海阳"分属右北平、辽西二郡，志乃并为一地二名，其误六矣。有此六误，遂令读者茫然，如堕云雾中，其余谓平、滦二州，汉末为公孙度所有，谓营、平二州为石晋所献，见驳于顾亭林、钱晓征者，兹不暇论）。唐既改"阳乐"为"石城"，辽太祖时改隶滦州，圣宗时于其地置海阳县，润州海阳军下（《金史·地理志》为"海阳县"，《辽志》为"海滨县"。钱晓征曰："《金史》为长，今从之"）。迁民县，迁州兴善军下，或者辽既徙石城于滦州南，以就盐官，乃以其所遗之地置此二县，以处归、宁二州迁来之民户与（《辽志》迁、润二州皆云："本汉阳乐县地"。按当云，本汉"临渝"、北魏"阳乐"，唐"石城"县地）。大抵今抚宁县地在前汉为骊成、临渝二县交界处，东汉为临渝，晋以后为阳乐，隋唐以后为石城，辽徙石城于滦州之南境，圣宗于其故地置海阳、迁民二县，属来州。金仍其名而改属瑞州。以国朝乾隆间，既分县后言之，则抚宁为辽之海阳县，临渝为辽之迁民县（《辽志》"迁民县有箭笴山"。《永平旧志》云："今石门寨茶盆诸山也"。《临渝县志》云："箭笴山，距城西北七十里"）。至于骊城故地，则当据碣石以定之（前志云："大碣石山在右北平郡骊成县西南"）。东汉临渝有碣石，则知并入临渝矣。《魏志》肥如有碣石，则知随临渝以并入肥如矣。《隋志》卢龙有碣石，则其地又入卢龙矣。《唐志》石城有碣石，则知分卢龙以置石城，而骊成又入石城矣（欧阳忞《舆地广记》云："石城，故骊成"）。今碣石虽属昌黎县，正在抚宁县西南（《括地志》"碣石在卢龙县南二十三里。"《方舆纪要》"碣石在昌黎县西北二十里。"其余有谓"碣石在乐亭县西"者，有谓"沦入于海者"，有谓"在沙门岛对岸"者，有谓"在河间青县"者，有谓"在海丰县北者"，皆与史不合，不可从），与班志合（樊文心曰：抚宁城东门额刻"古骊城"）。虽历代更置，其疆界所至，不能无彼此出入，而其大略亦具于是矣。

案：临渝，汉县也。原以渝水得名，字从"水"旁。《唐书》之"渝关"，时而从"水"，时而从"木"，字画两歧，或由笔误。至辽初置榆州，史称"本汉临榆县地"，而书"渝"作"榆"。滦州下又云：

"临榆山，峰峦崛起，高千余仞，下临渝河。"竟以"临渝"为"临榆"，则今临榆县之易"水"从"木"，其来有渐矣。《明史·地理志》永平府抚宁县注云："本汉右北平骊城地，东北有临渝故城，以临渝山名，旧有榆关，洪武初改置山海关。"又云："东有渝水自塞外流入"。书"临渝"则从"水"，书"榆关"则从"木"，其误亦不待辨。洪稚存《乾隆府厅州县图志》云："汉置临渝县，在今锦州西界口外。"唐初于今滦州西北界改置临渝县，为平州治。武德二年移州治卢龙，七年省。贞观十五年复置。万岁通天二年改名"石城"。辽又徙置以就盐官。宋宣和尝赐名"临间"，寻入金，复曰"石城"。元初省入乐亭。国朝雍正三年复分乐亭、抚宁，置临渝县。案：此石城，非汉之石城，即今之《开平中屯卫志》所谓"卫在滦州西，石城废县是也。"临渝，亦非汉之临渝。稚存因史志有"临渝"改名"石城"，并"元初省石城入乐亭"之文，遂谓"分乐亭、抚宁，置临渝县"，殊误。盖乐亭与抚宁不接壤也。《汉书·地理志》"右北平郡统县十六，赞与石成、骊成并置。"《魏书》阳乐下有"并令支，合资属焉"之文。"资"，疑是"赞"。"合"，亦"并"意。师古曰"赞，音才私反"。"赞"去草为"资"，犹"石成""骊成"之加"土"为"城"也。古人用字相通，往往如此。又《汉书》右北平郡有"字县"，下注云："榆水出东。"字从"木"旁，与临渝下之"渝水"是一？是二？亦难臆断，并附此以待考。

山　川

舜肇十有二州，首隆封浚；禹定千八百国，先莫山川。诚以怀珠韫玉为货财宝藏所由兴，被山带河尤邦国藩屏所由固。岂徒布席岩前，坐分猿鸟，拿舟月下，醉唤鱼龙，为足畅游钓之怀，验知仁之乐已哉。抚宁，北枕边山，南临溟海，洋河、渝水，派尽朝宗；鹬峪、雕崖，势皆出塞。是以幅员既定，聊分载以志，流峙之形，吟咏所留，并附记以助登临之兴，志《山川》。

天台山 县西南二十五里。山塞险峻,旧名碓臼崖,下有双泉寺。嘉庆二十三年直督方公观承于此建行宫一所,道光九年那制军行文,秋兰差次,面奉上谕,赏给直隶作为修署之用,招商拆卖,遂废。

双顶山 县西南四十里,其阴为松流河。

银洞峪 县西南四十里。

兔耳山 在县西十五里。双峰尖耸,状如兔耳。绝顶有潭,云常覆之,微径屈曲,盘折而登,上平广,可容数万人。明洪武七年,知县娄大方率属吏士民常避难于此,故其地至今尚称旧县。

赵端《兔耳山行》:兔耳两峰,为抚邑灵镇。山麓有栖霞寺,寺前有桥,传为唐尉迟鄂公所建,岁久倾圮。余于庚申秋承乏邑事,捐资新之。甲子夏五月,忽为暴雨冲颓。冬初复有修葺之举,载酒登山,谒胜陵谷之感,因作《兔耳山行》,示同游诸君子。

兔耳山高高入云,双峰插汉浮云分。骊城百雉与山接,卷帘长对青山色。我令骊城已四载,今渐苍颜山不改。谁云好山不待人,山灵生面今重新。彩霞一径萦香阁,红泉百道天边落。忆昔公余蜡屐来,汲泉终日坐松斋。山水尽堪供吏隐,簿书安得扰诗怀。今年五月蛟龙怒,风霆夜撼山中树。花台圮仄石桥颓,不辨春风游赏处。同游为山伤怀抱,令未有言口先笑。从来桑海如瞬息,何况兔耳一卷石。君不见山公酒醉习家池,举鞭真似并州儿。又不见杜公立石岘山上,深谷为陵徒恍怅。令今酾酒酹西风,惭愧山公与杜公。百年一日安足虑,笑策花骢下山去。

尖　峰 在兔耳山北,峻拔有洞。

罗汉峰 在兔耳山南。

邑人宋赫《登罗汉峰》诗云:长林叠叠水湾湾,溪畔人家落照闲。几点烟螺看不定,问人说是五峰山。

黑鹰峪　平房峪 皆在兔耳山南,耸秀深茂,多果实者为石佛峪,泉从佛顶上出,下有井,深黝不测,祈雨多应。

邑人徐廷瓒《邑侯赵公祈祷灵应记》云:岁癸亥,旱魃为虐。邑侯赵公步祷郊坛,雨澍而未遍,我侯忧之。六月望,复发牒于本境城

隍，却舆盖，冒暑行二十里，取水于石佛岩之龙潭，斋宿禅舍。是
夕，雷雨骤至。明朝，侯自山中还。阖城士庶，相与欢迎于洋河之
浒，扶老携弱，坡野为满，侯亦载色载笑，悉我耄士而慰之。璨老惫
不能出，因忆前任谭侯曾取水于东北龙潭，水至而雨倾，犹以为偶然
耳！今我侯取西南龙潭之水，水未至而雨已霑足。夫龙之为灵，昭昭
也，非独灵于二公，实二公之诚，感有以致龙之灵也。爰纪其岁月以
志喜。

大崇峪　一名大虫峪，在石佛峪东南，其石自片厚，或数寸，或
盈丈，利于用。自此南至黄柏峪，为昌黎界。

芦　峰　县西十五里，旧置驿于此。

七王山　在尖峰之南，逾河。

背阴山　在七王山北十里，接卢龙界。

熊　山　在背阴山北，山旧有熊，其阳白塔庄产金。

严家山　在熊山北，有水入松流河，迤西为卢龙之红山。

铁佛顶　在熊山东。

楸子峪　在熊山东。

铧　山　一名滑子山，县西北十二里。松流河逆流，绕其下，至
曹西庄入洋河（案：《畿辅志》误以为二，又讹"铧"为"靴"）。

雕　崖　县西北三十里，在严家山北。怪石直立，东北面若刀
削，可避兵（案："雕"，一作"刁"，旧志两出误）。

祥霖顶　在雕崖西南五里。峰不峻，而时有云气覆之，若轻霞冠
日。谚云"祥霖云作帽，云兴三日田夫笑。"谓可占雨也。

朝阳洞　在县西北四十五里，青山口南岩腰。高五尺，深丈余，
阔二丈余，洞壁滴水成池，深不盈尺，雨旱不溢不竭，旁有庙，
已废。

茶芽山　一名桃儿峪，县西北五十里。顶有洞如盘，水不盈勺，
饮之不竭，名"圣水"。

栲栳山　县西北五十里。

业固山　县北五里余，为邑之入脉正龙。

天马山　县北二十里。高耸秀拔，如控马首于云际，旧名马头崖。明隆庆初，蒙古土蛮入犯，邑人多避兵于此。万历中改今名。绝顶镌"天马行空"四大字，又有"山河一览""海天在目"诸大字，明戚继光题。庙前南向有石洞，口不满三尺，深远无尽。旁有"桃源洞"三大字。山北悬崖有马影，首入石缝中。

明巡方御史傅光宅《天马山》诗云：倚剑登天马，泠然御远风。乾坤双眼外，今古一杯中。怪石悬疑堕，晴涛望若空。烽烟清万里，白日海云红。

邑人宋赫《天马山》诗云：为有悬崖迹，因传天马名。譬诸磊落士，一望气峥嵘。生死谁堪托，羁栖自不平。至今风雨夕，振鬣欲长鸣。

青石山　一名流濠峪，在天马山东北十里，有石佛三尊。

九华岩　在天马山东。

八角山　县北二十里，天马山东。

麻塔峪　在天马山西五里。腰有洞，深二丈余，广半之，其中东北泉不盈勺，久雨大旱如常。

峰山岭　在马头山东北三十里，张果老河源也，出于温泉堡。

滴水岩　台头营西五里，岩高千仞。

半壁山　县北五十五里，滴水崖西，山如刀削，有避兵旧寨。

鹚鸹峪　在半壁山北。

偏顶山　县北四十里。高插云霄，山腰平漫可耕，号平台。

青阳山　一名青山，县北五十五里，偏顶山北，上有塔，后有寺，其下涧水清涟，晴明至绝顶，南海、东关如在足下。

挝角山　在青阳山东。

岩口山　在县北五十里。

黑龙头　在东胜寨北，山前有无底石窟，俗呼"云井"，望有云气，触石而出，三日内必大雨，谚曰"云井兆雨"。

云峰山　县东北五里。

羊角山　县东北三十里。形如羊角，高峻而顶平，上有避兵城，土名南寨。

塔子山 县东北三十五里。顶有浮图，高二丈余，名女儿塔。明隆庆元年，土蛮入界岭口，杀掠万计，惟此山避兵千余人获全。

猩猩峪 台头营东三十里。

鹦鹉洞 在猩猩峪东北四里许。凿石为门，周以墙垣，门镌"鹦鹉洞"三字，字径一尺。历阶数十级入门。东有瓦屋三楹，为住持所。西有小洞，约丈余，北去数武，即洞口，约阔三丈余。高如瓦屋，中设木龛，供三教像。

黄崖山 县东北五十里，在猩猩峪北。凡边内之山、盘礴于外者，黄崖为大，高可十里，半山有舍身崖，深三、四十丈。崖旁石壁凿佛像三尊，径仅容足，为望海寺。

知县赵端《和王贞一明经〈黄崖山〉》诗云：木落郊原淡绿芜，山行处处见樵苏。好凌绝壁成高会，敢视悬崖作畏途。凤阙遥瞻云北护，龙潭倒影日西晡。永怀万乘登临宴，文教于今已诞敷。

背牛顶 县北七十里。山后有石如牛，故名。高峻秀拔，必扳缘而登。迤西其巅尤狭，置梯十二层，上有无梁殿。雨时铺云万里，有如堆絮，名"兜绵世界"。东南山有石鼓。从此至暖泉，历冰塘峪，至黑牛湾，乃至梯下。下半石梯六层，上半柏梯六层，约有数十丈。同治初，僧一元重修。傍有铁锁二，长者铁环一百八十，短者八十七。梯尽乃入山门，殿宇已圮，惟无梁殿尚存。

迁安李成性《游背牛顶记》云：予自数年前，访奇胜于久裔王子，腴闻牛顶峭拔苍翠，撑空一柱，万山回合，环列画屏，面临沧海，不辨波涛，第如澹墨横挥，平满无际。遥看巨舟，似轻燕撩水，点点堪疑。至晓日将升，红云乍起，晃作金光万顷，殊为壮观。尔时便已神飞绝顶矣。至辛未秋杪，偕王子来游。以九月十四日，发白衣庵，抵燕河，过台头，入猩猩峪。两山夹道，愈转愈幽。一水成蹊，旋涉旋行，又三里许，见瀑流一派，飞涛骤雪，下注深潭，水色正绿，方可半亩。两崖草树，紫翠苍黄，秋容如绘。南壁磨石一片，镌"龙泉"两字。后题缺一字"村"，金灿书。王子语予曰："此所谓

'龙潭'也。"予曰："此《易》所谓潜龙者欤！夫龙，驾霆鞭电，霖雨寰区，总于潜中得力，人亦如之。"于斯笑燃犀者为多事矣。出旧边之外，望山头立石数片，为老君崖。转折而北，前渡一水，悬崖在望。下有山家，壁镌"虎穴"两字，亦是金书。穴深丈许，今如胜国之社，已成屋矣。想开边时，虎畏定远之窥，故携子去耳。摩壁拂苔细辨，上面有七言一律，后记"万历戊子季春八日，真定将军《帝乡望松》，徐道书"。迤逦行来，山形渐窄，景物亦渐幽。水石粼粼，如象如马，如豕如龟，咸肥而色黑。山石磊磊，危者似堕，峭者似升，眠者似卧，立者似行，赏心悦目，应接不暇。不觉数里，则至宏量寺。寺乃背牛下院，凡游人至止，为解装休骑之所，各换轻衣便屐。携杖绕出山后，远望山门，缥渺空际。乱石之下，则有蒙泉，涓涓始流，是为水源。至于触石赴谷，因物肖形，或缓如带，或急如弦，或直如矢，或转如环；行则为濑，止则为渊，悬则为瀑，聚则为潭；浚鱼龙之窟宅，费仆马之盘旋；啮山露根，漱石出骨，偷云取影，弄日流光，风来面皱，月到心澄，千态万状，百折不回。披萝寻径，又三、四里，见石丈植立，名"将军石"。此处遥呼，则上头相应，开关下迎，代负行李。过此则渐逼山麓，声不上达矣。西竖一岭，名为"砂鼻"，高可数里，鸟道纡回，俯躬差力，歇足数四，始造山崦。其南为欢喜岭，直北则登山线路也。石磴嵯峨，仅同马鬣，飞梯三处，势似猿攀，后人继前，直视足底。自崦口至山门，可八十余丈，虽称陡绝，石牢梯稳，步步可攀，只须定神，除其恐怖，则与康庄无异。梯穷之处，斯入山门，形如圭扇。游客到此，恍似升仙，疑与世尘隔绝矣。山门之上，平台短垒，可以凭眺。松石引路，俄到梵宫，彩椽朱户，金相玉毫，宛一极乐小景。其大致负山面海，吞吐烟云，俯视群山，如丞如尉，若孙若子，不可胜纪，恍忆前闻，犹未尽也。因思高山路峻，尺木抔土，皆从下来，古昔上人，成此杰构，住山之功，岂在开山后哉！晚听梵响清圆，顿觉浮生无住，热肠欲冷。起行松下，见凉月去，人才隔数尺，疏星低岫，举手可扪，清狂欲仙。晓峰升日，晴晖满檐，不下禅榻，而海山尽在目。屋后见方潭一碧，云树倒影，如现镜中，乃凿成天井，以储水者。迨上一级，地势平敞，无梁殿内供望海观音，有碣石记"参将谷成功造"。因话此中，饭香鸟乞，果熟猿收，灵羊听经，猛虎戢暴。北植鲸音一架，苍藓斑剥，叩之清远，石畔万松插壁，钟路逦西百余步，则悬崖之下，枵然一洞，中二丈许，不甚平广。然背风抱日，温暖如春。石井居左，翠柏参前，右壁镌"海阔天高"四字，字如人大，笔势苍劲，题"参将林桐书"。复循旧路，过偏坂，斜穿松径，西北里许，始陟山巅，分为两顶，西顶稍高，遥望都山，积雪如玉；东顶有石如床，松株攒秀，可以眠卧。忽闻涛声骤至，因悟杜工部诗"万壑树声满"，殆谓是乎？独背牛古迹，无可觅处。老衲或云："三峰师闻牛鸣山后，即以名顶，至今山脚有牛象云。"想当然矣。兹山深路僻，又以险闻，文人墨士，无太白之豪、东坡之逸，往往望而却步。故山之奇胜，至今尚未发也。予与久裔，搜寻云秘，一纪胜游，好事君子，或将览焉。

沔阳余淮《牛顶兜绵》诗云：牛崖云雾起，山半似兜绵。混沌千峰合，氤氲三辅联。流霞明绝顶，灵雨足沙田。高下无多远，阴晴各一天。

鹰窝洞 在背牛顶山后，深十余丈，宽二丈，高丈余，有小井二，左壁镌"石洞烟霞"四大字。

大祖山 即老岭，县东北百余里，为境之祖山，一名主山。绵亘边外，周围五十余里，高二十里，山势极峻。有大祖、小祖之分，小祖东北属临，大祖西南属抚。上有石城，云是昔人避兵处。

大河峪 县东北五十里，南距猩猩峪七里许。

小河峪 在龙潭南。

雁　崖 县东北五十里，西距猩猩峪六里许。其峰最高，雁必回翔始度，故名。俗又名鹰不落。

鸡冠山 县东北四十五里，近村无蝎。

南天门山 县东北四十五里，一名窟隆山，南峭壁数丈，斫为石磴，崖半有白鹤巢。

东茶盆山 县东北五十五里。怪石奇峰，其形如椅，峻岭环之。

西茶盆山 县东北五十里，距东茶盆二十五里。周围崇山峻岭，山麓有药王祠，左有泉二，其水下流五里入洋河。

中茶盆山 县东四十五里，距东茶盆五里。山半有砂岭，古刹在焉。殿后危石壁立，东谷名"斗"，西谷名"箕"，当以其形似名云。

科名山 县东北四十五里，在兴盛峪庄南里许。山形最秀，上有三岭，高插云表。

屏风山 在科名山南五里许，宛肖围屏。

淘龙洞 县东北五十里，在方家河东南石壁间。山旧无洞，嘉庆间有村人党姓牧羊于此，见石壁有缝，用棒杵之，忽石坠洞见门，高五尺五寸，阔六尺余。时天气正晴，仅有片云，暴雨骤至。次日，土人以为内有宝物，入洞淘水，又暴雨如倾，淘涸，自洞门北行数步折而西约二十余步，有石穴如盆，土人用麻绳、山葛、藤蔓系石沉之数十丈，深不见底。每逢岁旱，近洞诸村淘之辄应雨，后以豕酬之。相传洞有龙居，故名。

孤石峪 尖峰秀出，有温泉，可愈疾，南流为河，一名和尚山。

风 洞 在和尚山，岁为灾，居民祭焉。

牡丹坡 县东北六十里，其坡多牡丹。

马和尚洞 在望海寺东里许，高二寻，广仞余。

三石洞 在牡丹坡西。高二仞，广半之，深二寻。洞东水帘倾于石龟背，下汇为河，将入关，有沟在下，故为蛟窟。蛟徙，其窟沙壅或云沙下深不测，与龟背洞通。

香炉山 在青山关外，巅有石，状若香炉。

十八盘岭 在界岭口东十里。又东为箭杆岭，极高，行半日方上分道处，为双岔股，东抵码礤岭，接临榆界。

邑宰张上和《丙子冬循视边城，由袁家沟度十八盘至香山即事》诗云：浮岩未数里，村鸡日将午。却怪穷谷中，人气于此聚。沿缘数十家，零落亦村坞。丁男拾薪去，老妇守门户。茕茕杖一藜，饥色上眉宇。入门何所有？屋角牵萝补。土锉藉草茵，豆羹无半瓿。山田多恶岁，辍耕皆弃土。安得翦白云，被寒成絮缕。我闻感此言，好语相慰抚。薄日破苍冥，遥天雁声苦。我行西山口，蹊径已逼窄。及历十八盘，盘盘皆劣石。高者如升梯，低者如坠泽。残雪半在林，败叶乱沟积。征马尽踌躇，往来惟鸟迹。仆夫汗如雨，舍舆理蜡屐。十步须九憩，徒御相扶掖。长城隔重岭，终古判华貊。历代置边戍，费尽万夫戟。因念盘之中，那有逃秦客。空山少薇蕨，所产松与柏。翦伐亦殆尽，谁起沟中瘠。人家在何处？鸡犬白云隔。适逢村女来，塞驴一鞭策。荒崖行欲尽，坐观万物零。香山有主人，可以为居停。老稚出门候，为我开柴扃。短垣修且整，四顾无一邻。养树得生意，伐木时丁丁。佳城占高垄，双涧流清泠。松柏发古茂，下有千岁苓。我言山色好，惟有君家青。人在羲黄上，教子读且耕。临别语主人，慎勿轻一经。

花果山 在界岭关外，有洞，道人筑阁其中。洞外有悬泉万派，至冬凝结如冰帘，夏初始解。

邑人宋赫《将往花果山，憩箭杆岭禅刹》诗云：旧是屯兵处，今余祇树林。碑残怜字剥，城仄逼山深。草色依禅榻，秋风动客襟。欢言得所憩，空翠落庭阴。

将台山 县东北七十里，连界岭关。

吧喇岭 县东北七十里，岭东属临，西属抚。又东北十五里至无梁殿分界，南十里至黄土峪分界。

响 山 在主山东五里，距城东北百里，高数百仞，形如邱墓，峭壁滑石，不生草木。山半南向石洞，相传有比邱住焉，常时山响如崩裂。

望天峪 在主山西六里，高接云霄。

猴儿石 去望天峪里许，以形似名。

虎 穴 在旧边外，石壁镌"虎穴"二字。明戚南塘展边，虎徙去。

窟隆山 在主山北十五里，距县东北一百五里。其巅石壁有门，高丈余，宽五、六尺，东则石崖千仞，下近驻操营，临榆界也。

横 山 在县东五里，自县东望横截于前，故名。

临渝山　县东二十里，峰峦崛起，旧时关隘，峰高千仞，下临渝水，一名马头坡。

石佛顶　在县东北傅庄西里许，距城二十里。

文峰山　在偏顶山南五里，距城东三十里，其形如笔，故名。

缸　山　县东南十五里，在龙门山北。高百丈余，峭石嶕峣，其状如缸，而顶极平坦，上有古缸六，不知始于何代，今尚存其一。相传为洪水时漂泊至此，殊不足信。

冯家山　县东南二十五里。上有石纹成"土彬"二字，晨则见之，为昌黎县界。山半有窟，名"圣水"，两峰鹄立，名"对嘴崖"。南曰"尖山"，形如龟。北曰"平山"，形如虎。尖山南，石上有二井，俱深广尺余，水一黄一白，俗称"金水""银水"。平山下东西皆有洞，东名"天水窟"，高广皆丈余。相传与西洞相通，中有水，深不可测，俗以为"海眼"，往往祈雨有应。平山，一名平顶山，山半有石门，镌"凌海岩"三个大字，"崇祯甲申春冯景运书"。又"松峒别筑"四大字，"诸元寿书"，旁有石碾，故老传为冯公屯兵之所。

邑宰张上和《尖山纪游》诗云：出郭三十里，言寻好邱壑。川原既浩莽，丹枫渐摇落。特见尖山奇，化工疑鬼削。萧寺幽而敞，先登最高阁。鲁公兴不浅，谈锋利如锷。史鱼正色坐，孟嘉亦扩拓。余与王子猷，举觥互酬酢。杯盘具草草，缓步临峭崿。虽无千仞壁，怪石争嶂嵲。虽无千尺松，嘉木荫参错。或如龟背伏，或如虎头跃。苔藓石成文，隐约似雕凿。古洞入云深，十步九回却。云昔有道士，于此采藜藿。二客不能从，让余腾芒屩。龙泉闻更胜，日已西山薄。诸生劳送迎，人去禽鸟乐。昏黑抵城闉，遥听数声柝。

邑人王立柱《和韵》诗云：高人超尘鞅，雅志托邱壑。携客登釜崎，放笔凌嶂嵲。夙晨戒车徒，初日豁林薄。行行三十里，扑眼来峭崿。古寺踞山麓，金碧半凋落。北陟文星祠，南绕魁筐阁。壁寻虎头画，碑认郭香凿。东入半山楼，杯盘已参错。是时十月交，原野飞蓬藿。酒力敌风威，山窗任开拓。饭毕日未晡，西上腾谢屩。危途扪石棱，险壁立铁锷。岩洞势倚伏，风松韵酬酢。游兴迫短景，谁与挥戈却。微月送归轮，严城已宵桥。兹游隔二旬，冥想尚忻跃。敬读游山篇，未减栖霞乐。下里赓阳春，避席待劓削。自注云：康熙中，邑侯赵公端有神明之称，携客游栖霞寺，唱和诸诗，具载抚宁旧志。

牛头崖 县东南三十里，联峰山西，形似牛头。海军侦探戍守往往驻泊于此，即牛头崖营也。

望海岗 在牛头崖东，登此可以望海。

联峰山 在县东南三十里，俗名莲蓬山，渝水自其西入海，东有双峰如对话者，曰话石（今入临渝县）。

商邱宋荦《海上杂诗》云：千里惟遵渚，连峰不见山。石林开鸟道，云海对禅关。涛泊牛头响，岩留话石间。秦碑沦没久，鸥泛自沙湾。

钱塘赵景徕《莲蓬山观海》诗云：骊城山势临卢龙，塞垣千里当要冲。两京拱峙咽喉通，背枕溟渤开鸿濛。滨海有岭号莲蓬，悬崖削就金芙蓉。海光山势相争雄，怒涛隐隐凌太空。我来登时秋正浓，澎湃上下吹天风。双螭初起驭祝融，元气磅礴涵苍穹。咫尺蜃楼变化中，早潮欲上雷隆隆。登莱城郭烟雾胧，三山何处求秦童！祖龙鞭石杳无踪，征辽遗迹推唐宗。张骞无复乘槎功，采芝徒羡安期翁。俯仰今古谁复同？八方吞吐归心胸。酒酣拔剑喷长虹，光芒倒射蛟人宫。安得骑鲸直向凌波冲，倏忽已抵扶桑东。

紫荆山 县南三里。下临洋河，有立石，状如妇人，俗呼"紫荆石婆"，即魏之新妇山也。康熙十二年，知县谭琳建奎阁于中峰。

知县谭琳《九日登紫荆山》诗云：大观已如是，何必更高岑？秋色千峰淡，海云一望深。移樽因爱菊，落帽本无心。遣兴携佳客，狂呼万岛吟。

知县赵端《登紫荆山奎阁》诗云：飞阁临虚壁，千峰晚翠连。振衣时一上，秋气净长天。

黄家山 在县南八里。其石天生榍块，可资民用。

渝 河 县东二十里。源出口外古瑞州，由宏量寺绕流入戴家河，汇归于海。《汉书》："渝水首受白狼水，东入塞外。又有侯水北入渝。"疑即此。《方舆纪要》云："渝河，由古瑞州东南，流至联峰山西，一名狮子河，又名蒲泥河。"

案：《府志》旧载如是，《抚宁旧志》但云："渝水下流经联峰山下入海"，不曰"入戴家河"。至于"狮子河"，但记其名，源委皆不细书。此郡志、邑志之不同也。今即渝河下流之道名狮子河者访之，城东南二十里许柏新庄之西北有一巨浸，中有鳞介老物雨集，受正北泥河庄与北房庄东西沟之水，即亢旱之日，水不外来，恒自溢而东流，迳柏新庄东折而南，又迳张家庄东折至古城寺南，迳李庄、赵庄、郝庄、蒲蓝大庄，又东流至杨家庄。东南流，有大石桥，一名"莲花蒲草桥"，实牛头崖西郊之要路也。自此以北曰"蒲泥河"，以南则曰"狮子河"。迳望海岗东南，顺流而下，自河源至此数十余里，见获蒲、鱼之利，若以水田之法行之，利或倍于蒲、鱼，但惜土人不谙耳！又东迳细河桥会戴家河，由联峰山南入海。此渝水下流，或曰"蒲泥河"，或曰"狮子河"入海之大略也。今宏量寺无考，而入海之口犹昔。就渝河下流，上溯狮子河之源，至柏新庄西北而绝。案：《读史方舆纪要》云："金大定时有两石狮沦于河，故名。"

阳 河 一名洋河，在县西里许，源自界岭口外裂坨山，流经县东南紫荆山下入海。后西徙二里。康熙二年复归故道，所徙之道遂湮。又有分支在县南二十五里，由刘家庄绕流归清河口入海。

案：洋河为抚邑巨浸源之所出，前志已详，今就其所自、所入访之。邑西北境外有水自分水岭来者，东流迳常各庄南，又有水自西北阳山来者与之会，东流迳冉庄及燕河庄南之单各庄则倒流河入之。又迳良仁诸庄至雕崖庄，跨周各庄而南则又有自北青山口流入者，与西来水会流，迳湾子岭南至塔子会。此里人所称"西洋河"之水道也，俗呼"石河"，与临榆"石河"异。台头营东北有水自花果山来者西南流，由背牛顶西，迳贾家庄、北寨前绕流，西至野各庄东，又有水自李阳峪来者贾家河与之会，绕流而西，至（台头）营东之七各寨，又有水自营北之峪门口来者，西流迳三水头庄北，绕流而南。此里人所称"东洋河"之水道也。至湾子岭西与西水会而南，其流遂大，南流迳县治西南，绕紫荆山麓，东流至孟家庄西南入于海。

又案：洋河上流河滩宽阔，不甚为害。及至黄家山、崔铁营北，有西南山水入河会流，昔为南岸害。康熙六年移石狮二镇之，即邑志所云"洋河古渡"处也。又东北有城，东横山以南诸村水入河会流。下流之害，或以膏壤付之波臣，或以华屋归之河伯，荡析离居，地去粮存，无所控告，以至海下。河滩两岸，莫不皆然，岸东之万家庄，又南数里之桃园庄、卢王庄，岸北之北崖村、赵各庄，民居皆塌去过半。由是而东折，即郡志所载"分支入海之道"，昔年本一小沟，至道光年间决开，两岸村居大受其害。于是，数庄鸠工庀材，立行堵塞，今水口虽闭，水道尚存。郡志又云："由刘各庄绕流归清河口入海。"今访分支故道，实至卷子营东南会归于河。里中父老言："此道本不通河，皆因东河西塌，冲断此堤，故分流之水至此入河。"由此南行至西河南庄北，有向西南分流之道，迳水月庄归清河口入海。此仍前志"分流入海之故道也"。河之经流东折，由东河南庄北东行，又经港营庄南流会归至此，潮逆波翻。其流益大，又南入海，旧有分流水道，东岸经孟家庄西，西岸经圈里庄东，昔年皆为入运之口，中有盐滩一段。今两岸合为一漕，水道大开，通船入运，为利甚溥。此洋水下流利病之形，分支开闭之大略也。

又案：旧志"洋河发源于界岭口外裂坨山"，其山已失考，不知何在。今访其源，盖不一焉。一自界岭口外东二十里老沟，山名苗裔窊岭。此岭水向东流者，入临榆边，西流者入界岭口。一自界岭口外正北，地名界岭。此岭水向北流者，经双山入卢龙青龙河，南流者入界岭口，然此二水皆由散而聚，并非出自涌泉，流至界岭口门外会归一处入边。一自箭杆岭口外花果山上草窝铺天井发源，其井深不可测，曾有采樵者以葛系石投入，百余丈犹未至底。水由上而下，飞涛溅沫，入下龙潭，流迳箭杆岭口三十里，至西峪沟与界岭口外所来二水合，又十五里至峪门口，与东峪、背牛顶东横岭下所来之水合。又十五里至南寨，与猩猩峪龙潭所来之水合，名为"东洋河"。及流至台头营南、茹各庄北，与燕河营东所来之水名为"西洋河"者会归大洋河入海。

又案：旧志"芙蓉山"，旧名"裂头山"，在县东九十里。"裂坨"或即"裂头"之讹也。

郡守德州卢见曾《洋河筑坝挑引河记》云：洋河发源塞外裂坨山，由界岭入口，为抚宁县之东北境，抵塔子山转而南循兔耳山麓，掠县治之西，绕紫荆以南入于海，形家所谓随龙水也。康熙甲子，河身东徙，去县治南数里。乾隆丁卯，水暴涨，其自兔耳循麓而南者横趋直东，阻于古城之废邱，则别啮土根以南下，而震荡及于西郊。回视甲子河身，又淤为断流矣！郊故有明帅黄公惟正墓逼于河，邑人不忘公之能军以庇其先人也，议迁墓以避之。邑令钱君告于众曰："是固然矣。然水且益迫，亦将迁城以避之欤？"乃以发帑复故道为请，予檄迁安端木令勘之，令故老于治河者也。复予曰："抚之患迫矣！邑人请复故道是也，而未知河也。洋河冬春仅一带水，而夏秋霖雨，则天马、半壁、将台诸山涨，澎湃奔会，乘建瓴之势，卷石如斗，夹沙以行。数十年来，故道之壅于沙石者，积为阜壤，复之费以万计，详勘驳覆，更历岁月。抚之患迫矣，虑不及待。且邑人忧黄公墓，而不周视其上流，亦未知河也。河今循兔耳麓而南，自故道壅为阜壤，横流射北郊，今资为捍御者。独古城之废邱，再冲啮不已，必尽溃。溃则北郊悉为巨浸，不但西也，谓宜亟保古城，于其上流顶冲筑圆坝障，勿东乃因废邱之势筑斜长坝，使大流不得直下，折而西南。若余波之溢而东者，于黄公墓再筑圆坝，以障之坝之制，编荆为筐，绾以巨木，护以椿，实以滩石草泥，用民力值三百金以上，西北两郊无旦夕之患矣！夫洋水之力，固能卷石夹沙以行者，不得志于东，必逞于西，而西固水之故道也。"予曰："善。"亲勘之。端木君为树建标竿，指画形势。邑士大夫以及耆民老匠，环而观听者千人，咸悦服，无异议。乃上图议于制府那公苏图，具折以闻，制曰"可"。钱君复请于予，曰："三坝之制，善矣。顾更有道，夫水就下者也。古城以南，甲子河身之淤为断流者，壅而高，黄公墓之为今河身者，刷而下河，经两坝捍导，虽折而西南，倘阻于断流，仍泥而东，则黄公之坝危矣！谓宜亟挑引河于斜长坝尾，因大溜之折，而西南开水道，以纳之于甲子中泓，再于断流之淤开水道，以达于老河。两引河总长二百一丈，上者宽十丈，深五尺；下者宽二丈，深三尺。其加费可数计，而收效若龟卜也！"予曰："善。"再上其议，复报："可"。令首捐百金，邑人输财趋事，不啻谋其室家。是役作于乾隆戊辰三月庚子，竣于四月壬午，计费白金五百四十两有奇。历夏秋两汛，郊、庐、田、墓无恙，余波之溢而东者，比其退舍沙不之壅，如西故道。邑人举手加额，咸谓今而后莫予毒也已。予惟兹役，相度得势之要，使费省而功易举者，江宁端木君长泫也。同民之患，周画万全，悦以使民，民忘其劳者，常熟钱君鋆也。然微我制府那公渊明坐照任人勿疑。二公又何由以勤其尺寸之长而奏厥肤功也哉！不可以无纪也，乃从邑人之请，为文以镵诸石，并载襄事之众于碑阴，以垂不朽。

赵朗《洋河晚眺》诗云：饮马洋河秋水浑，绿湾遥隔几家村。边城九月无青草，只有斜阳似故园。

沙　河　发源猩猩峪，由榆关镇西绕流入戴家河。

案：沙河之源有三：一来自西北聂口庄北之山泉；一来自正北平市庄北之山泉，二水流至榆关南、小李庄北，合流为一。别有一源来自东北，即抚、临分县之界河，流至小李庄东南、高家店东，与二水合流，南入于海。每当夏雨连绵，河水涨溢，天光一霁，水势即杀傍岸田畴，不至受害，以近海故也。河沙甚细，近处居民每用以粪田筑墙，是亦水之一利云。

贾家河　发源花果山，由箭杆岭口外流入贾家庄南，归沙河。

梁家湾河　发源东峪，由峪门口庄北绕流，归洋河。

小红河　发源李阳峪北沟，由野各庄东绕流，归洋河。

倒流河　一名饮马河，发源卢龙之腰站庄，至单各庄入境，绕流由雕崖庄，归洋河。

松流河　县西北十二里，源出双顶山银洞峪，由所各庄入石河，倒流至滑子山后，又北至黄家山，诸涧水注之，流（径）[经] 背阴铺、曹西庄，东入洋河。

界岭河　源出口外别坨山十八盘，曲折弯环，合关内黑谷岭关、东胜寨北诸水，由鹿角峪二十里，入松流河。此《水经注》"封大川水"也。

黑洋河海口　在县南。

戴家河海口　在县东南四十里。明时海运此为积储之地。

案：前志所载"渝河水道"，今实在难辨。而郡志"渝河下流，第曰为蒲泥河、为狮子河，会戴家河，由联峰山南入海。"而戴河之所由来，概不为载，今就见在水道访之。县之东北有水，从董庄北岭来，迳戴家山头东南流，西至大新立庄南，与北蚂蚁沟水会而西流，迳小新立庄至洼里庄南，又与北沙龙殿水会而西流，至香房庄南，又有从北歪顶山泉眼沟东来之水，迳鸭儿峪、牛蹄寨南流，同绕出马奔山后即马头坡地，从东而南至沙河庄西，入渝关河。此渝河东条之水道也。又西有三水自北蜂沟岭、庙岭、米家峪来者，绕流至车厂北，三水合流东南下，迳龙腰庄东，绕龙口甸庄后西南流。又北有水自清泉寺山郁家沟来者，南绕周、傅诸庄，东至龙口甸合而东南流，至安庄、温庄南，又有水从西北朝阳寺山口，经聂口庄东、东新寨西流来者，至五王庄西合而东南流，至黄土坎庄前，则俨然一大河矣！此渝河西条之水道也。东流至沙河庄西，与马奔山北绕流之诸水会而东南以下，今所称"戴家河"水，迳北戴河庄西，又有太和寨东西田水归之南流，与狮子河会，至南戴河北、联峰山南入于海。

教谕谢鹏南《海市记》云：或问谢子曰："海有市乎？"予曰："市起于《易》，如云日中为市。盖致民聚货，市之集也；交易得所，市之散也。故楼观城郭、车旗伞盖、井灶人烟，咸市所有而翕焉。海，水乡也，茫茫无际，混混无穷，市安在耶？"语未竟，吾君侯雷公在座，哂曰："子未知其详乎？吾语子：吾自万历癸未守兹土，迄辛卯，桐华望后，公出榆关，晓眺东南，海碧连空，朝曦散彩，赤光夺目，秦岛雄峙于前，濒浡汹涌于后。"乃与邑幕鲁子往观焉。既而乘渔舟，历甘泉，吊秦城，已乃散步南行，跻陇陟巅，见洪涛巨浪，浴日吞天，诚奇观也。良久东旋，从者云："金山海市矣！"遥指而望之，隐隐然，伞盖三出，山颇高，又渐小渐高，顷之蔑如也。余方进饭，前箸未彻，从复报曰："海复市矣！"予往视，一如前睹。无何，金山彻莲蓬，联络数十里，忽伞盖，忽旗帜，若浮图，若城郭，殿阁脊兽，异状百态，变幻无穷。俄兔耳山前，三山耸秀，层峦叠嶂，宛如笔架形，即摩诘亦难绘也。自午迄申乃已，竟莫究诘。吾与鲁子觞毕，即询诸土老云："不识此市可常见乎？"佥曰："吾等垂白没齿，幸今一睹。噫！若此者，吾子以为何如？"学博谢子怃然自失，乃前谢曰："南人不梦驼，北人不梦象，习使然也。矧百年奇观，岂吾辈所能与乎？前所对，诚妄矣。"时邑尉郭公在侧，乃对予曰："子未学古乎？昔宋眉山氏守登、莱，诏还日，心慕海市，未获一见，乃祷于广德王而见，盖至诚动山川也。故东坡诗曰：'异事惊倒百岁翁'，又曰：'自言正直动山鬼，不知造物哀龙钟'之句，可验矣。"谢子闻之，色沾沾喜，起而敛容曰："我公斯言至矣，妙矣！虽然苏君迁谪也，必祷而后见。我侯久宰兹土，政善民安，神人胥悦，以故神休助顺，乃显是奇观也，不待祷而立见矣。"君侯曰："信如子言，吾何以当？"予曰："兰产于谷，不能秘其馨；玉韫于山，弗能隐其辉。我侯谦谦，即予不志，亦必有志之者。"郭君曰："善"。因觞谢子以酒，既醉，乃倚席而歌，以述其盛，曰："碧海东南隅，茫茫逝水东。其中何所见，烟云空复空。一朝显神异，惊骇百岁翁。或言蜃气结，或言造物工。妙夺天孙巧，谁谈绘画功。我达天人理，感应恒相通。我侯有善政，至德动玄穹。不数休征出，无烦祷祀祟。我歌备采择，千古真奇逢。"歌已，曙色东生，因起而笔之如左。

中桑水　自马司岭西入口，十里至王家庄，三十里入洋河。此汉《地理志》之"龙鲜水"也。

绿　湾　县西北五里，滑子山下，松流河逆而环之，湾中有蛙不鸣。

会稽单廷瑶《绿湾蛙静》诗云：细细春水流，两两花鸥浴。蛙吹绝无声，一湾芳草绿。

卧龙滩　在和尚洞东，有池不竭。

双龙眼泉　在黄崖望海寺东，有二石穴，冬夏不涸。

龙　潭　在猩猩峪北，深不可测，上有瀑布，每旱祷雨立应。

双龙池　县南八里。

蛤子汀　在县东北洼里庄，距城四十五里。长数十丈，有二泉，大旱不涸，有鱼虾之利。口外杨树窝堡有水亦名蛤子汀，距县二百余里。

双龙眼汀　在洼里庄野田中，两汀相近，形如两眼，中间土脉坟起，又如鼻有两孔，水深丈余，鱼多金色，大旱祷雨，将龙眼泥滓掏挖，不日即雨。

‖ 卷之二 ‖

　　昔人往矣，陈迹依然，曾几何时，顿成今古。谁能遣此无限沧桑？此邦孤竹遗封，卢龙旧部，唐初析而五年旋合。金末置，而百里方分，"渝关"变为"榆关"，竟混"榆林"之榆塞；"洋水"实为"阳水"，堪寻阳乐之阳河；兔耳山前，村名旧县；马头崖下，镇是新安。即兹虎踞雄边，幸山河之未改，已似鹤归华表，叹城郭之都非，此吊古者不禁低徊，考古者所当辨证者也。至若牛眠卜吉，马鬣崇封，苟非功德之在人焉？得采樵之有，禁燕市吊望诸之墓，夫岂徒然长安拜董相之坟，良有以也。故佳城有托，地美原以人传，而没世无称，生荣须防没已，志《古迹》及《邱墓》。

　　长　城　世谓秦始皇使蒙恬所筑，起临洮，至辽东，延袤万余里。然考诸史，自燕至隋，多有筑者。今山海关之长城乃明中山王徐达所修，非古长城也。康熙七年，发帑金，委官重修。

　　骊城县　汉置。《畿辅通志》云："在乐亭县西（案：此应据欧阳忞《地舆广记》，指辽之石城县，今开平镇为骊城也）。"然《汉书》右北平郡骊城下云："大碣石山在县西南。"今乐亭西南无碣石遗迹，而世所指天桥柱为碣石者，则在今昌黎城西北，恰是今抚宁之西南，是骊城废县于抚宁为近。

　　阳乐县　秦置，汉、晋因之。《魏书》阳乐下有"林榆山"。"林榆"疑即"临渝"。章怀太子云："阳乐在今平州东。"魏氏《土地记》"海阳县西南有阳乐城"，疑有误。或曰"阳乐在今大宁废卫境，后魏迁治于此。"亦属辽西郡，东魏省入海阳县（明萧瑞凤《城隍庙碑》云："抚宁旧有土城二，在阳河东二里许，名阳乐城。洪武十一年邑侯娄大方居西土城，因避兵于兔耳山阳，奏请依山为县治。永乐三年

设抚宁卫，居东土城。"周良臣《抚宁卫记》云："卫去县十余里，成
化初迁县于本城东北隅，而卫县合。"据此，是县初居西土城，后移
兔耳山阳；卫居东土城，后又移县于东土城之东北，今县治正是东土
城地，是以西门外尚有西土城旧基。旧志云："阳乐城在西关外。"或
即以此其去阳河不及二里者，以康熙甲子、乾隆丁卯河身两次东徙
也。茅元仪云："抚宁卫在县西十里。""十"字当是"一"字之误。
邑人王立柱记）。

洋河城　在县东南十五里，方六里。旧云唐置，基址尚存，或云
隋之沪河镇也。

案：《唐书·地理志》：平州北平郡有黄花、紫蒙、白狼、昌黎、
狭石、绿畴等十二戍。今土人呼此为"皇古城"，盖"黄花"之讹转
也。城东南、东北、西北有三将台，又北三里有黄花港，俗谓"太宗
征高丽时筑"，西北角有泉一勺，附会为"白袍井"。考太宗东征班
师，十月丙辰次渝关，戊午次汉武台，刻石铭功。驻跸一宿，必无筑
城之事，当以黄花戍为是。

山西城　在县西南五十里，周二里，故今犹存，亦云唐太宗征辽
所筑。案：此疑即昌黎戍，今在高家庄，后西堰为沙河啮坏。

榆　关　在县东二十里。旧志云："下有渝河通海，历代恃为关
隘。"明太祖时，中山王徐达以其地非四塞，移关于山海，此关遂废
为镇。一说榆关旧有山榆数千章，枝柯樛结如城壁，故曰榆关。至明
季李闯东窜，始焚烧殆尽，其说殊不足据。

榆关考　　　　　　　　　　　　　　　邑人　王立柱

前汉《地理志》辽西郡临渝县下"渝水，首受白狼水，东入塞
外"；同郡交黎县下"渝水，首受塞外，南入海"。应邵曰："交黎，
今昌黎。"案：两汉时，临渝之与昌黎南北分界。临渝当渝水上流，
昌黎当其下流也。汉之右北平、辽西二郡北界甚远。《通典》"蓟州北
至废长城塞二百三十五里"。今据《方舆纪要》《京东考古录》诸书，
如柳城、平刚等故城，皆在明大宁废卫，今土默特蒙古境内。故其分
界如此。顾亭林曰："昌黎有五"，独汉之昌黎在渝水下流，而当海口

是也。

《水经注》："白狼水，又东北出，东流分为二水。右水，即渝水也，西南循山经一故城西，世以为河连城，是临渝县之故城。渝水南流，东屈与一水会，世名之曰'楒伦水'。"《通鉴》楒卢城下注引此。《明一统志》："渝河在抚宁县东二十里，南流至连峰山，入于海。"案：河连、楒伦、楒卢，皆一音之转。今抚宁县榆关镇西门外有水南流东屈，与深河堡流来之一水会，又南流至联峰山西而南，入于海，与《汉志》《水经注》《明一统志》皆吻合，则河连城为临渝故城，亦即今之榆关镇矣。

《北史》："隋开皇二年五月巳未，高宝宁寇平州，突厥入长城。"又《突厥传》："沙钵略勇而得众。隋文帝受禅，待之甚薄。会营州刺史高宝宁作乱，沙钵略与之合军，攻陷临渝镇。"《通鉴》："陈宣帝十四年，即隋开皇二年十二月，突厥沙钵略回兵出塞。""开皇三年春三月癸亥，城榆关。"详此诸文，自是开皇二年五月，临渝镇被突厥攻陷，其年十二月突厥出塞，因被焚毁。至次年三月，乃修复之耳。胡朏明《禹贡·锥指》曰："晋省临渝入肥如。"（案：晋时临渝半入肥如，半入阳乐，如林榆山、覆舟山，《魏书·地形志》系于阳乐县下。而《通鉴》言："渝关北有覆舟山"。《辽志》言："临渝山高千余仞，下临渝河。"《明一统志》言："临渝山在抚宁县境"，则知临渝之东半省入阳乐。胡氏但其言大较耳。）隋省肥如入新昌，又改新昌曰"卢龙"。窃意临渝虽屡经省并，而其故城尚在。突厥所攻陷之临渝镇，正其地也。案：南北朝兵争之时，由今永平界内出入塞之路有三，西曰"蠮螉塞"，中曰"卢龙塞"，东则"临渝"，为孔道，是以开皇未城榆关之时，"临渝"之名屡见于史（如"北燕太平六年，河间人褚匡请燕于辽西临渝边海造船，出通章武郡。"又"燕王从兄买、从弟赌自长乐帅五千余户，浮海入辽西临渝，至和龙"）。既城榆关之后，但言"榆关"，而"临渝"之名史不复见（《隋书》"汉王谅伐高丽，军出临渝关，至柳城。"《唐书》"太宗伐高丽，还。十月丙午，次营州，诏辽东战亡士卒骸骨并集柳城东南。丙辰，皇太子迎谒于临渝关。"案：燕王从兄弟欲至和龙，必道由临渝。汉王谅欲至柳城，必先出榆关。而唐太宗自柳城还，亦必入临渝关。夫柳城、和龙，本为一地，《辽史》"汉柳城县地"，慕容皝改为"龙城县"，迁都之号曰"和龙宫"，炀帝改为"柳城郡"，可证。然则临渝之与临渝关亦不得不为一地矣），则可知河连城、临渝县、临渝镇之与临榆关俱非二地矣。

《五代史》"幽州北七百里有渝关，东临海"（今榆关镇，海自其东而趋北）。北有兔耳山（今兔耳在县西十二里，距榆关三十二里）、覆舟山（与《魏志》阳乐境内山合），并海东北有路，狭仅通车（此指今山海关筑城之处），其傍地可耕种。《通鉴》"幽州北七百里有渝关，下有渝水通海"（此指今临、抚分界之戴家河，其水自榆关镇西门外而南入于海）。自关东北循海有道，道狭处才数尺，旁皆乱山，高岭不可越。宋·许亢宗《奉使行程录》自营州（《皇舆表》辽之营州广宁县，即今昌黎。许《录》又云："州之北有大山数十，其来甚远，高下皆石，不产草木，特立州后。"今昌黎县，倚山为城，正与许所言合）六十里至渝关（今昌黎县至渝关正六十里），自渝关四十里至润州（《金史·地理志》北京路瑞州有海阳县，辽润州海阳军故县也。而《辽志》润州海阳军则统海滨县。钱晓征曰"当从《金志》。"则军名与县名相符。案：此即今临渝县之海阳镇也。又《北番地理书》"润州在卢龙塞东北，西至渝关四十里，南至海三十里"，今榆关镇至海阳镇正四十里）。自润州八十里至迁州（迁州即今之山海关，下文明之。《北番地理书》"迁州在临渝关东五十里，西至润州四十里，南至海二十里"。案：迁州，既西至润州四十里，润州西至渝关又四十里，则榆关与迁州相距正八十里，与今里数合。五十里确是八十里之讹字，然仍与许《书》不合者。许又云："彼中行程，并无里堠。"但以行辙一日，即记为里数，是日行无虑百余里。金人居常行马，率皆奔轶。此日自早饭罢，行至暝方到。案：海阳至山海关并无如此之远。盖由海阳镇而北行，即可入山。金人故导之回屈以张大其疆域，仍《宋史》所载"契丹导刘敞之故智"，而许未之觉耳）。自迁州九十里至习州（习州，即隰州。《金史·地理志》有海滨县，属瑞州，辽隰州平海军故县也。而《辽志》则作"海阳县"，与润州之"海滨县"互讹，当从《金史》。亦钱晓征云，又李兆洛云，"海滨县在今宁远州界内"）。案：许所行之路，与今出山海关之路合，而隋唐之路则不如此。盖其时建都关内，兹地为险远之区。东有高丽（《北史》高丽之境，西度辽二千里），北有契丹，惟营州柳城一郡孤悬渝关之外，其地近北而不近东（《通典》"营州北至契丹界五十里，西北至契丹界七十里，东北至契丹界九十里，其地为今蒙古界，具见前文）。虽曾被陷没而还置如故，至今山海关外不远既为高丽之境（虽李勣平高丽后，置安东上都护府，然旋置旋废，而又为渤海国所据，具见《唐书》），是以其时皆取道于榆关以北，出长城而趋营州，不由山海关而东也。至辽起上京（在黑龙江北），金起白都讷（在黑龙江南），而渝关之地，自入契丹以后为腹里地，故址渐湮（许《录》又云：渝关并无堡障，但存遗址，居民数家）。是以许虽至渝关，仍折而东行，由迁州（今山海关）以前骛耳。

《明史》"洪武十四年春正月辛亥，大将军徐达发燕山等卫屯兵万五千一百人修永平界岭等三十二关。"《明一统志》"渝关在抚宁东二十里。隋开皇间汉王谅将兵伐高丽，出临渝关，即此。"明·商辂《显功庙记》"中山武宁王早以雄才大略，首从太祖高皇帝平定天下，已而率师漠北，收其余民，比还，留镇于燕，以平滦、渝关土地旷衍，无险可据，去东八十里得古迁安镇（即迁民镇，笔误）。其地大山北峙，巨海南浸，高岭东环，石河西绕，形势险要，遂筑城移关，置卫守之，更名曰山海关。"《明一统志》"山海关在抚宁县东，其北为山，其南为海，相距不数里许。本朝魏国公徐达移渝关于此，改今名。"《临渝县志》"洪武十四年创建山海关，内设山海卫，领十千户所（此引嘉靖乙未《山海志》文，与《明史》《显功庙记》俱合）。"案：迁民镇，为辽之迁民县（《辽·地理志》迁州统县一，曰"迁民县"，辽圣宗置。《金史》州废为镇，属瑞州。元因之）。至元、明而为重镇。元致和元年秋七月丁酉，发兵守迁民镇。庚戌，发平滦民堑迁民镇，以御辽东军。九月甲子，上都诸王也先帖木儿、平章秃满迭儿以辽东兵入迁民镇。明洪武十三年，元兵入桃林口，寇永平，千户王辂追至迁民镇，擒完者不花。自十四年中山王移关之后，终明之世，史但言"山海关"，"迁民镇"之名不复见于史。郭造卿曰"山海关，即故元迁民镇。"其言信而有据矣。

《方舆纪要》云，《通典》《通释》并云："渝关在平州卢龙县东百八十里。今县东二十里之渝关，乃其驿递之所，因榆关旧名耳。明初修复故关，增置屯戍，其于金、元时之榆关仍置邮驿。今山海关，盖汉唐之旧址，非明朝创建也。"案："渝关"自是"榆关"，"迁民镇"自是"山海关"。古籍所言，（豪）[亳]无牵混。顾氏以渝关移入山海关，不过因《通典》言渝关距卢龙县之里数，适与今山海关距卢龙之里数相合耳。岂知唐之卢龙非即今卢龙县乎？案：《水经注》"玄水又西南，经孤竹城北，西入濡水。"又曰"祠在山上，城在山侧，肥如县南十二里，水之会也。"《史记》正义引《括地志》云："孤竹城在卢龙县南十二里。"（肥如县，唐武德二年更名卢龙）。今清圣庙在山上，与《水经注》合，乃在卢龙西北二十里，则知唐之卢龙治在今卢龙城之西北三十二里，与《通典》距渝关之里数亦约略相符。《一统志》"榆关在抚宁县东二十里，又东二十里有榆关马驿"。《抚宁旧志》云："榆关马驿在县东四十里，驿丞廨废。"是关自关，而驿自驿，亦不得指关为驿也。

又《榆关存疑》云：光绪丙子，今邑侯张公有续修县志之举，嘱作《榆关考》。柱掇拾故纸，举其所知，疑误颇多，未敢自信。及观同时，作此考者，所论多与相左，益复不能无疑，因条列于左，以待博雅者定正焉。原云榆关，关也，非边也。边则秦始皇使蒙恬所筑"南竟海"。《史记》具有明文。按《史记·匈奴传》"秦灭六国，始皇帝使蒙恬将十万之众，悉收河南地，因河为塞，筑四十四县城，临河徙适戍以充之。而通直道自九原至云阳，因边山险堑溪谷可缮者治之，起临洮至辽东万余里。"并无"南竟海"之明文。张守节《正义》引《括地志》云："秦陇西郡临洮县，即今岷州城，本秦长城首起岷州西十二里，延袤万余里，东入辽水。"亦无"南竟海"之明文。又司马贞《史记·索隐》引《太康地志》云:"乐浪遂城县有碣石,长城所起。"又《通鉴注》引杜佑曰:"碣石山在汉乐浪郡遂城县,秦长城起于此山。今验长城东截辽水而入高丽,遗址犹存。"又引杜佑曰:"高丽自东晋以后居平壤城,即汉乐浪郡王险城。"国朝李兆洛《舆地韵编》云:"东汉幽州乐浪郡遂城县在今朝鲜平安道平壤府南。"历考诸书,秦之长城东至,与今之山海关相距不下二、三千里,兹似谓今山海关"南竟海"之"长城为蒙恬所筑",不知所据《史记》果系何本。

又云:"汉王谅所出之榆关,即今山海关",指《明一统志》以今县东二十里之榆关当之,为误。案:《明一统志》"榆关"下云"在抚宁县东二十里。隋开皇时,汉王谅将兵伐高丽,出临榆关,即此。""山海关"下云"在抚宁县东,其北为山,其南为海,相距不数里许。本朝魏国公徐达移榆关于此,改今名。"案:志成于天顺五年,经始于永乐中年。据《临榆县志》创建山海关在洪武十四年,相距甚近,且一代官书,讵容草草?吾人生于其后五百余年,何所据而知其误乎?

又云移关之事,《明史》纪传无明文。案:《明史》"洪武十四年春正月辛亥,大将军徐达发燕山等卫屯兵万五千一百人修永平界岭等三十二关。"移关之事当在斯时。明·商辂《显辂功庙记》"中山武宁王早以雄才大略,首从太祖高皇帝举义,平定天下,已而率师漠北,收其余民,比还,留镇于燕,以平滦、榆关土地旷衍,无险可据,去东八十里,得古迁安镇(即迁民镇,笔误)。其地大山北峙,巨海南浸,高岭东环,石河西绕,形势险要,遂筑城移关,置卫守之,更名曰山海关。"全文具见《畿辅通志》《临渝县志》。从来史家纪传不过举其大端,金石之文可以广异闻,补史阙,况商辂为一代巨公,不应不谙本朝掌故,安得因纪传不载而疑而摈之乎?且《永平志》载圣祖仁皇帝《杂著》云:"山海关澄海楼,旧所谓关城堡也,直峙海浒,城根皆以铁釜为基,过其下者,覆釜历历在目,不知其几千万也。京口之铁瓮城,徒虚语耳!考之志册,仅载关城为明洪武年所建,而基址未详筑于何时?"然则徐武宁之移关已久,经圣人论定,如所云云则不独商辂之文不足凭，即御制之文亦不足据矣！至谓"临渝宫"，断倚渝关为屏蔽而不筑于废县一说。案：《隋书·地理志》"北平郡卢龙"下云："有临渝宫，有碣石"。"辽西郡柳城"下云："有渝水、白狼水"。案：渝关以渝水得名。故《通鉴》云："渝关下有渝水通海"。而《隋志》"渝水"之与"临渝宫"分系于二郡二县之下，已可证"渝关"之与"临渝宫"相距甚远矣。至《唐书》卢龙下无临渝宫，则或以异代之宫，无容琐举；或修志之时，宫已不存，俱未可知。又《唐志》卢龙之外又有"石城"，而《隋志》无之，石城下注云："本临渝"，谓"唐割卢龙之地，置临渝也"。"武德七年省"，谓"省临渝入卢龙也"。"贞观七年复置"，谓"复置临渝也"。"万岁通天二年更名"，谓更"临渝"之名为"石城"也。《辽史·地理志》石城下云："唐贞观中于此置临渝县，万岁通天二年改石城县"，可与《唐书》互证。注又云："有临渝关，有大海关，有碣石山，有温昌镇。"历举知名之地，而独不及临渝宫。盖其宫自在卢龙，与此"临渝"及"临渝"更名之"石城"无涉也。是以《北史》"炀帝大业十年春正月，议伐高丽，三月壬子，行幸涿郡。癸亥，次临渝宫。夏四月甲午，车驾次北平。八月己巳，班师。"据此，炀帝自涿郡而来，先次临渝宫，隔三十一日而始次北平，则宫在北平郡之西，渝关在北平之东，尤似两无干涉，其余可疑者尚多，以已详见考中，不复赘。

案：榆关有三：《史记·楚世家》"惠王十三年，三晋伐楚，败我大梁榆关"。注："此榆关当在大梁之西。"《隋书·文帝纪》"开皇三年城榆关，四年以贺娄子干为榆关总管。《玉海》秦有榆中关，榆塞名，隋之所城，疑即秦之旧关。"《隋志·榆林郡金河县》"开皇初，置榆关总管"。《五代史》引此作"开皇三年"，是修关、置官，俱一年事。《唐书·地理志》"胜州榆林县东有榆关，贞观十三年置。"《文献通考》"榆林在《禹贡》属雍州，秦、汉属云州，唐为胜州，属关内道。"据此则唐之榆关，亦即秦、隋之榆关，其曰城、曰置者，虽或不无变易要，皆不离乎榆林之地。《隋书·列传》"贺娄子干时镇凉州，方议陇右河西屯田事，故命为榆关总管"，非此临渝关也。旧志引之甚误。临渝关在营、平之间，古所谓"临渝之险也"，字原作"渝"，以"渝水"得名，与榆林之关异。史家传写混淆，自唐已然一书之中，彼此互见。至《辽史》则全书作"榆"矣。杜佑《通典》"渝关在平州卢龙县东一百八十里。"计其道里，似即今之山海关，其在今抚宁县东二十里者，乃驿递之所，取榆关为名耳。顾景范、洪稚存诸人，皆从其说。然考宋著作郎许亢宗《奉使行程录》云："离营州东行六十里至渝关，并无堡障，但存遗趾，有居民三数家，登高四望，东自碣石，西彻五台，幽州之地沃野千里，北限大山。重峦中有五关：居庸可以行大车，通转饷；松亭、金坡、古北口，止通人马，不可行车，外有十八路尽兔径鸟道，止能通人，不可行马。山南五谷百果，良材美木，无所不有。出关未数十里则山童水浊，瘠卤弥望，黄茅白草，莫知其极。盖天设此以限南北也。"据此则"渝关"居五关之一，过此以东，别无关隘。"营州"，今昌黎县，计其相距里数，恰是今抚宁城东二十里之"渝关"，当时无堡障，而尚有遗趾，今并遗址不可寻矣。

唐骆宾王《送郑少府入辽共赋侠客远从戎》诗云：边烽警榆塞，侠客度桑乾。柳叶开银镝，桃花照玉鞍。满月临弓影，连星入剑端。不学燕丹客，空歌易水寒。

唐高适《燕歌行》云：汉家烟尘在东北，汉将辞家破残贼。男儿本自重横行，天子非常赐颜色。抡金伐鼓下榆关，旌旆逶迤碣石间。校尉羽书飞瀚海，单于猎火照狼山。山川萧条极边土，胡骑凭陵杂风雨。战士军前半死生，美人帐下犹歌舞。大漠穷秋塞草腓，孤城落日斗兵稀。身当恩遇常轻敌，力尽关山未解围。铁衣远戍辛勤久，玉箸应啼别离后。少妇城南欲断肠，征人蓟北空回首。边庭飘飘那可度，绝域苍茫无所有。杀气三时作阵云，寒声一夜传刁斗。相看白刃血纷纷，死节从来岂顾勋。君不见沙场征战苦，至今犹忆李将军。

唐卢弼《边庭怨》诗云：春衣昨夜到榆关，故国烟花想已残。小妇不知归未得，朝朝应上望夫山。卢龙塞外草初肥，燕乳平芜晓不飞。乡国近来音信断，至今犹自著寒衣。

唐温庭筠《伤温得彝》诗云：昔年戎虏犯榆关，一破龙城匹马还。侯印不闻封李广，他人丘垄似天山。

唐薛能《送友人出塞》诗云：榆关到不可，何况出榆关。春草临岐断，边楼带日闲。人归穹帐外，鸟乱废营间。此地堪愁想，霜前作意还。

明陈绾《榆关》诗云：汉塞秦关控海隅，长城千里为防胡。月明满地无传箭，静听军中夜博卢。榆关东去是营州，门外车轮似水流。夜半边城吹觱篥，何人不起望乡愁。

明冯惟讷《出榆关逢征兵使人作》诗云：闻道云中将，先秋戒铁衣。虎符千里至，龙骑五营归。夜月明雕戟，山风曳画旗。谁怜瀚海外，□□（杂虏）驻金微。

明范志完《春日渡榆关闻远钟并闻海潮》诗云：榆关西去渡危桥，溪水涓涓月半霄。弹指三生俱梦幻，钟声遥带五更潮。

明督师孙承宗：渝关以兵赭地之毛，予下令种柳资军需也，再来而柳始花。诗云：十万营成万仞山，大瀛环薄玉为湾。不知官柳栽多少，初见轻花落研间。山峦水渚柳依依，忆得来时雨雪霏。一到临榆八百日，倚阑重见絮花飞。不向春风舞绛纱，绾愁牵绪满天涯。十年手植初成阵，细柳营中学六花。倚楼长笛月明中，入破偏随宛转风。摇落不堪愁里听，满城甲马又西东。

又己巳嘉平廿四日《榆关同诸文武祝万寿》诗云：问夜何其夜未央？起来炮火著衣裳。天威咫尺违颜远，职业寻常入手忙。帝语忠勤惭匪懈，官家明圣咏无疆。时艰正倚股肱力，可有虞廷一字良。

国朝泽州陈廷敬《古榆关》诗云：白草黄云出乱山，渝河东下古榆关。沙场多少征夫恨，行到长城惨客颜。

卢龙张琴《宿榆关》诗云：辞家将百里，薄暮抵榆关。倦客才停辔，苍烟已没山。夜寒闻漏永，梦短对灯闲。欲问连营处，鸡鸣又路间。

无锡王模《榆关》诗云：绝壁开天险，千寻控塞垣。荒沙寒白骨，新鬼啸黄昏。水急蛟龙怒，山深虎豹屯。当年百战地，遗恨至今存。

大同山石城 俗呼西老城，周三里，东西二里，内有天井、地井。天井虽旱不竭，旁镌"太平年造天井"六字，大如拳。地井则有时涸，其中屋址尚存。案："太平"乃辽圣宗年号。

羊头山石城 周一里，西门一，在五各庄东，与大同城对峙，城外有涧，极窄而深，或云二城盖赵各庄孙氏所筑，孙氏为金源著姓。

见驾坡 在榆关西三里。唐太宗贞观十九年征高丽班师，太子迎谒于临渝关，即此。

饮马河 在县西北。相传阳乐家饮马处，今统名洋河。

栖霞涧 在县西南十二里。石桥跨之，傍有寺。相传为唐尉迟敬德建。涧石上马形似金，知县张公毓中题曰"金马遗踪"。

文峰塔 在紫荆山顶，距县三里许。道光丙申六月十四日大。雨，塔仆声闻如雷。

东宁桥 在县东三里，河改，久圮。光绪二年古碑出，见字多剥蚀，年代莫辨。

王 台 在峪门口南，山口对五王山，山上将台犹存，下有十八眼小井，口皆西侧，水亦西流，俗名"扳倒井"。虽大旱不涸，村民淘之以致雨。

花 城 在龙门山北，距县二十里。孤峰耸立，悬崖下花木丰茂，泉石清奇，雉堞回环，约宽十丈余。昔人传为花城，不知筑自何年。

隐几石 在梁家湾东峪，距县八十里。入峪行数里，有名香山者，石上镌"隐几"二大字，孤竹李逢时同闽中郭造卿题。又题"香山纪寿"四大字，下注云："万历庚辰十月朔日，少保戚公初度之辰，为东征至台头，闽中郭造卿称觞，因游击李逢时当此而品，山川可与少保争奇，少保当与山川敌寿也。"

附：

阳乐侯墓 在县南五里。墓有五、六冢，东西石井八，其下莫测。相传为隧道。侯姓氏、年代无考，今村以是名。

金平州广宁县敕赐进义校尉孙贞墓　在东赵各庄东南，为洋河所（齿）[啮]。康熙时迁葬于西庄东北半里，华表尚存，上刻"大定十四年岁次甲午六月二十四日戊午建立"。

明诰封明威将军、佥指挥使事高德墓　在香营岭路东，无碑，其孙世袭明威将军高俊碑尚存。

明敕授文林郎、抚宁县知县娄大方墓　在张各庄南半里，有康熙二十四年碑。

明诰封昭勇将军、抚宁卫指挥使陈斌墓　在铧山之阳。

明故昭勇将军、抚宁卫指挥陈公墓志铭云：正统壬戌三月五日，昭勇将军、抚宁卫指挥使致仕陈公以疾卒于正寝，其子指挥使玉卜是年是月十有一日葬于芦峰山之原，遣介持状，乞余铭于墓。按状，公，讳斌，字得春，世为山后锦川州感化里人。高曾以上，谱牒散佚，莫能悉。祖考讳义，有善誉，韬晦不仕。祖妣张氏贤淑，为宗族所称。考，讳敬文，能骑射，多材略。丁元季弗克见用，国朝初归附，隶戎籍。妣张氏尤饬妇行，相夫教子，咸尽其道。敬文既老，俾公承其役。洪武戊寅即建文帝元年，由什伍长，以靖难功授燕山右护卫中所百户，寻佥本卫指挥事，再迁怀远将军、燕山左卫指挥同知。永乐间，屡从上征迤北阿鲁台，随战随捷，升昭勇将军、本卫指挥使。祖父两世得赠如公官。妣，皆淑人。仁宗即位，以公勋旧老臣命以本秩掌抚宁卫事。公性质刚毅，智勇绝人，尤恭俭仁恕，善于抚驭，有能不矜，值危急未尝怯避，所至部伍士卒，无不得其欢心。宣德己酉，以筋力疲惫，弗仕乞闲。朝廷许其请，遂以子玉袭职，优游家居，天相吉福，康宁无恙者，逾十三年，至是考终。常诲其子曰："吾以一介武夫，生际圣明，幸获微劳，致通显。敬惧之心，罔敢或怠。汝宜体此心，始终勉于忠孝，上无负天子，下无忝厥位，可也。"玉佩服训言，德闻藉甚。公生于元至正丙午正月一日，得寿七十有七。配二，张氏先卒，无出，封淑人；继张氏子男三，长即玉，娶吴氏；次铭，娶方氏；次延，娶王氏；女一，曰"惠云"，适本卫千户李茂。孙男五，曰"恂"，曰"恺"，曰"泰"，曰"恬"，曰"祥"，皆未娶。孙女三，曰"惠宁""惠清""惠圆"，俱在室；侄男一，曰"贵"，娶郭氏。从孙男二，曰"晟"，曰"遣"，皆幼。呜呼！公以雄伟之资，忠实之行，为国爪牙，不惟能推恩，荣及祖祢，而复生有令器，克继前烈，矧夫似续方来，又有不可得而量者，可谓光前而裕后矣，宜为铭。铭曰："列星之精，名山之灵。为时之英，为国之桢。厥绩用成，厥躬斯荣。繁祉具并，考终遐龄。爰作碑铭，表诸佳城。惟簪惟缨，子孙绳绳。"

正统八年癸亥十月赐进士及第、翰林院编修承事郎秀水□选撰文。

明邑人翟鹏《过芦峰将军墓》诗云：不见将军两岁奇，偶经荒冢重凄其。可怜芳草萋迷处，犹记高堂燕乐时。勋业穹碑应不泯，宠恩冥漠已无知。多情最是风林鸟，永夜哀鸣未忍离！

明指挥同知赵铭墓　在紫荆山西，有嘉庆九年碑。

明四川抚标右营游击钟声墓、独石参将指挥佥事钟杰墓　在东山，无碑，有上马石二，由钟家庄故宅移此。

明诰封奉直大夫、山东按察司佥事鲁铎墓　在县西七里，在铧山之阳，有石坊，碑刻墓志。

明敕封给事中王枕墓　在县西，**子中宪大夫、陕西按察司参议印祥墓**　在苏官营。

明孝子杨珍墓　在石河庄外，无碑，庐址亦湮，有小塔，高三、四尺，围合抱。相传孝子用米泔和沙土堆成。

明邑人翟鹏《题杨孝子行》云：古人读书为明伦，今日读书只荣身。吾党明伦有孝子，却乃不是读书人。眼底纷纷金紫贵，气焰薰天真可畏。问之佥谓读书人，明伦孝著如君未。噫昔读书我少年，哀哀曾诵《蓼莪》篇。亲恩罔极浑无报，一度逢君一赧然。莱衣不见人间久，至孝那复为君偶。芳名应向竹帛垂，万载昭昭常不朽。呜呼！秉彝好德人皆有，仰君何啻如仰斗。

又《杨珍庐墓三年不归诗以嘉之》云：瘗玉空山岁月深，结庐相守到于今。一身未忍离亲侧，三载尤难尽子心。寂寂荒邱秋色晚，森森乔木昼阴沉。频将卮酒临风酹，肠断啼乌急暮音。

明孝行儒官杨有成墓　在三里庄中间路北，与其父墓并灰顶，有碑。

明都督萧陞墓　在东关路北，有石坊，谕祭葬，无墓碑。

明兵部尚书翟鹏墓　在南关路东，有石坊，未立。隆庆时谕祭葬。

谕祭文云：维隆庆二年岁次戊辰八月戊寅朔越十五日壬辰，皇帝遣直隶永平府知府刘（祥）[庠] 谕祭原任兵部尚书兼都察院右副都御史翟鹏曰：惟卿志欲有为，才能应变，历官中外，屡著忠勋。迨迁秩于兵曹式，督师于重镇，筹边匪懈，绰有任职之风。料敌少疏，竟罹失事之罚，心则罔愧，功亦相当。爰奉遗恩，用复官而赐祭，庶令有位，咸感德以畏威。惟尔明灵，尚其歆服。

谕葬文云：维隆庆二年岁次戊辰八月戊寅朔越十五日壬辰，皇帝遣直隶永平府知府刘（祥）[庠] 谕葬原任兵部尚书兼都察院右副都御史翟鹏曰：惟尔甲科名士，疆圉长才，历官有年，持己无议。谋偶疏于侦虏，罚遂蹈于从戎，情有可原，过不相掩，特颁恤典，用慰尔灵，尚克歆承，永光泉壤。

明敕封都督金事、昭毅将军、保定游击李天培墓　在小西门外半里路南，有顺治七年碑。

明诰封荣禄大夫、辽东招练总兵官黄惟正墓　在西门外路北，有谕祭石坊、崇祯十五年碑。墓前龙松同治壬申为风雨所拔，知县福曜饬栽小松荫之。

邑人吴兆鳌《吊黄将军墓》诗云：榆柳森森古渡东，一抔黄土盖英雄。冲锋曾作孤城障，陷阵犹传百战功。垄草到今凭牧马，家山何处付归鸿。可怜岁岁清明节，杯酒无人奠晚风。

明鲁山县知县杨忠愍公呈芳墓　在县北二十五里郭家营。

杨忠愍墓志云：余初与仲周弟同受业于胞叔玉峰夫子。仲周，公玄孙也。风雨切劘之暇，联床共语，尝语及公忠义大节，仲周慷慨泣下，余亦肃然起敬，惜未得涑水、紫阳之笔，使公与胜朝殉节诸前辈彪炳汗青。甲辰春，仲周胞弟辅唐奉其考广施公命，持《家乘》

及《鲁山县志》以公墓志来请。夫志铭，与编简类耳。以吾邑伟人如公，纵邑乘缺于阐扬，奚不可假此一片石以传于后世耶！爰欣然应之。按公讳呈芳，字桂林，生于明万历甲午岁。诞时公大父假寐，见一羽客，古貌苍髯，祖肩托盂入内，惊觉，则家人报得孙矣。公赋质端严，天性孝友。卯角时，行无促武，口无谑言，庭训句读，俨如宿构。年十四，公父春宇公，客游辽左，病于广宁旅邸。公闻信，即策蹇出关，亲诣省视，候痊可，乃归。越岁，丁内艰，卧苦枕块，哀毁骨立。服阕，应童子试，三战冠军，逾年，食饩。崇祯戊辰，膺拔贡生，公年已三十有五矣。壬申岁，春宇公捐馆时，公大父寿逾八旬，展转床蓐。公侍祖疾，营父丧，哀容癯色，殊难言状。越二岁，大父亦殁，丧葬尽礼，承重。服阕，选授河南汝州鲁山县知县。时流寇猖獗，下车之日，城圮垣颓，郭环茂草，即纠合绅衿黎庶，陶砖砌堞，斩木建楼，练乡勇，严斥堠，火器橹牌，无不次第修举，鲁山居民赖以安枕。寇踪所至，剿捕官兵往往尾后掳掠，一时之民不畏寇而畏兵，有孔监军者为害尤甚。公廉得其情，一以法制，彼方神消气沮，涴守、巡两道，谆恳求释。一时远迩传播，咸服其勇。然公攘外之暇，犹勤内治，建尊经阁于孔圣宫，修春秋楼于关帝庙，筑（袁）[元] 紫芝琴台、表姑嫂石故址，储粟课士，煮米活民，真心实政，俱载于《鲁山县志》。奈明祚愈衰，贼势愈炽。自大司马杨嗣昌荆襄疏防，李自成溃围而出中州一块，士卒反，将叛，非复怀宗有矣。公誓死报国，遂尽节以殉。抚、按交章，题恤诰赠汝州知州，荫一子入监。旨下之日，京师亦遂失守。至顺治乙酉，公二弟呈华、四弟呈蔚率家仆扶柩旋里归葬，门人私谥忠愍。噫！天生伟人而乃使之身遭丧乱若此，何数之奇也。然恶知公之从容赴义，非正天之报公以不朽乎？蔡中郎为碑铭最伙，惟于《郭有道碑》谓无愧色，吾于公之墓志亦云当之无愧。

乾隆壬午科举人，吏部候选知县、原任保定府唐县训导、河间府交河县教谕杨大鞴撰文。

明光禄寺良酝署署丞金镛墓 在县南二十里八条龙沟内，有成化二十年诰命碑。

明右军都督府经历司经历姚政墓 在县南二十五里樊葛庄南，有宣德四年诰命碑。

宣德十年九月初六日，敕直隶太平府知府姚政云：朕嗣承祖宗之大位，惟天下之民皆祖宗之所付托，肆用夙夜怀保为心，而保民之方在择守令。此岁守令多不得人，或恣肆贪婪，剥削无厌，或阘茸庸懦，坐视民患。今慎简尔等付以郡，寄夫方千里之民安否？皆系于尔，宜体朕心，以保民为务。而察其休戚，均其徭役，兴利除害，以顺人情，毋徒玩愒，毋事苟简，毋为权势所胁，毋为奸吏所欺。凡公差官员人等，有违法害民者，尔即具实奏闻。僚属之中有才德出众、政事修举及阘茸昏懦之病、不胜其任者，尔亦具实奏闻，以为黜陟幽明。及尔所行之政，亦宜奉法修理，庶副朕之委任，钦哉！敕。

姚母李太恭人墓表云：浙江湖州府姚政葬其母之七年，恐先德沦没，请表勒石，以图不朽。按志，太恭人李氏，讳惠秀，系出永平府迁安县。洪武间御史大夫文吉之从孙女、户部员外郎英之从妹、处士昌之女。生而聪慧，谨言慎行，敬守礼度，父母钟爱，既笄，归抚宁县姚斌，即太守之先大夫也。恭人习女工，供蚕事，中馈必精洁，蒸尝必敬恪。奉舅姑礼恭弗怠，处妯娌和睦。闺门整肃，少长咸宜。年二十七，先大夫卒，恭人抚膺垂绝复苏，襄赞大事，卒合礼仪。时政方八岁，或以少孀勉之他适，恭人泣且誓曰："人之所异于禽兽者，以有节义廉耻也。妇之从夫，终身不改。苟以夫没而异之，与禽兽何择哉！"毅然决之，惟保育遗孤，尽提携抚爱之事。政年十一，则曰："人不学，不知道。"既遣入邑庠为弟子员，躬自综理，以纺织供服食，且加以内庭训迪之严，由是政得成立，中永乐丁酉科乡举，明年会试不第。甲辰岁，授知山西绛州事。政绩美异，改授司右军都督府经历，职满，升行在户部郎中。宣德己酉，天子赐恩，荣及厥亲，赠父奉直大夫、都督府经历，封母太宜人。乡邦嗟叹，以李氏为有子矣！邑人以恭人贞节实行闻于朝，诏旌表其门，曰"贞节之门"。政由郎中升知直隶太平府事，迎恭人就养，尝戒政曰："居官务廉节恤民，尽父母之责，汝不废我言，则可为孝矣。"政谨受命不违。恭人生男二：长曰"政"，即太守。次曰"走儿"，未冠而卒。女一，未笄而殇。太守娶赵氏，生孙女，曰"悟明"，适李太。孙男曰"谦"，娶同邑杜氏，卒又娶姑苏孙氏。太守妾孟氏，生孙女，曰"悟真"。又李氏、王氏，生孙男，曰"谏"。恭人生于洪武乙卯五月初六日，正统乙未五月十八日终于官舍，享年六十五。政扶櫬合葬于先大夫之封。呜呼！人能洞金石、格鬼神者，以信义也。知信义重，则天下之物不足以摇其心，是道也，慧男子不逮焉！恭人一妇人，不惟知之，又能尽之。方其初孀，年二十七，子八岁，乃抗志操节而待，岂能必其成立乎？亦惟知信义之重也。其子果至显官，享表异之荣，可谓克尽妇道母仪矣。太守念罔极，阐幽德，可谓克子矣。是宜表而志之，为世励焉。

正统十二年丁卯山东布政使司右布政致仕吴兴黄定撰文。

运使姚公墓碑铭云：尝谓前有可称之美，非后人莫明。后有可称之人，非前美何述。求其兼尽者，惟任光州节判政姚君让为故同宗伯考姚公立碑冢上，斯为得矣！余与节判大选同榜，兹寓京邸，君专使致书，捧公系表，请墓铭，俱曰："让游学时，伯考显盛，视之犹子，恒接德音。今伯已往，顾瞻宰木拱矣，碑碣蔑焉，□□（九原）可作，有阙于心，愿希一言以刻诸石。"余，浙人，虽未事公，闻誉于父老稔矣！按系表，公讳政，字以德，秩中奉大夫、两浙都转运盐使司运使，世家永平抚宁县洋河社，寓樊家庄。曾祖讳信甫，祖讳永秀，皆有德誉。考讳斌，赠奉直大夫、右军都督府经历。妣李氏，赠宜人。考早世，妣年二十七，坚守贞节，旌表门楣，行实详载墓表。公生而秀雅，天性颖悟。孤时方八岁，妣抚育教诲，至十一，有司以俊茂选入邑庠，克勤于学。年二十四以麟经中顺天府永乐丁酉科乡举，继游国学，谒天官，始任知山西绛州事。未几，升行在右军都督府经历。九载，任户部江西司郎中。宣德十年初，始回朝，以贤劳升外部，领敕知直隶太平府。奉亲事养于任，曲尽孝敬。阅三载，丁艰，哀毁切至，奉丧旋葬。服阕，复部，改知浙江湖州府，职满进前秩，食禄正三品。历九载，年臻耳顺，辞官致政，时天顺四年，从始官至此，所至历有嘉政。成化纪元，诏升一级，秩从二品。昼锦还荣，顺时遂乐，未尝以势加人，乡党重之。生于洪武二十七年甲戌十二月十四日，终于成化五年正月十五日，享年七十有六。以是年二月二十一日葬公先茔。娶赵氏，赠淑人，生子谦；娶杜氏，女一，适李太；继娶刘氏、侧室李氏，微出；王氏生子谏，娶杜氏，生子环，后于同邑娶成氏，生子柏。尚氏笄年事公，二十有八守制，逮今三十三年，无子，育幼养子文成立，娶张氏，生子曰"寿"，曰"福"，长孙曰"□"，俱有室。是以□□叙抑。闻先贤曰："慎终追远，君子笃于亲。世俗浇漓，虽亲远，亦有忘者，况同族乎？"惟伯考与若考为再从兄弟，不忘德泽。惟兹立碑，非忠厚之至然乎！公以文章润身，德泽及物，显亲扬名，以享福寿，民咸知之至，如文星已入夜台，英华久封幽隧，但见苑边高冢，对乎落日野烟；垅畔联茔，依乎疏林荒草。文物声名，奚从考乎？因是铭之碑，大有关乎世教者焉。谨书以归，俾刻之，冀观者谅焉！铭曰："世有哲人，文物悠全。月宫攀桂，天府登筵。州牧始试，贤幕继延。列司民部，贤劳秩迁。两治大郡，忠爱政宣。咸司掌篆，盐谋充闾。盛朝恩宠，四纪荣妍。英名盖世，昼锦辉缠。令妻显并，贞母光前。子孙俱庆，福寿胥兼。理还造碑，玉蕴斯田。深年远禩，春草含烟。笃有伟裔，行篆未旋。刻铭昭德，天壤同绵。"

弘治十四年五月黄岩吴崶撰文。

明沔县知县王公际明墓　在县东白石铺北山坡，距城十五里，有碑。

祖世荣墓　在邑东南二十五里蒲蓝庄。

世荣，祖大寿远祖。按其世谱云：世荣，字扬远，滁州人，小字观音保。元顺帝乙未至正十五年，明太祖起兵滁阳，荣应募从军。十有四年，至太祖定都金陵。洪武六年时辽东行省皆平，改为卫所，诏以何世隆都督辽东，驻定辽中卫，荣从至辽阳，累功授小旗，奏封校尉。询之祖氏，皆云今京师、宁远、滁州皆有祖世荣墓，代远年湮，不知孰为葬处，孰为虚冢云。

国朝

诰赠荣禄大夫、四川成都总兵官惠应诏墓　子世袭二等阿达哈哈番、山东沂州镇总兵官惠占春墓　在县东八里下庄。

诰赠武翼都尉、阵亡游击许永忠墓　在城南十里第九营，后迁葬于城东八里吴家庄。

守护许公墓碑云：宇内不朽之事，必赖忠义之气维之，乃可以扶持于不敝载。考前史死事诸臣，皆赐予祭葬，复禁刍牧、樵采，昭其忠也。抚邑东八里，故有许公墓。公讳永忠，城南第九营人，由武举历任都司。康熙三十六年，从征噶尔丹，战殁于阵，及返葬旧域，录功荫袭无人。而孙公文秀则其甥也，曾以嫡亲幼从抚养，因非许氏宗支，义辞世职，复姓归宗。每春秋祭扫，必至其墓。文秀子照惮道里间隔，乃率仲弟倡义迁葬，封树于此。后遭河水之患，文秀之孙廷标乃复再迁，即今之峛然者也。历年弥久，居人无识，或于废圹取土。廷标族孙时泰恐忠魂之不安也，义鸣之于官。蒙邑侯许公批断，爰勒贞珉，丐余文以纪其事。余维公之忠勇，可以靖寇，上邀国恩，而不能使行路感泣，净覆抔土，非有孙公累世之义，护持百余年，势几夷为平地。魂兮归来，将复何托耶？故述其始末，以告世之景忠慕义者。

道光二十二年邑岁贡生樊鳃撰文。

诰封资善大夫、工部右侍郎卢登科墓　在界岭口南四里外西沟苇子峪，顺治六年立。

诰授通议大夫、贵州按察使、原任江苏常镇通海兵备道王瑞征墓　在泰和寨东南三里。

参将董宁川墓　在县东南三十里留守营西。

谕祭文云：嘉庆六年九月二十九日，皇帝谕祭阵亡参将董宁川之灵曰："鞠躬尽瘁，臣子之芳踪；恤死报勤，国家之盛典。尔董宁川，赋性忠直，为国而忘身，御敌冲锋，奋勇阵殁。朕用悼焉，特颁祭葬，以慰幽魂。鸣呼！聿昭不朽之荣，庶享匪躬之报。尔如有知，尚克歆享。"

诰授中宪大夫、鸿胪寺少卿王兆松墓　在文几山北，距县二十五里。

张孝子起凤墓　在县东二十二里牛蹄寨西二里许，有碑。

‖ 卷之三 ‖

《国风》十五，未录燕诗；汉郡百三，此疆戎索。顾气多刚劲，强似逊乎南方，而道悦孔周，士俱向夫北学。其风俗之浇薄醇厚，当何如哉？况抚宁为清圣故墟，王畿近地。顽廉懦立，师既资百世之兴；服教畏神，民首赖一人之庆。自昔风醇俗美，谁云自郐无讥。于今易俗移风，须识变齐有术，故上行而下自效。本速同邮置之传，诗陈而风可观。正足备輶轩之采，志《风俗》。

士尚实学，农勤稼穑，人好礼乐（《旧志》）。

人性劲悍，习尚戎武（《地理志》）。

男耕耨，士诗书，闾阎纯厚（《风俗歌》）。

人尚义勇，节俭务农（《一统志》）。

孝弟为先，质实无伪，勤于栽植，趋于稼穑（《风土记》）。

正月旦，人家称寿，里巷贺岁（数年前尚早，今皆于晡后往来）。上元，张灯，放烟火，戏秋千，妇女走百病，时则有春宴（俗谓会年茶）。二十五日，添仓，挑水引龙（俗言挑仓龙）。启蛰后，农夫于耤举趾。

二月二日，挑水引龙。十九日，赛观音大士。寒食，墓祭，标楮（俗名坟旗，今插者少）。清明，插柳，迎女归宁（谓之躲清明，今不然）。

三月三日，种瓜蔬，採桑饲蚕。二十八日，赛东岳庙。

四月立夏，海滨下网取鱼。初八日，浴佛。十八日，赛碧霞元君。二十八日，祀药王。月终造酱，蚕事毕。

五月五日，贴朱符，插艾，儿童系彩丝，妇女戴茧虎，迎女归

（谓之躲端午，今不然）。西乡各村赛雹神。

六月六日，祀虫王（今不祭者多），晾衣服。十三日，祀龙王，无庙者于井泉。伏日，掐绵花尖，登黍。

七月七日，陈瓜果，乞巧（偶有行之者），登谷。中元，墓祭新葬者，亲友毕集，谓之上麻谷，僧道做盂兰会，城西关放河灯。

八月初，乡塾行释菜礼，略如丁祭仪。捡绵花，家治纺绩。中秋，供月（偶有行之者），戚里馈瓜饼。

九月重阳，士大夫携酒登高。十七日，祀财神。

十月一日，祭墓，焚寒衣。下元日，祀碧霞元君。是月，场工毕，酺宴举，佣人遣归。

十一月冬至，放学，祀先祖（今不祭者多）。

十二月八日，食腊八粥。二十三日，祀灶（亦有二十四日者）。除夕，祭先祖，五祀，响爆竹，烧照新草。

冠　礼　久已不行。富家小儿或有结珠帽者，贫用毡笠而已。土人采芹，称为冠巾，亦有筮日延宾，就墓祭行之者，不惟三加告庙，仪文从略，即雀顶襕衫，多有不识矣。近日无贵贱，皆戴帽头，制如弁，而无緌缝，不素积襜缀丝绦，亦一变也。

婚　礼　媒氏通二姓，意允，婿家以簪珥相遗，谓之送指实（即纳采）。互索男女庚贴（即问名，用婚书者少）。富贵人家始有纳吉者，谓之下大礼（用彩缎、蒸食、炉果等物）。吉期前数月，送娶贴（即请期），皆不亲迎，用女客催妆而已。拜堂，惟男子，女立不拜。合卺同牢，略存古意。新妇坐青庐，谓之坐福。三日，庙见，拜舅姑及亲族尊长，各以仪物答赠，谓之拜钱。是日，女家以蒸食鱼脩相馈，谓之贺喜。次日，具贴召婿，谓之回门。

丧　礼　始死，男女躄踊，哭尽哀，乃小敛，设绞衾，或用布帛，或用纸讣告亲友。次日，大敛，晚具刍灵车马，谓之送行，遂成服，三日、七日领吊不等，或家礼遵行，或作佛事。殷实者，或逢七致祭，至五七阅灵，择日殡引通引状，启灵用冥器幡幢楼库，多寡视有无。既葬，反虞安主（不成主者则否）。三日，复土，俗谓圆坟（今以次日）。归释衰巾系腰，经期而小祥。二十五月而禫，庶民辄除服，士大夫仍素服，终二十七月。

案:《春秋传》：逾月，外姻至，言士而庶人可知。今惑于风水，藉为厌凶，竟有久淹亲柩，幸干抔土者至以宴客为悦亲，以谋生而俭亲，殆又甚者矣。衣衾棺椁固称有无墓碣，碑铭尤鲜建竖，其共废弛者，圹中志石也。尝与都人士讲求，欲复古道而卒不果焉，为之一叹。

祭 礼 士夫之家荐新于庙，忌辰则素服祭于墓。新丧则哭，余则否。

士庶人相见，凡乡党序齿士农工商，平居相见，谒拜之礼。主人敬客则先拜客，客敬主人则先拜主人。岁时宴会施坐之列，长者居上，致仕官居乡于宗族及外祖妻家，仍序尊卑如家人礼，筵宴则设别席，不坐于无官者之下（若自为主人则不论）。民间子孙弟侄甥婿见尊长，生徒见其师，久别行拜礼，近别行揖礼，其余亲戚长幼悉依等第行礼。

案：天揖、时揖、士揖之说，行者多谬，甚有尊长之前漫为长揖，非教之不先而率之不谨哉。顾庶人椎鲁无责已。窃见觵鰈之童苦其束缚，诗书之族略其威仪，岂真周礼误人，叔孙卑论，遂致乔野风趋欤？俗则然也。若久别行拜礼，惟僧众行之，儒者几骇为迂怪。附志于此，欲肄习者知之。

物 产

神禹定九州之贡，青、徐与冀、兖攸殊。地官辨五土之宜，川泽与山林有异。地志之必详物产，由来尚矣。抚据山海之奇，岂无土物之爱？然碣石之玉多青碧，《山经》半属虚谈。幽州之利在鱼盐，《周礼》亦为粗论。或昔有而今绝，安能索骥于图？如名是而实非，未免误鼠为璞。兹即旧志所载核之，今时所生，任土作贡，勿侈言东箭南金，酌盈剂虚，须爱惜谷三畜四，志《物产》。

谷 属

黍　稷　稻　梁（有赤、白、黄三种）　粳　糯　粟　麦　荞麦
蜀黍（有红、白二种，俗名高粱）　玉蜀黍　稗　脂麻　苏子　薏苡
大豆　小豆　绿豆　白豆　豌豆　蓖麻

蔬 属

芹　菘　韭　芥　菠薐菜　蕨　山药　蔓菁　菰　壶卢　莴苣
萝蔔　莙荙　苋　荼　萱　地软（俗名土耳）　菌　擘蓝　茄　灰藋
（俗名落藜）　土芋（俗呼圆山药）　蔗荽　葱　蒜

黄瓜（即胡瓜也。俗作王瓜，误。王瓜，赤色，一名赤雹）　梢瓜
南瓜（俗名倭瓜）　冬瓜　瓠　丝瓜　芥花　蘹香　椒　秦椒　白扁
豆　豇豆　䝁（劳）豆（生野田中，一名鹿豆）

果 属

桃　李　杏　石榴　梨　羌桃（俗名核桃）　樱桃　山楂（俗名
山里红）　栗　枣　榛　柿　蘋婆　花红（即林檎）　沙果　槟子　羊
枣　杜梨　无花果　庵罗果（梨之类）　藕　菱芰　荸荠　葡萄　郁
李　西瓜　甜瓜

花 属

牡丹　芍药　海棠　秋海棠　丁香　千叶碧桃　荷花　金边莲
（养盆中者）　葵　菊　迎春　探春　长春　玉簪　月季　夹竹桃　木
槿　金银藤　紫荆　紫薇　金粟　虞美人　金盏　石竹　凤仙　玫瑰
金钱花　夜合　鸡冠　蝴蝶花　山丹　剪秋罗　六月菊　菊婢　金铃
鼓子花　蓼　金丝桃　金雀　绣球　酴醾　马兰（实马蔺也）

木 属

松　柏　槐（别有龙爪者）　椿　桑　榆　杨　柳　柞　椴　栎
桐　梓　桧（俗名刺松）　柽（俗名观音柳）　楸

卉 属

艾 芭蕉 老少年 葛 女萝 洛神珠（俗名红姑娘） 芄兰
芦荻 蒲（有香、臭二种） 蓝（即靛也） 麻 盐蓬 茅 烟草 蒿

药 属

沙参 黄精 生地黄 苍术 透骨草 柴胡 远志 茵陈 车前
子 蓝实 地肤子 蒲黄 防风 兔丝子 茜草 芜蔚子 苍耳 栝
蒌 苦参 蛇床子 百合 浮萍草 黄芩 紫草 藁本 旋覆花 牵
牛 蒲公英 扁蓄 豨莶 枸杞 五加皮 皂荚 桑白皮 银杏（俗
名白果） 兔儿酸

禽 属

鹅 鸡 鸭 雁 淘河 鹳 黄鸟 雉 枭 燕 乌 鹊 鸠
布谷 鸳鸯 鹌鹑 桑扈 北画眉（一名灰串）
鹣鸠 鸂鸠（一名沙鸡） 鸨 练雀 瓦雀 䴕（俗名啄木） 麻
料 红料 靛雀 鸽 鵱（俗名黄鹤） 鸱（俗名猫头）

兽 属

马 骡 驴 牛 羊 豕 犬 虎 豹 狼 狐 獾 狸 兔
猫 蝟 地猴（一名黄鼠狼）

水 族

鲤 鳢 鲫 鲈 羊鱼 鳊 银鱼 石首 鳢（俗名黑鱼） 八
带 海胎 鲛 丸子 虾 蟹 鳖 螺 蛤 蚶 虾蟆 青蛙

虫 属

蚕 蜂 蝶 蝉 蜻蜓 络纬 莎鸡 蟋蟀 阜螽 蜘蛛 蛾
蚓 蝙蝠 蝎 蜥蜴 萤 螳螂 蛴螬 螣 蟏蛸 蟫 蝇 蝇虎
天牛 斑蝥 蛇 牛蟓 螾衔（即蚰蜒） 蚊虻

货 属

石灰（出马各庄、芦峰口，产者不黏） 炭 绵 丝（缫丝多，

桑丝少） 布（经纬皆枲丝，经枲纬曰绌） 盐（苏家镗、戴家河等处旧有盐官） 蜜黄蜡（出者无多） 蒲扇（出东王各庄） 条石、板石（出黄金山，有塘）

前　事

迁史为记事之书，表分岁月。《通鉴》用编年之体，义本《春秋》。此史也，非所论于志也，而志乘即于此，取则焉。夫礼乐、征伐，固一朝治乱所攸关，而水旱、兵荒，亦一邑安危所由系。民为邦本，而食即民天。金穰木，饥漫道，祈禳无术，妖由人兴，而福由自造，石言星陨，当思感召有由。此国史所必详，即邑乘所当载。自昔边陲多事而战征必记，非效轹相斫之书。从今灾沴全消，而备豫不虞，犹当借前车之鉴，志《前事》。

金

世宗大定二十九年，于新安镇置抚宁县（《金史·地理志》。案：《唐书·地理志》武德二年析卢龙，置抚宁，七年省。至此复置，遂至今不废）。

卫绍王大安三年，抚宁、平滦皆归元（《金史·本纪》）。

至宁元年，蒙古兵分三道，皇弟合札儿为左军，遵海而东，掠平滦、辽西诸郡而还（《元史·本纪》）。

元

世祖中统十九年夏四月壬寅，以留守司兼行工部，敕自今岁用官车勿赋于民，可即滦河造之，给其粮费。五月庚辰，议于平滦州造船，发军民合九千人，令特默齐巴延岱领之，伐木于山及取于寺观、坟墓，官酬其直（《元史·本纪》）。

二十年春正月庚午，以平滦造船去运木所远，民疲于役，徙从于阳河造之（《元史·本纪》）。

成宗大德十一年十一月庚午，卢龙、滦州、迁安、昌黎、抚宁等县水，民饥，给钞千锭以（振）[赈] 之（《元史·本纪》）。

顺帝至正二十年秋七月乙未，平章程思忠叛，陷永平路，昌黎县尹周宏死之。诏也先讨之，复滦州及昌黎、抚宁等县（《府志》）。

明

太祖洪武六年十二月，元兵寇抚宁县及瑞州，诏罢瑞州，迁其民于滦州，徙抚宁县治于洋河西（《府志》）。

十四年正月辛丑，大将军徐达发燕山等卫屯兵一万五千一百，修永平界岭等三十二关（《府志》。案：此与《明史·本纪》合，而此较详）。

惠帝建文二年夏五月，指挥金事谷祥败辽东兵于定流河。秋七月，又败之于部落岭，克兔耳山寨（《府志》）。

成祖永乐八年四月丁酉，抚宁老人张甫通督运至清水源，授本县县丞（谈迁《国榷》）。

宣宗宣德三年，帝北巡，阅武兔儿山（《明史·夏原吉传》）。

英宗正统九年正月辛未，命成国公朱勇、兴安伯徐亨、左都督马亮、陈怀分剿兀良哈。时三卫阴寇边，勇同太监僧保出喜峰口，亨同太监曹吉祥出界岭口，亮同太监刘永诚出刘家口，怀同太监但住出古北口，各领万人期至辽河、土河，会辽东总兵曹义之师。夏四月丙戌，增山海卫户部主事，提督屯粮，并巡视永平界岭口、刘家口、喜峰口仓场（《国榷》）。

十四年七月庚寅，召商盐永平，纳粮界岭口、刘家口（《国榷》）。

景帝景泰元年，提督京东军务右金都御史邹来学修喜峰迤东至一片石各关城池（《迁安志》）。

三年，饥（旧志）。

宪宗成化七年，大饥（旧志）。

十年九月戊辰，兀良哈犯青山口（《国榷》）。

孝宗宏治六年四月丁酉，以蝗灾免迁安、抚宁去年田租（《国榷》）。

武宗正德二年闰正月丁未，中旨增补守备内臣，命都知监右少监王鉴徙台头营（《国榷》）。

世宗嘉靖二年八月乙巳，朵颜犯界岭口，总兵马永击却之（《国榷》）。

四年，抚宁大雹，如鹅卵，杀稼（《府志》）。

六年，地震（旧志）。

二十一年，淫雨伤禾，霾沙屡作，蝗螟遍地。是年，大饥。冬十月，桃李花（旧志）。

二十七年，地震，大风拔树，雨雹杀稼。是年，饥（旧志）。

三十六年正月甲申，闭迁安、抚宁、昌平矿洞。三月辛巳，蒙古陷桃林营，掠迁安、永平，至双望堡（《国榷》）。

三十七年十月壬申，土蛮十万骑薄界岭口，建昌副总兵马芳御却之；分犯黑峪墩，把总冯时雍死之。明日，二百余骑还奔界岭口，芳及总兵欧阳安力战，败之，擒斩四十余级（《国榷》）。

三十九年，春涝秋旱，飞蝗蔽天，大饥（旧志）。

四十年，六月不雨，蝗螟随生，食稼殆尽，米价昂贵，人食草根树皮（旧志）。

四十二年四月初七日，霜（旧志）。

穆宗隆庆元年九月壬申，土蛮寇蓟镇，掠昌黎、乐亭、抚宁、卢龙，游骑至于滦河。乙亥，总兵李世忠东援，值土蛮于抚宁李家庄，斩五十级（《国榷》。案：《府志》云，抚宁毛家营大柳树鸣三日，甚悲。土蛮自界岭入，杀抚、昌二县人十余万）。

二年三月，地震；四月，复震。六月，飞蝗蔽空。十月初三日，白昼星殒，有光（旧志）。

六年七月，山海关内戴家河有海牛死，浮沙岸，高数丈，长十余丈。阳河溢，有大树数百成筏，由义院口入，过阳河，至刘家寨入海（《府志》）。

神宗万历八年闰四月癸亥，修永平、迁安、抚宁等城（《国榷》）。

十四年秋七月二十日，大霜，大风伤稼（旧志）。

十六年秋，大水（旧志）。

十七年夏六月二十五日，大风，伤稼（旧志）。

三十二年，淫雨四十日（旧志）。

三十四年，飞蝗蔽天（旧志）。

四十四年，蝗蝻灾（旧志）。

四十五年，旱（旧志）。

四十六年夏，大风霾（旧志）。闰四月甲寅，朱国弼嗣抚宁侯（《国榷》）。

熹宗天启四年春三月，地震（旧志）。

庄烈帝崇祯元年，有防兵采薪锯木，中有"天下太平"字（旧志）。

三年正月甲寅，大清兵入永平。庚戌，祖大寿遣参将张存仁帅骑兵，都司刘雄帅步兵守乐亭、昌黎，协将王维城守台头营，副总兵何可纲守石门，马明英守燕河，关内侯副使王楫、署都督金事朱梅谋复建昌，而建昌守将孙承业等密通款。孙承宗令朱梅犒燕河、台头兵，祖大寿以都司陈可立等随往安抚。四月甲戌，孙承宗令参将（王）〔黄〕龙、汪子静持十日粮，赴乐亭、昌黎，游击傅以昭屯抚宁。副总兵刘应选、钟宇等屯乐亭，参将张存仁、游击孙定辽、蔡可贤，合大兵图遵、永。五月乙酉，孙承宗檄总兵马世龙屯丰润，总兵朱梅以游击靳国臣取迁安，协将王维城等趋滦州，檄中军何可纲等分双望各山，牵永平之敌，义兵游击刘法等合三万人屯滦州之莲泊。承宗驻抚宁，祖大寿来开平会之（《国榷》）。

四年六月初七日午时，天气晴明，城西南角楼崩，木石如雨，飞去数百里许，中梁见存济南府历城县村落中（旧志）。

七年，海溢，漂没沿海居民，地生土阜（旧志）。

九年，大饥，人多饿死，食树皮、草子（旧志）。

十一年九月辛丑，大清兵入中协青山口，越迁安南下（《国榷》）。

十二年二月戊戌，大清师至青山口，总兵陈国威于喜峰口，同南兵前营副总兵崔秉德却之，未出塞。三月丙寅，大清师至冷口，以备严去之，复出青山口（《国榷》）。

十五年夏六月，大风拔木，飘屋瓦（旧志）。冬十一月癸酉，大清师陷迁安、三河。甲戌，屯永平之台头（《国榷》）。

十七年三月丁巳，京师陷。夏四月，抚宁栖霞寺龙潭水变成血（《府志》）。

国　朝

顺治元年秋九月，世祖入关，经永平，驻跸城外，文武官朝见如仪，赏赉有差，抚安各州县（《府志》）。

七年，大水冲龙王庙，高出城濠（旧志）。

十年重阳，大雪。冬，雪月余，民多冻死（旧志）。

十一年，饥，上遣吏部左侍郎佟代、大理卿郝杰给银布赈之（旧志）。

十五年，饥。夏五月，上遣刑部尚书白（胤）谦、启心郎巴格赈之（旧志）。

十七年，募民实辽，抚民应募者甚众（旧志）。

康熙元年春三月辛巳，风霾。壬辰，始霁（旧志）。

四年春三月戊子，地震。九月庚子，雪（旧志）。

六年夏四月，移石狮二镇洋河，水不为患。夏七月夜，雨，洋河东徙近城（旧志。王运恒曰：尝读《唐书》，见开元中蒲津桥每冬冰未合，春冰初泮，流澌奔突，絚断船碎，而民不得济，乃授有司以铁代绠，结为连锁，复镕铁为牛，伏于两岸，縶绳以压水物。自是桥不复坏，桑道茂居，有二柏甚茂，茂日。人居木蓄者去之，以铁压其下，诚发者死。后太和中温造居之，发铁而造死。近江水冲洗浦子口城，相传归咎于部使者之拆画墙，天津卫少鱼鲜，归咎于水浒之石狮子。压胜之说，自古有之。今洋水不溢，无漂没之患，后人慎勿轻为改易也）。

康熙十年冬十一月朔，严寒异常。是月，诏免卢龙、迁安、抚宁地丁钱粮（《府志》）。

十一年，旱，井泽竭（旧志）。

十二年夏，旱，井泽竭。秋，大雨，雹（旧志）。

十八年夏六月，飞蝗自西北来，蔽天漫野，存十余日，损晚禾十分之二：一去东北出口外，一去东南入海。念日始过尽，不为灾。七月二十八日己时，地震甚，三更复震，城垛、屋墙间有倒者，六十余日不止，庐舍、人民幸获安全，如通州、三河、平谷、涿州、武清等处于二十八日己时地震，屋室倾陷，压死人民无算（旧志）。

二十三年五月二十三日戌时，暴雨竟夕，阳河溢，城中水深三尺（旧志）。

三十年夏，蝗。

三十八年夏，蝗。

三十九年秋，蝗。

四十年秋，蝗。

四十七年，大有年。

四十九年五月，旱。秋，大有年，谷二、三穗至四、五穗者甚多。

五十五年，有年（《府志》）。

乾隆三年裁山海卫，改设临榆县，拨归民地于近县。

八年六月，大热，暍死人畜甚众。

九年，大水，洋河东徙。

十三年大水，洋河东徙近土城。

二十四年三月初七日，天雨黄土。春旱、夏蝗，食谷几尽。秋九月二十六日夜，大雪。冬，大寒。

二十九年秋，有年。

三十七年，麦大熟。

三十八年七月十九日，大雨，风拔木，禾尽偃。

五十九年，大水。

嘉庆六年，大水。

十六年夏，旱，谷贵。夜，遍地起火，民相惊。

道光元年三月三十日酉时，地震。六月，旱，二十七日得雨。七、八月，瘟疫大行。

三年，飞蝗西来。

四年，螟生遍野。十月初八日巳时，地震。

五年五月，螟生，暍死人。

六年夏五月初八日，蝗自西北方来，伤田苗殆尽。六月十四日，大水，洋河口东徙。

九年二月二十日，大寒，河复冻。二十二日，大雪尺余。十一月十四日，先雨后雪。

十一年正月二十日，大雪尺余。三月初六日亥时，地震。六月，旱。十月初六日，大雪。十二月十二、三日，雪，深二尺。

十二年六月，大旱。七月初六、七日，洋河大水，损田禾。

十三年，赈饥。

十四年七月二十四日，大水。

十九年春，薪贵，秫秸一根一钱。

二十年春二月，麦价贵。三月初四日，大风，昼晦。六月二十八日，大风，雨雹，洋河溢。七月初旬，水涨两次。八月二十五日夜，风雹。

二十九年三月初五日，地震。十六日，大风。六月初十日，深河雷震死人。十七日，洋河涨，三日方落，苗偃过半。八月初一日，留守营雷震死人。十二月初四日夜，地震。初七、初八两日寒。

咸丰三年三月初五日夜，大雪。十六日午后，北山冰雹，水大溢。十一月夜间，遍地起火。

六年三月二十三日五夜，天色红，雨土。冬，地震。

七年，蝗，伤稼。

八年，螟生遍野。

十年三月二十五日午后，黑风昼晦，有揭屋瓦者。春，旱。五月十六日，得雨，无麦，晚禾亦歉收。

十一年春夏盗起，四乡团练，界岭口戒严。

同治元年七、八月，疫。

三年六月，旱。

七年五月，城西李庄雷震死人。

十一年秋八月二十三日未刻，大雨，胜水寺地裂出水，南至马家峪，北至细河庄，相距十余里，顷刻水深丈余，漂去禾稼无算。幸水势不常，房屋未损。

十二年夏，雨多。闰六月三十日，宣各寨大风拔（本）[木]。

光绪元年夏，旱。三冬，无雪。

二年夏，旱，幸不成灾。

‖ 卷之四 ‖

城　池<small>留养局、漏泽园、义冢、冰窖、惠民药局附</small>

古之筑城凿池者，莫不依山为障，踞怒虎于崇冈；引水入隍，注飞龙于曲沼。城藉池而九攻易却，弥形雉堞之雄，池倚城而三刻难逾，不患鹅车之掘，其制亦云备矣。然而崇墉屹屹，悬布堪登，一水盈盈，投鞭可渡。有城池而自负其固，虽方城汉水，险阻亦不足凭。有城池而善保其民，斯价人大师藩垣，乃能为固也。州县为守土之官，即当行惠民之政。举凡掩枯骸而漏泽有园，恤茕黎而留养有局，施义塚而鬼不为厉，设药局而天不成灾，诸端善政，岂徒具文？皆得连类以书，用重专城之责，志《城池》。

城　高二丈九尺，厚丈余，周千一百六十四丈。旧土城一座，在阳河东二里。明洪武十三年，迁河西兔耳山东。永乐三年，于旧县址置抚宁卫。成化三年，复县于旧治，乃于卫东立县，合为一城。门四，月城四，水门一，敌台一，桥四，楼八。本府同知刘遂、指挥陈恺建。宏治间，知县李海、指挥陈勋，嘉靖间通判李世相、知县段廷宴、指挥凌云汉、知县姜密，隆庆间张彝训，万历间管县事通判雷应时、指挥张耀先，崇祯间知县卢以岑，国朝康熙间知县王文衡、谭琳、刘馨、赵端皆经修葺。乾隆十八年，知县单烺请帑重修。嘉庆二十二年知县沈惇厚、道光九年知县喜禄均修东西城。二十三年，知县许梦兰修内外城八百八十丈有奇，垛口五百八十七。同治元、二、三年，知县孙康寿修城楼，并内外城二百丈。十三年，知县福曜修东月城。

池 广二丈，深一丈五尺。

明彭时《抚宁县新城碑记》云：距京师之东五百余里，有府曰"永平"。又东七十里，有县曰"抚宁"，是为永平属邑。盖其地在汉隶右北平郡，汉以后率多荒废。至金大定末，升新安镇为抚宁县，抚宁之名始于此。元无抚宁与昌黎，邻地或并或析，最后乃并置焉。国朝因之。洪武十一年，知县娄大方以避寇故，请迁治于兔耳山之阳。永乐中，复即旧治置抚宁卫，而卫与县相去十里许，皆未有城，居民懔焉，惟外患是惧，名虽曰"抚宁"，而实有不宁者矣。时提督（右）〔左〕都御史李公秉、巡抚右金都御史阎公本，询查民情利病，乃具疏请城卫并，复县治、学校于一城。制曰"可"。于是，镇守右少监龚公荣、总兵官东宁伯焦公寿，相与赋财鸠工，命永平府同知刘遂、抚宁卫百户郝铭督率军民，分工筑砌。始成化三年三月一日，越明年五月告成。周围千一百五十六丈，高一丈有九尺，其上为垛口千八百七十。其东西南北辟门，以通往来，县治、学校并列于内。自外观之，城垣崇固，濠堑深阔，森严壮观，隐然为一邑之保障矣。同知刘遂、指挥毛绶，具事本末，致书兵部左侍郎昌黎张公文质，托以求予记。余惟天下郡邑有僻有要，恒因时势为轻重。抚宁之地，在唐宋以前僻居东北，概视为荒远，未之重也。迨永乐肇建北京以来，是为畿内要地。盖其北密迩边徼，东控扼山海，为辽阳襟喉，其要且重如此，故军卫置焉。置卫所以安民也，而县与卫异治，非因循之过与？兹当承平百年之久，所宜思患而预防，不合于一，何以相守以安生民？不固以城池，亦何所凭藉以相守也？《易》曰："王公设险以守国"。斯其时矣。阎公有见于此，于是，首创请城之举，而龚、焦二公乃能谐谋经营，以成厥事；府卫诸俊亦殚心劳力，以佐其成。非皆有忠爱上下之心，宁及此欤？可谓得大《易》设险守国之义矣。虽然险可设也，不可恃也。继此军凭城以为固，民资军以为安，拱翼京师，将有赖焉。司军民之政者，尚思和辑其心，使居有以乐，患有以捍，而奸宄不敢作，庶几抚宁名与实相称，长治久安，永为京师之巨防也。倪恃城而怠政，不恤其人，则人心嗟怨离叛，虽有金城汤池之险，奚益哉？此又来者所宜知也。昔圣人作《春秋》，凡城必书，说者以为重民力，兹所为书者不独重民力，且将使民德诸公不忘，并告来者，是修是葺，益善其政，保民于不怠矣。

明侍郎刘健《抚宁修造碑文》云：抚宁，本汉骊城县，今属永平府，在京畿之内。县旧治洋河东，朝鲜、辽东道路之所经。洪武庚申，徙河西兔耳山。永乐己酉，于县旧址置抚宁卫。县卫相去十里，使轺军需旁午，迎送不便。成化丁亥，巡抚右佥都御史阎公本奏，复县于旧治。而基址已并于卫，乃于卫东立县，县南立学。虽垣屋制度略备，而一时草创不固。廿余年来，日就颓弊，不支风雨。甲辰，修武姜镐宗武，由乡进士来知县事，下车遍视之，遂以修造为己任，乃谋聚财，捐俸以倡。于是，卫之官卒、县之士民力有余者，咸愿出助，命学官刘瑁籍记之。先学校庙之礼殿廊庑，学之讲授之堂，肄业之斋，库厨门垣，以完以固；次县治视事之厅、居处之所，下至仪门、官廨，次第就绪；县治在通衢之后，为所蔽障，复买地通之，以便吏民之出入；昏晓旧无钟、鼓，乃作新钟、鼓各二，并建楼以庪置焉；他如祭祀有坛，养济有院，仓廪之所，邮传之处，悉焕然增新。以成化甲辰六月经始，至丁未四月而落成。凡费钱之缗以数千计，工之作以数万计，他料物皆称是，而民不知扰。始学之未修也，师生之行礼讲学，卑且污，无所资以为严敬；县之未修也，官吏之号令，奔走隘且陋，无所资以为公明；钟鼓楼之未建也，民生之出作入息，刻漏不明，昏晓不节，无所资以为劝率。今卑者高，而污者去，严敬之心油然可生；隘者宽而陋者易，公明之念皎然可著；刻漏明而昏晓节，民生之出以作、入以息，有所劝而勉于成，风俗为之丕变，商旅为之改观，此修造之所为，有益于县，而姜君之为，能知其本，皆可书也。姜君之受业，乡先达、户部主事张公士玉于余为同年进士，尝闻其称姜君能学问，有才识，今观其治抚宁则信然矣。抚宁之治，他可称者尚多，此特以修造一事而言耳，一时县之赞成其事，若县丞张君俭来征记文，若举人郭君钦，其勤劬亦皆可称也，故并书使归以刻之，庶其后有闻焉。

明乐亭张国瑞《抚宁县城碑》云：古来守疆土者，莫不重地利。而地利自山川、河海盘结纡回之外，曰"城之高，池之深"而已，说者曰"三里、七里亦可。老师何必十仞、百步为？"余曰："不然。思患预防，宰责也。"又且抚宁为古榆关，介在黄龙、玄菟、易水、燕山间。昔称险扼，今入邦畿，为东北第一邑。当道重其地，因重其人，乃以古河东卢公任焉。公自下车以来，政无一不从古，尤以城池为急务，训练乡壮，整理药局，更设滚石，严查奸细，或站台，或火炮，或县牌，凡守城之具，无一不备，真神京之一大锁钥也。更奉旨接城八千余丈，俱增三尺许，内筑站台四尺许，池更凿之而深，其费皆甚奢。虽有输助，勿继也，公慨然捐资成焉。未几而淫雨为灾，又坍圮二百余丈。是何时也，城中城外，士民闻之，无不胆落。公昼夜拮据，雇觅街夫，每名工食五分，更犒酒肉，工必至三更而后止，且夜宿城上，与百姓同其艰辛，举二百余丈之坍圮者倏然如故，乡民咸运薪粟于城中，而无奔出涣散之虞矣。是公之善为保障者，贼虽饮马河边，亦可藉以无恐。抚台冯公即以绩特闻一方，士人蒙公再造之恩，无不铭刻五内，欲勒石以志不朽。乡耆徐好问、黄梅、殷大德、周一龙等索余言以记。余案公之善政多端，不可枚举，据修城凿池、固若金汤之一绩，实得守疆土之要务，当超卓、鲁、龚、黄而上之矣。目前考最之期，龙章宠贲，亦不负公之劳瘁也。余不揣菲劣，援笔以纪，一以彰公之善美，再以望后之宰斯邑者，效公之注意城池，时时修补。我国家庶永永无患焉。公讳以岑，字叔瞻，号裕南，山西古河东太平县人。崇祯十年九月。

知县赵端《重修抚宁县城记》云：抚宁，汉曰"骊城"，隶右北平郡。金曰"抚宁"。迄今因之。命名之义，乃欲凡牧兹土，以抚字为心，宁谧是图。用登斯民于衽席也，审矣。然而教稼明伦，弦之诵之，以植内也；深池坚垒，保之卫之，以捍外也。抚邑自明成化三年始筑城于兔耳山之东，距府七十五里，当时星轺罕至，商旅鲜通，四方担负之众，未尝杂出其途，不过一边陲列县已耳。迨我朝创业三韩，改辽阳为奉天府，路当两京冲要，轮蹄络绎，冠盖驱驰，既为邦畿之左臂，复为丰沛之咽喉。而弹丸一城，实与百二重门并峙，其险矣。惟是自明至今，历年长久，其间修葺者固属有人，而风雨剥蚀，冰雪凭陵，疏烟残照之中，不胜败垣断草之感也。庚申秋，予宰斯邑，阅城毕，毅然有缮筑之志，既而未果。至癸亥冬，又四阅岁矣。虽因陋就简，时加完补，其如障隧零落，日渐倾圮，设不亟为一新，将何以俾守御之有资？卫民生于无患也耶？于是，具详郡宪佟公、通宪宋公、巡宪吴公、守宪李公、抚宪格公，而各上台又念国家岁额赋税均属军储，不便动支正帑，檄令劝输修理。幸我抚民急公乐输，靡不欣欣恐后，而且僚寀缙绅、雅有同志，或捐清俸，或解囊资于以鸠工庀材，起颓举废，经始于甲子之春二月，告竣于本年秋九月，藉民力也。乐成之日，予率诸父老，登城瞻眺，把酒相庆。见夫崇墉浸碧，飞阁流丹，东接重关之胜，西连上郡之雄，南奠沧海之波，北壮缭垣之势。抚我黎庶，宁我妇子。金汤三辅，锁钥陪京。顾此城，不綦重哉。虽然葺城，卫民也；卫民，邑宰责也。曷为而言乎？不知城固，予事也。而一时同官诸君以暨夫绅衿士民乐输好义之心，不可泯也。爰勒石以记其事，使后之览者，殚心保障，无负"抚宁"命名之意也，是又予之厚望焉尔。

知县许梦兰《重修抚宁城垣记》云：邑有城垣，犹人有腹心也，腹心安和则元气充，四体皆资统属，客邪不能乘间而为之侵；城垣完固则根本定，四境皆可镇摄，匪类不敢伺隙而为之扰。余下车伊始，深念抚邑为两京锁钥，城垣坍塌，即拟倡劝捐修。难之者曰："此工约需巨万，民力恐不能给。兹值海氛不靖，军书旁午，其挖陷坑，钉木桩，团义勇，造器械，皆官为捐办，民力几何？恐言之易而行之难也。"余谓："人之欲善，谁不如我？今欲为我皇上保护黎元，纵竭尽心力，亦分所当为？何可存畏难之心而预为退缩耶？”爰与同寅捐廉倡劝。适升任观察、本府宪陈询知工程浩大，捐发廉俸，督饬办理，遂有城乡好义之士，互相劝勉，踊跃输将，遂于五月上旬开工，爰移会同寅监理，并请城内公正绅士陈慕唐等董其事，绝不假手书吏，诸公不辞劳瘁，分段督催，一切俱归坚实，小阳月上旬竣事。是盖我国家深仁厚泽，浃髓沦肌，所以绅商士庶一经开导，即应如流水，欢欣鼓舞，勷此巨功。人第见今日有形之城垣如此，而不知吾邑中之民心更有无形之城垣也。若夫捍卫之方，紫荆与马鞍山可使伏兵，天台与天马等山可设疑兵，城东北、西北两山可安营，以为犄角声援，其山巅极高处可以瞭望。平时训练义勇，临时出可制胜。是又在胸有甲兵，神而明之者。《传》曰：“众志成城。”吾于是邑有厚望焉。

训导鲁松《募修抚邑城东门疏》云：盖闻通都大邑，乃天子之屏藩；完郭坚城，实地方之保障。是以历代防边，每因功于要害。圣人御宇，必设险于山川；小民之所凭依，有司之所坐镇，此固必当巩固，而勿任倾颓者也。我骊城山水回环，本属畿东重镇，轮蹄络绎，久为辽左通衢。看海王之献宝，东洋船到此停居，踞天马以为屏，北门管凭兹锁钥，榆青塞古，柳绿城高，乃者海鸟移居，淫龙失驭。怒雷直震，羌破石而惊天；大雨时行，动兼旬而骑月；银河倒泻，碧海平翻，倾我严城，阻人出路，生门顿塞，伤行旅之多艰。东道不通，恐民生之益蹙，十年功废于一旦，愧疏未雨绸缪，百里宰能有多财。长此临风浩叹，爰思补筑，是用捐输。巨川之济，端赖方舟；大厦之支，必非一木。无商民踊跃，那堪成此崇墉。有绅士劻勷乃克，立兹坚壁，约需万贯，勿惜千金。惟是稼穑艰难，岂忍医疮剜肉？奈此工程浩大，总须集腋为裘，不捐租而敛钞，只因固我封疆，兼除道以成梁，未免竭民膏血，事非得已，心有同然，即输慷慨之资，用佐经营之费，守在四邻，敢拟诸侯有道，筑兹百堵，全凭众志成城。

邑廪生傅汝翼《抚宁县治结作得失说》云：堪舆之道，自古尚焉，其《县龙图记》，尤宜详尽。而旧志失载，今补其阙，增其略，庶成一邑全书，俾后世有所考证耳。盖县龙分北干大龙一枝，左转至天马山，为少祖；跌断冈岭，磊落奔腾十余里，突起叶固山，系子脉；入首撒落平洋后，山左分一枝为横山，作下砂；右起一土冈，作上砂。面前特起紫荆山，作朝案，塞水口。两山脚摆开，西边逆收随龙大水，东边逆关内堂小水，西北、南众水趋朝入水口，归大海。四山罗城周密，诚为美结也。但旧有抚宁卫城，坐在右边护砂上，而新迁县基亦因之，并为一城，遂致县城偏右而后坐，与前朝俱未得其正，然犹门向合矩，山水不背，庶物康阜，人才叠出，亦称望邑。迨后为无识者妄作谬改，西门南向，南门东向，使逆水者反为顺水，迎山者反为背山。迄今数十年，人文寥落，户口贫乏，屡议改正。西门向辛，南门向坤，而未果其事，或亦气数之未至也。姑记之以俟后之采择云。按此地兔山高大，且系外山。县基理宜挨左，就本龙砂，亲切为妙。又文峰塔与魁阁建于紫荆山，虽为美观，实非生旺之乡，乃属休谢之地，而文星岂可陷于休谢乎？故建塔之后，即有三、二发科者，多不得荣显终身，盖因前人之误也。县基与塔，断不能更移者，无论矣！愚意城门与魁阁终当用生旺方向，则财禄自盛，人文显达，所可期也。本不欲琐言，诚恐后人妄信邪术，有如建塔、建阁之说者，反遗害不浅矣。谨识以质后人考证。

邑人王玉成《县治开门说》云：堪舆之道，说由累代阴阳之理，众论不同，揆厥由来，各有所本。旧志载前师之说，县基由天马山下脉，近接野狐山，撒落平洋，坎龙入手，事属杳茫，是非难见。今将县基因势言理，以备一说。夫作城，必按《河图》分方，无非八卦。开门必本《洛书》，兴衰必由元运生剋，当论九星，外方可言山水，里气必言门户。洋河发源，始由坎癸，虽众山叠障，可称暗拱明，显于乾兑，至坤而大朝去，由巽巳以入大海。乾方有塔子，会山隔水，遥拱坤兑，有兔耳大山。回顾前有紫荆山，位在巽巳，右有马鞍山，位在辰乙，震有（衡）［横］山，天设外屏。北门属坎，理宜向乾，以收洋水旺气，岂宜向震泄坎菁英？西门属兑向乾，可迎洋水旺气。向兑亦可比旺气，岂宜向离？金被火剋，情实难忍。小西门位落坤地，岂宜向兑泄土菁英？向离受生，向坤比旺。南门属离，收震受生，位属下元。彼时王、单二家，财雄一邑，至今功名犹盛，理杳事实，方可征信。东门属木，向坎受生，向震比旺，尚有向震。旧基有目共睹，不知何年所改，以致向离，子泄母气。魁星本主文明，《洛书》实位在巽，今居震地，岂不偃文？抚邑八山朝拱，洋河带秀，天然文物之乡，今四门向背不合，以致乡会试屡屡脱科，岂天意欤？抑人事乎？古人修城，惟主合手在巽宫之说，今县治之门正是如此。然阅旧志，傅氏汝翼所云，则今之门，为后来所改，或者合手之说，亦有不尽然者欤，谨录此说，以待识者详之。

知县许梦兰《城工告竣时，海口撤防，因成七律四首》云：弹丸何恃学循良，捍卫吾民报我皇。海口迎潮排铁柱，山腰取石补铜墙。亦知欲战先谋守，岂谓能柔不用刚。况有天威威远迩，鬼神呵护固金汤。同心督理几晨昏，暑雨祁寒不暇论。迂拙我惟捐鹤俸，辛勤士岂爱鱼飧。斧斤于此劳心匠，罄鼓何曾震耳根。蒇事正逢无事日，城头畅饮且倾樽。高墉屹屹已重新，踊跃输将验俗醇。不较锱铢何磊落，欲坚锁钥倍精神。严同细柳思前哲，巩固苞桑赖旧民。漫说黔黎无远略，葵忱也解向枫宸。辅佑雄关赖此城，缮完又见翠云横。堞连紫塞冲东海，楼接丹霄镇北平。几日为民谋保障，多人劝我慎经营。共蒙盛世无疆福，感格夷顽已肃清。

知县黄赞禹《和云浦大令抚邑城工告竣元韵》诗云：遭逢先后庆明良，夙夜寅清答圣皇。设险天教山作砺，筹边地藉石为墙。鬼方岂待三年克，臣节真如百炼刚。雉堞已完氛已靖，丰功端不让陈汤。颓垣补葺待朝昏，曾共攀辕父老论。只为羽书劳案牍，遑将罄鼓废饔飧。我惭旁午空筹画，君念艰辛固本根。今日重来瞻气象，登楼纵目喜开樽。善政涵濡旧复新，从公黾勉俗还醇。谁云保障全无策，始信经营似有神。义取兑爻能说众，占符节象肯劳民。河山自此苞桑固，绩懋循良慰紫宸。函关东望重金城，瞥见欃枪扫已横。千里邦畿资锁钥，一朝海宇乐升平。去思且听临风祝，经始从知并日营。窃幸成功波及远，我来赢得梦魂清。

钟　楼　在县二门东，久废。知县王文衡建于西城上迤北。

鼓 楼 在县二门西，久废。知县王文衡建于城中央。东刻石曰"联峰拱翠"，西曰"洋水朝宗"，南曰"望紫腾辉"，北曰"天马钟灵"。道光二十二年，知县徐天秩重修。

辽海通衢楼 在城东门上，明嘉靖知县姜密建。

神京要路楼 在城西门上，指挥高维祺建。知县王文衡、山抚卫守备陈廷（谋）〔谟〕重修。

镇海楼 在城南门上，知县张彝训建，王文衡重修。

筹边楼 在城北门上，知县张彝训建，王文衡重修。

来紫楼 在城东北隅。

知县凌世御《来紫楼记》云：县城三隅皆有楼，惟东北角阙如。余始至，询之则有，其废之，莫敢举者，辄太息焉。顾时方倥偬，无敢以建置请，稍稍节缩羡金。丙申夏，构木鸠工，石取于山，灰取诸窑，而瓦甓诸需，悉以羡金易，匠石分番，间有犒，杂役则民壮，更休执之，不费官廪，不劳民力。凡三阅月而落成，迄暮秋则翼翼严严，备矣。是役也，寮簿古赵贾君扬名实董而省试之，旦夕拮据，风雨罔攸，懈而省祭。单学礼则纤纤劳役，靡细弗共，他若礼度维殷，则工㩜攸资，执挞不勉，则壮首递进。厦成，非一木之力，固有人记之矣。楼成，饷部古闽李公榜其额曰"来紫"，谓与紫荆山对且也，山峰建塔，亦以是岁创，而同时落成，由是钟灵汇秀，骤发人杰，与山灵对峙而龠会，倘亦有紫气之应乎？余既纪其劳，并存岁月，特勒贞珉，以验诸异日。

单廷璠《登抚宁城楼》诗云：戍楼凭眺欲黄昏，几处孤烟出暮村。天末西风吹不断，愁看秋色入关门。

知县张上龢《重九登抚宁城楼》诗云：画角霜天景物催，菜畦一色傍城隈。已非兄弟登高处，敢负乾坤作赋才。山势远随龙碛去，风声疑挟雁沙来。枣糕秋酒当年事，振触乡心日几回。东望榆关暮色浮，岩疆锁钥古营州。高原残日牛羊晚，平野余粮鼠雀秋。河抱紫荆斜入海，地无黄菊独登楼。催租政暇多吟兴，不羡龙山落帽游。

训导鲁松《次韵》诗云：两鬓西风白发催，霜鸿声落碧云隈。登临纵有追陪兴，潦倒惭无干济才。一水东南环郭去，四山苍翠扑人来。兔峰双插衔残日，吟望秋光首屡回。西来爽气暮烟浮，贤宰今逢张益州。十亩寒菘霜下晚，两枝新桂月中秋。鸦翻堤柳飞黄叶，雁带边风满碧楼。日夕龙山谁落帽，题糕无句漫同游（自注云：是秋，邑中领乡荐者二人）。

云从书院山长孟昌《第次韵》诗云：西风飒飒夕阳催，纵步高登古堞隈。秋老只余寒菜色，民贫原仗济时才。遥山野鹘穿云出，绝塞霜鸿绕郭来。所望循良勤抚字，好教黍谷看春回。日照西山翠色浮，九龙王气拱幽州。黄花晚圃犹余艳，丹桂双枝忽报秋。诗拟杜陵歌出塞，身非王粲愧登楼。异乡不减宾朋乐，鸿雪因缘记此游。

附：邑人樊毓《旧县考》

《明史》："抚宁旧治在洋河西。"洪武六年十二月所徙河西，地多沮洳，无可修城郭者，即日侨治，阅六、七年，亦必稍有遗迹。前志不详，厥后益堙，此明初之旧县也。洪武六年以前，金、元抚宁之县治当在何处？明初既无可据，金、元益属难稽。十三年，知县娄大方又迁于兔耳山东，则今之村名"旧县"者，是往者尝至其地，重冈叠巇，屏障环列，犹有雄胜之概，故于避兵为宜。南绕沙河，东流入洋水，沴河为轨辙所经。余则萦纡仄径，悬车束马矣。计自洪武十三年至成化三年，中间星纪七周，官历数任，访古迹之存者，不能什一于千百，询之故老，金指县署近北山麓，率皆冢墓累累，令人有华表鹤归之叹。迤西古刹崇兴寺，乃永乐时郭亮功德。崇祯十五年知县李果珍重修，有碑可考，殿供李公长生禄位龛，寺前背山一带，皆昔日阛阓，荒烟蔓草中，恍辨颓垣断瓦，仅烟户八十余家。盖县徙而东，大半萧条云。老于斯里者，悉不能摭旧县，故实安在，不数典忘耶？昔娄公虽避地，规模当必有可观。惜乎！人世沧桑，不禁感慨系之。

养济院 在县治东南。孤贫残疾、老幼无依者，核实矜恤收养。知县王文衡因口粮奉裁，每名设备养济。知县谭琳复捐俸优其廪饩。额设孤贫九名，每名岁支口粮银三两六钱，共银三十二两四钱。遇闰加银二两六钱，孤贫冬衣布花银六两。顺治十三年，会议全裁。康熙三年，奉文复留，照旧支给。十七年，裁银三两。于十九年奉复，实支银六两。又于乾隆四年裁银三两四钱九分四厘八毫五丝九忽，实支银二两五钱五厘一毫四丝一忽。

漏泽园　在县北门外，今改东门外。

惠民药局　在县治东，今废。

义　冢　在城东片石山路北。康熙二十一年，知县赵端捐资，买生员钟朝鼎同其婶魏氏地十二亩，原契存库。一在卢各庄东二里路北。道光九年，廪生王毓德捐置，有碑记。

知县赵端《义冢记》云：义冢之说，由来久矣。顾在承平之世则其事缓，在乱离之世则其事亟，而又有所不暇。承平之世，贤圣继作，生民力耕作而安闾里，生有以养而死有以葬，固不待上之人之有以泽之也，故曰"缓"。乱离之日，干戈四起，和气乖而灾疠作，非死于锋镝，即死于水旱病疫。斯时长吏即恫目伤心，顾求刍求牧救生者之未暇，奚暇及于死亡乎？故曰"其事亟而又有所不暇。"唯是大难方平、大化将登之际，斯民虽已安于衽席而元气未充，衣食未足，流离未归，疮痍者未息，则枯骨之泽，非王政之周，遍而普及之不能也。国家定天下已历三纪，顾江南、黔、滇之间，变乱再作，戎马转输，遍于四方。而抚邑界二京之中，往岁东辽之变，烽火几相照，肝脑涂地者，殆不知其几矣。今幸四方荡平，然则义冢之设，亟且有暇，其在兹日与兹土乎？余任事期年，心切念之。适有文学钟朝鼎有弃地一段，即捐资买以为漏泽园，未及申报。适大中丞于公檄至，谆劝各属举行义冢，辗然自喜，何下吏寸衷竟与行台节使不谋而合也，因叙而记之。

邑人王瑞征《劝埋亡婴义冢碑文》云：古人云："老吾老以及人之老，幼吾幼以及人之幼。"又云："不独亲其亲，不独子其子。"休哉，何风之厚欤？盖孝慈之理，人心所同，故以孝子而为慈父者，又必欲天下之共为慈父母焉。斯埋婴义冢之所由立也。从前吾乡陋风，凡儿女幼亡，多弃诸荒郊，尸骸暴露，狼犬残食，虽行路之人，见者莫不酸鼻，为彼父母者，何竟狠毒至此哉！其说曰："儿女幼亡弃之，则续生者可存，埋之则续生难保。"噫！是何不思之甚也。王道必本人情，立子全凭积德。儿女者，己之遗体，即父母之遗体，因其幼亡而弃之，其心太忍。忍即损德之阶，悯其幼亡而埋之，其道近仁，仁即种德之本。种德者，其后必昌；损德者，其罚不远。降祥降殃，毫厘千里，非可忽也。试以时事验之，如吾宗兄遂明，初生四女，皆幼亡，亡则敛埋之，继生五男，成立者四，今且行年五十，已抱五孙焉。余前所生儿女有幼亡者，亦皆埋之，今复有子二人，女三人，亦渐次成立。由此观之，立子在种德，而不在弃儿，信矣。弃儿，徒损德而未必立子，益信矣。遂明先生，吾乡之孝子也，孝不匮而慈亦不匮。捐施义冢，劝埋亡婴，客死无归，亦许殡葬，且令男左女右，分穴挨埋，永不相萦。斯举也，可以见先王仁及枯骨之风，可以补邑侯泽被群黎之漏，吾乡之父老兄弟谅必欣然乐从，而不忍以亡儿之骨肉，供犬狼之一饱也，其所全，岂有量与？道光乙丑。

公　署

斧扆正三朝之位，而守牧厅事，亦曰"朝货泉重，九府之藏"，而官司所居，皆称"府"。故《周礼》治官府八法綦严，汉皇肃官仪，两衙日放。盖有事必有官，有官必有署，署所以庇官身，即所以理官事也。学道爱人，牛刀奏绩。自公退食，燕寝凝香，宰单父而堂以琴名，令叶县而凫留凫驻，正衣冠以尊瞻视，宜求无愧堂皇，勤抚字而慎催科，讵可视同传舍，乃若秩分文武，阶有崇卑，亦莫不奠厥，攸居宜何如？职思其位，志《公署》。

县　署　在城内东北。明洪武七年建堂，东西二库。仪门外东土地祠，西寅宾馆。堂后为二堂，为内宅，东主簿衙（今裁）。大堂东为典史廨，仪门西为监狱。成化中知县姜镐、宏治中刘玉，国朝顺治中王全忠，康熙间王文衡，皆经修葺。乾隆十三年，钱鋆请帑修理。三十七年陈钟琛、嘉庆二十三年沈惇厚、道光十八年张煦、二十四年黄赞禹、咸丰八年沈惇、钱莹均重修。

典史署 乾隆五十年典史何永庆、嘉庆五年薛崧高、道光十九年沈学霖、二十九年梁廷栋、咸丰四年滕开勋、同治十二年董朝翰，均借廉修。

段铉《柳亭记》云：骊城为古卢龙塞东北际，极边多崇山邃谷，即所以限内外者，厥土惟下，不树桑麻粳稻，民藉皮毛、秕稗以衣食。城郭之间，居民鲜少，故县治颇空旷。而令于是者，无所事事，尝得就其隙地，树艺以自娱。厅事旁有柳林，方可数百步，其柳皆大，数十围，高可三、四十尺，阴足覆数亩，间以枣梨枸杞，其旁以艺蓼莪、薯蓣、葵藿、薤韭，以给官之蔬。有井泉，甘洌可食。有小池，上作辘轳，可资灌溉。侧有小屋为"咬菜轩"，艺植之暇而为偃息者也。沔阳刘君敬庵令于兹邑，始至，游于是林，倚柳而叹曰："凡人之情，处于穷边绝塞，靡不怏怏怨尤者，斯皆气有所不平！顾官无崇卑，地无丰瘠，皆可以行其道而安其心。"于是，治书简易，阅二年，赋均而刑清，政平而民和。铉于是时得同游于所谓"柳林"者，顾其地，卑下污湿，不可坐卧眺远，乃浚池为潴，复依柳而为亭，不久落成，遂以柳名其亭。与宾客登之，则见极边之崇山邃谷，有若俯而下者，昂首而高者、拱者、卧者、若翔若舞者，而莫不一以亭为归。其缘山上下有雉堞，历历可数者，盖秦所筑长城也。长城之外，有山如引领望者，有仅见青黛色者，乃蒙古城也。亭之北为城垣，下有居民数家，土屋危垫，体拥败絮，其妇子呼号，声甚苦凄，无非迫于饥寒者。刘君复怃然谓客曰："始吾之作斯亭也，盖欲与二、三子烹葵及菽、论道讲艺于此也。不意登斯亭也，见生民之疾苦，而惨然动怀。其城郭之间，以生以息者尚如此，推而至于乡遂陬野之氓，其为旱、潦、蟊、螣之所戕，胥吏之所扰，豪强之所吞并，以致饥寒失所者，又当有几何哉？能无为之抉垢爬痒、惠保绥徕乎？吾恐忧勤之不暇而不得时偃息于是亭也。"铉闻其言而喜之，遂援笔而为之记。

夏骃《柳亭楼远眺》诗云：闲闲十亩缭垣荒，高阁飞甍背女墙。

一道寒泉初出井，数株垂柳未经霜。青山绕郭留人住，明月开筵引兴长。翻笑弦歌元亮宰，篱边偏少菊花香。

又云：北风萧瑟雁声阑，十月边城草木残。息足乍忘关塞远，登楼陡觉地天宽。云开兔耳双峰峻，日落牛头大海寒。几欲振衣临碣石，不知蜃气共谁看。

慈溪姚世翼《登柳亭二绝》云：官衙小筑柳亭幽，雨过凉深树树秋。旧是田畴征战地，月明箫鼓动城头。苍茫漠北野云生，阵阵惊寒雁影横。新著七言塞上曲，东园亭子学搊筝。

副总戎赵朗《抚署秋夜》诗云：地偏无应接，拥被坐空斋。鹤影风摇幕，蛩声月满阶。懒从羁客性，闲称老人怀。一卧沧洲晚，平生意转乖。

翰林学士董越《抚宁县大尹姜侯去思碑》云：君子之为政也，以有可及人为惠，惠之深浅，感之久近，系焉。严峻以威之，不若平易近之，之愈然，徒知平易之是务而施，或至于失宜令，或不能戢，则惠爱虽存，而民之所被者亦浅矣。民被之浅而欲求有誉于当时，无忘于既去，不亦难哉！永平有属邑，曰"抚宁"，旧在郡东之兔耳山。成化四年，始迁今治，东距山海关百里，编户以里计者仅十七。近边者半贡道必经，飞輓供役所不能免，为之诚难也。成化甲辰，河南姜侯镐宗武者，以偕计需次来为县。下车初，首询民隐，慨然有兴革志。凡民之事，以身先之，率众共力而不敢或轻。久之，视民有余力，公私有余积，乃修夫子庙学，范铜为祭器。次及境内坛、仓库、递置，而后丽谯亭，事作焉。招复流亡，闻风而来归者，相属于道，视其便而奠其居，廪其老而作其少，皆有实可纪。他如安良善，锄强梗，息词讼，时简教，皆有法。而抚宁之治，遂大逾厥初，始仓库所积以石计者，不逾五百，今则逾一万。弦诵之声，旧废于莫可居止，今则日益流闻，转输兴复。旧多至于厉民，今民自以为不厉。侯之尽心民事如此，可谓难矣。前后部使者，屡以其绩最上闻，迁秩守大州去，而民之怀其惠者，犹惓惓不能忘，乃以邑致政大尹王君纲状，君遗爱介。乡贡士刘锜来征言，归刻诸石。若侯者，可不谓之有惠及民哉。自古论为政，莫大于得民，而民心之所以得其道甚难。解衣推食于耳目之所及，而乘舆济涉或不能免议，心存冰蘖以莅政，子民而鲜克有终，或不能免惑，若是者何哉？盖素不定而守，或移若是乎甚愚，而若神者之难于欺也。侯始即却供费廉，取神惠人，固尝疑之。比为政八年，始终一致，举此以例，其余则侯之有惠斯民，民之不忘于既去，皆非无自矣。予昔有使事道抚宁，见垂白之老数十人，道跪陈侯治状。予既慰遣之去，恒窃识于心。今之民欲图不朽于侯，而不他属者，岂以予所尝及见歟？为作去思碑，以答其意，且系以诗："王畿东辅孤竹城，有山屹立摩青冥。下有属邑远柳营，何年今治斯合并。以临边境多震惊，况乃贡道所由经。维民凋弊晨落星，谁与安定全其生。维侯夙夜怀靡宁，抚之育之母保婴。锄强安弱且息争，有事教战无事耕。阴阴坛杏连孔庭，春弦夏诵今流声。侯今辕去不能攀，能攀岂惮修阻程。临渝兔耳目送青，具瞻百世存仪刑。"繁后有作于焉征。

翰林编修史钶《抚宁张侯去思碑铭》云：抚宁，边邑也。军民杂剧，屡遭兵燹，百度丛脞，素称难治。张侯由明经掇高第，自隆庆壬申简授兹土，下车观庶务凋瘵，官舍倾圮，瞿然有忧色，蘖苦冰清，以康济时艰为己任，更新学校，广储义粟，废坠以次修举。越三载，逋流渐复，户口滋多，弦诵相间，章缝竞劝，骎骎乎，与单父匹休。士民沐侯之泽，碑口铭心，惧其久而湮也，乃征言于予，将勒贞珉，以识不朽。予读史，每见汉世良吏，心窃慕焉。闻张侯莅政有声，请询其实，曰："张侯性资敦朴，不事粉饰，每以实心行实政。悉情体恕、薄赋宽刑，仁之实也。破幽剖疑，不为苛察，明之实也。清白简约，纤介弗染，廉之实也。节里甲事宜则国用充，缮城池保障则边防静，革左右积弊则公庭肃，分田均税，审编得法则岁额定，以至增学田，崇道学，课章程，靡不周悉切至，真循良之选也。时以伟绩考最，天子锡诰封，留久任，期大用之，士民爱戴鼓舞，适如所愿。一闻讣音告归，阖邑士夫百姓惶惶焉，如赤子失怙恃，遮道涕泣，怀德不已，将刻于石，以昭去思之永。兹德政感人之深，亦士人怀德之心，有不容泯者。《经》曰："有斐君子，终不可諼兮。"张侯有焉。他日登朝，宁敷谠言，树勋庸以对，我后则必付之史馆，不将与斯铭并传矣乎？侯讳彝训，号复所，山东宁阳人。铭曰："古称利器，宜于盘错。亦有南金，虽火不烁。于烁贤侯，游刃烦剧。三载政成，声闻昭赫。维民有生，待侯而植。昔也流移，今也滋息。维士有居，待侯而辑。昔也怠荒，今也时习。士论既孚，民情允协。跛足内迁，霖雨舟楫。縈侯之思，源源者溢。托始于兹，本之以实。以实与伪，其感孰深？贞珉不朽，忆侯此心。"

察　院　在县治西，成化间同知刘遂建。国朝康熙间王文衡重修，今废。

东察院　在县治东，后改为太仆分司，今废。其石狮二座，移镇洋河。

抚宁卫　在县治西，今废。

乡进士周良臣《原设抚宁卫记》云：抚宁，古骊城地也，属右北平郡，东汉以来废矣。逮至永乐三年创设抚宁卫，因县建于兔耳山之阳，相去十有余里。卫县相隔，政令难通，兼之西联神京，东接辽海，其间星轺络绎，迄无宁日。地里鸾远甚非，所以一道而同风也。成化初，本卫具由申请，巡抚都御史阎奏准，将抚宁县迁于本城东北隅，增扩旧制，军民同处，而卫县合焉。成化四年，指挥使陈君恺重修卫治，堂宇维新，官威重矣；临莅有地，官业立矣；方隅有象，风水萃矣。官威重则军士服焉；官业立则当道重焉；风水萃则将材出焉。建立之功焕然，其可观哉。嘉靖丙午，掌卫事指挥刘君涵率僚属请言以纪其事，余曰："汝知国家所以设官之道乎？文武并用，致治之术也。要使互相砥砺以资化理，若悠悠自待，不克振拔，究与碌碌者等，岂国家建官之本意哉！"盖前有所创则后有所继。今刘君以一人倡之，将鼓舞感化，咸思自奋以效大用者，接踵矣。是卫也，有正厅三间，后厅三间，仪门三间，东西典吏房六间，大门三间，（东）[柬]房三间，经历司三间，镇抚司三间，预备仓一处，杂造局一处，左右中前后五千户所及带管八百户所各门房一间，所厅三间，创于指挥陈君，兴于总戎周君，成于指挥刘君，有始有卒，规模可谓宏远矣。是为记。

　　附：邑人樊鳁《抚宁卫、山海卫考》

　　明代县以属民，卫以训兵，故文武不兼官。自抚宁卫归并山海，而卫制遂不可考矣。自山海卫改设临榆县，而卫制愈不可考矣。然史明言，洪武四年置山海卫于抚宁，治则六年初徙县，以前山海卫与县固并治也。迨十三年县治再徙而初徙之县治。永乐元年置抚宁卫于此。求其地，当在今所各庄。故茅元仪《武备志》云："抚宁卫在抚宁县西十里。"确指兔耳山东旧县与所各庄两地而言，其去山海卫东西几二十余里。乃史又谓"抚宁卫在山海卫北"，更于何处？曾置卫者，"北"当是"西"字之误。及扪到处碑刻，大抵抚宁卫官居多，而卫学生员反隶山海籍众，何也？窃料山海卫先置于故县治，不久即东徙山海，抚宁卫暂置于所各庄，不久亦东徙山海卫故治，故成化三年新城成，卫县并治耳。特卫城隍庙基改建关帝庙，即卫胡同之名，亦莫指卫署遗迹。要山海、抚宁二卫置非同时，地难牵混，略析之，以俟博雅君子。

　　小官厅　在西察院东，今废。

　　榆关驿丞署　在深河。嘉庆十七年张彰、二十一年毛长清、二十五年王景芳、道光十四年吴焘，皆重修。

　　芦峰、榆关两驿马号　土平房二十一间，瓦房六间，马神庙两座，卷棚三间。道光二十五年九月，知县李宗城重修。

　　蒲河营都司署　在牛头崖。大门三间，大堂三间，二堂书房三间，堂后住宅三间，外院军器库三间，内院东厢房二间，久圮，都司常寿补修。

　　存营千总无公署　洋河口千总署一所，兵房四十间，营房三处，共二十四间。道光二十一年，知县许梦兰奉宪札动帑兴修。

　　城守营把总无公署

　　台头营把总署　明代为副将署，今存大门一间，大堂三间，东厢兵房、西厢书吏房、堂前东土地祠、西马神庙，内书房三间，住宅三间，署东为射圃。

    界岭口把总署   明代为守备署，在西门内路北。

    青山口有守备署   顺治六年改操守，后裁，官署废。

    官庄把总无署   赁住民房，在县东南三十里。

‖ 卷之五 ‖

学 校 书院、义学、名宦、乡贤祠附

夏曰校，殷曰序，周曰庠，皆所以明人伦也。而学则共诸三代，收其成，逊其业，官其始，皆不外示敬道也。而成乃要诸九年，是故礼隆释菜，人拜先师，座拥皋比，官称博士，此圣庙之所由尊，亦师儒之所由重也。我朝列圣尊儒重道，视学临雍圜桥，听讲者万人。阙里谈经者，两度圆冠，列侍执巾帙于西阶，大带诸生受诗书于北面，美矣，盛矣，堂哉，皇哉。今者经生弦诵，尽解陈庚，下邑科名，每多登甲，沐械朴菁莪之化，育楩楠杞梓之才，其功效不大有彰明较著者哉。且夫书院、义塾，学校之副也；乡贤、名宦，圣人之徒也。苟非循名核实，则教无正业，退无居学，终嫌膏火之虚縻，果能观感奋兴，则处为良士，出为名臣，自列宫墙而无忝，志《学校》。

圣 庙 在南街路东学胡同。明洪武十一年建，其历年增修者：成化间知县姜镐、宏治间知县刘玉，嘉靖间知县叶宗荫、通判李世相，万历间知县张彝训、徐汝孝。至我朝康熙八年倾圮已极，知县王文衡劝阖县输助，乡绅冯泰运捐二百金，修茸大成殿五间，东西庑各五间。十一年夏，大雨，庑坏，知县谭琳捐资补修。乾隆间知县袁芳杏、蓝嘉瑄、葛长信，嘉庆间知县李长棣、沈惇厚，道光间知县张煦皆重修。

案：《会典》顺治初定，府州县每岁春日令地方印官主祭，其秋上丁陈设行礼，俱与国子监岁祭同。康熙四十九年奉上谕，同城大小武职俱照文职一体行礼。乾隆十八年礼部题，文庙两庑从祀位次，谨依史传，按年序改定。其十二哲牲品照阙里志更正，东西各少牢一案，

每位一帛，两庑各少牢三案，各增帛一案，统奠三爵，分献官二人。

至圣孔子神位　正中一室，南向，神牌硃地金书。

崇圣祠　在大成门内东夹院。雍正二年，追封孔子五代王爵，改启圣祠为崇圣祠。

明李东阳《抚宁县重修庙学记》云：抚宁县学教谕袁溥、训导刘瑁、沈钰具书，因县丞张俭上京师，以达于余，曰："抚宁庙学久不修，惟一殿一堂，亦就倾圮。修武姜侯郿来知县事，乃会官赢财，复劝富室为义举，图新厥制，葺大成殿五间，建东西庑为十间，饰先师及四配、十哲，为龛各一，为贤主二十有三，龛及主皆用木而髹，以朱其外。为宰牲之厨，为簠簋笾豆，与凡祭物咸备。为棂星门，为戟门，皆一而三。为持敬致洁门，左右皆一。为碑六，覆以亭，增明伦堂三间。为重檐翼室，其旁为二斋，后为馔堂，前为仪门，又前为大门。为二楼曰"兴贤""育才"之楼，凿地为"泮池"，有亭曰"泮亭"，为井曰"桂井"，为亭以习射，曰"观德"之亭，皆挟地势，简物财，规度宏丽，制（用）[周]详密。盖曰："侯莅政以来，再阅寒暑而命工举役，仅及其半。于是，献荐有所，敩学有地，章缝衿佩之士有所瞻法，闾井之民有所观化，按州部而察吏治者有所据而称为才。侯虽不敢自以为功，而兹事也，不可以不识也，敢以是请于太史氏。"予尝观之《易》曰："盥而不荐，有孚颙若。"其《传》曰："圣人以神道设教而天下咸服。"盖诚积会神以示仪表，莫切于祭而设教垂训。成天下之治者，于道则甚重焉。必其为祭，不徒簠豆龠羽之仪。而所谓教者，不独以词章句读、条格号令为事，然后足以观于天下，此《易》之道，孔子之意也。今天下郡县必有学，学必有庙，庙必为孔子设者。盖道学之传，彝伦为著，而其著于经者，待孔子而后明，则仪刑所在，非极崇奉以为报祀。有不可者，故其名学先而后庙，彼斋居禀食者，不过习口耳。为身家计，彝伦之重，漫不省为何物，是自弃于孔子之教也。则所谓崇奉报祀之典，蔑为末节细务而不举也，奚惑哉。然苟祭焉，而诚不至，礼不备，徇文而遗实，其视学之末者，殆无以异也。夫学者，士之所有事而倡导训厉之政，则有司存。圣天子尝视国学，躬释奠戒，饬师生俾进学业，以为天下倡。抚宁，畿内地，风化所先，承宣之功于是乎在，而凡有事乎庙与学者，虽欲不自致于文明之治，其亦有不容已哉。姜侯，本宦裔，初命为今官，廉勤而惠殚，修仓库，举凡废，事多可书者，而无与乎庙学之事，故不复及云。

邑人王简《重修学宫记》云：抚宁县学立于明洪武之十有一年，事因创起不过一殿一堂，浅陋褊迫。成化间，邑侯姜公目击，心感曰："学宫之设，所以育养人材，求进于广大高明之域。卑塞若此，何以励后学而扬休誉也。"遂创建大殿五间，东西庑十间，启圣祠三间，以及名宦、乡贤、戟门、棂星，莫不备举。可谓规模宏远，制度周密矣。嗣后，宏治间，刘侯再一缮葺。迟至数十载，蚀于蠹螙，颓于风雨，不无残缺荒芜之虞。有欲改而重新者，或力屈于钱谷而不暇顾，或心惮于虑始而不敢为，虽修补时廑，不过因陋就简，一时权宜之计，而非经久不拔之业也。金陵季平王公下车以来，百废俱兴，慨然以学宫为己任，上不费公，下不劳民力，自捐清俸，而使相劝以有成，与学博刘公鸠工庀材，尅日计事。自春徂冬，寒暑不辍，凡一木一石之微，咸经目睹而手任之者，又择诸生老成练达徐廷璻、萧来凤、赵联璧三人共襄此举。未期年而殿宇嵷巃，门庑坚固。昔之泥沙相半者，今皆易以砖石；昔之朽蠹相积者，今皆改以松桧。泮池狭隘，无深蓄之义，浚而通之冲潭，演著星泓四照。先师神龛，别为厂饰，加之以髹彩，聚之以绨幕，朱栏绿树，金碧交辉，从来制作之精，工程之速，无逾于此者。后之人文蔚起，蒸变风俗，皆公倡导训厉之功，有以启之也哉！在公之心，修理学校，兴贤育才，有司职分应尔，固无望于人之记述也。然秦汉以降，生而有功德政事者则碑之。季平贤父母之治累累，实不能泯，刻之于石，志不忘也。后之莅兹土者，读是记而奋兴焉，则善善相承于无穷矣！

知县沈惇厚《重修文庙碑记》云：予以丁丑秋承乏抚宁，下车之次日即肃谒夫子庙堂。拜瞻之余，见殿庑、堂宇及戟门、宫墙，罔不整齐，巍焕若新构者，询邑人士，知为前邑令太湖李君、学博顺义王君、元城黄君暨邑绅士之力也，辄为叹赏者久之。爰稽是庙创自前明，中间修葺者，虽不乏人，然自乾隆辛亥重修以来，迄今将三十年矣，未免渐形圮毁，而两庑尤甚，实赖此举，以肃观瞻，以垂永久。夫岂可缓者哉？方今圣天子崇文重道，凡山陬海澨之区无不建学，且闳其规制，以为春秋释奠之所。况抚宁为畿辅近地，当两京之冲，銮舆之所临幸，而文庙乃栋摧瓦解，茅茨盈阶，岂所以尊崇先圣之意乎？今日者仰宫墙之壮丽，睹芹藻之缤纷，俾人勃勃然，有希圣希贤之心，洵振兴斯文之盛举也。予不忝适来观厥成，诸君以碑记相属，尚敢以不文辞乎？爰纪其盛，而列诸君子之芳名于碑左云。嘉庆二十四年乙卯。

知县张煦《学宫碑记》云：抚宁学宫创自洪武十一年，至我朝康熙八年，知县事王公文衡葺而新之，规模宏敞，视昔有加焉。后之宰是邑者，屡经修葺。历年既久，丙申夏，霖雨夹旬，渐就倾圮。煦乃捐廉为倡，邑人士踊跃乐输，教谕张公、训导高公共襄厥役，经始于道光丁酉年四月，落成于戊戌年三月。邑人士属煦言记其事，煦思国家建学之意与圣贤教人为学之方，前记详矣，夫何赘？顾煦莅兹邑五年，喜风俗之敦庞，缅先哲之遗徽，有不能不为邑人士告者。抚宁为孤竹君旧国，想其时，兄弟偕隐，避世待清，争光日月，师表百世。岂能人之所难能哉？孔子断之曰："求仁而得仁。"呜呼！一言仁而圣学尽之矣。仁者，天地之所以为心，而人得之以为生者也。《论语》一书，无非求仁之旨，颜渊则从乾道，仲弓则从坤道，其所入之途既异。樊迟问仁，司马问仁，又各因其质之所近而引之，以进于中行。至于子文之忠，文子之清，则曰："未知焉得仁"。子路之勇，冉求之艺，亦曰："不知其仁。"而管仲功烈之卑，又以如其仁重许之，即如觳觫不忍，入井怵惕不过此，恻隐之一端，而扩而充之，若可以至于圣人而无难，是则仁也者，为器重，为道远，无事不可以求仁，无时不可以得仁也。濂洛关闽，大儒代兴，其言诚者，所以立仁之体，其言几者，所以妙仁之用，主敬所以存仁，穷理所以识仁，悉本洙泗渊源，以因时立教。即兹邑王复庵之谨直，鲁文振之介洁，翟公联峰、王公致甫文章事业，后先辉映，又孰非由学以复其性而驯至于心安理得之域哉？孟子曰："其趋一也。一者，何也？曰，仁也。"又曰："闻伯夷之风者，顽夫廉，懦夫有立志。"邑人士生前贤之故里，睹庙貌之维新，一返躬而即是矣，又无俟煦言也。道光十八年孟夏。

邑人王运恒《重修文庙祭器缘始记》云：自古纪改周之业者，书梁公而不载，发轫于昭德；纪造唐之功者，书汾阳而不载，肇基于青莲。尚论之士，往往搜遗核始，每扼腕于操觚者之略也。如吾邑之庙圮，而更新规制之宏敞，结构之雅丽，甲于郡邑，乃邑侯王公之经营筹度，宵旰靡宁，学师刘公之匡翼劳来，风雨无间，与二、三弟子员之后先督课，以底厥成。此昭昭在人耳目间矣。究其始，自溧水令熙轩冯公始，王公下车谒庙，见其倾圮不支，怃心疾首，思一改造，计无所出，日聚诸生而图画之，金命余小子拿舟南下，谋之冯公。公毅然出俸二百金以佐之。重建之功，自此起手，否则不几补天无石、修月无斧耶？且公初莅溧水，肃事祀典奠献之际，见祭器皆昔，从事宗庙所未曾有者，遂捐俸范金为之，若炉，若瓶磬，若铏若勺，与夫笾豆簠簋尊爵之识，共二百四十二件，送置学宫，以肃陈荐。曩昔木豆瓦登，数尚不敷，粢盛葅醢之品，狼藉几案间，亵圣贤而渎大典，匪朝伊夕矣。今则商彝周鼎，岿垒肆筵，刚柔芼芷，腥肆焚营，咸式数而式度矣。青青子衿，骏奔在庙，莫不目炫而心德之也。原公初心不过处得为之时，崇报本之义，岂逆计夫后人勒珉纪德，以垂誉于无穷耶！此功之有裨学宫，所万不容泯灭者，因书诸石，以告夫后人之路视宫墙与窃毁祭器者，将有惕于斯文也。

学　署　大门三间，仪门三间，明伦堂三间。崇祯六年，知县余爵重修。顺治四年，知县张懋忠重修。康熙十八年，倾圮不支，知县刘馨、教谕辛进修捐俸重修。东西旧有进德、修业斋，俱废。敬一亭三间（刻明世宗御书程子四箴，今为雨化堂）。后三间为教谕公廨。乾隆十二年，知县钱銎重修。东角门外为训导公廨，康熙三年裁，教谕缺，训导移驻教谕宅。十五年复设教谕，训导宅已废，今寓居东山书院。

明署教谕栾国祚《创修明伦堂碑记》云：恭惟圣天子以藩封践祚，悉中外之情形，识人地之适宜，遂俞金议附边邑令，咸任甲科，嘉其饶裕，担荷也。于是，大梁颍川余公以高第莅抚宁。抚宁素号冲罢，且经兵警之后，人人朝不谋夕，庶务之颓弛，寝阁者日甚一日，甚而学宫之明伦堂虚存其址，垣墉旧材，荡然一空，师生风露中环立焉。自余公之临长斯邑也，布朝廷之威德，内拊疲民，外严斥堠，一意休息而不忘振刷，百度维新，尤加意于作人。时勤督课向学宫，慨然曰："学校乃礼义相先之地，是可以无堂也乎哉！"遂捐俸庀材，鸠工计程，令廪生徐文耀、王德育董其事，不月余而构堂四楹，轮奂烂然美观，渐而洞改大门，宏敞轩豁，端直不曲，诚哉！礼义正路又渐而徐计其余，会农工方殷，阴雨相妨，不然皆更新矣。大抵抚宁之废者待修，坠者待举，何者不辐辏于我公之一心，而物力告诎，我公又不忍急遽骈足，重烦斯民，盖徐而有待也。奈以读礼行，不无望于继公而兴者。然而公之斯举，其迹为重修，而其事则反难于创。盖重修者有所因，而创修于举羸之日者，尤易为造设也。岁值未、申，此边围何等时也。公独竞续措出，宽严互调，诸务振顿建非常，而民不惊修国常，而师生之讲肄有所，其大有裨于斯民，大有造于吾党乎！自是而握枢履要，游刃盘错，肩荷鸿巨，任人之所不敢任，创未曾有类若是焉则已矣。是为记。崇祯六年癸酉九月。

滦州石申《抚宁县重修儒学明伦堂碑记》云：余读史至起衰八代，每掩卷叹曰："昌黎之功大矣哉！"越唐宋以递明季，流寇东驰榆关，震惊抚宁蕞壤，不独农器变为干橹，而登陴奋戈，士亦杂习于芹茆泮水之间。孔庙虽存，礼仪久废，明伦堂鞠为茂草矣。斯文未丧之运渐又衰歇。张公，天秀人杰，来治是邑。瞻拜环观之际，辄穆然感慨，徘徊久之，顾谓学博黄、吴两先生曰："小子有步履王路，所以迪和恒。我皇上立极上下，表正四方，天地为昭，固在今日，然而不可不明者，人生之伦不可不修者，明伦之地，伦堂荒废，步履安从？况我辈今日方幸瞻王气于天家，何至作黍离悲叹也？古所谓论秀书升之地，奚以称焉？"乃毅然奋举，捐俸倡修。两先生、诸大人亦捐厥俸，而荐绅弟子员亦共相捐资以修焉。人心竞劝，不匝月而堂之筛星漏月者，巍然鸟革翚飞；茅塞尘封者，廓然礼门义路，于乐哉成，均肄业有地矣！燕享拜乞有期矣！式闾表墓可行也！司马宾兴可举也。宏规肇启，风猷丕著。《书》曰："慎徽五典。"孟子曰："人伦明于上，小民亲于下，亲亲长长而天下平。"此物此志也。且西虎乡贤久矣，其灰烬也，犹惓惓焉。于春观厥成。於戏，当此赤羽、白羽交驰之区域，独能鼎新革故，于论鼓钟直，可谓扶持衰运、鼓吹休明，斯文其长振矣。公之功不亦大矣哉，起衰八代，何多让焉。公，其昌黎之后身也夫。公，讳懋忠，别号献赤，满洲太学生，古三韩人也。庠弟子员徐进荣、李惟艳、张凤羽、陈王业、杨士俊敬勒石，颂公于不朽，余因述其事以记。顺治四年丁亥十二月。

知县钱銎《重修儒学明伦堂记》云：有司于邑中所当务随宜修举，俾勿废坠，非喜事也。事固有不容缓者，夫有民、有社，所以为邑使，神未获安，民未知教，何以为治？故二者皆所宜急，而学校为教化所由兴，人才所自出则尤重。甲子夏，余甫下车，遇旱，祷于城隍神祠，随应，因神之惠，用民之和，扩神宇而新之，庶可展敬于神矣。而儒学明伦堂自康熙十八年前令刘重修后，迄今七十余年，遂圮坏，当朔望一俯仰，旁风上雨，荒芜满目，无以安师席而肃观瞻，为经理计，盖积三年于兹，会顷岁多雨，益摧败，惧及今不治，后更难为役。遂与儒学裴、杨二君暨贡监生员并乡耆等经营量度，鸠工庀材，易木植之，朽腐者去，瓦甓之毁损者，甃以阶除，缭以周垣。爰塈爰涂，匪雕匪朴，堂楹有翼，重门屹然，风雨漂摇，差无虑矣。检旧志，有"进德""修业"两斋，以为肄业之地，今遗址已湮，力绵不能复建。学之左为文昌神祠，闲静可以肄文。余延山长主之，其南则为书院，前令王公所设也。岁久亦零落，稍加修茸，延社师授经于其中。自是师儒有席，藏修有所，濯磨振厉，在好修者之能自树立耳。役既成，裴君辈请书其事于石。予谓之曰："唐人有言，居官而自为记则媚己，不居官而代为记则媚人。"媚己、媚人，两无取焉。顾所谓媚者,谓将铺张其事,以博名高也。若志其缘始,纪其岁时,无誉可居,亦无媚可避人。记可自为,记亦可因牵连书之,俾来者有所考览。役始于丁卯岁之四月,而告竣于六月也。乾隆十二年丁卯九月。

知县徐天秩《重修明伦堂碑记》云:古者建国君民,教学为先。孟子曰:"人伦明于上,小民亲于下。"盖学之取,数至多要,必以明伦为成教之本。明伦堂者,所以教士子务本之地,典至巨也。我朝定鼎以来二百余年,首重儒术。今天下教职、衙署各建明伦堂,敬镌世祖章皇帝卧碑于其上,使学官于此训诫士子。士子亦出入瞻仰,知所遵循,罔敢逾越,且宾兴乡饮大典,皆于是举焉。故士风端肃,民俗敦庞,天下之太平久矣。抚邑虽近边陲,深被甄陶济济然,人文蔚起之地也。余自丙午岁来莅兹土,默念司牧之道必崇实敦本,而后庠无邪士,野无莠民。公余之暇,偶适学署,过明伦堂,见夫重檐之间,宋庙坠焉;危壁之下,瓦砾堆焉。何摧折坍塌以至于此?考之碑记,自乾隆丁卯年重修,经风雨近百年矣。慨然曰:"讲明文教之区,乌可听其倾圮而不顾也?"爰商诸广文庆云刘君静斋、盐山刘君肖岩暨邑绅王虎拜等,佥快然从之,愿共勤厥事,因捐廉俸以倡于先,更力劝邑中仕宦之族、游庠之士,各捐资财,共成义举,得制钱二百余千。适值名宦祠后古松缘霪雨经风倒折,并从众请,售之以充公用,又得制钱二百余千。爰庀材鸠工,易檩椽之朽腐,益砖石之损坏,不事藻饰,务求完固。而学署之头门、仪门及雨化堂四间,皆补葺焉。自闰四月庚午日经始,至五月庚申日告竣。盖尝论是堂之建,非第以肃观瞻也。上以尊圣训之辉煌,俾侮慢者懔然自检,下以修典礼之废坠,俾居稽者奋然起兴,所系于人心风俗者,其浅鲜哉。至于宏阔壮丽,文运攸关,堪舆家辄盛称之。虽曰"地灵",亦由"人杰",是在有志者昕夕攻苦,锻练精纯,无怠无荒,乘时利见。宰是邑者,有厚望焉。是为记。道光二十九年己酉十月。

张济《教职题名碑记》云:抚宁自设儒学以来,而教职题名未立,前辈年久,姓氏无所稽考。遵化梅文峰有慨于中,每于铅椠升画毕，谓僚友曰："吾侪官斯庠也，虽未追菁莪棫朴之教，亦尝殚精课文而尽心焉。傥不铭之石，第恐日益湮晦，无所考矣。"遂各捐俸资，命奢之石，取现任并志所载前辈姓氏、年岁，历书之，且虚其左，以俟将来之君子云。

云从书院　在学宫路南。明万历四十三年，知县王台创建。日集诸生，会文讲艺，纸笔饮馔之需，皆捐俸以给。知县张毓中、王全忠、谭琳继之。康熙十四年，知县刘馨捐资修茸。旧有田租二百余亩，发商生息，本银三百两。道光四年，升任知县李儵劝捐银三千两。邑守御所千总衔张渭捐修院中房间，每年所得息银为山长修金薪水（原定二百二十两，冬春另发木炭八十斤），生童膏火之费、礼房岁支纸笔墨银十四两（原支四两，自道光五年增十两）。九年，知县喜禄添设监院，以两儒学更换经理（岁支薪水银三十二两）。十六年，盐商荒本银一千八百两（原三百两，续发一千五百两）。同治四年，知县周锡璋续劝二千一百两（发两千两生息）。

明知县王台《云从书院记》云：人文之兴，或曰"天运"，或曰"地钟"。二说皆是，然未可恃也。予直以为存乎其人。昔文翁化蜀，文定授湖，唯是萃而处之，程而课之，士遂蒸然崛起，即殊方绝徼，莫不向风归化，未闻移变。其星野更定，其岳渎也，则人心之灵，于此征矣。抚宁，号岩邑，连关接塞，应尾宿之墟，马头、兔耳、渝水、阳河种种，为邑胜概，往岁登甲乙籍者不乏人，迩乃寥寥晨星，垂四十禩。或以堪舆家言，建浮屠于城南之紫荆，或西辟郭门，诸建置不一。前令悝涵崔君加意学宫，其尤最云。然今寥寥如故。余不佞承乏兹土，求所以兴贤翊治，不敢自后于前人。窃以文物盛衰关天地转移，属人文。与其乞灵于天地，固不若乞灵于多士也。乃卜之学校迤南，得善地，捐俸资帑羡若干缗，创书院一区，堂五楹，东西厢各三楹，亭一楹，厨馔供张具备，缭以周垣，集诸生课艺其中，月三试之，别有条约，甫两月落成。会闽太史庄公以使节过临，余请名其堂，公题曰"云从"，盖取《易》"云从龙"义也。夫龙之需云以灵，讵不昭昭要之，非云灵也。有龙之灵而后云从之以灵也。假令螟蜓当前，徒抱空质，即翕然蔚然，嘘以泰岱浓云，亦何所益？故士患不为龙，勿患云之弗从也。虽然应龙之神蛰以存身，不存不可以奋屈伸变幻，从泥蟠时陶成之跃而雄飞，直须时耳！诸生诚勿以土俗局限，藻乃志，凝乃神，相观相长，挺然以神龙自命，就先资之业，储为霖雨源，流泉浡冲而徐盈，有不跃然而起，骧首天路，润泽寰宇者，吾不信也。然则云龙一区，谓非诸生，存以高奋之地，不可彼邀灵天地者，其为不足恃明矣，不者泄泄宽假。今日俟气数，明日易山川，恐星野岳渎必有笑，舍己之田而芸人之田者，多士勉之抚之，为蜀为湖，将拭目睹之矣。

东山书院　在云从书院西。康熙二十一年，知县赵端捐俸，买生员惠熙地，建瓦房，为诸生课文所，原契存库，今借为训导官署。咸丰七年，训导李元芳劝捐修门房。同治六年，训导鲁松劝捐修正房。附录训导张永诚卷宗一件于后。

抚宁县儒学训导张　为备卷交代，以垂久远，事稽县志，儒学明伦堂后，旧有"敬一亭"，左为训导宅，右为教谕宅，又右为训导宅。后因倾圯重修，改"敬一亭"为"雨化堂"，合并两宅木石，建正房五间，东西各厢房二间，宅门一间，于"雨化堂"后之正中而教谕处焉。训导因借居东山书院，始第权宜，后遂久假。予于乾隆五十四年到任，接有上房五间，门房五间，东厢房二小间。予因盖西厢房二小间以配之，惟上房前檐逼近邻宇，墙高丈余，以致长日昏昏不见天。越四载，邻妇因寡独出售其宅，就养胞侄请之予。予因就在城绅士而谋之，皆以为可，慷慨捐资，共出东钱二百五十千，买小平房四间，地址南北计一丈六尺六寸，东西计五丈九尺。又买妇侄王绍之地，址南北三尺，东西亦五丈九尺，伊墙作两院伙墙。予因改调整，茸得以日照南轩，皆诸缙绅先生力也。第恐年久湮没，众善街坊争占，地址因除原券四至尺丈分明、钤印外，备注始末，共粘卷帙留作副斋，交代并谕书斗务于新旧乘除之际，留意防闲门窗户壁，毋许乘间毁损，庶永垂不朽云。

知县赵端《东山书院碑记》云：抚宁为畿东首邑，枕山面海，在昔王学士、鲁观察、解（同）［问］卿、翟夏卿诸公，炳炳蔚蔚，彪彰史册，固文章仕宦之区也。迨自明季兵燹饥荒，士民并困，司此土者，亦惟抚字催科，补拙不暇，文教之衰，未遑问焉。今我国家养士四十年，圣天子笃意崇文，诸台殚心敷教。予不敏叨牧兹邑，亦幸值翊文之会也。莅任之始，遂相度于学宫南隅，捐资买地，建设社学一所，前后堂各五间，设门备垣，颜其额曰"东山书院"。延廪生傅汝明教习俊秀士子，岁捐资十二金，给为束修。又于四乡各设社学一，延廪生左廉、杨呈秀、张敷典、惠愉教习，其捐给束修一如在城之数。另又捐资置田地一百四十亩，除正赋外，以余获为乡士笔墨膏火之助，盖使寒窗有赖，且为久远计也。乙丑夏，予有量移之命，广文胡君、王君暨社师率诸弟子辈饯予于书院中，举觞而前曰："公经营社学，悉心文治，五载如一日也。今熊轼遄征，盍记片言示劝乎？"予用是，深有感矣。令之后令固贤者多，师之后师固贤者众，而诸弟子荐贤书，升之后继起之为弟子者，其勤惰未可知也。使其勤也，为麟为凤，作楫作霖，予之望也，师之愿也；使其惰也，不但有负予设学置田之意，即先贤王、鲁诸公亦必大深扼腕，而纵有山灵水秀，究沉埋于苍茫衍曼之中，虽记勒万言，奚益哉？然予有得乎《易》之义矣。在蒙之九二，包蒙吉以阳德之刚中，当发蒙之任者，是全赖夫良司牧、贤师长也。在益之初九，利用为大作，以阳德之居下，当大有作为，坚忍而不肆者，是专望之诸弟子也。上能率之，下自应之，将于此显忠孝，尚气节，又不仅文而已也。谁谓古今人之不相及，而王、鲁、解、翟诸公独专美于前也欤，遂走笔而为之记。

骊城书院 在文昌祠内。乾隆十一年，知县钱公鋆捐置桃树园地一顷二十九亩，为课士之资，具载文昌祠碑。钱去书院遂废。董事人将此地一顷二十余亩私换杨树巷地十五亩，粮名义学地在良仁社，五甲纳粮（文昌祠、名宦祠原报部学地六十亩，乾隆四十年僧人王正化止交出地三十一亩）。

乡　学 康熙十九年，知县赵公端于东西南北四乡各置乡学，择诸生练达明通者，岁给修金十二两，其薪米供馔楮墨之费捐资，增置学田一百四十亩充用，故刀剑斗狠之风一变而为礼让。时论崇文之政，惟公为不朽云（富实屯荒田四十二段，共一顷四十亩三分七厘，总名义学，户招佃张应奎承种。每年输租，除纳正粮外，余交儒学，给乡社学，为笔楮膏火之助，册牒儒学卷领存库，今四学俱废）。

社　学　在文昌宫内，每年修金三十两，按季支领。旧在云从书院内，修金十二两。知县王文衡置田一百五十一亩（碑载，城北李良峪庄长身地一段、边山地一段、河身地一段，原系牧马荒田，约有百亩。城东新庄地一段七亩五分。城东南洋河套荒田一段十亩余）。康熙十年，知县谭琳捐俸二十两，增置田五十亩（碑载，一段四十亩，一段十亩，坐落城北张家庄西。碑在文庙内西北隅。康熙十三年十一月立）。十四年，知县刘馨捐资修葺。

知县赵端《社学文》云：三代教民之事详乎？后世教民之事详乎？或曰后世详。三代之时，王畿之内有太学，列国有国学，国之中乡有校，里有塾，如斯而已。今自太学而外，为省、为郡、为州卫与邑者，不可胜计，盖莫不有学焉，可谓详矣。余曰："不然"。禹会诸侯于涂山，执玉帛者万国。迨周之兴，列五等者犹千八百焉。今合天下之府州邑，其为数不敌周初五等之繁也，其在夏商，更无论矣。然自国学之外，乡校里塾又不知其几。顾《夏书》犹曰："每岁孟春，使遒人以木铎巡于路。"呜呼！自周衰迄今二千余年间，虽极至治文明之世，有如是欤？宜乎？一道德而同风俗，不能复望之于二帝、三王之后也。古者大国无过百里，在今一小县耳。二十五家为里，二千五百家为乡，在今一小堡小镇耳。而有校而有塾，分析而统计之，古教民之事，殆十数倍于后不止。有志道民者，奈何不亟为之所也。抚邑幅员殆过齐鲁始封之履，而司教者，唯教谕、训导二职，前任王君始置社田，延塾师一人，以教课俊秀。嗣谭君复增置田亩，以激劝之。余准古教今，增延塾师四人。庶几，古先王乡校、里塾之遗意，余俟期岁之后多方增置社田，以继二君之志焉。

洋河庄社学　在大兴寺。道光四年，升任知县李公懃拨寺地香火租建立，岁给修金制钱六十串，由董事人延师教本堡子弟。

邑人樊飀《大兴寺义学碑记》云：麟笔既绝，象教斯兴，鱼梵滋多，鳣堂不广，龙华会上旃檀恒其有人，而鹿洞颂经，旷代独少，是皋比之谈，反不若莲社之盛也。盖自三藏译于姚秦列刹，创于石，越度牒者曰"比邱"，受律者曰"沙门"。众建丛林，功德无量，遂乃布金祇园，以为香火之费，此皈依净土有自来矣。惟具正法眼，藏出定慧，识力于迦叶拈花之旁，立函丈振铎之所，使被缁祝发者，知性命中有真义理、真事业，不仅柏树参禅，木樨作偈，为能了上乘也。如洋河庄大兴寺，自道光四年蒙邑侯华阴李公吉人批断，除拨地养僧外，设立义学，使近村子弟皆知弦诵，诚盛举也。然寺中地亩质当殆尽，爰阖会酌议，陆续取赎，今廿年来矣。董事人等确遵示谕，重加修葺，规制如新，不惟向学者省削柳编蒲之计，且使托钵飞锡，一意焚修，俾传薪之火，常接传灯之录不坠，即谓绛帐提撕，无殊于宗门棒喝，可也。是为记。

界岭口义学 道光二十六年，邑侯张公煦建，用树价生息，自十五年秋季起至二十四年冬季止，积制钱六百五十五千，买董大年地，址坐落南店大道东，用价八十三千有（畸）[奇]，建瓦房五间，大门一座，两项共缺钱八十八千。缘是荒废。咸丰四年，积有息钱一百一十七千，仍发商生息，每年共收息钱六十千，定为束修四十一千六百文，至今常设。案：社学、乡学、东山、骊城书院各地亩，今统归云从书院。

山海卫郑己《抚宁县科第题名记》云：科第，今天下仕进第一途也，故上之用人必于科第求之，则得天下第一等人物也；下之致身必于科第由之，则为天下第一等人物也。於戏盛哉！其关系一何大矣哉！洪惟我国家自太祖高皇帝之创有天下也，立之定制，养士于学校，取士于科第，养之无他，曰《易》，曰《书》，曰《诗》，曰《春秋》，曰《礼乐》耳，是皆三皇五帝、禹汤文武传心之要，治天下之大经大法也。养之成材，例三岁一设科，而礼罗之。其试之乡也，曰乡进士。及策之天子之庭而叙以秩也，曰进士之二者，始授之官，内之则科道耳，诸司之僚属耳；外之则州县耳，诸府之参佐耳。官之久而报政之有成效者，于是乎，亲之而侍从也，要之而台省也，重之而旬宣藩臬也，则其任愈重矣。任之者一以其养之正而有得也。盖养之《易》而有得焉，则其人羲、文、周、孔也；养之《书》而有得焉，则其人尧、舜、汤、武也；养之《诗》而有得焉，则其人文、武、周、召也。人而羲、轩则世道可以羲、轩矣；人而尧、舜则世道可以尧、舜矣；人而禹、汤、文、武则世道可以夏、商、周之盛矣。用是见我朝科第之制之善，直将驾往古而复出乎其上也。夫岂隋唐以来，上之牵制以声律，下之奔走以权利之科第比哉。抚宁，永平之属县也，学建于洪武之六年，殆百年于兹矣，登乡进士第者若干人，登进士第者若干人，较之他县，若少劣矣。孔子曰："才难，不其然乎？"以此抑亦时有所俟，而将以大发之也。盖我国家启运并天地而为之无穷，譬之《诗》云："绵绵瓜瓞，初生者小。"理势然耳，继继承承，他日庸有既乎？前有司事昧，先务未之纪良，为一大缺典也。兹姜侯镐，中豫全材也，探图书之古学，绍伊洛之正传，偕计吏而策名天府，领乡秀而卒业。贤关选，谒铨曹，任专花县，兴学校，善风俗，作贤才，为第一事。初考行书以上最，三年遽告以归，随以科第题名之石来托予记，将使已往者之不泯，向用者之知敏，方来者之有继，诚盛举也。夫科第，立之国者也，一定而不易者也，人材成之习者也，万变而不齐者也。科第以人材为重，亦以人或匪材而轻。抚宁之策名科第者，轻邪，重邪，一时有公论，万世有青史，予固未之敢衮钺也。然有大器具则有大成就，有大运则有大器。诚以今天下之世道观之，真能与古昔何时相埒邪？吾徒知所以自反矣。窃惟三代以上之世道必有三代以上之人材能以振起，奈何人多近名率已下矣。况舍名规利又岂非下之下者乎？且人而规利，不为身家之计耳！借曰："位都三公，禄享万钟。"然身限百年之限，家能业业之昌，寻为灰飞烟散而遗臭万年，则科第之玷无穷矣。其得失何如也，人材如此，欲世道如西京之醇厚，东都之风节，赵宋之仁厚，且莫之得，况其等而上之，为周、为商、为夏、为唐虞、羲轩者乎？是固不能不于吾科第中第一等人物乎？致望焉。故因侯之请，遂大书以归，用勒为《抚宁县科第题名记》。

李文《抚宁县贡士题名记》云：贡士题名，前所未有，有之自邑侯姜公始，公仿《科第题名记》，将成化以前贡士一一镌石，以垂永久，谓之"贡士题名"，非徒识不忘也，且以使将来之贡士，顾名思义，咸知自重云尔。士自少游庠序，经几考校，历几年，所始得登名，古所谓"孝弟力田，经明行修者非耶。"邑每二岁贡一人，若天顺壬午一岁四贡，嘉靖己、庚、壬、癸四岁四贡，则又出自特恩焉。明初有至谏垣、郡守、部属者，其勋名未尝不表表也。故备镌其姓名、年分，详著其地里、官衔，以足一邑文献之征。

赵端《骊城课士录序》云：余莅政骊城逾月，即进邑之弟子员而问业焉。簿书之暇，手丹铅定其甲乙。自申秋暨于酉腊，历数试，得文数百首，择其尤隽者将付之梓，既以示劝，亦以自娱焉。或曰："抚邑在明宏、正间冠冕蝉联。迨末叶，丸泥（束）[东]封，武备亟而文教衰。国朝定鼎，中界两京，既易边徼而辇毂，而明使君复弦歌而振兴之。成、宏、正、隆之风，其再睹乎？"余曰："否，否"。夫子云："君子学道则爱人，小人学道则易使。"国家监宋、明以制艺取天下士，岂徒以是为朱紫阶，使之揣摩佔毕而已哉？凡以使之学道也，夫心者，宏道之器，而义者，心之灵也。故凡人明于理者，其见必决邃于学者，其气必厚优于德者，其言必正大而从容，娴于古今者，其论必练习条畅而不浮。今有文焉，其见决其气，厚其言论，正大从容，条畅练习而不浮。斯其人必学道之士也，次或得半焉，或一得焉，其学之大小、浅深亦视之，而不然者反是。今余录是集，凡合乎数者则进之，进其合乎道也；离乎数者则退之，退其离乎道也。余方以是为移风易俗之具，而徒望其阶朱紫，蝉联冠冕，以争耀于成、宏、正、隆而已乎？客谢曰："鄙人识浅，不知明使君期斯邑之深，待斯邑之厚，一至于此请以是（编）[遍]谕之父老子弟。"余曰："犹有进。夫文运与世运，相为盛衰者也。世运方盛则昌明，博学之言飏；世运方衰则支离浮蔓之词进。今天子崇道右文，日御讲筵，征召宇内博学宏辞之士，列之石渠，海内蒸蒸进于至治。此正王师旦

（点）［黜］张昌龄之时，而欧阳永叔擢二苏之日也。诸君子诚能一弃卑近之习，而以学道为志，明于理，邃于学，德优而古今娴习，则诚中形外，其光芒自有不可掩抑者，干、莫埋于丰城之犴狴，其气彻于（斗）牛、张、雷二君犹将取之而去，而况当风胡开冶，薛烛相神之世乎？是则诸子即欲阶朱紫，亦舍学道无由，夫子不云乎学也，禄在其中矣。愿客并以为诸君子赠。客曰："敬闻命矣！"遂笔而叙之。

钱鎏《骊城课士录序》云：余于甲子夏莅兹土，越明年春，即走币如京师，延师课士，积岁余得文若干首，掇其尤者，登诸辞进。诸生而告之曰："儒生，既经作吏，簿书、钱谷职耳，今乃不忘。故习汲汲以制义相勖，诸生得，毋以为迂，虽然愿诸生勿轻视制义也。"盖制义者，根柢圣贤，综贯经史，骊括百家，搦管可为，而穷年莫竟，精其奥者，穷理正心，明体达用，皆于是乎在士人，幼学壮行，舍制义，未由登进，由制义而升朝右，高位显名，盛德大业，彪炳宇宙皆是，则所以得时行道，荣今传后者，亦必因之，而可易视乎哉？以制义视之则易，不徒以制义视之则难。今勖诸生以制义者，非徒校字句之工拙，求声韵之高下已也，将望诸生操本以暨未沿流而溯源，原原本本，殚见洽闻，务为有用之学，以卓然自显于世，将以辨学术，验人品，觇树立，与诸生相期于远大，则虽迂而不谓之迂也，可诸生其然乎哉？既以语诸生，因遂书之。若夫文字之有合于理法与否，将就正四方博雅君子，不敢赘。

学　额

取进文童十八名，武童十五名，廪膳生二十名。

乾隆二年：刘学宪，科考广额五名。

乾隆二十年：徐学宪，岁考广额七名。

乾隆三十二年：德学宪，科考广额五名。

乾隆三十六年：李学宪，科考广额五名。

乾隆四十二年：罗学宪，科考广额五名。

乾隆五十六年：吴学宪，岁考广额五名。

嘉庆二年：吴学宪，岁考广额五名。

嘉庆三年：吴学宪，科考广额五名。

嘉庆五年：童学宪，岁考广额七名。

嘉庆十四年：戴学宪，岁考广额五名。

嘉庆二十五年：吴学宪，岁考广额七名。

道光二年：毛学宪，科考广额七名。

咸丰元年：程学宪，岁考广额七名。

咸丰三年：龚学宪，岁考广额七名。

同治二年：汪学宪，岁考广额七名。

光绪元年：钱学宪，岁考广额七名。

名宦祠　三间，在文庙大成门东。

明

娄大方（知县）**姜　镐**（知县）**姜　密**（知县）**雷应时**（河南府通判，仍管抚宁县事）**王　台**（知县）**吴　宜**（教谕）

国朝

李荫祖（字绳武，奉天铁岭人，总督三省。历官太子太保、兵部尚书。顺治十一年任，康熙二十五年祀）

朱昌祚（山东人，旗籍，总督三省。历官兵部尚书，康熙四年任，二十五年祀，谥勤敏）

于成龙（字北溟，山西永宁人。副都御史，巡抚直隶，康熙十九年任。历官兵部尚书、两江总督，加太子太保，谥清端）

格尔古德（满洲人，副都御史，巡抚直隶，康熙二十一年任，五十五年祀，谥文清）

于成龙（字振甲，奉天人，副都御史，巡抚直隶，康熙二十五年任，三十七年再任。历官兵部尚书，总督河道，谥襄勤。五十五年祀）

赵宏毅（陕西宁夏人，监生，兵部侍郎，巡抚直隶，加总督衔。世袭一等子，康熙四十四年任）

朱宏祚（山东高唐人，举人，保定守道，康熙二十四年任。历官

浙闽总督）

邵嗣尧（字子昆，山西猗氏人，保定守道参议，管理钱谷，康熙三十年任，升江南提督学政）

白为玑（字子仪，奉天（厢）[镶]白旗人，监生，整饬通永道，康熙四十五年任。存心仁恕，周恤民瘼）

秦　沆（字小泗，一字筠谷，江南无锡人，由四库馆誊录议叙选江西新淦县丞，累擢临川县知县，南昌府同知，永平府知府。任永平时苞苴供亿，严檄禁绝，汤文端公许以廉干，多实政，学者称一诚先生）

乡贤祠　三间，在文庙大成门西，祀明乡贤四人。

王　春　　翟　昊　　鲁　铎　　翟　鹏

‖ 卷之六 ‖

坛　庙 寺观、庵堂附

坛之为言"坦"也，封土为坛庙，如见其貌焉。骏奔在庙，皇
舆无外，谁违雷雨风云？下邑虽微，亦有山川、社稷、八蜡不遗。
夫表畷农祀，其先三厉，并告于城隍，恩周于鬼，为文章司命。文
昌宫有六星，代帝王伏魔。关帝祀隆三代，煌煌乎，典礼攸关，祭
仪宜备矣。他如乡先生之祭社，贤有司之遗碑，亦若文翁化俗，蜀
地留祠，柳子成神，罗池立庙，虽未列于祀典，久已系乎人心，固
非青牛白象，徒聚缁黄绀宇琳宫，妄施金碧者比也。然而虎溪笑
过，犹招莲社高贤，鹤氅翩跹，不少蕊宫仙子。自昔三元、三乘，
总涉玄虚，于今一壑一邱，聊资点缀。故梁公虽禁夫淫祀而衔之，
遍记乎伽蓝，志《坛庙》及《丛林》。

社稷坛　在县西门外，土城基东（案：《会典》：顺治初定，每年
春秋仲月上戊日致祭。雍正二年奏准，县称县社之神、县稷之神）。

风云雷雨坛　在县南门外半里，路东（案：《会典》：顺治初定，
共为一坛，每岁春秋仲月致祭。雍正二年奏准，安设神位风云雷雨，
称风云雷雨之神，居中。山川称某府州县山川之神，居左。城隍称某
府州县城隍之神，居右。共用白色帛七，礼仪与社稷坛同。乾隆二十
二年三月礼部覆准，与社稷坛同日致祭）。

先农坛　在县东关外，东岳庙路南（案：《会典》：雍正四年令各
省督抚转行府州县卫，择东郊洁净丰腴之地，照九卿所耕藉田亩数，
为田四亩九分，立先农坛。每岁仲春亥日，督抚以下等官率属员、耆
老、农夫恭祭，一切礼仪祭品与各省社稷坛同。藉田之制，距坛南二

十步，所在神路东为区，长二十步，宽二丈。凡耕秉耒官一员，进犁官一员，进鞭官一员，左右侍播种官一员，执青箱随后播种，农官一员，牧夫一人，执靷驾牛前导，耆农六人，助扶犁、转拨进、反进犁等官，县以教官杂职为之。凡耕具皆赤色，牛皆黑色，籽种视土所宜）。

附：旱雩祈社禜祭城门礼

凡各省府州县卫，雨旸愆期行祈祷礼，随其宜，无定仪。雩祈雨，社祈晴，或就风云雷雨坛，或就社稷坛、海神龙王、东岳、城隍各庙致祷，雨澍报谢，雨霁报谢，祭品礼仪准祈祷。

禜城门礼前祭一日，地方官出示禁屠宰，各官于本署致斋，如斋仪视水来最多之处，或地势洼下、淫潦最盛之方，或旧有河、河水阔深之所，于其城闉，修除清洁，设神位于城闉正中内向，设祝版于神位前，神位以黄纸为之，上书某县城门之神位，报祭则焚之。

厉　坛　在北门外迤西（案：《会典》：顺治初定，直省府州县各立厉坛于城北郊，每年清明日、七月十五日、十月朔日祭本境无祀鬼神。府称郡厉，县称邑厉，咸以有司致祭）。

武成王庙　在明伦堂西。康熙十六年知县刘馨、教谕聂应闻捐资创建。乾隆三十六年知县陈钟琛、道光十八年知县张煦重修。。

邑宰陈钟琛《重修抚邑武成王庙碑记》云：尝考汉唐以前，有文庙而无武庙。自唐玄宗开元十九年始立太公庙，以燕昌国君、汉张留侯、唐英、卫诸公，备为十哲，春秋飨祀如孔子礼，迨后历代增修。凡省会府州县之地，大率多立庙者。抚邑武庙创建于康熙十六年，邑令刘公、学师聂公经营成立，而县治之体统始备。历年既久，殿宇残缺，戟门、棂星门渐就颓废。余待罪于兹，每切修举之念。岁辛卯，吾宗五伦、六吉昆仲，偕王君化溥慨然发愿，与邑之由武庠起家者，踊跃捐资，鸠工庀材，两阅月而敧侧者以整，漫漶者以明，庙貌维新，诚足以妥神灵而昭典制矣。工既竣，问记于余，余维古无歧武于文之事，礼乐射御学者，盖未尝偏废也。然自分途既久，章缝之士日殚精于典章经籍，而常若不足，于是折冲御侮，不得不别置翘关负重之科，以待夫魁梧奇杰之士，而武成王之庙遂与先师文庙同为朝廷崇德育才所并重。诸君斯举，诚有当于国制之大也。顾余思之，王虽以武祀，然观之丹书，自献见知绍统，其经天纬地者，原不仅以赳赳之概昭示来兹，则今日之沐王庥、守王教者，宜何如束身名教以恪遵夫敬胜、义胜之旨，善夫前记之言，曰："诸生孝弟礼让，人人自重于以储干城之望，著元戎之勋，乃为建庙崇祀之意。"余迂钝无能，窃喜诸君之好义有为藉得，遂数年屡欲修举之念，故即举前人揭示之语，以复于诸君。庶几，圣人述而不作之训，至于兴创之由，规制之略，则前记具在兹，不复道云。

邑宰张熙《重修武成王庙碑记》云：丁酉岁，余倡率抚邑人捐资修葺学宫，既藏事，尚余金若干两。而先师庙旧有武成王太公庙，自乾隆间县令陈公补修后，迄今近七十年，上雨旁风，渐形倾败，爰以余金整理之。命匠庀材，鼎新革故。不数月，遂还旧观。工竣，思以崇祀之意，重新之由，勒诸石，以为都人士劝，因言曰："夫文，止戈为武。"古人称："武，非尚武，取戢武也。"殷之高宗有鬼方之伐，三年克之，名曰武丁。此物此志也。王当商、周之际，独夫肆虐，众畔亲离，王乃整军经武，奉武王以东征，伐罪吊民，戎衣一著而天下大定。于是放马归牛，干戈载戢，示天下不复用武。古之神武不杀，伊尹而外，孰有如王者？唐代武成之封，良有以也。顾武与文实相表里，郤子说礼敦诗，而中军可将祭遵，投壶歌雅而征虏有功，是知折冲御侮之才，未有不深于学术者也。以王绩著，鹰扬阴符一册，后世言："兵者，宗之似优于武而绌于文者，然其铭丹书也。"一则曰"敬胜"怠，再则曰"义胜"。欲实与唐虞传心之旨，互相发明。此岂徒善战阵逞武勇者乎？孟子所以推为见，知而沐其教泽者，所宜享祀勿替也。不察乎此而谓朝廷取士歧武与文，今兹之庙专为武设，或致讲武之家纠桓，是尚礼让不闻，而于乡曲间多武，断其不见绝于王也，仅矣。夫惟修武备者，弓矢之暇，即事诗书，不徒成强悍之俗；犹之习文事者，礼乐之余，兼娴射御，不致有积弱之形。庶有勇，即可知方而干城腹心之寄，即预养于偃武修文之时，其斯为服王教而彰国典也欤。道光十八年夏月。

关帝庙 在西门内，路北。后殿在正殿北。一在台头营，一在任各庄东，一在后七里涧，一在樊葛庄，一在溃坨，一在官庄，一在西河南，一在东河南，一在洋河套，一在盛铁营，一在邴各庄，一在东城观西，一在吴官营西，一在万家庄，一在都寨北，一在牛头崖，一在大李庄，一在五王庄，一在上徐各庄，一在芦峰口东，一在燕河庄东（案：《会典》：顺治元年定，每年五月十三日祭，九年敕封忠义神武关圣大帝。雍正三年敕封关公三代公爵，制造神牌，供奉后殿。五月致祭，外定于春秋二仲月上戊日祭。五年题准，前殿用太牢、笾、豆各十。后殿不用牛，笾、豆各八。其五月十三日但祭，前殿不用笾豆，用果五钉）。

明副使刘效祖《台头营新建关王庙碑记》云：台头营城北多冈峦，每夏秋淫雨，水辄涨而啮城，居者不安堵，多患之。然无源之水，涸可立待，既不能引置为渠而峻坂下注，即堤防亦莫可施。参戎张君来受镇事，父老有以其故告者，君为齰唇久之，曰："父老且休矣，吾将为若思焉。"乃于自公之暇，殚心澄虑，忽自臆曰："明有人，幽有神，其相违者迹，其相通者理也。若兹水患，当立神祠以镇之。"已又谓："汉寿亭侯，正神也，能为人御灾捍患，与其崇事之别所，宜莫若就兹地而庙貌焉。"复召父老与订之，父老曰："善"。遂审曲面势为之。起正殿者三楹，突室者三楹，翼以庑室相向，各二楹，而樋枅墉垣，靡不缔构备具，既告成，乃命父老奉侯像，自演武厅旧址迁于斯营，士卒亦多负弩为前驱者，君为告奠，间以其辞，语余曰："惟侯之生乃在汉季，忠勇天成，以兴蜀帝，英灵不泯。既没为神，保我疆场，庇我黎民，繄此行潦，岁时为患，砥柱其谁？惟侯是扳。春秋享祀，以莫不虔云骈至止，障我潺湲。"余闻而嗟异之，窃谓君以安人事神，神必为君以安人。幽明感召，捷于影响，古所谓"能御大灾、捍大患则祀之。"此君事侯之意也。不则溟漠中，既不与我事而千秋万祀，靡享血食者之谓何神？必不然。虽君亦不谓神其然矣。君属余为记，余遂捡押其始末，以登诸丽牲之石，惟侯有神，垂灵鉴焉。万历七年孟冬。

文昌宫 在文庙东。道光十八年，知县张煦重修。一在旧县南街，一在台头营大南街（咸丰六年升入中祀，一切典礼与关帝同，乐章六佾，牲用太牢）。

邑人王印祥《移建文昌祠记》云：抚宁旧无文昌祠，先是嘉靖末，余约诸友人，各捐资构祠于西北隅，地属乾亥，非文星所宜。邑侯静宇雷公深念人文寥落，率由风气闭塞，谓文昌祠幽僻于西北，文庙泄露于东南，不合堪舆法，乃移祠于文庙之东。厥位巽方，厥面荆冈，文星拱泮，青龙奋扬。于万历十六年春，经始不数月告竣。正殿三间，东西厢房各三间，二门三间，大门一座，周围缭绕砖垣，粧塑像饰，焕然一新。视昔僻处西北隅，盖天壤也。计其工费，皆公捐俸赞成，不扰民纤毫，且治邑十年，美意良法，质诸帝君训言，诚无愧歉，宜其乔梓联芳，福祉未艾，及我士人并受其庇，而文风自是丕变矣。夫以主司所较者，士之文也；帝君所鉴者，士之行也。乡人士试一省之，果于帝训无愧乎？诚饬躬励行，苦学潜修，心事幽显，一一可对神明知，而忠孝节义之士，应科叠出。人将曰："雷公精于堪舆也如此，士子应于风气也如此，雷公神于教化也如此，士子果于修为也如此。"美士风益美雷公，不然文艺虽工而实行则缺，即日事呻吟铅椠，神将夺其鉴而益之疚也。无怪乎，人文日否，而雷公迁祠之意亦徒焉尔，乡人士其勉旃。

魁星阁 旧在西城上。以堪舆说文星宜巽方，明万历十六年，知县雷应时移建于文庙东。康熙十（二）年，知县谭琳捐俸更建于紫荆山南峰上。一在台头营。

邑宰谭琳《紫荆山魁阁记》云：抚邑旧有奎阁，置西城之隅，与城堡伍，于人文绝不相属也。癸丑之夏，予乃捐资卜建于紫荆山之中峰，仍绘像祀之，远近观者莫不欣然志喜。盖峰踞巽位，洋河之水周绕山足，凡数折而后出阁，恰与峰宜，山灵实有待，非偶然也。客有过予者，谓之曰："魁星，文神也，宜与文庙依。兹乃距邑数里许，其于邑之文治何居？"予曰："不然。魁星也，文明象也。在天则文明在天；在朝则文明在朝；在一邑则文明在一邑；在天下则文明在天下。矧登斯阁也，西望帝京，南挹大海，东尽辽岭，北极太行，俯视四方，纵目千里，莫不拥至。文以相向，斯文之大观在，是宁徒沾沾焉，存抚城一丸之见哉。"客曰："敬闻命矣。"行将仝抚人士共睹文明之盛事矣，因记之。

明永平监军兵备刘景耀《台头营奎阁记》云：天下有揆文奋武之教，非得人焉，毅然倡始，军民亦习而忘之。如台头营奎阁是已营，距边四十里，一墙之外，即部落住牧，为从来用武地，生长其间者，罕事诗书，人文无表见。又值己巳、庚午之变，西隅连陷，台头独完保，佥曰："惟干戈是赖，遑问文德哉？"协帅张公则不然，公守台头逾三载，甲戌夏，奉大中丞杨公檄，涓吉创建奎阁，军民争输，凡三阅月工竣，文人雅歌，武弁投壶，相率欢忭于阁之下。案：奎为天之武库，白虎，七宿之一，而演禽象木狼。谁谓专司文教，边镇可以不建也哉？惜戎行无识此意者，特以待张公今日也。阁距城东南隅，周六面，凡七丈五尺，高三丈七尺。张公，名时杰，例得并书。崇祯七年九月。

城隍庙　在城东南隅。正殿三间，东西司房各三间，皂隶房各一间，后殿三间。一在台头营南街。

明萧瑞凤《抚宁县重修城隍庙记》云：国家设城隍以卫民，咸立城隍神祠，春秋祭享，其礼与风云雷雨、山川社稷之神并举，所以祈神祐而护国福民也。考兹邑沿革，旧有土城二，在洋河东二里许，名"阳乐城"，洪武十一年建，邑侯娄公大方居西土城，因避兵于兔耳山阳，奏请依山为县治，创城隍庙。永乐三年，设抚宁卫，指挥吴汧居东土城，陈恺复建城隍庙于西门内。成化三年，左都御史李公秉、右（佥）都御史阁公本以县卫事宜协同，檄县移治卫城，仍大其城池。邑侯胡公方建城隍庙于新县西预备仓侧。十九年，邑侯姜公镐铸造钟鼓。宏治七年，邑侯李公海复迁庙于城之东南隅。嗣后，邑侯陈公玉、叶公宗荫、段公廷晏、姜公密、李公一本，皆相继修葺，阅数十年复就倾圮。万历二年春，张侯鸠工庀材，正殿、寝殿，次第修举，民不劳而财不费。既成，主簿程君卿、典史蔡君正道、庠师孙君镂请纪其事于石，乃述其庙制之详以候考焉。侯，兖州宁阳人，名彝训，以麟经魁乡荐登辛未第来莅兹邑。复所，其别号云。

邑宰钱鎜《重修城隍庙记》云：郡邑必立城隍神祠，以卫民以报功也。爵视五等，而职为民御灾捍患若司牧，然祀典咸秩，而神独与民近，水旱灾疫必祷焉。江以南崇而奉者，殚土木之奇，极仪卫之盛，气象烜赫，轶于群祀，歌舞报赛无虚日，非徒侈外观，亦以妥神而酬福庇也。抚邑城隍神祠，考邑志，始于前朝洪武十一年，而不常厥所。孝宗七年迁于城之东南隅，是为今祠。神宗二年一修之，《记》称有正殿，有寝殿，若侈于前，而仍卑庳湫隘。神宗距今一百七十余载，未闻赋工则倾圮颓败，固宜居民习而安之。若不知神之庇民者，岁时朔望未获一瓣香，则岑寂可知。甲子之岁，余奉命宰抚宁，下车当四月八日，农事方兴，久不雨。抚地高，无川泽之利，播种灌溉资雨泽，失时不雨，且无以为终岁计，四郊之氓惴惴焉，皇皇焉，侣而噪，群而号，仓皇奔走，不知所出。余心靡宁，凡雩而祀者，莫不毕举，雨不应，益谨戒思神之关民休戚者，莫若城隍神。与绅士匍伏烈日中，五步一跪，由署至祠，与神期日理明治，幽分有异，而保障之责，则同县令甫视事，无获戾于神。今百姓焦渴，县令惧矣，神独无念乎？神果应时而雨，以苏我民，必重新神祠，以答神庥。绅士庶民实闻斯言，祷毕而云兴，未几而雨降，优渥沾足，四野告遍。维时五月下旬，于农事稍后而大有秋。余与绅士徐升庸等谋所以新神之祠者，而士庶争输缗镪，三日办千七百余金。爰规基址，量度程，重门周垣，殿寝深邃，亭庑阶除以次整齐，视向之颓败、零落于荒烟蔓草者，赫然成巨观矣。又斥余材，新前令王公之祠于庙西畔，屋宇映带，益增其胜，斯亦可以迓神之止，而神大庇我民者，将无穷也。徐君等谓余曰："是役也，昭神之祝，告年之丰，用民之和，其公之诚感欤！"余以神之贶也，年之丰也，民之和也，余何以致此？惟绅民之趋事赴功，不忘旧德，为足风世而垂远也，略记如此。

火神庙 在小西街路北，万历十五年修。一在台头营小南街，即古武庙（案：《会典》：康熙二年定，每年六月二十三日祭）。

马神庙 在典史署前及马号内驿胡同。一在台头营南，今废。一在芦峰口南街北胡同，旧驿基。

邑宰李偲《重修马神碑记》云：马政，惟边最重。国家俵市之法及民间刍饲孳产之事，皆视内地特详，故马之产，惟边最良。抚邑，古榆关地，东北之要冲，界居庸、山海间，烽火常接焉。今则数万里皆声教所讫，驿去京仅六百里，兴京之使，冠盖相望，文书过境，络绎不绝。故额设马多于他邑。民今日幸生圣人之世，不见兵革，牵车服贾，各安其业，故马之孳畜恒盛。昔之称庶富者，鲁歌驷马，卫咏騋牝，其信然欤？马神庙在捕厅署前，创于明崇祯十一年，雍正十二年重修，祀事维谨，然而风雨不时，梁桷陊剥。余莅任之始，即恻然有修葺志，而未遑举也。越三年，始谋于绅耆，又值调任青邑，因委少府翁君毕其事。君捐廉以倡，不数月阖邑乐输若干金，遂尽复旧规，且增厢房四间，俾司香火栖止，南拓庙门丈余，而规模式廓。工既竣，告余为序，以泐诸石。余谓神为房星之精，其在《诗》曰："吉日维戊，既伯既祷。"余不获执爵，将事少府，其为我祝曰："维神永庇骅骝"。岁无夭殂，尚其福哉，毋乏国用，毋失民望。

明副使刘效祖《台头营新建马神庙记》云：台头营故有马神祠，与隍并，经始不知自何年，毁于回禄，无能为嗣起者。万历丙子，范阳张君爵来受事，甫下车，谁何及此？怃然有慨于衷，乃进部属诸材官，谓之曰："国之大事在兵，军之司命惟马。然冥漠中必有神以典护之，奈何岁时阙俎豆也。"于是，先蠲秩俸若干以作权舆，次令诸材官，量力为佽助焉。寻祠之旧迹，未由得，乃卜城南演武厅西隅，画广袤若干，为正殿三楹，门一楹，退舍三楹，置守者供扫除。自是岁，时举祭典，君必薰沐而后对越焉，今既三年所矣。而马之调习蕃息，恒必赖之，君私窃幸甚，顾未有言以记岁月。间尝为余道之，余谓君曰："君兹举可谓急先务哉。古昔周官以马政为重，牧师校人，皆其官也。天驷、先牧、马社、马步，皆其神也。岁秋冬觌享，皆其事神之典也。即在内服偃革时，犹然不可废。"矧兹边徼，日需骐骏以捍敌，可视为细故，而漫不加之意哉。乃君能锐情兴起，为马以事神，然非独为马。为马，即为兵也；为马与兵，即为国家固疆场也。君诚可谓急先务矣。然又闻君不独事神，其备举马政，如刍秣必丰，调习必专，驰驱必节，皆躬自督视，以是皁枥多上乘，而尪隤者无百一，以此攻敌，何敌不克？以此众战，孰能御之？《语》云："君子先成民而后致力于神。"君其庶几矣乎？君，名爵，字国正，早承世胄，久历戎行。盖师中之环望云。万历己卯孟冬。

三皇庙　俗称药王庙，在北门外，久废。同治初年僧中和募化重修。一在台头营西瓮城。道光四年从西山麓移建。一在马鞍山。

东岳庙　在东关西向，成化三年创建，宏治十二年、正德三年、隆庆五年皆重修，颓废已久。康熙十七年知县刘馨捐修，增南北禅堂各三间，厢房各二间。一在台头营东关，三月二十八日庙会，前后十日商贾云集。一在县东上徐各庄。

龙王庙　在西门外，路南。明知县徐汝孝建，后废，仅存基址。康熙七年五月，知县王文衡祷雨感应，捐资重建。一在卢各庄，一在台头营东关北，一在深河东门外，一在傅家庄，一在成百庄东，一在燕河庄。

土地祠　在县署大门内东。

八蜡庙　在城外西北隅，道光年重修。

刘猛将军庙　在八蜡庙东，每岁春秋丁祭次日祭。

虫王庙　在县（北）[南]齐各庄，旧名蚜蚄庙。

真武庙　在卫胡同西，路北。万历十五年建坊于南巷口，曰"紫极宫"，今圮。一在潘官西营，古柏参天。天启二年建。一在卢各庄河滨，三月三日香火甚盛。一在台头营北门上。一在牛头崖北。一在驸马寨，有古槐一株，明宣德年植，后被火焚。崇祯十三年复苏。顺治元年益加嵤茂，似亦应运而兴。邑人王简有诗刻石以志之。

二郎庙　在县西冉庄东。一在燕河庄西，今废。

三官庙　在县治东南隅。一在大丁家庄门西，有莲池数亩。一在张各庄西。一在官庄。一在三里河，有古柏二株，数百年物也。一在

泊河寨，殿前古松如龙，攫拿虬盘，可入图画。雍正间道人手植。一
在台头营南关。一在都寨南街，今废。一在太和寨西。一在傅家庄，
一在东陈各庄。

玉皇庙 在城西南隅。初，嘉靖中，原建紫荆山巅，隆庆时移西
关。万历丁亥，白世安捐赀移此，有天启三年钟。乾隆二十二年，知
县宋英玉重修西夹室，祀太岁。一在兔耳山南顶，殿壁西北隅常有
气出，冬暖夏凉，以泥塞之辄落。一在七里涧西山半。一在卢各庄街
东。一在台头营南城上，有明巡关御史傅光宅龙松诗石刻。

邑人王立柱《祷雨灵应记》云：光绪丙子，春夏亢旱，四野皆
赤。吾邑侯张公深以为忧。闻城之西南隅旧有玉皇庙，每遇酷旱，邑
人祈祷罔不验。闰五月朔，率同僚属暨阖邑士民，恭请神驾祀于郊
坛，命王致澄代撰表文，致澄命子植藜，刺指血书表，同众虔诚步
祷。是日，忽于龙驾前见一物，长七、八寸，似蛇非蛇，黑质红章，
方头细尾，光彩夺目，敬请登盘，供之案上。日方晡，邑人跪祷，霎
时不见，遍觅无踪，及众僧诵经，又露形香案之下。至夜四更，狂风
骤至，顷刻间，不知所向。询诸父老，皆未识其名，扶乩问之，是谓
"儵蟥"。考《山海经》，"独山涂末之水，东南流，注于沔，其中多儵
蟥，其状如黄蛇，鱼翼，出入有光，见则其邑大旱。"初四日，邑侯
又命立柱撰表，王植藜指血书表以乞灵佑，连祈八日，至十一日，云
行雨施，遍野沾足。非邑侯精诚之感格于上苍，焉能有若斯之灵应
也？爰志之以示不忘。

雹神庙 在县西南四十里。五月五日，近村报赛，香火最盛。一
在背阴铺北山中。五月五日，村民竞陈百戏，士女阗集，往来青松、
白石间，颇饶韵致。

财神庙 在台（头）营东瓮城。一在太和寨东。

增福庙 在卫胡同西，路北。

府君庙 在县西五十二里，赵家庄东。

双忠庙 在西街南胡同，祀唐英济王张巡、威显王许远画像。

精忠庙 在西门内，路北，有铁（祷）[铸]秦桧像。

忠孝祠 在名宦祠南，东夹院，祀明忠节三人，孝子五人。国朝孝子三人。

高　德 洪武十五年死事。　　**周　建** 成化十六年死事。

陈　舜 嘉靖二十五年死事。　　**杨　珍** 有石坊，在北街路西。

金　（墉）[镛]

杨有成 有流芳百世石坊，在东街。

袁　卉　　　**孙国贤**　　　**赵名元**

以下国朝人

夏正名　**孙　昇**

节烈祠 三间，在乡贤祠南，西夹院，祀前明节烈十一人，国朝节烈七十二人。

王公祠 旧在西门内，路北。今随城隍庙移城东南隅，祀明知县清源王台肖像，自题像赞尚存。

明榜眼庄奇显《抚宁令清源王侯生祠记》云：抚宁王侯，讳台，号古柏，山东清源人。万历四十二年，除抚宁令，荐卓异者数次。越六年，迁扬州府同知。去抚之日，士若民如赤子之失母也，攀缘二百余里，至丰润，涕泣而回，曰："何日再见侯乎？"于是绘侯像，建祠祀之。不敏过抚宁，见而敬服焉。越四年，抚之士民束帛陈实，求一言于余，勒之石，以垂侯政于不朽。不敏肃容而问曰："人情思于方去之时易，思于去后之四年难；树碑于显宦要津之人易，树碑于远郡佐闲散之职难。今日之思，真思也。王侯何政而感人之深如此？"士民作而对曰："侯抚民以仁，训士以礼，赋役从轻，刑罚从宽，约束吏胥，裁革冗役；禁挦捕，绳左道，问疾吊丧，表扬节孝；煮汤糜以活饥民，立保甲以资武备；创书院，建魁楼，置社学以兴文教。朝勤夕惕，百废俱举，此侯抚绥之政也。复修山石边墙二千六百余丈，建台三十座，烽墩一十有四。此又侯济变佐时之政也。"不敏闻而叹曰："侯抚民勤苦如此，又能佐时济变，可谓盛世之循良而筹边之利器矣！"世人以沉灶产蛙为城守功，不敏独以为绸缪未雨，如王侯之功更大耳。士民爱如父母，戴如天地，敬如神明，有由然矣。是为记。

许公祠　在西河南关帝庙前院，祀知县鲁山许梦兰。道光壬寅，公办理海防，该堡挖濠种柳，详免差徭，居民肖像祀之。

王给谏祠　在西街，路北，牌坊下，祀明兵科给事中王印祥，本谏议故第，族人奉遗像祀之。

单氏宗祠　在南街路西（天下宗祠多矣，例详谱牒碑难入志。今单氏宗祠祭田千亩，立法最善，载入坛庙祠宇之末，并附录记、序各文，以为收族者取则焉）。

《单氏宗祠祭田序》云：昔尝读钱公辅《范文正公义田记》，文正公置负郭常稔之田千亩，以养群族之人，日有食，岁有衣，嫁娶凶葬皆有赡，择族之长而贤者主其计，而时其出纳焉。已而考文正公贵显时为此，于是作而叹曰："人不贵显，操政柄无误为其难。盖云非敢缓也，必有待也。"今之人于其难者而克为之，于以奉先志而成孝之大，则观卜黄单公《建祠捐田记》而有感矣。其言曰："始祖自山东高密而迁，前明永乐时家于抚邑之东河南，今子孙繁昌，散处不一，先君子与同族谋建宗祠，置祭田，不幸辞世，一切本祠房舍之犹隘也。宗人共此祠祭之田，未广也。善后规条不请大吏，恐后此继嗣之日靡也。"于是，辑祠宇，营市廛，广置祠田，盈千亩之多。又虑事久易欺，族大而吞并，不免也，遂缮册呈明，官立案据。盖经营数十余年之久而一旦迄于成此，非敢缓也。所以肃奉先志而深思其善举也，然则今人生在圣朝，沐浴膏泽，如范文正公于贵显时能有此举也，足为难矣，而矧遑遑焉。积日累劳，久而观成，其终慰先人孝思，不匮如单先生之所为，不更难耶。先生少举于乡，近奉天子恩诏，获举优等，选广文矣，久之不赴任，则以有老母在由。今日观之，其为荣亲也大乎？太夫人鹤发怡怡，其乐欣然也於焉。逮及家人，其诸葛藟之累樛木，振振之咏螽斯，殆为今诵者，其立而待之。

赐进士出身、特授中宪大夫、提督湖南湖北学政、刑科掌印给事中加四级，邑人温如玉撰。

又《单氏家祠序》云：《记》有之"亲亲故尊祖，尊祖故敬宗，敬宗故收族。"注曰："收族，序以昭穆也。师其意而行之，则士大夫家祠之建，即收族之权舆也。"骊城卜黄单公，余壬申同榜友也，平生好施予，不轻然诺，以孝弟力田世其家。迨祖业中凋，克自振拔，耕读为经，勤俭纬之，而家道成，只承先人收族之遗训兢兢焉，日以创立家祠为念，又得师事其堂兄禄百公，讲明而切究之，拳拳服膺，有志未逮者廿余年。至乾隆丁酉春，始克继先人之志，而家祠落成。公虑祠宇之未能垂远也，祭祀之不能备物也。为之捐膏腴之田一千亩，市廛之房四十间，岁收租息，以永其丹艧、供具、牲牢，公可谓善继善述者也。又体先人惇睦之心，以其余租用赡族人之不足于力者，以释其怨，恫族人之中有空乏也，老幼为之养，吉凶为之周，族人之穷于无告也，孤寡为之抚，鳏独为之恤，无力读书者为之立塾以教之，有志制科者为之资斧以成之。至于地亩、房间、粮银、界址为之详，司案以杜其争，为之选廉干以董其事，为之立章程以善其后，既已周且详矣。至于支取存贮、采谷备荒、增地益租之细，无不为之，条分缕浙，酌定其规条，以为永远计。其承先裕后之功，真堪不朽也。由是一堂跪拜，昭穆有伦，则子孙之散处未识始祖之墓葬者入祠而僾乎，有见忾乎，有闻矣。族人之迁徙，未识同姓之亲者入祠，而尊卑有等，长幼有序矣。收族之道，莫大乎是，而亲亲以及尊祖敬宗，胥寓于此。是为序。

乾隆四十三年戊戌仲春泽水李湜题。

《抚宁单氏建祠捐田记》：惟我先考谋创建祠之二十三年，槐始克承厥志，而构材竖造，以落其成。古人云："非敢缓也，盖有待也。"槐幼读书从再从堂兄禄百，学功课之余，间叙吾家世系渊源之自，深痛心于始祖之字讳无传，而上世流传以来，稔知始祖山东高密人，永乐时迁于抚之东河南，家焉。殁即葬于其乡之阳，迄今子孙繁昌，上溯皆为始祖之所衍育，而散处不一，世代愈远，子孙有累年积世未省始祖之墓者，且有终身未一拜祭者，其故皆因家贫力弱，艰于跋涉而然也。禄百兄心窃伤之，尝对先考言，通四衢之地而建祠，近居族人瞻拜，必大有便，恨力未能耳。逮癸酉岁，族有鬻产而居址迩者，先考曰："是可购建祠堂，以遂禄百侄之志矣。"爰邀商从堂兄聿修、熊飞，再从堂侄绍康，各闻善，踊跃捐资置讫，方拟次第修举，不谓先考于丙子岁逝世矣。聿修兄又逝于丁丑岁，熊飞兄又逝于庚辰岁。所遗一切善后，概未措置，仅一绍康，经费不支。槐孤只一身，嫒嫒在疚，何以仰答先考哉？自念建祠非艰，保祠惟艰；保祠非艰，保祀祠之族惟艰。既为祖宗而建祠，而同奉祀之子孙，或饥苦无告，无以为生，祖宗见之必有余恫，徒祠何为？念及此，不得不展延岁月，谋置祠田。又念原置祠基狭隘，用捐己业西街路南地基一处，南北长二十五丈五尺，东西阔六丈，其南头之东西长十六丈一尺，南北阔九丈。中建正厅三楹，两旁各附建一楹，前建穿厅三楹，两旁各附建一楹。祠后建围房六楹，后院内东偏建厢房六楹，西偏建马房六楹，穿厅前左建书堂三楹，前院外建大门三楹，周以垣墉，固以陶埴，并捐护祠赡族祭田十顷。又附捐祠旁近市廛房三所、四十四间，总计各地房租岁可约得五百金。因定支用规条十则，并善后规条十二则，从此祠可永保不坠，族可庶免流离矣。抑又有虑焉，事久则侵欺易生，族大则吞并，不免谋于始，弗虑于终后世，其何据以为法，守用是列其坐落，详其亩至，备缮清册，呈官立案，使后世恪守遵行且以明，迟至二十三年，不能急成先考之志，而待于今者，其故盖欲垂诸远也。族人闻而是之，谋镌诸石以示后。余亦以肯堂、肯构、肯播、肯获者之尚有望于后人也。遂允所请以为之记。

　　乾隆四十二年丁酉吏部候选知县、壬申科举人单氏裔孙槐敬撰。

　　附：

　　观音寺　在南门内迤西，后有藏经楼，今半圮，有万历、康熙年碑，天启三年钟，朔望习仪于此。一在县南马家峪。一在县东南抓角槐顶。一在东桃园旁，祀二郎。一在台头营北关，有明副总兵张守愚碑。一在太和寨。一在榆关西河滨。一在榆关东路北。此寺旧在马棚山阳，明季倾圮，村人赵福与室人丁氏发愿捐菜园一区，于顺治乙未十月改建，并置香火五十亩，邑人王简撰碑记其事。一在五王庄。一在宋家翟坨（程万仓，本城人，光绪三年独力将藏经楼修葺一新）。

子孙庵　在卫胡同后城下，为陈氏香火。

泰山行宫　在西门外路北，即碧霞元君祠。一在洋河古渡南岸。一在东河南大庄。一在卢各庄。一在台头营。一在都寨西北。一在荷叶山，院宇清幽，可以避暑。一在双望堡东关。一在泊河寨。

卢龙辛大成《碧霞宫重修碑记》云：淫祠之设，功令有禁。昔汤文正公抚江左，毁淫祠凡数百，厥功甚伟。延今百十年来，渐复旧习，而象教兴修，名蓝林立，尤属不典。虽然方今太平日久，物阜民丰，圣天子崇重西番红衣僧礼数有加焉。夫天子神圣，岂真视如生佛而资为祈祷哉？然且立之大刹，纳其徒众，朝觐有期，锡赉如制，岂不以夷俗信佛服教，畏神如天如地，因其信而礼之，而西僧怗然矣。而夷人之信西僧者愈怗然矣，不亵朝廷之体，已得怀远之道，古帝王神道设教之义如是也夫。然而象教之设亦何不可？台头营直北八里许，濒河有村，曰泊河寨，旧有碧霞元君祠，而左右翼佛象列焉。岁戊午行脚僧亮文挂丹于此，讶为不伦。度祠后隙地，欲别建三楹，位置诸天，咨于众，咸曰"可"。乃高阁数年所，万富李公慨其无成也，因起而任之，而鸠工庀材，黝垩丹艧。凡七阅月工始竣，费钱若干缗。虽大众乐施而李公之力居多焉。既落成续书，刘子属余为记。余素不佞佛，然喜李公勇于为善，并喜村人之赛丰年于兹，禳灾祲于兹，种种吉祥善事，不犹愈于作奸犯科乎？其于神道设教之义，微有合也。爰志其（巅）[颠]末，俾砻诸石以谂后之人。乾隆五十七年十月。

大安寺　在西关路北，今废。有正德、万历年碑，成化丙申钟。

地藏庵　在西门内卫胡同，女道士陈氏募建，今圮。一在台头营西下壕。

三圣祠　在北门外路东，有万历四十三年钟。

白衣庵　在东关路北。万历三十五年指挥张耀先创修，孝子袁卉植柏八株。一在西庄前临溪桥。一在台头营东关，万历年建，有征西将军大同总兵张守愚碑。

　　邑人郭城《白衣庵施香火地碑》云：盖闻大千世界，无非因果相投，亿万人天总以慈悲为主。龙宫象塔，不自天成；白马青鸳，皆缘人力。是以山阴推宅，镌净果于许询，宜寿闻钟，著嘉名于荀勖。凡诸成德，概勒丰碑。抚宁白衣庵者，南挹荆岑，东瞻岳庙。辟支留迹，香蒙莲座之春；舍利腾辉，甘洒杨枝之露；神道设教，醒历劫之沉迷；佛法无量，救诸生之热恼。聿赖皈依之力，大开忏悔之方，独是一指空禅，外无寸土。三车内典中乏新畬，虽屡承众善之捐施，卒莫继诸佛之香火，乃有荐绅先生、乡贤长者，割膏腴之地，输上错之田，给朔望之粢，盛花缀庵罗之树，备春秋之禋祀，鸟鸣必钵之林，是虽金仙之不没其灵，亦弥陀之好行其德。僧宝林恐日远年湮，芳徽或息，时移事易，盛举不传，爰是伐石缁林，镂兹紫篆，岣嵝永峙，功德常昭。

　　观音堂　在南关外，望荆庄路西向北，有万历四十三年钟。

　　栖霞寺　在县西南十二里。山林幽邃，涧水潺湲。门外石桥，传为唐鄂公建，崇祯元年巡检郭守存重修。桥西片石上有"金马遗踪"。华亭沈荃题"勺泉"二字，知县赵端诗牌尚存。

　　赵端《重建栖霞寺石梁记》云：县城西十五里有兔耳山，为邑屏障。山南麓有寺曰栖霞。背山面溪，溪旁石上马形金色，昔人题"金马遗踪"，乃邑之胜景也。山南即旧县治，村民错落以居。跨溪有桥，建自唐鄂国公尉迟敬德。乡之人，凡陟山樵苏者赖之以登，往田耕耨者藉之以济。桥之利众，实与舆梁徒杠等至其为坤水之要梁，兑山之关钥。又与邑为轻重，固不独金汤梵宇而已也。余于劝农之余，憩于寺内，登山瞻眺，俯仰之间，飞泉百折，峭峰双峙，林木阴翳，禽声上下，为低徊流连者久之。甲子夏五（月），洋河泛溢，平地水深数尺，沿河居民悉遭水患。余奉檄勘灾，重过山寺，见夫洪涛海涌，桥被冲塌，隔岸山光，恍招故人，其如急流正泻，一望弥漫，无处问津，迷桃源踪迹矣。嗟，嗟！自唐迄今，历经千载，余以数年间沧桑兴废一至于此，忍使山灵落寞，水咽钟沉也耶。于时值修城孔亟，未遑兼为筑桥之举，怅然而返，作《兔耳山行》以志慨，亦大不得已于怀者矣。秋杪，城工告竣，遂于冬十月捐资购料，重为建桥，令本乡之耆老董其事，于乙丑春而落成焉。余复与二、三知契渡桥至寺，瞰而顾之，见蹲鸱低伏，雁齿遥铺，石虹高耸，云刹近连，较诸畴昔之登临，别觉一番新色，而碧涧清流，更无复山行之感矣。然是役也，谓余为利农樵之济涉，可谓余为恣士庶之流览，不可谓余为表一邑之胜概，可谓余为作精蓝之善缘，不可山与城俱寺并山永，而桥又同寺与山共传不朽也。

副总戎赵朗《夏日游栖霞寺》诗云：兔耳双峰秀，遥青插海天。林深方结夏，寺古得安禅。蜃市楼中气，蚕沙槛外烟。腥风潭水沸，应有渴龙旋。

赵端《壬戌三月下浣邀同沈宫詹、夏征君游栖霞寺》诗云：花明春寺僻，水净石桥幽。兔耳宜邀月，禽声直似秋。四时开士定，一曲夕阳留。酒兴兼诗思，殊堪纪卧游。片石老寒烟，霜蹄神骏传。碧抽春草恨，红对落花怜。松响涛生树，云低鹤下天。邱亭今有地，吾意欲逃禅。乱山巉崿处，绝顶觉天高。岁月惊芳草，生涯问浊醪。醉书应自圣，诗史定谁豪？石壁侵莓藓，临风落兔毫。薄日林皋迥，残霞出岫明。远钟虚谷应，古木暮烟平。蹊湿晴疑雨，苔青断复生。臣心同勺水，聊足慰怀清。

又《春日同汪子明峻、侄景从、儿景徕、景衡游栖霞寺》诗云：禅房高耸乱峰头，此地烟霞足卧游。心远独疑仙路近，林深翻觉洞天幽。敢将啸咏同山简，自爱清狂过子猷。最是登临多胜事，竹床茶灶共淹留。

教谕辛进修《九日赵邑侯招饮栖霞寺》诗云：何幸逢仙令，郊原载酒过。黄花迷野径，红叶点山阿。涧泻泉声远，桥横云影多。忘形已落帽，醉倒更婆娑。

钱塘赵景徕《随家大人游栖霞寺》诗云：梵宫花柳散晴烟，十里香尘驻锦鞯。觞咏拟追春夜宴，风流不羡永和年。兔峰无恙摩霄汉，马迹何时枕瀑泉。歌管半残人欲醉，上方清磬自泠然。

无锡王模《秋日游栖霞寺》诗云：策马骊城古塞西，万重飞翠拥招提。野花过雨香还浅，山树迎秋果正齐。踏遍乱云盘曲磴，坐临欹石弄清溪。徘徊更欲穷幽兴，兔耳峰高落照低。

华亭沈荃《赵令君又吕邀同夏子宛来游栖霞寺》诗云：一涧龙潭胜，双峰兔耳悬。穿云寻野寺，拨草听新泉。石迹遗金马，松风韵管弦。兴来频顾曲，日暮未知还。陟磴循松径，携樽坐石矶。野花晴落帽，山翠冷沾衣。地僻留僧话，亭虚待鹤归。我来方鞅掌，到此已忘机。幽刹何年构，栖霞此擅名。晓窗延海色，夜壑饱松声。园果秋堪摘，山田岁可耕。石桥流水静，湜湜照人清。登顿何辞远，山川信有缘。幽期真不负，东道况多贤。碧草余春色，黄鹂动暮天。酒酣题石去，回首渺苍烟。

苏滨《秋日游栖霞寺》诗云：十里晴光散晓霞，寻幽重过老僧家。云开山径初传呗，木脱寒林尚见花。结社未携彭泽酒，汲泉堪煮赵州茶。归来策马斜阳路，遥听边城起暮笳。

程士奇《游栖霞寺》诗云：宝地何年建？相传自鄂公。门前春柳绿，山外海云红。拂石寻金马，疏泉度彩虹。双峰天际起，兔耳插遥空。

赵道敷《秋日游栖霞寺》诗云：严城霜落正深秋，重向琳宫续胜游。万壑碧云侵蜡屐，千林黄叶点征裘。扪来绝壁山光冷，望入平芜海气浮。为爱清幽吟眺久，隔溪樵唱起边愁。

邑人王运恒《和沈大宗伯游栖霞寺》诗云：为践登临约，相将老褐衣。水流川上趣，花发个中机。短发羞春草，雄心付钓矶。诸峰留我醉，频促未能归。栖霞遗迹久，幽僻未知名。洞有鹤鸾侣，桥无车马声。风吟林树静，月印勺泉清。愿结山农耦，优游此处耕。

乐亭岁贡倪炊《初到栖霞寺》诗云：林泉僻且幽，绝无人烟住。松声万壑鸣，是我栖霞处。

又《勺泉》诗云：东海有巨碑，题云一勺多。此水真一勺，能添东海波。

圆通寺 在县西二十里黑山峪，嘉靖戊子建，康熙辛巳重修。有判官脱影石，衣冠须眉如画。

重兴寺　在旧县西，崇祯十五年知县李果珍重修。

蟠桃宫　在联崖山，旧为道观，今僧栖焉。

石佛寺　在县南十五里。山林耸秀，泉石渊深。

华严寺　在县南二十里辆子峪。

龙泉寺　在县南二十里无瑕峪，寺后有天井峪，辽天庆间建庵，明宏治十四年辛酉茶盆山沙门智惠卓锡于此，募村人重修，造石佛一龛、五十六尊。今地基仅存，内有三截四面碑，高丈余，上刻佛像，中刻莲座，下刻《华严经》，茶盆山庵僧奇宗撰志。一在界岭口西沟。一在樊葛庄西北横山之阳，元时古刹也。地甚幽僻，花香鸟语，闻者清心。

卢龙辛大成《夏日书龙泉寺》诗云：杳霭岩扉薄暮天，长廊人静袅晴烟。微凉不用蒲葵扇，一枕斜阳雨后蝉。

训导鲁松《僧演印击蛇传》云：无瑕峪佛寺迤西南，深山大壑，林木丛密如栉，蛇虺生焉。寺僧演印，大名人，拳勇素雄。南北寺故有羊群，寝讹降饮，日夕下来，无执鞭而牧者，月计辄少数蹄。初以歧路之亡也，继疑有攘之者迹之。入幽谷，白骨狼藉，群鹊喳喳绕而飞，腥风扑鼻。方迟疑错愕，瞥见巨蛇如桶，冠如骨，咄犀红质黑章，蜿蜒岩穴间，见僧昂首吐舌，怒逐欲吞之。僧反奔而逸，闻耳后风声谡谡，草木披靡，疾趋返顾，不及者十数武。前阻深涧，无旁径，阔二丈余，僧一跃而过。隔涧视蛇，缩曲如悬弓，纵体腾越，掉尾鞭僧，光闪烁如飞电。山有石柱，僧掩柱后，蛇尾适中柱，响若山崩，柱中断，尾末捎僧衣，裂幅脱落，蛇力猛刨，巨威少杀，负痛簌簌，而战振踔扬，厉吻翕张，毒涎喷溢有声。僧急欲斗，手无寸铁，旁有树，拱把屈其身，断之以踝，倒持击蛇，蛇首尾宛转撑触。僧乘隙力批其首，斗移时，要害屡中，蛇渐委顿。僧贾勇碎其首，身犹跃跃掀动不止。僧少息回寺，唤佣徒曳归，僵卧如梁，观者犹不敢近，乃知葬蛇腹者不仅畴昔之羊也。剥皮寸磔之蛇犹有灵，夜辄恼僧眠，若恨不瘗其全躯，欲炼气复形而不得者，僧不胜其扰，刻木蛇，炷以瓣香，后亦无他异。至今谈技勇者，断以僧之权奇，迥非人力所能及。噫！抑异矣。此道光二年三月事，木蛇犹存寺中。

复兴寺 在鹞岭，俗呼下庵子。

平房寺 在龙泉寺西三里。

大兴寺 在洋河庄。传为唐刹，有万历、顺治年碑。

观音庵 一在县城郭家胡同，一在西门内南墙下，一在洋河马庄，一在洋河王庄，一在潘官西营，一在郭家营，一在留守营，一在台头营小南关，一在都寨南街，一在马棚山，旁为马头铺，一在韩家林，一在官庄。

清源寺 在张各庄北，有泉十余泓，汇于寺左，寺由是得名。有顺治八年碑。一在大李家庄。

朝阳庵 在樊各庄西山上，松涛泉濑，清人心目，盛夏多游憩于此。西夹院有文昌祠、奎星阁，灵秀特钟，向为会文之所。

水月寺 在水沿庄，同治十三年僧法体募化重修。

崇福寺 在县南三十里石家庄，道光年重修。

龙崖寺 在县东南十八里胡各庄东洋河岸，有渗金佛三尊。相传为尚藩人由粤东所铸，今圮。府志作"龙岩"。

虎踞寺 在塔子山，明天启年建，康熙四十四年移邴各庄西，旋为河所（齿）〔啮〕。道光二十年生员李少白施地改建。

福胜寺 在县北十二里，西有小石柱，呼之辄应。一在县东六十里。

报恩寺 在田各庄北山上。

胜水寺 在县北三十里，山舍有二泉，冬夏不涸不溢，屡汲不竭。登峰远眺则海天一色。下有石棋盘，相传仙人对弈于此，久废，僧超恩募化重修。

邑宰赵端《胜水寺看红叶》诗云：秋色明郊甸，招游古寺隈。禅关寒日满，林叶晓霜催。作籁参仙梵，如花照客杯。御沟非圣水，传语莫飞来。

卢龙辛大成《胜水寺远眺》诗云：莽莽秋空迥，凭高酒乍醒。峰罗千点翠，海划一痕青。塞雁低平楚，晴烟接杳冥。此心天地外，何事苦劳形。

台头寺 在县北三十里。

弥陀庵 在台头营东关。

望海庵 在台头营西关城根。万历二十六年创建，工部虞衡司郎中张宗孔撰碑。康熙时赵自有重修。乾隆四年栾令德等重修，岁贡郭朝儒撰碑。

秋月寺 在县北天马山西岭上，距文几山里许。明嘉靖中建，庠生杨修道重建。山旧无泉，杨尔祚创僧舍，凿井得泉，有三鱼纯白跃出，因立石以纪之。山门得月最早，晚钟时对之，真万里清光也。

邑宰张上稣《游秋月寺》诗云：平冈复下坂，柳色乱春渚。蓬蓬远翠间，殿角露孤屿。古木峭以森，枯泉沙作础。近山寺转无，乃在岩腰处。舍车遂徒步，余勇犹可贾。山僧颇野朴，斋厨藉蔬圃。知是长官来，呼童扫庭宇。平台堪小憩，煮茗涤瓯甒。群山正纠纷，不辨敦宾主。樵径细如发，石痕半劈斧。丁香发初胎，松杉杂参伍。俯视下山路，炊烟满村坞。

香山寺 在县西北三十里香山。

云城寺 在县西北三十里燕山沟内，有下（方）[寺]在沟外。

垛石寺 在（县）东北三十五里。前有三大石垛起，院内有石井五，水与地平。

教谕武克相《重修三峰山垛石寺碑记》云：或言天下佳山水，大半属之僧房道院，理或然也。余则谓有僧房道院，而山水之佳乃出，譬之奇花异卉，栖于幽谷之中，非有特识者品题之，亦孰知其沁心动目耶？天地之大，造化之巧，磅礴潆洄，凝聚交会，何可胜穷？然而登临弗至，凭眺无人，则亦等诸荒垤断堑，寂寞无闻已耳，且山居壑处，齐民维艰，惟缁羽者流其事，可以感人心，其力足以聚财利，而其人又多遐识远见，足以经营而结构，故凡一丘一壑得为僧房道院者，莫不改观，矧佳丽者乎？抚邑之北，去台头十二里有峪，曰垛石。岗岭四合，独阙其西。两山环抱如门，清流潆绕，禽鱼悠然其中，渐次廓大，青松怪石，各如人意。行二里许，其南有巨石者三，危然相垒，如人手置，此垛石峪所以得名也。又东行里许，为峪之尽处而山起焉，是山祖黄崖顶，天马山为其外屏，有石峰者三，中者如人拱立，稍内敛，左右有狮象形，稍外出而向中峰，此又三峰山之所以得名也。山之东麓有池泓，然阔不过丈，深不过数丈，不盈不竭，俗名龙潭，神其说也，而实峪门流水之潦也。自故明来即有因而建寺者，曰垛石寺。规模狭隘，山水之气象弗昭，久益荒废，莫识其奇。僧者光庆老僧，万河之弟子也。万河大有解脱，年七十余，饮食动履如丁壮，貌有童子色。光庆得其作用，自康熙癸酉岁飞锡至止，慨然重修。计大殿三楹，伽蓝殿二座，皆因旧而扩充之者也。禅室五间，东西厢房各三间，东西地楼各三间，西客座二间，东厨房，山门、角门、二门，碾磨柴房，无不备焉，皆其所创建者也。又扩地基三丈，月台为阶九级，殿阶三级，围墙四十六丈，高丈余，下石上砖，前后殿佛像修饰，金铁铸造地藏十王铜像十三尊，引泉水周匝于屋宇园林，以为烹湘灌溉之便。又为东西二池，以为种莲之所。是役也，工务求坚，事务求永，或再易或三易。自癸酉至己丑，凡十七越岁而工始告成，佐之者，惟已故赵君自荣、呼君明尧及二、三村中之善男信女也。无沿门之钵，无勉强之请，居然而成，灿然而新。凡登临凭眺者，仰而视其崔巍，非有所筑培，而面目至是而呈其真也。俯而视其流漩，非有所涤濯，而意致至是而表其秀也。一林一壑、一禽一鱼，增色生妍，刮垢磨光，俨如天地之间。今日而方有此丛林，今日而方有此山水，孰谓僧房道院不足以增山水之色欤？说者谓"五蕴皆空""四大非有"，即有丛林、山水，亦殊多此一事。不知空非真空，乃可言空；有所当有，不可为有。此峪之上，应有此山；此山之中，应有此寺。正所谓空而不空，有而非有者也。后有作者，知此意而增美之，宁知不更有进哉。是为记。康熙四十八年。

邑人宋赫《垛石寺》诗云：双石累青嶂，相依秋已残。栖兹岩谷里，谁作丈人看。月照长城晓，霜沾绝塞寒。泰山纷欲倚，特立尔嶙峋。为怜幽谷僻，到此一摩娑。疑是生公聚，曾无米老过。嵚崎违世久，安稳得天多。任彼封三品，悠然卧薜萝。

水峪寺 在县西北四十里，猩猩峪北八里。东倚高山，峭壁百仞。西临深涧百余丈。佛殿三楹，后为僧寮，西屋二楹，为诵经所。殿前西厢房六楹，游人憩焉。开窗排闼，山如屏列，后有飞瀑，由寺东奔流入涧，奇谲可喜。每当明月东升，光圆到顶，万籁俱息，令人超超有出尘想。

邑人吴兆鳌《水峪寺》诗云：雨晴风冷翠斑斑，乞得闲身图画间。采药僧归红叶路，钓鱼人立碧溪湾。香台已许渊明共，方丈宁无谢客攀。我亦惯游狂学士，夕阳且莫闭禅关。

弥勒寺 在县北六十里。

圣水寺 在干涧堡北青华山上，久废，道人刘云鹤筑室修炼于此。

西佛庵 在东胜寨西崦内，多于此读书，有崇祯八年钟。

白云寺 在落林峪西。

玉泉寺 在李良峪西。

天庆寺 在张家黑石北沟。

卢龙辛大成《天庆寺重修碑记》云：盖闻刹利瞿昙，种分六姓，能仁善慧，派衍一宗，留象教于波罗，常昭佛日，畅元风于震旦，普荫慈云。试看欢喜园中，转法轮而开觉路，曾闻烦恼城里，现慧炬而渡迷津。回苦海之茫茫，永名功德，断尘情之种种，久最慈悲。故宝气初占花雨，弥乎西极，而金身不坏，供养满乎大千。维兹山之钟灵，洵礼佛之净土，河流黑石，俨同七宝之池；峰涌黄崖，可面十年之壁。惜乎！开创久远，渐觉道场陵夷。僧人普浴，早悟三空，夙除八垢，得闻第一义谛，皈依不二法门，果证无量识大。梅之将熟，清修最上，知行者之通灵。戒定慧，历劫相生，早已放下布袋；贪嗔痴，一丝不挂，何须将过蒲牢。乃于乾隆二十六年，岁在辛巳，卓锡于万嶂之巅，挂衲于五株之树，爱其幽僻，恐遂颓残，增为大观，居然化城之金碧，扩其旧制，愈觉法相之庄严。夫而后钵洗清泉，性与晨钟共适，经幡贝叶，心随暮鼓同参。麋鹿衔花而驯扰，缟鹤巢松而徘徊。遍地檀香，无非般若；虚心禅理，总是法身。诚哉！入道之丛林，展也，真如之盛境。是为序。乾隆三十三年。

望海红沙寺　在县东北七十里黄崖顶上，因可以望海故名。金大定时比邱张三峰创建，明天顺间僧张净朗重修，正德四年僧李道敏募吏部听选官杨福贵重修，江右谢恩诰撰碑。寺有铁瓦无梁殿，瓦镌"明定国公徐彦昭与府中男女施铸"姓名。每岁十月初五日香火最盛。崇祯十六年僧云祥募邑庠生冯景运重修，有永平监军兵备石声和撰碑。下方曰"黄崖寺"。康熙四十五年僧庄福募台头营外翰王养凤、庠生茹瑜、董启瑞、岁贡茹珩、许青云重修，知县谭琳、刘馨劝附近居民砌地址台阶数百丈，免其徭役，改名"金峰寺"。庄福示寂，徒海印毕其事，邑人王简撰碑。

明兵备副使石声和《增修黄崖顶碑记》云：寺创于金大定间僧三峰者，历元代至我皇明，今已四百余载矣。残碑断字，惨淡夕阳间。有僧云祥往依焉，斩草而居，矢募修建，跪诵华严。夫古今之事，靡不以一人亡、一人兴，而一时有国玺湛源者往来燕、永间，结檀越，作目缘，而山寺之费稍舒矣。有知弥者，通音义，善楷书，多技能，而寺之书记任之。有显光者总出入之数，而寺之度支，人之施予，皆属之，而靡不给焉。薪者、汲者，各执厥事，固犁然而有序矣。于是鸠工庀材，未有者创之，已有者新之。穿天井，造浮屠，起韦驮殿，筑周围墙垣，白莲、师象，丹漆如绘，因者什之一，创者什之九。又虑下院至禅室，梯木易腐，修石磴二十三级，廊庑、厨舍、斋房，莫不备焉。登斯岩也，夜静风轻，星横斗转，晨钟暮鼓，贝叶幡经。奇花怪石间，古今之遥，兴废之感，恒必由之。余亲和元，寺之檀越也，凤缘山水，谈及此寺兴废之由，命余记之，曰："是役也，不有三峰之创则云祥何以因，不有云祥之修则后之人何以观感兴起于无穷耶？今日之云祥，即昔日之三峰也。"余因述此意，以为记。和元，姓冯，名景运，邑之文学也。崇祯十六年。

邑人王简《黄崖顶寺碑记》云：黄崖顶之名著北平，犹盘山之名著渔阳也。峰峦秀折，林木阴翳，望之若相似，然顾盘山以曲折见奇，黄崖以巉岩争胜。正有不相似者则以盘山之胜半人力，黄崖之胜由天成，微有分耳。崖背有龙眼泉二，崖侧盘松数十株，崖前险径丈余，行人不敢俯视，再北则层峰插天入云雾，摘星斗矣。雷雨盈足，下日月到睫前。遥辨东南，登、莱数州，隔蜃楼隐现中。至若崖间，四时春花锦簇，夏木碧阴，秋叶红酣，冬雪练积，真天成，非人力也。余向异兹崖之境，随喜赞佛之缘，掇叙以当纪述，不负济胜有具云尔。

又《创建金峰寺大悲殿碑记》云：俗传西有五台，东有五顶，皆摩诘胜迹。稽山右五台，秀萃一山；畿东五顶峙，形各处要，不出孤竹郡界。而黄崖乃五顶之一，开山于三峰和尚，悬岩削壁，沧海波涛，云霞沃荡，日月薄回，俯视临榆碣石犹一卷耳。四方登眺者记，至顶十五里许，势不能蹑屦直前，必斋宿而后扳缘，非有下院以夕息，人将望而畏之。旧有数椽，即名"黄崖"。腐瓦颓垣，逼处山麓，实不足以容车马，远近来游者，每借寓山村，僦屋而居，买饭而食，事之非伦，人多厌射。有僧庄福，目击心动，不觉忾然曰："登大名山，下无接引，其不损鹫岭之奇观，而消鹰堂之真境者几希。"遂卓锡于此，劳心苦志，养气存神。每眷言灵宇，载怀兴葺，祝遇同心，共成因果。恒言"人有善念，天必从之。"随获左右善信暨台营施主外翰王养凤、庠生茹瑜、董启瑞，岁荐茹珩、许青云者，互相劝勉，感动十方，老僧引愿勃勃，不惮劳瘁，鸠工庀材，因高就远，创建毗卢大阁五楹，庄严千手千眼佛像，规模初备，乐善无穷。幸逢邑侯谭公遥集高轩，继而敬庵刘公亲临山峪，督催附近居民，免其徭役。人以悦来，工以心竞。共砌地址台阶数百余丈，因而围墙廊庑，香积禅房，次第俱兴，几无遗议，改寺名曰"金峰"。丹刻翚飞，轮奂离立，俨然东土一大道场也。纂葺方殷，忽焉云没。所谓高轨难追，藏舟易远，良可叹息。其徒海印克承师志，功著垂成，补所未建，重修大雄宝殿并石级山门。迄今晨钟暮鼓，松柏青葱，层轩曲槛，迥出云霄，恍如入大千而荒三界者乎？毓金碧交辉之景于深山穷谷之中，不独游览者得所依归，而名区胜地，藉有荣光，较之背牛、仙人诸顶，更觉奇绝。《经》云："祥河辍水，宝树低枝，通庄九折，安步三危。"岂多让哉？谋勒一石，以志之。凡山之兴废，寺之创修，人之因缘，僧之德行，皆知所稽考，而并以励千百世后之发善心者。康熙四十五年丙子季春。

　　天祥寺　在黄崖寺西。

　　白塔庵　在天祥寺西。

　　青峰寺　在良仁庄。

　　望海寺　在县东南三十里，都寨东北，有康熙年断碑。

　　卧佛寺　在牛头崖南。

　　永芳寺　在县东南三十里。

　　古城寺　在蒲兰北，地基周如圆台。传为唐时旧垒，筑土痕迹尚存，土内往往有断戟锈刀。

　　慈氏寺　在县东北二十里见驾坡，创于元，内有古柏二株，大数十围，上冲霄汉，苍翠可爱。

　　沙河寺　在县东二十五里。

　　清峰寺　在县东北三十里鸭儿峪山麓，殿宇幽洁，可容栖隐。

　　碧云宫　在大李庄街心路南。

　　福惠庵　在大李庄西路北。

　　清凉寺　在县东十二里。

　　隆兴寺　在县东四十里，小科坨北山上。

　　元方寺　在县东三十里沙龙店。

　　清河塔庙　在东茶盆山麓，殿宇垣墙皆条石堆灌，上无梁木，用砖瓦悬造，创于元至治元年。

　　山神庙　在天门山麓，雍正六年修，前有古松二株，大数围，生于片石之上，苍翠挺秀。

　　宏量寺　在背牛顶下方，朝顶者必由此初步，久圮。同治二年千山僧照心偕徒思忠、檀庆、诚慈募修。迤北里许，其间奇花异草，目不暇给。七、八里外，有小岭凿磴道，仰望山头如椅，四围陡拔，西南置二梯，猿引而上，稍平复为磴道，又一梯相接，过此仍循磴道，更上二梯，达上方矣，计程可十里，梯边垂铁索，以防坠落，一八十

四环，环长五寸；一百八十环，环长七寸。同治四年海阳袁国任施
铸。顶上有石碑二十九通，东转七井错列，其一特深，丈许，皆石
甃。迤东为大殿，左右为莲池、放生池，就石凿成。殿南石城屹立，
四面有垛，传为韦驮殿，或云望海楼。东为无梁殿，内供铜佛，殿前
为关帝庙，有吕祖背剑像。东北石坡下有石缸，大旱水不涸。西北折
南向有洞，大如屋，西壁镌"海阔天高"四字，"参将林桐书"。东壁
镌诸菩萨，最南则达摩像也。绕顶长松苍翠，高（锯）〔踞〕崖石，
根不著土，称灵异焉。

印子寺　在县东北二十里。寺东有石如印，方五尺余，寺因
以名。

椒园寺　在县西十里。明洪武元年建，其地产椒，因名。嘉靖乙
酉重修，有滦州高第撰碑。

邑人王致澄《为王砥山招游椒园寺》诗云：拨云寻古寺，万壑树
声多。路曲频移屐，情豪欲放歌。新斋盈卷轴，满壁锁烟萝。岚影当
窗落，斜阳上竹坡（自注云：有亭在禅堂东畔，乃砥山所建，以为读
书之所）。

于家庵　在下京子北一里许。

延寿寺　在下京子东。

水云寺　在县西二十里。

卢龙蔡珽《水云寺碑记》云：水云寺，古刹也。不知建自何代？
余昔与器公家兄等游其处，见壑中巨石上刻有"元至正年"及"大众
五百会"等字，倾圮已久，株砾无存，惟山云涧水自朝暮而已。寺西
谷口外为所各庄，庄有居士王灵阳先生，不犯欲尘，抱道自处，凡数
十年。僧育山大师杖锡东来，获晤王先生，夙生缘契，法爱殷勤，不
忍去。先生问师所欲居？师曰："无人居者我则居之。"先生欣然曰：
"水云寺久无人居矣，当为师经营之。"爰结茅而处焉。道存缘集，众
畈事兴，凡三十余年，三迁而建寺于麓。盖王先生经始，众善信共力
以助其成，而育山之劳瘁胼胝亦三十余年，未少休也。寺成，索记于
余。余愧不文，略述数语以志其废兴之因缘遇合焉。至于水之一味流

通，云之去来无自，萃无量庄严，成众生功德，即缘非缘，无兴无废者。此大师常住之水云寺，而诸佛菩萨七趣三有亦同居共处，时时念念，觌面相呈者也，非一非异，文长不赘也。育山大师，传临济正宗三十五代，名实仑，一字湛水，别号云堂。余常戏谓大师之字号，既俨然受记兹寺云。

又《题水云寺，因赠湛水》诗云：松风满幽谷，落日瞻远山。飞鸟去已尽，幽人常自闲。种芋岩石下，采药白云间。阒寂忘尘事，萧然独闭关。

双泉寺　在县西南二十五里天台山。

邑宰陈钟琛《天台山双泉寺记》云：余生长山陬，游迹几遍天下。每于山水之际，结癖良深。一行作吏，得永平之抚宁。抚故多山，尝于簿书之暇，纵辔寻幽，有所得辄欣然忘返。戊子春，偕友人探胜于天台山，憩双泉寺。其地崇山奥衍，竞秀争奇，绕寺多种梨，花时琼英缤纷，恍入神仙窟宅。顾仅神宇数楹，游人倚徙无所，乃与住僧正化言而慨之，僧前席曰："是寺也，旧在兹山之东岭，结茅而居，名'饮泉庵'，形势逼仄，殆不可状。雍正七年始移建于此，而'双泉寺'乃得名焉。草创粗完，规模狭隘。乾隆二十七年，僧焚修寺中，醵金葺治，以今视昔，盖已略为宽广矣。当时本欲备精舍、缮缭垣，旋以经费不敷而止。至今僧盖心焉念之，弗敢忘。"因为余言某处可以建房，某处可以浚池，指画地形，井井不紊。余为之辗然而喜，嘱之曰："勖哉！有志者事竟成。毋负此一腔善念也。"继此二年来，正化垦辟地利，加以抄募，竟于辛卯之春，鸠工庀材，次第修治，既藏事来告余曰："僧今有以报命矣！山门改建三楹，作敞轩式，以资眺远。门东置群房五间，殿仍旧制，而丹垩之；前增东西耳房各一间，后筑围墙数十丈。果木周匝，莲池清深，不敢云为山灵别开生面，庶几一招提深境矣，请公落其成而记之。"会余适以王事驰驱，未即践约。然而峰峦林麓之间，神游盖久，闻正化言，境界已历历在心目间，默念寺既改观，山益献技，从此可以快游客之登临，供骚人之啸咏，则天工将藉人力而益著。正化之用心可谓勤矣。爰书数语以付之。他日吏事少闲，行将再命游屐，旷观新构。回忆前缘，必且坐卧低徊，流连不忍去，则余山水之癖，亦不至销磨于尘氛俗障中也。是为记。

卢龙辛大成《游双泉寺》诗云：数年绝游迹，今复快登临。一水清尘抱，层峦豁远心。路穿高鸟外，杖入乱云深。恨少惊人句，峰头恣啸吟。

邑宰陶淑《初夏摄事骊城，偕振远上人及舍弟辈自水云寺至天台山双泉寺，得七古一章》云：联朝讼牒纷纷埽，有如荒园除蔓草。胸次欲使俗根除，会访名山事幽讨。平明骑马出城西，四面峦光接马蹄。山灵一似招我去，岗峦变幻无端倪。路转芦峰烟径曲，一山奇突飞浓绿。人言此地天台山，放眼贪看意未足。山后黄崖峙碧峰，上有古潭蛟龙空。水云漠漠不辨寺，但闻万壑鸣松风。盘蹬几层到山腹，始见天台真面目。双泉涌地法界凉，只让老僧纳清福。吾闻天台迷阮刘，仙人洞府藏深幽。兹山无乃是幻化，飞来此地成丹邱。山峰倒影山岚收，墨花狼藉觥交酬。惟有远公横淡趣，挥麈山门石点头。

阳滦寺 在县西南四十里马家庄东沟。

二圣庙 在双望东关。

清滦寺 在县北十二里石河庄。

吉庆庵 在后白塔庄。

极乐庵 在黄家山西路北。

云峰寺 在县西北十七里曹西庄西。

寻真观 在县西北二十五里，俗名蚂蚱庵。道士刘大成结庵于此，日率弟子种植果木，积资创建玉皇殿、紫霞洞、小蓬莱阁。每逢春日花开，游人毕至，尤擅一时之胜。

邑宰赵端《秋日同友人汪明峻及门王畹仙、婿苏岷源、儿道敷、景徕、景衡游寻真观遇雨》诗云：晓出城西路，仙坛访旧游。绿沙平野阔，红树乱山秋。数骑穿盘磴，双旌渡浅流。停鞭遥指处，骤雨湿征裘。一片溟濛色，千峰望不分。瀑声翻助雨，岚气总成云。过岭人呼队，穿林马失群。悬知仙院近，山果落纷纷。古观清幽处，偏宜静者寻。好将邱壑趣，遥浣市朝心。扪石凌虚壁，披云见远岑。啸台凭眺久，茗碗足长吟。吟眺忘归晚，隔林疏磬声。烟霞留永日，竹树寄余情。野渡流方急，沙痕湿更轻。严城灯火近，戍鼓报初更。

云滦寺　在县西北四十里燕河庄白燕桥东。

铁佛寺　在马各庄西。

双龙禅院　在县东北四十五里南天门洞。

山阴诸元寿《建天门洞双龙禅院记》云：背牛奇矣，黄崖雄矣，五峰秀矣。天门兼雄奇秀奥，而名独晚出于诸山，岂不以时哉？兹山始则荒莽中一石崖耳，高插云岚间，斯时山显而洞隐，旧传野人掘土山窟中，岁久窟穿，忽见石洞，旁行往瞰，有苾蒭跌坐，盖化僧也，而洞显矣。但当日山属塞外，熊鹿所居，人迹罕至。时虽有洞而少僧。自南塘戚公展边，僧性存来住锡于兹，结庵施茶，才展其地耳。时虽有僧而无院。夫山灵之迥异，天胜之也；梵宇之弘隆，人胜之也。况人定胜天乎？昔人移山而山惧，非惧其人也，惧其子若孙耳。性存勤修数十年，临殁嘱其徒海据以成其志。时当鼎革，兵燹未遑。康熙初始募资构材，拮据卒瘏，乃于庵后凿崖辟地，建大殿三间，肯堂矣未肯构也。弟子寂禄复持疏，下三韩，趋齐鲁，栉风沐雨，奔走有年。于是，补建韦驮殿一间，两廊六间。大殿配房四间，山门一间，垣环砌堊，中塑三慈氏像，凿理洞门，悬钟于虞，于康熙十四年八月功始成，采龛朱几，绣柱雕题，望之如在天半，始与三山竞胜矣。登兹山也，直上逼诸天扪星汉，下视同苍苍耳。入其洞，窈然而深；升其堂，朗然而瞩。予因慨兹山之显晦，有时人力之通塞，有待当其时之未至。虽天造之奇，不能自显，苟人力不息，始即见难，积数世之经营而志无不遂者，乃知时必有待，而力不可不坚也，宁独开山也哉。予深嘉禄祖孙之坚其力，而山灵有待而显也，为记之如此，然禄所为特福田耳。若夫究无上之微言，参一乘之妙法，则洞中老僧或出而有以诏之矣。

‖ 卷之七 ‖

关 堡 津梁附

王公设险，不外山川；众志成城，俨同带砺。此谓有形之保障，犹或短垣自逾无象之金汤，反得长城自恃也。然而玉门铜柱，边防固赖人谋；杨叶榆林，关塞仍资地利。抚宁之为县也，东西当辽蓟之冲，南北据海山之险。口名界岭，地限华夷；山号将台，人凭战守。当年东道不通，相望烽烟数千里。纵有南塘坐镇，但能安堵四十年。如此岩疆，久称重镇矣。迄今塞下间田，耕夫叱犊；沙边旧垒，牧竖驱牛。人亦何幸生此太平世界耶？至若曰"榷"曰"杓"，水有难，方成杠成梁，民无病涉。渭桥南渡，象原法乎牵牛；魏将西征，师又防乎陷马。斯亦形胜所攸关，同为王政所不废，志《边隘》及《桥梁》。

猩猩峪城 在县东北四十五里。石城，高丈七尺，周八十八丈二尺，西门有楼。本名"宣府营"，明设指挥二名，兼烽把总三名，信官四名，界岭口管辖。我朝顺治年间裁撤。由猩猩峪至边墙三十里，边墙外有石城三座，基址尚存。外边墙一道，里许。墙上戍楼与敌楼，由背牛山下至孤石峪入临榆界，共二十五座（案：《古今图书集成》引《府志》云："星星谷堡移堡退四十里于潘家庄，仍旧名"）。

甘泉堡 在县东北五十里，西接星星峪，又东有温泉堡。

界岭口城 在县东北七十里。口有山曰"东顶""西顶"，两顶相对，高耸入云。旧城在两顶之下，中隔一水，分为东西月城。东月城自东顶蜿蜒而来，东面狭，不足丈数；西面百二十步，有门，有衙署，有民居。南面三百二十七步，北面三百九十一步即边城，统计周二里零一百十步。西月城由西顶蟠绕而下，多树木，无民居。西面狭，不足丈数，东面七十八步，有小水门，南面二百十步，北面百八十四步即边城，统计周一里零百十二步。自康熙元年设把总一员，马兵一名，字识一名，守兵十四名，兼管青山口、河口、重峪口、冷峰口汛地。东至箭杆岭二十五里，砖城，高三丈五尺，周三百七十五丈四尺，西门有楼，旧云"三十三关，此为最要。"（案:《读史方舆纪要》云：嘉靖三十七年，土蛮犯界岭口，官军拒却之。今有关城，为戍守要地。《边略》：界岭口东十五里曰十八盘岭，又东三十五里曰牛心山，去义院口东三十里，又口北十八里为梨花山，又北六十里为茨儿山，又北三十里曰红石岭，皆朔骑出没处也。按境内阳河发源于西北十里之罗汉洞，南流十里入关。《读史方舆纪要》云：罗汉洞关，西接青山口，东连界岭口，有小城，为戍守要地。隆庆初，蒙古土蛮入沙岭、罗汉洞，大掠郡境即此。沙岭在迁安县冷口关外。按此则洞旧有城，今已废，不可考矣）。

明刘景耀《界岭》诗云：界岭连云际，阳河入海流。山川胡地近，风雨汉宫秋。处处严烽火，朝朝逐马牛。谁怜汉飞将，白首不封侯。

《乾隆十四年界岭口核减碑记》云：界岭口原额正加米七十一石五斗九升四合九勺九抄一撮，豆八十二石零六升四勺三抄四撮七圭五粟。在昔坐斗征收，民苦上纳久矣。乾隆六年有娄思福者，会众具呈，蒙宪辕详申奏，将原额减去十之七，下剩十之三，今存正米二十五石五斗五升九勺八抄零，豆二十八石六斗二升一合一勺二抄零，连驸马寨粮数在内，民等雀跃欢忭，謌颂无由。有常君得荣泪子常贞，恐积久弊生，与众共议，故勒石以记其事，俾后世纳粮之家知圣德无疆，抑以知核减始末之由也云尔。

《咸丰九年界岭口减差碑记》云：盖闻官以恤民，民以奉公，官民一体，由来旧矣。吾堡小人向蒙皇上牧养之恩，敢不奉公守法而图免国家之差务乎？缘我界岭口一堡，民居边关，山稠地窄，奉上之物无出，河涨水发，贻害之道有由，冻馁不免，所必然也。于咸丰八年，县尊梅公莅任乡地，刘永发差务循旧，遵办甚难，民人鲍希升太息堡之困苦尤切，具禀请轻，恳恩上叩，一一诉其缘由，而梅公着念子民之困乏心甚，恻然布化宣猷，大展召伯之德，惠鲜怀保，欲存郑侨之风，怜我一堡，恺切劝谕，谓国家经费有常，民力在所必借，为之斟酌，率以差务折办东钱三百吊为度，梅公之德没世难忘，于是集会一堡二十三庄公同商议，均拨均劈，勒碑刻铭，永垂不朽。

明刘景耀《界岭正关楼得才字》诗云：城头碣石郁崔嵬，倚槛春风塞外来。三辅河山时对酒，九边烽火共登台。秦皇岛上仙云散，姜女祠前古月回。莫道书生无侠骨，毛锥元负佩刀才。

箭杆岭城 在县东北七十里。口设木栅，两重河水穿栅入。东南至花果山十里，东北至码礤岭十里临榆界。城高三丈六尺，东面八十四步即边城，西面二十步，有门一，南面二百步，北面百八十一步，统计周一里零百二十五步，西南二里旧有墩台一，今废。东南半里有墩台一，高三丈六尺，周十二丈，城有守兵一名，属台头营管。又城东南有小月城，周八十六步，西北有小水门，今废（案：《读史方舆纪要》云：箭杆岭关在县北界岭口东第一关口也。又东接双岔谷、星星谷等关。又苇子谷，界岭口东第四关口也。又东历细谷口、花场谷、拿子谷等关而接义院口，皆有小城，为戍守要地）。

《乾隆六年五关一营十八庄花户同立三官庙改征边屯米豆数目牌示碑记》云：官保、兵部尚书兼都察院右都御史、总督直隶等处地方、紫荆、密云等关隘提督军务兼理粮饷加七级孙为奏闻事，乾隆五年十二月二十六日户部咨前事等因到本部堂准此，拟合就行为此牌，仰该司官吏查照咨牌内部覆奉旨事理，即钦遵移永平府转饬该地方官，将箭杆岭等处河淤地、边储屯地应改征银米豆石名数目于辛酉年为始，减额征收并饬该府出示晓谕，俾里民均需实惠，取具遵依送查，仍将铁、永二堡屯地，每亩减征米五合之处，部覆无庸议，缘由并行知照外合行出示晓谕，为此示仰屯民知悉，各口边储屯地自乾隆六年为始，凡系河淤屯地每亩改征银一分，米二升二勺五抄七撮一圭六粟一颗，豆三升；边储屯地每亩改征米一升五合一勺二抄八撮五圭八粟五粒，豆一升五合；荒无新旧，每亩纳征银一分。尔等俱各查明应输科则，及时完纳。如有不肖官长、兵役及各粮头私行多征者，许尔花户赴本部院衙门喊禀以凭，分别参究，决不姑贷，慎之勿违，须至告示者。

梁家湾城 在县东北六十里，即中桑谷堡。石城，高丈八尺，周百三十二丈七尺，南门有楼（案：《古今图书集成》中桑谷堡下云：旧桑岔谷、中庵二堡，后置梁家湾，合为堡，有城）。

驸马寨营 在县北五十里。石城，高二丈，周百八十五丈。门三，东西门俱废。南门存，无楼，城中无井，井在东门外二百步。

桑岔谷关 在县北四十五里。石城，今废。

青山口城 在县北五十里。北距边城二里，城高丈六尺，东面八十三步，西面九十四步，南面百零一步，俱有门，北面八十六步，有阁无门，统计周围一里零四步。口设木栅，外有重垣横亘，水穿栅入，经城西直下，西筑敌台二，东二台最高者曰"万丈高楼"。东至界岭口二十五里，与麻官营声援。国初设把总，今裁。现有守兵一名，属界岭口管（案：《读史方舆纪要》引《边略》云：青山口北二十里曰"三岭沟"。又北八里曰"初子谷"，皆戍守处也。罗汉洞关西接青山口，东连界岭关，有小城，为戍守要地。隆庆初，蒙古土蛮入沙岭、罗汉洞，大掠郡境即此。沙岭在迁安县冷口关外）。

青山驻操营 在县东北百二十里。石城，高二丈，周三百四十七丈，东西南三门。

《乾隆七年边储屯减赋碑》云：边庭地瘠，未编入甲社，其粮黑白二色，归本府粮厅，转运山海关养兵。乾隆初年拖欠甚多，民不聊生。值部使厉自朝鲜归，贫民呈请，乃为上奏，钦命本省都督孙沿边巡察，周知民瘼，据情申奏，遂照旧额去七留三，后以界、青二口地近山海，其粮派边民催收，送司厅直达山海关，亦省约之计也。青山口地处山陬，无宽平膏腴之田，粮属边储，一年有九十九石八斗二升三合之供。岁逢大有，犹且难以输纳；一遇凶年即不免于称贷，边民之苦由来旧矣。奈君门远于万里，艰难何能以自陈，宸听隔于九重，疾苦无由以遍悉，斯亦吾侪所无可如何者者也。幸遇厉大人轸念民依，具疏特达于黼座，又蒙孙大人体恤民隐，呈表复奏于明廷，皇上德配二帝，从谏如流，心同三王，有言必听，明堂议减，遂易九十九石八斗二升三合之租，玉册遥颁，仅存三十石二斗七升之数。盖以主圣而明，是以臣贤而良。于时税敛既薄，乃以俯仰有资。予小民独非人情乎哉？而不思表君恩于万一也耶。于是，群萃共议，建造此碑，以示永垂不朽云。乾隆七年壬戌律中中吕之吉。

案：抚邑北境以界岭口、青山口为险隘。界岭方轨可进，青山一径如线，止通步马。然前明崇祯戊寅，我大清兵下畿辅四十余城，由青山口入，已卯自青山口出，庚午取遵化、永平及昌黎、抚宁数处，所出则越青山而河口、（崇）[重] 峪口、桃林口、刘家口、极西之冷口也。惟隆庆初，土蛮入寇蓟镇，抚宁、昌黎皆被蹂躏，积患三十余年，始则由界岭入。正统时击兀良哈，命石亨出界领口、一片石九江口，前亦抚宁地也，今名九门，属临榆，出入便于山海关。国初时，知县刘馨曾修之。

台头营城 在县北三十里。砖城，周四里，南二门，东西北各一门。北至界岭口四十里，东至李家庄二十七里，西至卢龙燕河营三十里。演武厅在南关，久废，基长二十五丈，阔十五丈，二上马石尚存。

明崇祯六年永平兵备刘景耀《台头营新创天马雄飞楼记》云：蓟镇东四协，而台头介其中，东控辽海，西引滦江，南凭碣石，北倚长城，边寨重地也。已巳冬，北敌深入，郡邑不守，而台头以弹丸之地，保燕河，扼抚宁，为关门犄角，撑持东北半壁。岂不以区区之城可恃无恐也哉？城三面俱有楼，而南门独缺，于所谓台头者义殊不协。张君时杰以武进士总此地兵，毅然捐资为诸将士倡，不日而成此楼。中丞文弱杨公题其额曰"天马雄飞"，取映马头岩而名也。癸酉秋，景耀备兵北平，获登斯楼，望茶芽之晚翠，披芦墅之惊风，洋河横郭而潆洄，界岭插天而崚嶒，居然塞上大观也。楼凡三间，足避风雨霜雪，并贮弓矢器具，盖不徒侈壮观也。老媪六月而制寒衣，邻妇过而笑之。追金风转，气乍肃，手则缩，口则呵，始知制衣者之深谋远虑，而临期补缝晚矣。大将之治边，犹老媪之治家也。若谓如庾亮南楼兴复不浅，则未会建楼之意也夫。

又《台头营三角楼记》云：总镇张公守台头时，于城南门建楼，复起奎楼于东南，以应之信形胜哉。寻擢京营以去。协守王公继之，于三角各起一楼，巍然鼎峙。盖欲壮百二之关河，而卫亿万之生命，功亦巨矣。张公秉钺关门，过台头，睹三楼而欣然曰："此予所有志未逮者，何匝岁而竟成也！"王公谢曰："应晖因公之功而竟此绪余也。夫何功？"先是登南楼者曰"天马雄飞"，大观在是。今登三楼者曰"海鳌涌现"，众美悉备。二公之有造于台头者，用心密而垂虑周，宜遗爱俱永也。由是金汤永固，以战以守，屹然北门坐镇矣，乃敬为之铭曰：台头山苍苍翠屏，台头水悠悠寒汀。于焉峙楼，蠹霄干星。壮哉藩篱，以治以宁。地久天长，水绿山青。

临榆蔺士元《台头营紫极宫晚眺》诗云：荒城四面低，让出清虚府。筑台有百梯，拓地只数武。捷足试先登，翩然疑化雨。水浅沙碛平，山缺松林补。眼底万千家，比邻纷可数。晚爨起炊烟，白云互吞吐。铃声语佛楼，神风动廊庑。翻思上一层，余勇犹能贾。金锁涩难开，松扉隔琳宇。老僧期不来，日落洋河浦。

又《晚过抚宁北口望台头营》诗云：万松高锁白云窠，行尽烟萝异境多。山合四围包古堞，岩分两界纳洋河。断霞落日春鸿杳，淡月寒沙匹马过。旧是南塘飞檄处，只今惟有野樵歌。

东胜寨城 在县西北五十里。石城，高丈五尺，周百二十八丈八尺，门在南。

干涧堡 在县西北六十里。石城，高丈四尺，周百九十二丈，南西二门。

麻官营堡 在县西北六十里。石城，周三里许，在河口东南，与东胜寨接，河口水由寨东南流至沈庄，东北石槽峪水来会之南下，经黄土坎南注西洋河，其间香炉山最著。

深河堡　在县东四十里。城高共垛口三丈二尺，周三百余丈，门四，东西门尚存，门楼俱废，今设巡检分司。

马头崾堡　在县北二十里。

羊角山堡　在县北三十里（案：《读史方舆纪要》作"牛角山寨"）。

鹁鸽堂堡　在县西四十里。

雕崖堡　在县西北三十里。

塔子山堡　在县东三十里。

兔嘴岩堡　在县南三十里（案：《读史方舆纪要》"以上六堡皆为民堡也"）。

附：

阳河桥　凡七处：一在县西一里，一在县南三里，一在县东南八里，一在县东南二十五里，一在县北二十五里，一在县西北三十里，一在县西北四十里。水寒则设，水泛则拆。

钟家桥　在县东三里。

渝河桥　在县东二十里。

蒲蓝桥　在县东南二十里。

李官营桥　在县北三里，石桥。

程家庄桥　在县北七里。

栖霞桥　在旧县北二里。

李家桥　在洋河渡口。兴隆庄人李福安因祝母寿建此。又因山水涨落不常，复捐地六亩，以其租息为每年搭卸之费，近村名之曰"李家桥"，立碣河滨，邑岁贡樊鳃撰文以纪其事。

洋河渡　在县城西。乾隆十三年合邑绅士修筑河堤一道，知县陈钟琛捐造渡船并捐俸生息，为船夫费。

驿　站 _{墩拨、公馆附}

皇华载路，征夫骁骁，拥篲迎门，有客宿宿，捷飞邮于星火，弹丸之夫役几何，绵长路于关山，驿递之丞员尤惫。国家两都并建，九域来同，奉天三省之钦差、朝鲜八道之贡使，骊歌递唱，共惊榆塞风寒，凤诏频衔，尽道芦峰熟盖，京畿传舍，当天下十分之三，而抚邑邮亭，倍永平六属之一也。顾从前驿未归县，职不相兼。今也合牧民于牧马，须知害马当除，昔者闻驱众如驱鸡，漫道割鸡，焉用钱粮。额设发于县者，常见其多应付往来，用于驿者恒虞其少，于是，有协济之马，有添雇之夫，经制内无所领支矣。有派拨之夫，有买补之马，杂泛外疑于重敛矣。惟念传递之艰，仍戒闾阎之扰，守成规于勿替条，今日之宜施庶使，平平荡荡，遵道者共庆由庚，总总林林，应役者无忧旁午也，已志《驿站》及《墩拨》《公馆》。

芦峰驿　在县西十五里，明洪武十四年置。此驿原系府属，万历二年知县姜密申为县属，后移县治东南递运所故址。顺治十三年，裁驿丞归县。额设马五十匹，扛轿夫四十名，厨役五名，抄牌马夫二十七名，接递皂隶八名，驿皂二名（旧志）。

驿当极冲，今存马八十六匹，夫四十三名，扛轿夫四十名，兽医一名，抄牌字识一名，铡草喂马夫三名，接递皂隶四名，共银五千四百一十二两六钱。遇闰按月加增，驿丞掌之，后并递运所于驿（《通志》）。

初，额设工料银并递马等银四千七百五两，闰月银二百九十一两六钱六分六厘七毫，除历年奉裁外，实支工料银三千一百九十三两二分，闰月银二百三十六两九钱三分二厘五毫二丝九忽九微四纤。乾隆二十五年奉文为酌筹调拨驿马，以益邮政事案内，奉裁马十四匹，夫七名，裁工料银五百七十八两六钱二分四厘，实剩裁存工料银四千二百九十二两七钱一分六厘。额设马七十二匹，一岁应支银一千九百四十四两。小建六日，除银三十二两四钱不支，马夫、兽医、马牌子、铡草喂马夫，共四十名。又续增马牌子二名，抄牌字识一名，接递皂隶四名，一岁共应支银八百八十七两二钱二分。小建六日，除银一十四两七钱八分七厘不支。扛轿夫四十名，一岁应支银六百四十八两。小建六日，除银十两零八钱不支，又除留二夫八名，扣工食银一百二十七两四钱四分不支，实支银五百零九两七钱六分。

案：芦峰驿名最古，今则名是而实非。旧志谓驿原属府，设于芦峰口，西至府城五十五里，东至深河五十五里，马力适中，此名实相符者也。明神宗时知县姜密申于府，归县，乃迁驿于南门内迤东（旧志谓在南门外，误）。今仅存马神小庙，犹称驿胡同云。然芦峰之名相沿不改，及裁驿丞等官（顺治十三年），又移于县署西侧。往时驿路由西门外绕城入南门，换递夫马，今驿路由北门入即一驿而三变，他可以观矣。

榆关驿 在县东四十里深河堡。明洪武十四年置，国朝初废，后复置，极冲。现存马八十六匹，夫四十三名，扛轿夫三十名，兽医一名，抄牌字识一名，马牌子三名，铡草喂马夫三名，接递皂隶四名，共银一百八十两四钱，遇闰按月加增，驿丞掌之。递运所，明成化三年都御史阎公题设，同知刘遂督建。神宗二年裁，故址今名驿胡同。

初，设工料银六千二百七十四两七钱五分八厘，奉复后递经裁存工料银四千六百六十二两三钱六分，于乾隆十五年奉文为酌筹调拨驿马，以益邮政事案内，奉裁续增马十四匹，夫七名，裁工料银五百七十一两二钱九分八厘，实剩裁存工料银四千零九十一两零六分二厘。额设马七十二匹，一岁应支银一千九百四十四两。小建六日，除银三十二两四钱不支。马夫、兽医、马牌子、铡草喂马夫，共四十一名。又续增马牌子二名，抄牌字识一名，接递皂隶四名，一岁应支银八百八十三两四钱四分。小建六日，除银一十四两七钱二分四厘不支。扛轿夫三十名，一岁应支银四百八十六两。小建六日，除银八两一钱。又除留二夫六名，扣工食银九十五两五钱八分不支，实支银三百八十二两三钱二分。

明董越《抚宁道中榆关驿有感》诗云：晓别抚宁郭，天低海气连。苍茫初出日，惨淡未收烟。茅屋多依树，村氓半在田。榆关前驿近，伐鼓正渊渊。

县总铺 在县治东二十步。**横山铺**在城东五里。**白石铺**拨汛在城东十五里，有墩台。**马头铺**在城东二十五里马棚山，有墩台。**深河铺**

在城东四十里高台岭，拨汛有墩台。**绿湾铺**在城西五里，十里台拨汛有墩台。**芦峰铺**拨汛在城西十五里，有墩台。**背阴铺**在城西二十七里，饮马河拨汛有墩台。**双望铺**在城西三十五里卢龙界。额设铺司兵三十名，每名岁支工食银六两，共银一百八十两。康熙十七年，裁银九十两。二十年奉复，仍实支银一百八十两。乾隆三年，裁银六十两，实支银一百二十两。遇闰加银一十五两，康熙十一年裁，二十年奉复，仍实支银一十五两。乾隆三年，裁银五两，实支银十两。咸丰八年，裁银八两，实支银二两。

　　公馆　原在永平府东关路北，岁久颓废。地基阔十二大步，长三十七大步，见地一亩八分五厘。康熙二年四月，阖社置买王开乾瓦房一所，价银二百两有奇，坐落府衙西柴市口路北。十六年，复买王开乾、赵锦地基二块，价银十八两。红契俱付库收存。内计头层门房三间，二层厅房三间，二层后书房二间，西边厨房三间，东边马房三间，三层房四间，四层房四间。

▌ 卷之八 ▌

户　口村堡、里甲、集镇附

《周礼》登民数，《汉书》上版图。子惠元元，既拜登于天府；辰居翼翼，如亲历乎滏陬。兆民亿民万民，风行赤县；土籍卫籍灶籍，星拱黄图。盖以天子子天下，司牧牧群黎，保庶而加以富教，圣贤之虚愿必有实功，恤孤而冀其生成，长吏之引恬非徒报最。抚宁枕山襟海，障戍屯田。元季之兵燹频仍，室家难保；明代之秋防甚急，庐井多骚。逮入兴朝，始获休息，出水火而登衽席，服献亩于先畴，期耄耋而长子孙，植桑麻于我里，而且丁已摊粮，田不加赋，二百年食毛践土，醉饱尽出。皇仁十七里，凿井耕田作息，几忘帝力恩深，雨露好协毕箕，设官所以养民，既以登耗为殿最，安良必先戢觊，宜奉保甲为良图，志《户口》。

本城东街堡并所管各村民户三百九十三，男口一千一百，女口八百六十五。东关、白果树（距城二里）、钱家庄（三里）、黄家庄（五里）、东城院（五里）。

程各庄堡并所管各村民户一千四百三十，男口四千五百二十，女口二千五百八十。程各庄（距城十四里）、上庄（七里）、老虎庄（八里）、吴官营（十里）、贺家庄（十里）、崔家庄（十二里）、小赵各庄（十四里）、新庄（十四里）、万家庄（十五里）。

香营堡并所管各村民户八百二十，男口二千三百二十，女口一千七百八十。香营（距城八里）、钟家庄（五里）、朱家庄（五里）、刘家沟（五里）、杨家庄（八里）、吴官营（八里）、康家庄（八里）、路家庄（十一里）、下白石铺（十二里）、魏家庄（十三里）、高家庄

（十三里）、岚山（十六里）、荣家庄（十八里）。

齐各庄堡并所管各村民户三百四十四，男口九百五十，女口百二十。齐各庄（距城二十里）、丁家庄（十五里）、胡各庄（二十里）、吕家庄（二十里）、上新庄（二十三里）。

都寨堡并所管各村民户一千三百一十一，男口三千四百四十七，女口一千七百六十三。灶户十四，男口六百三十七，女口二百八十八。都寨（距城三十里）、包水渠（二十三里）、苏家庄（二十五里）、圈子营（三十里）、宗家营（三十里）、沙子窝（三十里）、洋河套（三十里）、蒋家营（三十五里）。

本城西街堡并所管各村民户四百六十九，男口九百三十四，女口七百零五。西关、小李庄（三里）、大李庄（三里）、五里铺（五里）、枣园头（五里）。

芦峰口堡民户七十，男口二百三十，女口二百二十。

石河堡并所管各村民户一千二百，男口四千一百八十，女口一千八百二十。西石河（距城十五里）、前石河（十二里）、后石河（十六里）、许家峪（二十八里）、刘各庄（二十五里）、马各庄（二十五里）。

茶棚堡并所管各村民户五百五十，男口一千七百三十四，女口一千零三十六。茶棚（距城二十里）、桃园（八里）、西湾子（十八里）、上官营（二十里）、下官营（二十里）、李官营（二十里）、苏官营（二十里）、韩官营（三十里）、苗官营（三十二里）、双望东关（三十五里）。

所各庄堡并所管各村民户七百九十一，男口一千六百五十四，女口八百五十六。大所各庄（距城二十六里）、小所各庄（二十六里）、背阴铺（二十五里）、董家峪（二十六里）、所各庄南沟（二十七里）、肖家峪（三十里）、云洞峪（三十里）、崦里（三十里）。

曹东庄堡并所管各村民户七百一十，男口二千二百，女口一千三百。曹东庄（距城十五里）、肖家庄（十五里）、曹西庄（二十里）、黄家山（二十里）、杨家庄（十五里）。

白塔庄堡并所管各村民户一千三百二十，男口三千一百二十，女口一千五百三十。前白塔庄（距城三十里）、后白塔庄（三十五里）、刘各庄（三十里）、杨家燕山（三十五里）、单家庄（三十五里）、寺头庄（三十八里）、张家庄（四十里）、韩家峪（四十一里）、坨上（四十三里）。

本城南街堡并所管各村民户五百四十五，男口一千七百零四，女口七百三十八。南关、望荆庄（距城一里）、邱家营（二里）、下李庄（三里）、阳乐墓（五里）。

紫房堡并所管各村民户一千二百六十七，男口四千三百二十四，女口二千零一十一。紫房（距城八里）、郑家庄（八里）、沟南庄（八里）、黄金山头（五里）、薛家庄（十里）、董官营（十里）、坟坨（十三里）。

杨家庄头堡并所管各村民户二千八百八十，男口七千五百六十，女口三千八百四十。杨家庄头（距城五里）、单家庄（五里）、王家湾（六里）、细河（三里）、陈家庄（五里）、陈家园（八里）、鲁家庄（八里）、任各庄（八里）、旧县（十二里）、范各庄（十二里）、第九营（十二里）、五各庄（十三里）、马家峪（十五里）。

洋河堡并所管各村民户六百八十一，男口三千五百一十七，女口一千六百五十。燕沟屯（距城十里）、崔铁营（十里）、小燕上（十二里）、西新庄（十五里）、上新庄（十七里）、太平庄（十八里）、张家庄（十二里）、李家庄（十二里）、小赵家庄（十三里）、大赵家庄（十四里）、马家庄（十三里）、柴家庄（十三里）、吴家庄（十三里）、宋家庄（十三里）、黄家庄（十四里）、郭家庄（十四里）、王家庄（十五里）、潘官西营（十五里）。

南

张各庄堡并所管各村民户一千七百五十，男口六千零八十三，女口二千六百六十八。张各庄（距城二十五里）、留守营（二十五里）、樊葛庄（二十五里）、石家庄（二十三里）。

山上营堡并所管各村民户八百五十八，男口二千七百三十七，女口一千四百六十。山上营（距城十八里）、前七里涧（二十二里）、后七里涧（二十里）、盛铁营（十五里）、潘官东营（十五里）、郭家营（二十里）、毛家营（二十里）、小营（二十里）、桃园（二十里）、好马营（三十里）、新立庄（三十里）、马房店（三十里）、周家庄（三十里）。

四赵各庄堡并所管各村民户一千一百，男口三千八百五十，女口一千六百五十。四赵各庄（距城二十五里）、北崖上（二十里）、石家庄（十八里）、桑园（二十里）、水金坨（二十三里）、西庄（二十里）、牛家店（二十五里）、刘家庄（二十五里）、端子河（二十五里）、圈子营（二十五里）。

官庄堡并所管各村民户一千四百三十六，男口四千二百七十，女口一千九百三十。灶户二十，男口七百二十六，女口三百五十四。官庄（距城三十里）、盐厫（三十五里）、唐家庄（三十五里）、丁家庄（三十六里）、朱建坨（三十里）、李家庄（三十二里）、韩家林（三十里）、贺家庄（三十里）、安家庄（三十里）、苏家鐏（三十五里）。

本城北街堡并所管各村民户六百八十九，男口二千六百一十，女口一千二百二十。北关、三里庄（距城三里）、杨家庄（三里）、北李官营（三里）、渤海寨（五里）、王家庄（八里）、河潮营（八里）、邴各庄（八里）。

北

田各庄堡并所管各村民户一千零六十，男口三千五百一十，女口一千七百九十。田各庄（距城十五里）、张家庄（八里）、程各庄（十二里）、寒江峪（十三里）、袁家庄（十三里）。

茹各庄堡并所管各村民户一千二百二十，男口四千二百零七，女口一千八百零三。茹各庄（距城二十五里）、大山嘴头（二十五里）、小山嘴头（二十五里）、南台头庄（二十八里）、白家堡（二十五里）、曹家堡（二十六里）、李家堡（二十里）、小湾子庄（十八里）、大湾子庄（二十里）、北台头庄（三十里）。

野各庄堡并所管各村民户七百二十三，男口二千五百十八，女口一千零七十四。野各庄（距城三十里）、黄土坎（三十里）、雕崖（二十五里）、半壁山（三十里）、周各庄（二十五里）、巨家庄（二十八里）、李家庄（三十二里）、七家寨（三十里）。

台头营堡并所管各村民户一千八百五十，男口六千二百十五，女口二千九百三十五。台头营（距城三十里）、吴家庄（三十里）、闫家庄（三十里）、大家坑（三十里）、演武营（二十八里）、东南庄（三十里）、三里庄（三十里）、周家庄（三十里）、王各庄（四十五里）、麻达峪（四十五里）、马家房（五十里）、吕梁峪（五十三里）。

大新寨堡并所管各村民户九百八十七，男口三千三百五十四，女口一千五百八十一。大新寨（距城四十五里）、单家庄（四十五里）、张家庄（四十七里）、狮子庄（四十八里）、宣各庄（四十里）、东峪（六十五里）。

渤河寨堡并所管各村民户六百三十四，男口二千一百四十五，女口九百九十五。渤河寨（距城四十里）、迷雾（四十里）、俞家庄（四十里）、王家庄（四十一里）、郭家庄（四十八里）、前家庄（四十三里）、楚家庄（四十五里）、朱家峪（四十八里）、牛栏店（四十八里）、小曹各庄（四十五里）、大曹各庄（四十五里）。

黑石庄堡并所管各村民户四百三十五，男口二千一百六十，女口九百七十五。黑石庄（距城六十里）、马坊（六十里）、双岭（五十五里）、梁家湾（六十里）、峪门口（六十里）、王家庄（五十五里）、寨里（五十五里）、董家庄（五十五里）。

界岭口堡并所管各村民户一千三百四十，男口四千五百九十，女口二千一百一十。界岭口（距城七十里）、口外山沟（八十里）、王家沟（六十五里）、贾家沟（六十五里）、郭家场（六十二里）、罗家沟（七十五里）、陈家庄（五十里）、柳树沟（七十里）、四边上（七十里）、西峪沟（六十五里）、箭杆岭（六十五里）、落林峪（六十一里）、陈化家庄（六十里）。

东 南

卢王庄堡并所管各村民户一千七百三十五，男口五千九百七十七，女口二千六百九十八。卢王庄（距城二十二里）、桃园（十八里）、柏新庄（三十里）、沙坡北庄（二十里）、邓家洼（二十五里）、蒲蓝（二十五里）、满井（二十五里）、满井西庄（二十五里）、杨家庄（二十五里）、李家庄（二十五里）。

西河南堡并所管各村民户一千一百零三，男口三千四百，女口一千六百。灶户十七，男口七十六，女口三百二十四。西河南（距城三十里）、杨家庄（三十里）、王家庄（三十五里）、孟家庄（三十五里）、李家庄（三十五里）、东河南（四十里）、水沿庄（四十里）、尤家庄（三十五里）、圈里（四十里）。

太和寨堡并所管各村民户二千九百，男口九千零八十，女口五千四百二十。太和寨（距城三十里）、南新庄（三十里）、沙坡（二十五里）、渠子口（二十里）、马家庄（二十五里）、桃园（二十五里）、大泥河头（二十七里）、朝阳庄（二十五里）、老鸦窝（二十里）、王家营（十二里）、泥河（二十里）、小泥河（三十里）、牛头崖（三十里）。

东

王庄堡并所管各村民户一千三百五十六，男口三千七百一十七，女口一千五百九十三。灶户二十四，男口八百五十一，女口三百七十九。王各庄（距城三十里）、枣园（三十里）、西店子（三十里）、东店子（三十里）、陆家庄（二十五里）、狮子河（三十里）、前狮子河（三十里）、白家庄（三十里）、后营（三十里）、小王家庄（三十里）、三家店（二十五里）、戴家河（三十里）。

西 北

燕河庄堡并所管各村民户三千五百四十，男口一万一千三百四十，女口六千三百六十。燕河庄（距城四十五里）、刘家燕山（四十里）、赵家燕山（三十五里）、赵家峪（四十二里）、丁家庄（四十五里）、成百庄（四十五里）。

花台堡并所管各村民户一千一百六十五，男口三千九百五十八，女口一千八百六十七。花台（距城四十二里）、岭底下（四十五里）、坨上（四十三里）、程各庄（四十五里）、小兴庄（五十里）、平房店（四十里）、河南庄（三十八里）、良仁庄（三十七里）、赵各庄（三十四里）、富各庄（三十五里）、康各庄（三十五里）、栗树港（四十三里）、邢家洼（四十里）、鹿角峪（三十七里）、张各庄（三十八里）。

严家山头堡并所管各村民户一千八百五十，男口五千七百五十二，女口二千六百七十三。严家山头（距城四十里）、冉庄（四十五里）、朱家庄（四十里）、采家坟（四十五里）、蛮子营（四十五里）、杨家山头（四十里）、后官地（四十五里）、程各庄（四十五里）、耿家庄（四十五里）。

麻官营堡并所管各村民户一千六百十一，男口四千七百六十八，女口二千一百八十七。麻官营（距城三十五里）、黄土坎（三十二里）、牛家峪（三十五里）、沙金沟（三十七里）、沈各庄（三十八里）、张各庄（四十里）、鹿家庄（四十五里）、石槽峪（三十七里）、柳家庄（四十八里）、十八盘（八十里）、青山口（八十里）、杨家庄（七十里）、东胜寨（六十里）。

西　南

西翟田各庄堡并所管各村民户一千三百九十一，男口四千七百五十八，女口二千一百九十七。翟田各庄（距城五十里）、东李田各庄（四十五里）、滕家田各庄（五十里）、两县店（四十五里）、张田各庄（四十里）、西李田各庄（四十八里）、董田各庄（五十里）、王田各庄（五十里）、郭家庄（五十里）、万家庄（五十里）、陈家翟坨（四十八里）、林家翟坨（五十二里）、周家翟坨（五十三里）、刘田各庄（五十里）、郜家田各庄（五十八里）、温家翟坨（五十里）、宋家翟坨（五十五里）、下京子（四十五里）、赵家岭（五十里）、石家庄（四十八里）、赵家庄（五十里）、孙家庄（五十二里）、王家庄（五十里）。

西沙河堡并所管各村民户一千五百一十，男口四千四百八十，女口二千零七十。西沙河（距城四十里）、廖家庄（四十二里）、马家黑石（四十里）、李家黑石（四十五里）、前双庙（四十八里）、黄家村（五十一里）、秦庄头（五十五里）、红花峪（四十里）、黄家庄（四十里）、石羊石虎（三十五里）、于家庄（四十里）、上京子（三十八里）、应各庄（三十八里）、马各庄（三十九里）、徐家庄（四十一里）、黑家庄（四十一里）、桃园沟（四十一里）、后双庙（四十里）。

东　北

东沙河堡并所管各村民户一千七百，男口五千四百一十，女口三千零九十。东沙河（距城二十五里）、玉皇庙（二十六里）、高家庄（二十三里）、紫草坞（二十三里）、韩家庄（二十五里）、小泥河头（二十三里）、大李各庄（二十里）、金家庄（二十里）、小李庄（二十五里）。

榆关镇堡并所管各村民户八百五十，男口二千四百，女口一千七百八十。榆关（距城二十里）、后庄窠（二十里）、前庄窠（二十里），泥河（二十里）、马家庄（二十五里）、袭家庄（二十四里）、惠家庄（二十五里）、刘家庄（二十四里）。

深河堡并所管各村民户七百四十，男口二千三百，女口一千四百。深河（距城四十里）、东毛家庄（三十五里）、西毛家庄（三十五里）、花家庄（三十八里）、边家沟庄（四十六里）。

五王庄堡并所管各村民户一千三百五十，男口四千五百零七，女口二千零一十八。五王庄（距城十五里）、兴福庄（十八里）、安家庄（十八里）、驸马寨（二十里）、贾家庄（二十里）、温家庄（二十里）、稍弓寨（二十里）、上白石铺（十二里）。

徐各庄堡并所管各村民户九百，男口三千零八十，女口一千四百二十。上徐各庄（距城二十五里）、下徐各庄（二十五里）、牛蹄寨（三十里）、洼里（三十五里）、往之店（三十里）、董家庄（三十五里）、戴家山头（三十五里）。

平市庄堡并所管各村民户七百二十五，男口二千四百，女口一千二百二十五。平市庄（距城三十里）、古城寺（三十里）、庄河（三十五里）、东同野（四十五里）、西同野（四十五里）、大新立庄（三十里）、小新立庄（三十里）、北寺后（三十里）、上不老（三十五里）、纸房（四十里）、马家庄（四十里）、方家河（三十五里）、前坨庄（三十五里）、店子上（三十五里）、白家岭（四十里）、鸭儿峪（三十八里）、吕家庄（二十八里）、大科坨（三十二里）、小科坨（三十里）、香房（二十五里）。

东新寨堡并所管各村民户七百四十七，男口二千一百，女口一千零三十四。东新寨（距城十五里）、东郁家沟（十五里）、聂口（十五里）、东口庄（十六里）、兴隆寨（二十五里）、簸箕营（十三里）、东周家庄（二十里）、龙腰（二十五里）、秀里庄（二十二里）、傅家庄（二十里）、董家庄（十八里）、西周家庄（二十里）、台上（二十里）、郑家庄（十七里）、马家庄（十八里）、龙口店（二十里）、李家庄（二十里）、萧家庄（二十二里）、猩猩峪（三十五里）。

南屯庄堡并所管各村民户七百三十，男口二千三百五十，女口一千一百五十。南屯庄（距城三十五里）、南寨（四十一里）、北寨（四十里）、呼家庄（四十里）、庞家庄（四十一里）、战马王庄（三十里）、田家沟（四十里）。

口 外

哑叭庄堡并所管各村民户五百三十八，男口八百五十四，女口三百六十六。旗户八十九，男口一千二百三十，女口六百七十。哑叭庄（距界岭口五十里）、各河头（三十里）、锅铁庄（二十八里）、姜臼子沟（三十里）、响水峪（三十里）、马圈子（二十里）、界岭上（十里）、草场沟（十里）、陆石冲沟（十里）、石片沟（五十里）、龙王庙（五十里）、茶叶洞（五十八里）、韭菜山（六十里）、蔡家峪（六十五里）、森罗店（三十五里）、土胡同（三十里）、李园庄（三十二里）、肉肘子沟（三十里）、三成庄（三十五里）、断马峪（四十里）。

口　外

双山子堡并所管各村民户六百一十，男口九百七十五，女口四百二十五。旗户一百一十，男口一千四百四十，女口七百六十。双山子（距界岭口七十里）、孝媳妇沟（八十里）、高麻子沟（八十里）、半壁山（八十里）、会河（七十里）、刺榆山（六十里）、二道河（七十里）、乱泥沟（六十里）、三道河（六十里）、铁家帐子（九十里）、朱家帐子（九十五里）、中阳沟（七十五里）、乞河沿（六十二里）、瓦房里（七十里）、小巫岚（八十里）、西岔沟（八十里）、桦树沟口（七十五里）、羊圈子沟（七十五里）、横岭子（六十里）、红石岭根（七十五里）。

口　外

杨树窝铺堡并所管各村民户八百二十，男口一千五百六十八，女口六百六十二。旗户一百三十四，男口一千七百四十，女口七百七十。杨树窝铺（距界岭口一百一十里）、鞍子沟（一百二十里）、苇子沟（一百二十里）、陆家沟（一百二十五里）、蔡家沟（一百二十五里）、城根东（一百九十里）、城根河南（一百二十里）、东岔沟（一百二十里）、旱龙潭沟（一百二十八里）、城根马家帐子（一百二十五里）、陆家帐子（一百二十五里）、小圈里（一百一十八里）、腰岭子（一百一十八里）、张云木沟（一百一十二里）、东草碾（一百一十里）、西岔沟（一百一十里）、黄土坎（一百九里）、雹神庙（一百八里）、五道敖子（一百六里）、核桃沟（一百三里）、牛赤沟（一百十里）、水泉子沟（一百一十五里）、石胡子沟（一百八里）、七料木头沟（一百八里）、牛八堂沟（一百八里）、龙湾庄（一百里）、侉子庄（一百里）、西草碾（一百里）、小土门沟（一百六里）、大土门沟（一百六里）、札兰帐子（一百八里）、独石沟（一百一十五里）、六垄沟（一百里）、磨石沟（一百六里）、西干河子（一百里）、娘娘庙（一百里）、东干河（一百里）、杨家帐子（九十八里）、罗家帐子（九十七里）、于家帐子（九十五里）。

口 外

大蔀落树堡并所管各村民户六百六十三，男口一千六百二十，女口七百。旗户九十七，男口一千零十，女口四百九十。大蔀落树（距界岭口五十里）、砖瓦窑沟（六十里）、定子沟（五十里）、歹沟（五十里）、歹沟门（五十里）、沙金沟（五十里）、枣子沟（五十里）、五道河（六十里）、四道河（五十五里）、樊家帐子（四十里）、头道河（六十里）、偏道子（三十里）、熊沟（三十里）、三个烟筒沟（二十五里）、榆树林子（三十里）、椅子圈（四十里）、周家帐子（四十里）、沙子梢（四十里）、三架岭沟（十五里）、望金沟（三十里）。

以上共六百零五村，民户共五万七千三百九十七户，男共十七万八千六百零六丁，女共八万九千一百四十口。旗户共四百三十户，男共五千四百二十丁，女共二千六百九十口。灶户共七十五户，男共二千九百九十丁，女共一千三百四十五口。统计旗民、灶户五万七千九百零二户，男十八万七千零一十六丁，女九万三千一百七十五口，男女共二十八万零一百九十一丁口。

里 社

抚宁原设二十一里，今止十二社、五屯，共存十七里。

在城社一里、在城社二里（在县南十五里）、宣北社一里（在县北七十里）、宣北社二里（在县北二十五里）、宣南社（在县东北二十里）、良仁社（在县西北四十里）、张家庄社（在县南二十里）、万家庄社（在县东十五里）、山西社（在县西北五十里）、洋河社（在县南二十五里）、回安社（在城东一百里）、海洋社（在县东北六十里）、兴福屯（在县北三十里）、富饶屯（在县北二十里）、富实屯（在县北十二里）、歌欢屯（在县西北十五里）、庆福屯（在城西五十里）。

（以上旧志。案：今无海洋社，增设海上、海下二社，共十八社）

集　市

县集（一、六、三、八日）；留守营（四、九日）；台头营（二、七、四、九日）；西河南（三、八日）；牛头崖（二、七日）；卢王庄（一、六日）；宋家庄（二、七日）；深河（四、九日）；榆关（五、十日）；马家峪（二、七日）；刘田各庄（四、九日）；曹东庄（五、十日）；双山（一、六、三、八日）。

案：口外四堡，明初为泰宁卫地，宁王权封后为大宁。成祖弃大宁，塞垣屏蔽，惟泰宁是赖，虽黄云白草，戍守相望而烽烟无警焉。厥后迁民实内地，不闻并实口外。宣宗征兀良哈，观兵兔耳山，命将出界岭口关，民尚未扰也。自瓦剌陷土木，继而土蛮浸盛。隆庆初，元阑入内地，昌、抚两县首罹兵燹，数十年疮痍稍复。国家定鼎，中外一家，四堡拨为正蓝旗豫亲王圈地，隶抚宁版图，生齿日繁，村墟相望，不异内地云。

‖ 卷之九 ‖

赋　役

　　任土作贡，古有常经。公旬更休，岁多暇日。胜国条鞭立法，季世犹不免加徭。熙朝生齿日繁，余丁乃永不加赋。全书具在，圣德靡涯矣。然丝粟皆天府正供，限严起运蒂欠。惟特恩豁免，惠逮穷黎。诚恐官有亏挪，并失察之监司议处。倘或民多刁抗于包庇之衿棍加惩，意至深也，法至密也。抚宁经征钱谷，科则参差，杂派差徭，文移层叠。故官或瓜期易代，奏销未必全清，而民如菜色，时形提比，尤为可悯。所幸年告屡丰，无虑黄催白放。庶几，力纾重困，不烦苛索追呼。此亦当事者所当轸念者耳！兹既租庸有制，宜大书蠲贷之恩，自来经费所关，并附列支销之目，志《赋役》。

　　一、实在征粮民地并新收榜式壮丁、庄头，清查首出等地，上中下不等，共折上地二千六百五十七顷八十八亩八分一厘一毫七丝五忽，每亩征银四分一厘三毫五丝二忽七微六纤一沙，共征银一万九百九十一两一钱一厘六毫二丝二忽九纤九沙三尘五埃一渺八漠（此疑是顺治三年题明开除久荒坍塌水冲以后数目）。

　　二、实在行差人丁并抽出供丁，清查首出及编审幼丁共一万五千七丁，中下则不等。通共折下下则一万六千五百六十则，每则征银一钱一分七毫五丝，共征银一千八百三十四两三钱一分六厘二毫五丝（此人丁数目似康熙二十五年以前编审者）。

　　地丁二项通共征银一万二千八百二十五两一钱二分一厘六毫二丝二忽二微九纤九沙三尘五埃一渺八漠。

　　三、起户、礼、兵、工、太仆寺马价等银四千二百四十七两八钱三分五毫四忽二纤六沙一尘一埃八渺二漠。奉文总归户部项下。

四、起解奉裁，奉文并抽扣官役俸食等银二千七百五十九两一钱二分五厘七毫七丝八忽二微七纤三沙二尘三埃三渺五漠。

五、存留支解官役俸食及二、三年一办等银五千八百一十八两一钱六分五厘三毫四丝。

遇闰加银四百一十一两八钱三分七厘七毫七丝八忽三微七纤四沙九尘七埃四渺八漠。其起运存留细数，备载赋役全书。

六、本色粮草，每亩征夏税米一合五勺一抄七撮四圭，征秋粮米五合三勺八抄四撮四圭，征草折米二合九抄二撮六圭，共征米二千三百九十石六斗一升八勺八撮三圭四粟八颗一粒。每亩征马草六厘五毫，共征马草一万七千二百七十六束二分七厘三毫四丝一忽三微七纤五沙。实在民壮地并拨补退出，共地一十三顷七十九亩七分三厘二毫五丝。每亩征黑豆七升四合九抄四圭四粟，共征黑豆一百二石二斗二升四合九勺八抄八撮七颗三粒。

七、太仓永镇荒田地共三百二十八顷二亩四厘八毫，每亩征银一分，共征银三百二十八两二分四毫八丝（此系额外钱粮）。

八、丈后备荒地共一顷二十三亩五分，每亩征银三分，共征银三两七钱五厘（此亦额外钱粮）。

九、节年新垦荒田地共二百四十六顷三十七亩二分八厘，每亩征银一分，共征银二百四十六两三钱七分二厘八毫（此疑是截至康熙十九年止数目）。

十、牧马草场地共一十一顷八十九亩九分一厘六毫，每亩征银二分九厘八毫四丝，共征银三十八两四钱九分一厘九丝三忽四微五纤（此地于乾隆三年拨归临榆县）。

十一、班匠共三十五名，每名征银四钱五分，共征一十五两七钱五分（此系额外）。

十二、周庄头退出瓦房三十间，每间租银二钱五分，共租银七两五钱（此系康熙六年，不在均摊丁匠内）。

十三、新更实在人丁共四百三十四则，每则征银一钱一分七毫五丝，共征银四十八两六分五厘五毫（旧志。此系不在地丁，实折下下则四百三十七丁，共征银四十八两三钱九分七厘七毫五丝）。

十四、康熙十六年春，奉文清查出地亩内，上地三顷六十六亩一分三厘八毫（今以四分一厘三毫五丝二忽七微六纤一沙起科，共征银一十五两一钱四分八毫一丝七忽二微七沙一埃，征夏税秋粮草，折米八合九勺九沙四撮四圭，共征米三石二斗九升三合一勺九抄一撮六圭二粟七颗二粒，征马草六厘五毫，共征草二十三束七分九厘八毫九丝七忽）。中地一顷二十七亩四分六厘（今以二分六毫七丝六忽三微八纤八沙五尘起科，共征银二两六钱三分五厘四毫一丝一忽四微五纤八沙五尘三埃，征夏税秋粮草折米四合九勺一抄三撮九圭，共征米五斗七升三合二勺一抄三撮一圭一粟二颗，征马草三厘二毫，共征草四束一分四厘二毫四丝五忽）。下地四百十一顷四十七亩八分二厘二毫（今以一分三毫三丝八忽一微三纤二尘五埃起科，共征银四百二十五两三钱九分四厘一丝二忽二微，征夏税秋粮草折米二合二勺四抄八撮六圭，共征米九十二石五斗二升五合二勺五抄三撮，征马草一厘六毫二丝五忽，共征草六百六十八束六分五厘二毫一丝七微）。

十五、自首出荒田地一百一十一顷七十八亩八分六厘（今以一分起科，共征银一百一十一两七钱八分八厘六毫）。

十六、自首牧马草场地一顷六十八亩九分三厘六毫（今以二分九厘八毫四丝起科，共征银五两四分一厘五丝二微四纤。于乾隆三年拨归临榆县地五十三亩七分一毫四丝，每亩除银二分九厘八毫四丝，共除银一两六钱二厘四毫四丝九忽七微七纤六沙外，实剩牧马草场地一顷一十五亩二分三厘四毫六丝，每亩征银二分九厘八毫四丝，共征银三两四钱三分八厘六毫四微六纤四沙）。

十七、康熙二十二年，奉文为海氛既靖案内起科垦荒地六顷七十三亩五分（以上皆旧志，今每亩征银一分）。

今实在征粮共折上地一千七百三十顷七十二亩七分四厘一毫六丝五忽，内拨补民壮地七顷二十三亩七分七厘二毫五丝。照原额起科，共征正豆五十三石六斗二升四合六勺二抄二撮九圭八粟四颗九粒，每石加耗豆三升，共征耗豆一石六斗八合七勺三抄八撮六圭八粟九颗五粒四黍七稷。

实在征粮折上地一千七百二十三顷四十八亩九分六厘九毫一丝五忽。今一千七百二十二顷八十八亩二分九毫一丝五忽，共征银七千一百二十七两一钱五厘七毫二丝九忽八微五纤六沙三尘二埃三渺一漠，每两均摊二匠正银二钱七厘二丝六忽八微一纤九沙二尘八埃二渺七漠三湖。今七千一百二十四两五钱九分三厘一毫八丝三忽七微。

共征夏税正米二百六十一石五斗二升三合三勺二抄五撮七圭八粟八颗一粒六黍，每石加耗米三升，共加耗米七石八斗四升五合六勺六抄九撮七圭六粟三颗六粒四黍四稷八糠。

共征秋粮正米九百二十七石九斗九升五合七勺八抄九撮四圭九粟一颗二粒六黍。每石加耗米三升，共加耗米二十七石八斗三升九合八勺七抄三撮六圭八粟四颗七粒三黍九稷三糠。

以上四项今共征米一千二百二十四石七斗七升一合七勺一抄三撮，共征马草一万一千二百二束六分六厘二毫九丝九忽四微七纤五沙。今征草一万一千一百九十八束七分三厘二毫九丝五忽四微，共征草折米三百六十石六斗五升七合四勺五抄二撮八圭四粟三颗二粒九黍。今草折共三百六十石五斗三升三抄一撮三圭。

十八、自康熙二十年后，节年奉文编审除豁及乾隆三年拨归临榆县，折下下则三千六十三丁。又临榆县边疆所辖村庄附近抚邑应拨收山、抚二卫，折下下则一千二百六十五丁。截至乾隆十六年编审止，实在行差人丁，中下则不等，通折下下则一万三千八百五十四丁。内除优免绅衿，免派差徭银。又除盛世滋生，补剩余丁，钦奉恩诏，永不加赋外，实行差通折下下则人丁一万三千二百九十丁内，中下则一丁征银四钱四分三厘；下上则五丁，每丁征银三钱三分二厘二毫五丝，共征银二两九钱二分九厘；下中则四百四十丁，每丁征银二钱二分一厘五毫，共征银一百四两一钱六分一厘一毫；下下则一万一千八百六十一丁，每丁征银一钱一分七毫五丝，共征银一千四百九十七两五钱七分二厘七毫五丝。

十九、顺治十六年，奉文抽出供丁，折下下则五百三十丁，每丁征银一钱一分七毫五丝。共征银五十八两六钱九分七厘五毫。

以上额内人丁，上中下供丁不等，通折下下则一万三千二百九十丁，每丁征银一钱一分七毫五丝，共征银一千六百六十二两八钱三厘三毫五丝。每丁加闰月银三分四厘六毫九丝六忽二微八纤二沙三尘二埃，共加征闰月银四百一十七两二钱二分二厘七毫八丝四忽八微九纤八沙。因直属穷民地去丁存，苦乐不均，蒙前任总督部堂李公维钧题定，援照江、浙等省之例，以雍正二年为始，摊入地粮银内征收讫。

二十、额外钱粮，今除拨归临榆县，实剩荒田地三百一十五顷六十三亩七分三厘，每亩征银一分，共征银三百一十五两六钱三分七厘三毫。

二十一、退赎开垦，清查首出及拨收山海卫、抚宁卫、遵化州、滦州，共地二千一百二十二顷三十二亩七分五厘二毫五丝六忽二微六纤，内除开豁圈补去地一百八顷三十亩二分九厘，又久荒沙薄地七十一亩五分外，实剩地二千一百一十三顷三十亩九分六厘二毫五丝六忽二微六纤，内征银米草上中下不等地二千一百一十一顷一十亩八分九厘八毫五丝六忽二微六纤，内除香火并官地八十四亩八分七厘，共征租银一两六钱一分五厘，例不摊征丁匠外，每亩各征不等，共征银二千四百六十二两四钱七分九厘四毫四丝一忽三微九纤四沙四尘六埃一渺四漠九湖二虚，每两均摊丁匠正银二钱七厘二丝六忽八微一纤九沙二尘八埃二渺七漠三湖，共征均摊丁匠正银五百七两七钱二分九厘一丝八忽一微八沙一尘八埃一渺七漠九湖八虚七澄六清三净四逡八巡，每两均摊丁闰银七厘九毫四丝一忽一微七纤八沙五尘八埃二渺一漠二虚七澄四清。共征均摊丁闰银一十九两五钱五分四厘九毫八丝八忽九微九纤八沙八尘七埃八渺一漠一湖六虚二澄八清八净四逡五巡。共征夏税米二百八石五斗五升五合二抄六撮八圭二粟一粒，每石加耗米三升，共加耗米六石二斗五升六合六勺五抄八圭四颗六粒三稷。共征秋粮米六十八石三斗六升七合七勺三抄七撮八圭七粟三颗四粒，每石加耗米三升，共加耗米二石五升一合三抄二撮一圭三粟六颗二粒二稷。共征马草三千一十七束八分三厘三毫四丝六忽一微八纤四沙五尘九埃二渺，共征草折米二十六石五斗七升五勺二抄三撮七圭八粟六颗一粒。共征豆一百八十九石二斗八升八合三抄二撮二圭七粟一颗二粒，每石加耗豆三升，共加耗豆五石六斗七升八合六勺四抄九圭六粟八颗一粒三黍六稷。

二十二、民壮地二顷二十亩六厘四毫，共征正豆一十六石三斗四合六勺四抄六撮五圭七粟五颗四粒，每石加耗豆三升，共加耗豆四斗八升九合一勺二抄九撮三圭九粟七颗一粒六黍二稷。

二十三、额外人丁下下（则）七百七十丁，共征银八十五两二钱七分七厘五毫，遇闰加银一两八钱四厘二毫六忽六微八纤六尘四埃。奉文摊入地粮内征收讫。

二十四、不在地丁新更新收入丁，上中下则不等，通折下下则四百三十七丁，共征银四十八两三钱九分七厘七毫五丝。

通共额内额外地粮摊征丁匠及不在均摊丁银内房租，共征银一万一千五百八十一两九钱三分一厘二毫一丝九忽三微二沙八尘四埃八漠九湖二虚一澄九清四净六逡九巡。共征地粮正银一万一千五百九十四两一钱一分二厘，每银征耗一钱五分，共征耗银一千七百二十三两六钱一分一厘，内除收回遵化州地粮银一百三两三钱七分，每银征耗银五分，共征耗银五两一钱六分九厘，下余一万一千四百九十两七钱四分二厘。

二十五、实支存留银五千一十五两七钱七分四毫八丝一忽外，今留支正银一万一百八十九两六钱七分四厘，应征改归耗银一千五百一十八两一钱四厘。

二十六、实应征起运银六千五百六十六两一钱六分七毫三丝八忽三微二沙八尘四埃八漠九湖二虚一澄九清四净六逡九巡。今起运正银一千四百四两四钱三分八厘。

二十七、实征本色正加米一千八百九十七石六斗六升二合八抄三撮一颗四粒九黍九稷一糠，今米一千八百九十七石一斗三合二抄。

二十八、实征本色正加豆二百六十六石九斗九升三合八勺二抄八圭八粟六颗三粒四黍五稷，今豆二百六十六石九斗三合八勺。

二十九、实征本色正加豆二百六十六石九斗九升三合八勺二抄八圭八粟六颗三粒四黍五稷。今豆二百六十六石九斗三合八勺。

三十、实征本色草一万四千二百二十束五分一厘六毫四丝五忽六微五纤九沙五尘九埃二渺。今草一万四千二百一十六束五分七厘二毫。

三十一、额储仓谷一万四千石（户部则例）。

三十二、起运山海粮通判米一千二百五十石。

三十三、起运永丰仓米四百五十石。

三十四、起运迁安县豆五十石。

列朝恩贷

顺治元年，大兵经由地方，田禾被践者，免本年租税之半。

康熙十年，奉旨巡幸，经历通州以东至山海关，地丁钱粮蠲免一年。

二十五年，免永平二十六年地丁各项钱粮及二十五年未完民欠钱粮。

三十二年，免永平三十三年地丁银米并历年旧欠钱粮。

五十四年，免永平地丁银米谷豆草束。

五十六年，免永平属州、县、卫、所地丁银米豆草并历年旧欠未完钱粮。

乾隆十一年，通行蠲免。

三十五年，通行蠲免。

四十二年，将戊戌年普行蠲免。

五十八年，全免地粮银一万一千五百八十九两六钱四分三厘。

五十九年，免节年正耗民欠一百一十一两七钱一分五厘八毫。

（嘉庆）二十三年，所有各省节年正耗民欠及因灾缓征带征银数，实在民者，著予豁免。

道光六、七两年，蠲免十分之四。

九年，蠲免十分之五。

十五年，免节年民欠正银五十五两四钱三分一厘六毫，正米一百九十七石八斗九升三合四勺，正豆一百六十二石三斗八合三勺，草一千七百四十八束一厘九毫。

二十五年，免二十年以前正银一千七十七两六钱二分六厘，正米三十三石八斗二升七合二勺，正豆二十六石二斗一升五合八勺，草二百九十八束七分三厘。

咸丰元年，免道光二十一年至二十九年节年民欠钱粮。

同治元年，免道光三十年至咸丰九年正银三千二百九十六两四钱五分六厘，又免三十年以前正银三千九十六两七钱八分二厘二毫，正米二百四十石九斗五升九合九勺四抄，正豆一百四十六石五斗八合六勺，草二千九百六十束六分七厘一毫。

十二年，免咸丰十年至同治六年正银一千九百八十七两四钱一分一厘。

光绪元年，免同治七年至十年正银一千二百九十四两六钱四分三厘。

仓 储

盖自管仲通轻重之权，岁凶岁穰皆有备；李悝制敛散之法，谷贵谷贱胥无伤。古之言储偫者，莫此为尚矣。然管仲之书，兼以富国；李悝之意，专在济民。惟民济而国无所损，斯国富而民得所依。常平置于汉宣，而刘伯兴已极言其弊。和籴行于唐宪，而白居易又切疏其非，法立而弊即生焉，利在而害遂伏焉。彼夫唐都关陇，输粟必待于东南。宋重边储，转饷都归诸西北者，更何论乎？

国家薄赋、薄敛，例有恒经。社仓、义仓，各遵旧制。诚能顾名思义，则春出而秋纳，何须取息于青苗？因时制宜，则推陈而易新，更可无忧于红粟，志《仓储》。

常平仓 在县治西。原建四廒，共十九间。康熙末，知县裘君弢添建二廒，共十二间。仓亭三间，小房二间。今实存仓廒二十九间，仓夫房二间，额储谷一万四千石，今实存五千九百二十三石。

社　仓　在常平仓内。应存谷三千三百五十五石一斗一升，今俱无。

义　仓　七处：一在县东二十里榆关，一在县南二十五里留守营，一在县西十五里曹东庄，一在县西南五十里万家翟坨，一在县北三十里台头营，一在县西北四十五里平坊店，一在县东北董家庄。每处仓廒二间，看守房一间。建自乾隆十五年，均已损废。嘉庆二十一年，署知县李长棣于城内察院口置买民房，改建仓廒五间，仓神庙、值宿房四间；又于仓西买王有良正平房两层七间，厢房两间。道光六、七年间，知县李钰劝捐义仓谷二千六百四十五石，银四十四两，盐当商银四百四十两，添建仓廒十间，仓神庙一间，与嘉庆二十一年所建合为一处。咸丰三年，知县敖星煌续捐谷三百石，绅民蔡毓英等共捐谷七百六十七石，陈福田等共捐谷一百二十三石，添建仓廒三间。同治六年，知县钱莹禀宪盘查，将霉湿者变价出籴，仍照数买补并经仓正、候选训导王致澄劝捐修理，渗漏仓房一律完整。

学　仓　在县内，久废。

草　场　二处：一在县治东南城墙下，一在卫治东，今废。

附：论积贮序

盖闻救荒无奇策，预备焉而已。预备云者，藉富岁所储，济凶年之乏，如周制所谓余一余三是也。然小民终岁勤劬，半入官租，半给妇子，所获不足以偿所用。即欲少有积而势常不能，万一岁不登，富室廪有余资，穷檐瓶无半菽。于是，饥馑迫而流亡多，流亡多而农业废，农业废则彼此均无所赖，富者亦不得不转而为贫矣。当国者忧之，以为常平之仓常设也，赈贷之典时行也。一则动淹时日，一则仅属虚文，以至平时虽有预备之名，临事终无救荒之实，古来积弊往往然也。今圣天子轸恤民瘼，各宪遵部颁行郡县，皆积谷备饥，真久安长治之至计也。抚邑虽小，十七里，凋瘵之余，较之他属尤为难缓。

所冀阖邑绅衿商民，稍有余蓄，各量力乐输，以为思患预防之图。遇丰年则滞穗遗秉，不过减太仓之一粒。遇凶岁则朝饔夕飧有资，亦得殚力耕耘而不至于旷业。安知所入者不什倍于所出耶？上裕军国，下为身家计，莫善于此矣。然则预备一策，非惟救荒之要图，抑亦屡丰之早兆也。

盐　课

　　盐法始于府海而敬仲富齐，盐课设自牢盆而弘羊助汉。原以天地自然之利，闾阎日用必需，下不累民，上可裕国也。顾自唐宋而后，鹾政屡更，初以实边而边无积粟，继以解部而部有逋商，杂派愈增，正供恒绌。明自嘉、隆以来，皆以土商包课，引销不滞，岁额无亏，法至便也。我朝立制初，仍其旧嗣，改包课为行引，始易土商为纲商。夫行盐原以裕课不招商，而盐亦可行，督销必归有司。但定引而销亦易督，况且商皆不躬亲，多假权于店，伙店恐其有枭贩，因分汛于巡防。数年之后，商力告匮，更为金派，而盐法益坏矣。窃惟灶滩有户，大使有官，苟于煎晒之场即为行销之地，应令食盐之户均摊引课之银，卖价较廉，缉私渐少，岂非官民两便哉！今永东盐商荒废已久，诚仿官运私销之法，急为变通，庶无私贩官派之嫌，永臻安谧，志《盐课》。

　　明嘉靖三十九年，户部派定抚宁县四百三十五引。隆庆五年，增三引。其引额，明初损益元制，每一大引四百斤，折小引每包二百斤，外加包索五斤，后增至八十斤，计一引凡二百八十五斤（旧志）。

　　国朝顺治四年，抚宁县额盐五百六十八引（旧志）。

　　十七年十二月，河道御史高而明题，增永平六州县，蓟、遵八州县，共引三千六百道（《通志》）。

　　康熙四十七年七月，户部行令，将永属火盐改斗为秤，准用筐篮，委员监收，余盐报部。因永平府盐商王谦吉多收耗盐，照数合引，每年加五百七十二引，课银二百四十二两零。自四十七年为始，入额征收（《通志》）。

乾隆三年，额引三千四十一道，除拨归临榆县一千一百六十六道，下存一千八百六十五道。每引盐二百三十斤（津盐视明减四十斤，永盐视津盐又减十五斤。每秤二十三斤，十秤为一引）。每引征银四钱二分三厘六毫四丝五忽三微八纤。现行正课银五钱六分九厘五毫四丝七忽四微五纤六沙，铜斤银一分五厘九毫九丝二忽零八纤五沙，河工银一分四厘六毫五丝二忽零七纤九沙，平饭银三分一厘六毫七丝二忽七微四纤一沙，解课费银四分六忽八微九纤四沙。以上共银六钱七分一厘八毫七丝一忽二微五纤五沙。

杂费银一钱八分一厘七毫九丝五忽三微。戳费办贡银三分四厘八毫。以上共银二钱一分六厘五毫九丝五忽三微。内交银一钱九分二厘七毫一丝五忽三微三纤六沙，大钱三十五文。

每引通共银八钱八分八厘四毫六丝六忽五微五纤五沙。内交银八钱六分四厘五毫八丝六忽五微九纤一沙，大钱三十五文。

康熙十七年，九卿等衙门议覆长芦盐院迈色条奏，为商引之岁额有限，灶盐之岁产无穷，请敕清查灶盐，酌加商引，严禁私贩，以裕国课事，并覆御史傅廷俊条奏，为再陈均引之法以昭画一，以裕国课事，请下各该御史会同该抚，照依人丁多寡定议。继会同长芦差户部司官确议，抚宁县人丁一万六千八百八十七丁，本县所属山海卫人丁九千七百五十四丁，又山海关人丁一百八十四丁。原额引一千六十八道。今按十丁一引，余丁一万六千一百四十五丁，计增引一千六百一十五道。

附：迁安刘都谏奏疏
户部都给事中臣刘鸿儒疏

题为《畿东行盐之法未善，请厘正，以资民用、以无损国课事》

臣窃惟盐政之设，因民生日用之需，取天地之利，必使上能裕国，下不厉民，始堪为经久不易之策也。如江、淮诸处，水陆四达，产多食广，商人资本富厚，招中销引，自属成法。惟臣乡永平所属州县，地方无几，食盐止取给滦、昌、乐滨海诸处，产亦无几，惟产与食一隅亦自相准。自明季国初以来，行贩流通都邑，悉地方有司给票，收其正税，禁遏私贩，名为包课，而课亦不至失额，民颇便之。忽于顺治四、五年有等无籍棍徒，规时射利，亦借纳银销引之名，（报）[投]认盐商，力承课税，所司自易信从。一自纳银之后，遂于每州县居要地方各张盐店一区，行贩悉行禁绝，小民居止不齐，即有买自邻近店中者，亦坐以私盐首告，胥远近而惟一区是资，已属艰苦，况其以扼吭自恣，价凭自定，数倍于昔。至于升斗抑勒尤难，状以致民间咸称不便，怨讟丛生。至有宁甘食淡，而不肯一窥盐店者矣。如此专利病民，即使国课足额，已非善计。乃诸人本属赤手贫棍，实无蓄贮多盐可售，不过初由借债以支撑，意图取偿于重价，价既腾踊，买者自少，所谓贪贾三之，势所必至也。及于年例应输额课，依然拖欠，封纳不前，竟至公私交受其困矣。平时有司以承课有人，不复管理，及至销引不及，纳课失期，复以干己考成，从而为之代纳，则其累及于有司者又如此。昔人云："塞人之养而隘其途。"犹云将以取利也。今此一事而上下咸属不便乃尔，则将安用此坐店之盐商为哉？臣请刺察其积弊，将畿东盐店商人尽行裁革。所有当发额引，仍责令有司支领，给票通商，禁止私卖，务俾正课足额，而民间亦不致苦癙，庶公私两便之道。此事止一隅，似属细故，以臣乡见闻最真，不敢不以上闻，如果臣言不谬，祈敕部议施行。

训导鲁松《停止官商变通盐法禀》

为停止官商变通盐法，上裕国课，下便民生，恳恩转详事。窃永东盐务废弛，历有年矣。溯厥由来，滨海皆产盐之区，兴贩为贫民之业，官引有一定之额，缉私须万夫之防。本地火盐、沿海煎盐、关东晒盐，航海载运，负重肩挑，获其利者什一，佣工作苦，赖以生者万千，巡役少则官引滞销，巡役多则工食烦重。此官商所以赔累，经久所以废荒也。然自边疆多事以来，军务繁难，度支短绌，官山府海，盐课实帑项攸关，固宜亟为整顿。但小民趋利，积习成风，蒙业相安，久则难变。一旦禁私盐之负贩，期官引之畅行，捕私不力则呼朋引类，必聚而为枭；捕私过严则避法潜踪，又将散而为盗。倘或情急生变，拒捕戕官，则无业之贫民迫为有名之巨寇，劳师糜饷，恐非区区引课所能偿。况今之为商者，不论额引之如干，只论售销之多寡，更其名曰"试商"。纵使众役巡查，重兵弹压，望销符原引之数，势必不能，与其亏短引额，收私盐作官价，利归于商，何如减裁额引，酌时势为变通，利归于国也？从前江南、两淮，近今山西潞村，官商皆闻裁撤，办理必有章程。等相机度务，据势敷陈，籲请转详上宪，图终慎始，因地制宜，採管窥蠡测之言，决曲突徙薪之计。务使国家收自然之利，闾阎安无事之常，官商免亏欠之虞，地方无兵役之扰，法则归于尽善，令则期以久行，庶无池鱼之殃，园葵之虑，则感戴鸿慈为无暨矣。

‖ 卷之十 ‖

职　官

　　设官分职，皆以为民。奋武揆文，不容偏废。县令为亲民之吏，百里匪轻，政刑需治剧之才。三年报最，此晋诏首举乎守令，而《汉书》备列夫循良也。抚宁，地当孔道，锁钥两京。在胜国，兵差络绎，固支绌之时形；逮熙朝，冠盖往来，亦供应之不暇，吏亦惫矣。政奚先焉，方将盘错而试才，岂仅蚕丝以课绩。其间裁卫归县，而官无冗员，并驿兼巡，而廪无虚费。他如教谕则已裁复设，营制则此减彼增，惟情形有所不同，故损益因之互异。秉轴者，盖尝于此留意焉，志《职官》。

知　县

明

　　案：《明史》：知县，正七品，掌一县之政。凡赋役岁会实征，十年造黄册，以丁产为差赋，有金谷布帛及诸货物之赋役，有力役雇役，借债不时之役，皆视天时休咎；地利丰耗，人力贫富，调剂而均节之，岁歉则请于府，若省蠲减之。凡养老祀神、贡士读法，表善良，恤慎焉穷乏。稽保甲，严缉捕，听狱讼，皆躬亲厥职而勤。如无县丞，主簿则分领粮马、巡捕之事。

　　娄大方　有传。

　　陈　坤　四川石泉人，监生，永乐九年任。有善政。

　　王　懋　景泰年任。

　　胡　方　江西新喻人，监生，成化三年任。事举民安。

姜 （镐）［鄗］ 有传。

李　海　宏治年任。

刘　玉　山东乐陵监生，十一年任。民怀其德。

窦　信　山东振武卫人，进士。

曹 （年）［相］ 山东寿张人，监生，正德年任。

高　翔　浙江临海人，监生。

赵之彦（赵彦之） 陕西泾阳人，举人。廉明仁恕，待士有礼，治邑三年，百废俱举，行取监察御史。

陈 （恩）［思］谦　广东揭阳人，进士，嘉靖十二年任。刑清讼简，吏畏民怀，升户部主事。

盛　懋　南直隶仪真人，监生。

张　仿

李　嵩　南直隶海州人，举人。

叶宗荫　有传。

袁　滨　南直隶通州人，举人。

陈　谏　陕西保安人，监生。

谢应征　山西安邑人，贡生，三十二年任。廉而有为，刚而不苟。

王良臣　山西绛州人，监生。

黑文耀　湖广常德人，举人。

郭　涞　陕西咸宁人，举人。

萧　铸　河南上蔡人，监生。

段廷宴　山西太原人，监生，四十三年任。诚朴刚直，士民爱之，去之日，行李一肩，扳送者皆垂泣。

姜　密　山东夏津人，举人，四十五年任。廉明善断，凡事务从节省，擢户部主事。

李一本　河南郏县人，进士，隆庆二年任。赋役公平，听讼明决，擢户部主事。

张彝训　山东宁阳人，进士，六年任。恩优学校，泽洽黎民，有去思碑在西门瓮城。

宁　笏　河南河内人，举人，万历年任。

徐汝孝　山东嘉祥人，监生。

雷应时　有传。

崔时亨　山西浮山人，选贡。

孟　召　陕西灵州人，贡士。

梁　槐　陕西人，贡生。

崔敬立　山东临清人，举人。

仝　梧　河南郏县人，进士。

阎国魁　山西人，举人。

（李）［聂］尚恒　江西新淦人，举人。

曹司礼　山西潞城人，举人。

王　台　有传。

黄中色　陕西绥德人，举人，天启年任。

薛寅宾　山西临县人，贡生。

王道同　山东黄县人，贡生。

余　爵　有传。

卢以岑　山西太平人，举人。修理城垣南门月城，有碑记其事。

李果珍　陕西雒南人，举人，崇祯十一年任。端方简古，学问淹博。

熊宗张　江西临川人，举人。

霍　藻　广东南海人，举人。

孙廷铨　有传。

刘名彦　山西人，贡生。

国朝

侯一匡　有传。

张毓中　有传。

李三元　辽阳人，贡生。

张懋忠　辽阳人，贡生，（顺治）四年任。

王德新　奉天承德人，贡生。明决果断，刚方不阿。

王全忠　辽阳人，贡生。

雷腾龙　陕西三原人，贡生。

张（弘）猷　陕西榆林人，贡生。

刘翊圣　福建闽县人，恩贡，康熙时任。

王文衡　江南江宁人，生员，六年任。修学宫，建鼓楼，修瓮城、城楼牌坊及祀典祠庙，鸠工庀材，皆亲为综理，升巩昌府同知。

谭　琳　有传。

刘　馨　有传。

赵　端　有传。

何　琼　江南丹徒人，拔贡，二十四年任。

刘　镰　江南丹徒人，进士，二十五年任。

宋　绎　奉天辽阳人，进士，二十九年任。

董隆祚　奉天辽阳人，三十一年任。

孙士贤　江南凤阳人，四十年任。

刘肇元　奉天辽阳人，贡生，四十七年任。

武令谟　河南孟县人，进士，四十七年任。

何得麟　由溧阳知县补任。

曾光祖　四川遵义人，五十五年任。烛察民隐，事有不便必厘剔之，利有可兴必久存之。

程大僖　有传。

裘君弢　有传。

居　淳　江苏吴县人，监生，雍正十年署。

张魁祥　湖南华容人，拔贡，十年任。

庄学愈　江苏武进人，举人，十二年任。

毛览辉　浙江遂安人，十二年任。

陶　乐　浙江会稽人，举人，十三年任。

刘永清

刘士仲　湖南衡阳人，举人，乾隆七年任。

王育榶　山西猗氏人，进士，八年任。

钱　鋆　有传。

张　楷　江苏江宁人，贡生，十三年任。

张秉恪　浙江上海人，附贡，十三年署。

袁芳杏　字鲁斋，江西宜春人，举人，十四年任。修举百废，尤留意于学宫，择形便为拓其基，更爽垲以启其宇于翼，扶文运为有功。

单　烺　山东高密人，进士，十七年任。

何大璋　四川会理人，拔贡，二十一年任。

宋英玉　江苏吴县人，二十二年署。

贾　熙　河南武安人，贡生，二十三年任。

王述曾　贵州贵阳人，监生，三十一年任。

陈钟琛　有传。

祁　口（失名）浙江山阴人，吏员，三十七年任。

张若瀛　安徽桐城人，监生，三十八年任。

王贻桂　山东济宁人，监生，四十二年任。

刘毓德　浙江山阴人，举人，四十二年任。

朱　筠　四十三年由安州州判署。

凌世御　浙江钱塘人，进士，四十三年任。

林煜堂　广东平远人，贡生，四十七年任。

袁汝玾　山东曹县人，贡生，四十九年任。

唐汝风　广东高要人，举人，四十九年任。

白万程　有传。

金际会　浙江永嘉人，举人，五十四年署。

徐惇典　福建建宁人，优贡，五十四年署。

孙先振　湖南善化人，举人，五十五年署。

金际会　五十七年署。

蓝嘉瑄　浙江定海人，监生膳录，五十七年任。

葛长信　有传。

葛应曾　浙江山阴人，举人，嘉庆九年署。

赵文标　安徽泾县人，举人，十一年任。

李师白　河南洛阳人，举人，十一年署。

李寿椿　山东利津人，拔贡，十二年任。

余怀清　湖南长沙人，举人，十八年任。

周　衡　四川涪州人，举人，十九年任。

辛文沚　广东嘉应州人，贡生，二十年任。

陆费元鑛　浙江桐乡人，监生，二十年署。

李长棣　安徽太湖人，监生，二十年任。

沈惇厚　浙江归安人，监生，二十二年九月任。强干有为，遇事明决，以桥工余木，置桌凳于书院，省诸童县试赁扛之劳。

马锡书　山西监生，二十四年署任。

沈惇厚　二十四年再任。

马锡书　山西介休人，监生，道光三年署。

李　僡　有传。

梁　熊　甘肃灵州人，拔贡，四年署。

李　僡　五年再任。

吕诒安　江苏阳湖人，举人，六年署。

李　钰　陕西渭南人，拔贡，六年任。

魏彦仪　江苏阳湖人，供事，七年代理。

刘延熙　贵州毕节人，举人，七年署。

屈廷钺　江苏昭文人，举人，八年任。

喜　禄　有传。

李　钰　十二年再任。

张复吉　云南剑川人，举人，十三年署。

张　煦　四川成都人，进士，十三年任。

许梦兰　有传。

张　煦　十九年再任。

费　涛　浙江归安人，拔贡，二十年署。

黄赞禹　江西庐陵人，进士，二十一年任。

许梦兰　二十二年再任。

黄赞禹　二十三年再任。

李宗城　有传。

徐天秩　江苏长洲人，附生，二十六年任。

李步瀛　河南商城人，进士，三十年署。

敖星煌　有传。

刘　灏　甘肃会宁人，进士，咸丰四年署。

沈　惇　前县沈惇厚子，监生，五年任。

梅宗望　江苏上元人，监生，八年代理。

袁守直　湖北江夏人，监生，八年代理。

昆　嘉　满洲人，监生，八年任。

孙康寿　浙江仁和人，举人，九年任。

周锡璋　浙江山阴人，监生，同治四年署。

胡如川　河南汝宁人，团练议叙，五年署。

钱　莹　江苏武进人，监生，五年任。

张桂森　山东胶州人，监生，十年代理。

孙家禧　安徽寿州人，举人，十年署。

福　曜　蒙古人，附生，腾录，十年任。

张上龢　浙江钱塘人，附生，恩荫，十三年由博野调署。

县　丞（裁）

明

黄　里　河南邓州人。　　　　朱　显　河南钧州人。

葛　昇　直隶满城人。　　　　郭　完　陕西泾阳人。

白九皋　山西保德人。　　　　刘　象　山西河津人。

相　贤　山西安邑人。

杨于芳　陕西人，昌黎县丞，万历二十九年署。

李三纲　河南孟县人，四十三年任。

冯世宁　正德三年。

主 簿（裁）

明

宋 信　直隶宁津人。	杜希贤　山西洪洞人。
张 逊　南直隶吴江人。	郯 用　陕西人。
范 扩　河南柘县人。	吴时颜　南直隶邳州人。
马 琳	王 銮
廉 宪　河南孟县人。	卢 奇　山东博平人。
李文元　山东临清人。	陈万策　山东濮州人。
乔士廉　河南宁陵人。	陈一德　山东单县人。
张汝潮　山东济宁人。	程 卿　河南鲁山人。
徐道华　万历二十九年任。	刘培龄　山西盂县人。
王 业　山东靖海卫人。	王汝妥　山东掖县人。
李从周　山西咸宁人。	郭如竹　山东登州人，选贡。
贾扬名　山西赵城人，监生。	高尚伦　南直隶池州人，吏员。
仝尚惠　万历三十六年任。	施 标　万历四十五年任。
吴遇芳　河南人。	崔宗梗　浙江人。
孙来福　山东人。	高自下　河南人。
张文光　山东人。	王国祯　山西人。
王佐才	钱良基

教 谕

明

明初各州学正，从九品。洪武十三年改为未入流。二十四年定儒学训导位杂职上，月课士子之业艺而奖励之，其殿最视乡举之有无多寡。

游 艺　山东长清人。	吴 翔　南直隶颍州人。
吕永福　河南信阳人。	赵 巡　山东兖州人。
潘 良　山东胶州人。	徐 镛　山西潞安人。
毛鹏翔　山东高密人。	李孟阳　辽东复州人。

徐（德）元　南直隶吴江人，举人。

□（失姓）[曹应] 诰　山东郓城人。

郭　进　保定涞水人。　　　　郑思恭　保定新安人。

曹希（直）[植]　万历年任。　　仇顺方　广东南海人，举人。

刘奇栋　陕西咸宁人，举人。　　谢鹏南　顺天人，岁贡。

梅　焕　遵化州人，举人，二十年任。

吴　宜　山东滨州人，岁贡生，二十六年任。有传。

王　津　保定雄县人，岁贡，二十九年任。

邢大钦　顺天怀柔人，贡生，二十九年任。

罗　达　四川甘陵人，举人，三十年任。

卫天命　河南陕州人，举人，三十五年任。

张　述　大名魏县人，岁贡，三十八年任。

刘完士　保定雄县人，岁贡，四十年任。

王三旸　顺天蓟州人，岁贡，四十二年任。

崔天赐　举人，四十五年署。

刘时伸　庆都人，岁贡，天启三年任。

姬登科

彭彦冲

栾国祚　安邱人，举人，崇祯六年署。

安如磐　陕西延安人。

杜　泫　有传。

黄可献　辽东人。

国朝（康熙三年裁，十五年复设）

黄运昌　辽东人，顺治四年。

王梦旭　唐山人。

王家遴　高阳人，举人。

霍文炳　顺德人。

萧功一　顺天宛平人，教习。

聂应闻　宣府人，例贡，（康熙）十五年任。

辛进修　新安人，拔贡生，康熙十七年任。律身以正，饬士惟谨，捐资倡修明伦堂。学院吴奖以"品学端雅，办事克勤"。

胡文蔚　通州人，岁贡，康熙二十一年任。饬躬训士，文教聿兴，学院董深加奖劝。

金兆玙　宛平人，岁贡，三十二年任。

赵予礼　大兴人，岁贡，三十七年任。

孙　临　大兴人，岁贡，四十二年任。

宋　琰　大兴人，岁贡，四十六年任。端方自饬，廉静有守。

刘　溥　大兴人，岁贡，四十九年任。

张应昌

张维明

李　埁　内邱人，举人，雍正三年任。

齐淑伦　鸡泽人，进士，原任江南清河县知县，十三年任。

杜　师　迁安教谕，乾隆八年署。

赵　更　平山人，副榜，八年任。

裴　兰　束鹿人，明经进士，十一年署。

徐　塈　望都人，岁贡，十四年任。

高秉钺　安州人，副榜，十七年任。

姚肇修　大兴人，举人，二十二年署。

王汝斌　静海人，拔贡，二十年任。

齐士元　静海人，拔贡，二十五年任。

赵德仪　卢龙教谕，二十九年署。

张国栋　奉天盖平人，岁贡，三十年任。

刘克良　宁晋人，举人，三十二年任。

丁廷辅　大兴人，举人，卢龙教谕，三十八年署。

李　湜　天津人，举人，原任河南沈邱县知县，三十八年任。

林桂森　奉天铁岭人，拔贡，五十一年署。

李　刚　丰润人，副榜，五十五年署。

董　灼　卢龙教谕，五十五年八月署。

冯国华　蔚州人，拔贡，五十五年九月任。

陈启墉　文安人，拔贡，五十五年十二月任。

田嘉燕　新安人，廪贡，嘉庆六年署。

路国珍　南宫人，举人，七年任。

傅景文　长垣人，廪贡，八年署。

杨钟芳　钜鹿人，拔贡，九年任。

王名芳　开州人，举人，十五年三月任。

李　旼　宁河人，举人，十五年九月任。

李元焘　十八年正月署。

王璧成　顺义人，拔贡，十八年六月任。

苏元翼　交河人，廪贡，二十三年署。

张式璘　威县人，副榜，二十四年任。

王家植　正定人，拔贡，二十四年任。

王致和　武清人，副榜，二十五年任。

马其倬　灵寿人，拔贡，道光九年任。

丁永清　任县人，举人，十年任。

巩　崿　隆平人，拔贡，十二年任。

王道著　武清人，廪贡，十三年署任。

魏蟠龙　开州人，举人，十五年任。

敖其相　永年人，举人，二十八年署。

刘仁堂　庆云人，拔贡，二十八年任。

阎毓奇　咸丰五年署。

马履礼　东光人，廪贡，五年署。

刘士元　丰润人，附贡，五年任。

李　椿　天津人，岁贡，六年署。

王喜培　安平人，恩贡，七年任。

王树棠　祁州人，恩贡，同治二年署。

杨呈华　武邑人，举人，六年任。

训 导

明

史应熊		陆镛 南直隶高邮州人。
陈聚 南直隶如皋人。		姚宗 辽东锦州人。
邵昇 河南陈留人。		顾霖 河南太康人。
范希纯 辽东广宁人。		侯仁杰 山东清平人。
贾恺 山东福山人。		王有年 山西人。
王昂 陕西凤翔人。		盛端 山东益都人。
魏邦彦 山东峄县人。		张元凯 山东长山人。
冯时 辽东海州人。		金汝臣 辽东辽阳人。
马景和 辽东金州人。		张绅 陕西成县人。
刘必东 山西马邑人。		杨芳 山东青州人。
孙楼 河南商邱人。		段尧钦 易州人。
祕祯 正定晋州人。		黄臣 河间兴济人。
李玲 山东恩县人。		刘芳 河间交河人。
孙继儒 辽东宁远人，岁贡。		郑应期 辽东海州人。
颜师孔 南乐人，岁贡。		刘延祚 保定新城人，岁贡。

杜好义 赞皇人，岁贡，（万历）二十二年任。

张济 保定后卫人，岁贡，二十二年任。

邱芝 辽东前卫人，岁贡，二十七年任。

李东 云南晋宁州人，贡士，二十八年任。

张邦政 保定唐县人，贡士，三十二年任。

夏登高 保定庆都人，贡士，三十三年任。

邓应鹏 南宫人，贡士，三十四年任。

金淳 顺天人，贡士，三十五年任。

曲大伸 河间南皮人，岁贡，三十七年任。

张可教 辽东辽阳人，岁贡，三十八年任。

刘自诚 保定新城人，岁贡，四十一年任。

王家棐

纪肇修　正定晋州人，岁贡，四十二年任。

张　梅　昌平州人，岁贡，四十五年任。

费　约　辽东海州人，岁贡，四十六年任。

康　宇

王　捷　云南景东厅人，天启三年任。

胡　序　静海人。

宋　坤　辽东人。时值兵警，地方赖以保全。

侯来同　湖广汉阳人，崇祯六年任。

刘国藩　雄县人。

国朝

顺　治

吴士俊　良乡人。　　　　　　　　杨应麒　辽东人。

丁与玉　顺天宛平人，教习。

吴　瑛　顺天人，教习。

康　熙

刘三德　顺义人，岁贡，康熙四年十月任。留心学校，躬督大
工，夙夜匪懈。升赵州学正。

戈　暲　景州人，岁贡，二十年任。

魏永昌　庆云人。

张永寿　新城人，岁贡，二十九年任。

王栋夫　交河人。

盖　琠　恩贡，三十四年任。

邹宪璞　赤城人，岁贡，三十六年任。

杨宝秀　顺义人，岁贡，四十二年任。

刘有沛　延庆州人，岁贡，四十四年任。

汪跃龙　密云人，岁贡，四十八年任。

吴　燨

雍　正

尉　昌　雍正二年署。

刘天培　奉天铁岭人，岁贡，四年任。

杨继隆　大兴人，岁贡，十二年任。

乾　隆

和　文　邢台人，岁贡，乾隆十五年任。

魏士敏　香河人，岁贡，十七年任。

米　玮　故城人，二十三年任。

李浩学　容城人，岁贡，三十年任。

边乂禧　任邱人，举人，三十四年署。

王　锦　元氏人，岁贡，三十八年任。

黄祖绶　四十年署。

萧士锐　通州人，举人，四十一年任。

李纯嘏　清苑人，举人，四十六年任。

张敬临　钜鹿人，岁贡，四十六年任。

卢　銮　井陉人，廪贡，四十八年任。

窦　熙　大兴人，举人，四十九年任。

徐　熙　天津人，廪贡，五十年任。

王良楫　大兴人，举人，五十四年署。

张永诚　奉天锦县人，举人，五十四年署任。

嘉　庆

贾汝愚　故城人，举人，嘉庆六年署任。

侯开山　东光人，廪贡，六年署。

崔文林　平山人，举人，七年任。

闫攀龙　良乡人，拔贡，十八年署。

黄文蒨　元城人，举人，十九年任。

道　光

王明纪　密云人，岁贡，道光五年任。

蔡　培　通州人，廪贡，七年署。

李　锷　河间人，拔贡，七年任。

曹师冉　通州人，岁贡，十三年署。

陈文然　清苑人，举人，十四年署。
高中正　天津人，举人，十四年任。
焦祐沄　天津人，举人，二十年署。
李思平　束鹿人，廪贡，二十一年署。
刘梦弼　盐山人，举人，二十一年任。
高克均　二十九年署。
王书俊　河间人，举人，二十九年任。

咸　丰

李元芳　安州人，举人，咸丰四年任。
鲁　松　丰润人，举人，十一年任。

同　治

李金锡　深州人，优贡，同治四年署。
鲁　松　五年再任。

典　史

明（明制典文移出纳）

倪　隆	浙江慈溪人。	梁　俊	南直隶宿迁人。
祁奉张	山东潍县人。	杜　亨	
崔继先	山东胶州人。	张　鲸	山东武定人。
毛　凤	陕西咸阳人。	王尧卿	山东历城人。
杨　相	山西洪洞人。	赵　热	
张文林	山东泰安州人。	陈文儒	南直隶丹徒人。
蔡正道	江西新建人。	程　廉	辽东宁远人。
郑维本	南直隶泾县人。	鲁　相	浙江山阴人。
曹　玉	陕西华州人。	夏惟坚	江西新建人。
李一枝		张敦古	
张闻诗	山东陵县人。	张鹏霄	浙江人。
傅司礼	山西汾阳人。	陈光先	陕西人。
叶常新	天启七年任。	刘化训	河南人。

魏邦秀　山西人。　　　　　　樊民昌　山西人。

国朝

顺　治

彭尚斌　湖广人，顺治四年任。　李亘古　陕西富平人。

汪　湄　江南苏州人。　　　　胡大鹏　江南无锡人。

康　熙

王希彦　浙江鄞县人，吏员，康熙六年任。奉职惟勤，不擅受一词讼，三十六地方供应陋规一切蠲革。学院蒋奖以"供职勤劬，匪躬夙夜"。

王震芳　浙江会稽人，吏员，十九年任。供职谨恪，督率巡捕，地方宁肃。

田章玺　陕西人，二十五年任。

张文昌　三十三年任。

陈　策　陕西泾阳人，四十二年任。

雍　正

傅良臣　山西曲阳人，吏员，雍正七年署。

金仪凤　浙江山阴人，吏员，八年任。

黄廷楫　浙江余姚人，吏员，十年任。

王士重　十二年任。

乾　隆

丁起凤　浙江会稽人，乾隆九年任。

胡礼煌　浙江山阴人，供事，十七年任。

席世绥　江苏吴县人，吏目，二十六年任。

孙　湘　贵州清平人，附生，三十五年任。

刘录政　山东诸城县人，监生，四十一年任。

王纯智　江西安福人，监生，四十六年任。

周斐章　河南固始人，吏员，四十六年署。

何永庆　河南武陟人，监生，四十六年任。

李芳华　五十二年任。

李荫芫　安徽定远人，监生，五十二年任。

嘉　庆

李　熙　安徽石埭人，供事，嘉庆四年任。

薛崧高　江苏盐城人，监生，四年任。

周　钰　河南祥符人，监生，十一年署。

方芝庭　江苏铜山人，监生，十一年任。

高　云　安徽贵池人，监生，十二年任。

李培文　广东嘉应州人，监生，二十年任。

张鸣珮　浙江上虞人，吏员，二十三年任。

道　光

窦尔载　江苏无锡人，监生，道光二年任。

萧　羣　浙江山阴人，监生，二年署。

翁新福　江苏吴县人，监生，二年任。

唐绳武　江苏武进人，吏员，五年任。

卿廷秀　四川汉州人，从九，十年任。

江　锦　安徽六安州人，十二年任。

庚岭春　安徽当涂人，供事，十二年任。

胡力田　浙江会稽人，监生，十八年任。

方能涵　安徽桐城人，监生，十八年任。

沈学霖　浙江会稽人，监生，十八年任。

虞　淳　浙江钱塘人，监生，十九年任。

吴　焘　安徽歙县人，供事，十九年任。

李玉昆　四川岳池人，二十年署。

梁廷栋　甘肃盐茶厅人，二十一年任。

翁藩城　湖南湘潭人，监生，二十七年任。

梁廷栋　二十九年再任。

毛仰曾　浙江余姚人，监生，三十年署。

咸　丰

滕开勋　安徽婺源人，儒士，咸丰元年任。

宋成璩　浙江山阴人，监生，八年署。

滕开勋　九年再任。

同　治

焦颐龄　江苏上元人，监生，同治三年署。

董朝翰　奉天新民厅人，附生，四年任。

吴继瑞　江苏阳湖人，监生，十三年署。

董朝翰　十三年再任。

光　绪

陈寿保　浙江桐乡人，监生，光绪元年署。

万秉铨　江西南城人，监生，元年署。

李金第　安徽含山人，监生，三年任。

<h2 style="text-align:center">榆关驿丞（仍管巡检事）</h2>

阎　琨　陕西华州人，康熙十六年任。

郭　苹　陕西华州人，二十二年任。

陈良柱　陕西凤翔人，二十八年任。

王朝辅　山东潍县人，四十一年任。

夏　霖　江苏丹徒人，供事，雍正七年任。

金仪凤　浙江山阴人，吏员，八年任。

韩志溥　四川成都人，监生，乾隆十九年任。

黄再英　四川三台人，吏员，二十一年任。

任　文　四川清溪人，吏员，二十八年任。

周光祖　浙江山阴人，监生，二十九年任。

徐国柱　广东镇平人，监生，三十年任。

赵守谦　安徽合肥人，监生，三十二年任。

桂正顺　四十年署。

刘邦均　浙江山阴人，廪贡，四十年任。

顾德炜　四十三年任。

凌　鸿　广东平远人，监生，四十五年任。

孙德嘉　江西德化人，监生，四十五年任。

金载恩　江苏吴县人，监生，四十六年署。

南　山　江苏江都人，四十七年任。

贾　鍠　山西汾阳人，监生，四十八年任。

严廷亮　安徽含山人，监生，四十九年任。

崔绪浩　山西阳高人，监生，四十九年署。

邓江维　江西泸溪人，监生，四十九年任。

严仁瑞　浙江山阴人，监生，五十一年任。

周尚贤　河南河内人，监生，五十二年署。

周觐阶　湖南澧州人，拔贡，五十五年任。

舒　英　江西靖安人，供事，五十八年署。

萧　栋　广东平远人，监生，嘉庆元年任。

李　熙　安徽石埭人，供事，二年任。

李大奎　十年署。

陈邦泰　石门巡检，二十一年署。

梁增康　广东德庆州人，廪生，二十一年任。

毛长清　江苏江宁人，二十一年署。

王玉堂　山东临邑人，监生，二十二年任。

周崇福　河南祥符人，监生，二十二年署。

王景芳　浙江山阴人，议叙，二十三年署。

唐绳武　山东历城人，道光三年署。

徐廷桢　浙江山阴人，从九，三年任。

翁新福　江苏吴县人，监生。

吴文杰　江苏震泽人，供事，四年署。

金　桐　五年署。

余湘申　浙江秀水人，监生，五年任。

顾光燮　江苏元和人，监生，六年任。

胡云生　安徽桐城人，监生，十二年任。

王宗沂　浙江山阴人，监生，十六年任。

张　彰　　浙江山阴人，供事，十七年任。

朱增华　　浙江山阴人，监生，二十二年任。

孙忠洁　　江苏山阳人，吏员，二十三年任。

丁康安　　河南阌乡人，监生，二十四年任。

彭良臣　　江西庐陵人，监生，咸丰二年署。

陈　烈　　浙江会稽人，儒士，二年任。

徐纯熙　　江苏吴县人，监生，九年任。

俞庆恩　　浙江山阴人，监生，九年十月任。

杨同昌　　江苏阳湖人，监生，同治元年署。

楼桂馨　　浙江萧山人，监生，元年任。

张廷楷　　浙江山阴人，吏员，五年任。

施廷桂　　浙江山阴人，监生，光绪元年署。

傅　煜　　河南卫辉人，监生，二年任。

王世兴　　奉天锦州人，从九，二年任。

芦峰驿驿丞（裁）

明

丁文用　万历二十九年任。

董化淳　三十六年任。

宋国勋　三十六年任。

国朝

计　强　顺治四年任。

陈大槐　康熙年任。

雷生玉　陕西郃阳人，二十二年任。

李荣春　山西太原人，二十八年任。

石　岚　江南宿松人，四十三年任。

张　琪　山东阳信人，四十七年任。

严兰孙　兰陵人，雍正二年任。

邱兆行　七年任。

孙　俊　乾隆十年任。

陈大雅　安徽石埭人，十五年任。

西关递运所大使　仓大使　医学训科　阴阳学训科　僧会司僧会道会司道会　以上俱裁。

营　员（营制、卫所附）

蒲河营都司　顺治十三年设，原隶天津镇标管辖，驻劄抚宁县牛头崖，距县城三十里。存营千总一员，把总三员（原一员，其二员：一系山永协左营内拨归；一系南海口防汛）。马兵五十名，守兵一百三十名（旧志：目兵四百名）。每岁俸饷马干银三千四百一十三两二钱六分五厘九毫九丝八忽，本色米六百四十八石，本色豆三百四十四石八斗。于嘉庆十五年拨归山永协所属，辖昌黎汛把总一员，清河口汛把总一员（今裁，改外委）。额设共外委马步守兵九十五名，嗣于道光二十二年海防案内添设洋河口汛千总一员（由三屯营左营移驻）；蒲河口汛、狼窝口汛把总二员，经制外委一员（由河屯协红旗拨移驻）。又于存营添设经制外委一员（由三屯协移驻）。额外外委一员（由喜峰路汉儿庄移驻）。共外委马步守兵四百五名。又于道光三十年奉文裁拨石门路属干沟汛，马步守兵三十名，实在现存外委马步守兵四百七十员名。

都　司　岁需俸薪等银一百四十一两三钱九分六厘，养廉银二百六十两。

千　总　每员岁需俸薪等银四十八两，养廉银一百二十两。

外　委　二员。除饷米外，各岁需养廉银十八两，外委马步守兵四百七十名内，外委马兵八十二名，各岁需银二十四两，共银一千九百六十八两；步兵一百十二名，各岁需饷银十八两，共银二千十六两；守兵二百七十六名，各岁需饷银十二两，共银三千三百十二两。内原设马守兵九十五名，各岁需本色米三石六斗，共米三百四十二石；内新添马、步守兵三百七十五名，各岁需米折银三两六钱，共米折银一千三百五十两，实计外委兵丁共岁需饷银七千二百九十六两，本色米三百四十二石。

现设营操并自备马九十六匹，内原额营例马三十七匹，每匹春冬二季应需本色豆五石四斗，共豆一百九十九石八斗；内新添营例马五十九匹，每匹春冬二季应需豆折银三两七钱八分，共豆折银二百二十三两二分，每马春冬二季应需草折银二两八钱八分，共银二百七十六两四钱八分；夏秋二季每马应需牧青银三两，共银二百八十八两。

顺　治

黄腾蛟　江南人。

尤起龙　江苏上元人，武进士。

康　熙

张德杰　山东滨州人，康熙十七年任。

马见邦

杨国相　陕西人，行伍。

李念陛

尤宏龙　陕西榆林卫人，五十年任。

桂栖凤　山西沁州人，五十六年任。

雍　正

孙志雄　浙江余姚人，雍正二年任。

袁朝柱　汉军人，武进士，十年任。

乾　隆

赵明奇　四川成都人，乾隆八年任。

瓦尔大　觉罗正红旗人，十八年任。

卜　琮　浙江归安人，武进士，十九年任。

庞佐元　浙江归安人，武进士，二十四年任。

清　明　满洲人，二十九年任。

董　琰　汉军人，武举，三十四年任。

以下四十余年姓名失考

广　德　满洲人，护军校，嘉庆十三年任。

向尊化　山东泰安州人，侍卫，十八年署。

傅　墣　汉军人，河南驻防侍卫，二十年任。

丹　锦　满洲人，鸟枪护军，道光二年署。

谢玉升　广西桂林人，行伍，四年任。

萧鸣飐　四川成都人，行伍守备，十年署。

乌拉西春　蒙古人，侍卫，十一年署。

福　海　满洲人，笔帖式，十二年署。

闵正凤　四川肇庆人，侍卫，十三年任。

黄福泰　密云人，云骑尉，十九年署。

润　普　满洲人，健锐营护军，二十年任。

王捷元　汉军人，沧州驻防侍卫，二十三年任。

薛成龙　甘肃朔县人，荫生，二十四年署。

萨灵阿　满洲人，护军校，二十四年署。

怀唐阿　满洲人，侍卫，二十五年署。

景　瑞　满洲人，护军校，二十六年任。

祥　山　满洲人，佐领，二十九年署。

隆　祥　满洲人，笔贴式，三十年署。

金泰同　河南兰仪人，侍卫，咸丰元年任。

连　山　满洲人，銮仪卫拣发，七年任。

奎　光　蒙古人，鸟枪护军，同治元年任。

张景华　奉天广宁人，武进士，守备，三年署。

姬成功　开州人，军功尽先参将，四年署。

图塔布　满洲人，骑都尉拣发，五年署。

常　寿　满洲人，笔贴式，军功花翎，九年署。

王士祥　天津县人，军功花翎，十一年署。

舒　晋　汉军人，銮仪卫，军功花翎，十二年任。

存营千总　随都司驻扎，额设外委马步守兵一百六十六员名。

王国弼　天津县人，行伍，嘉庆十三年任。

张殿瑛　昌黎县人，武举，二十一年任。

刘高升　天津县人，行伍，道光三年任。

陈　通　密云县人，行伍，十一年任。

戎定国　清苑县人，行伍，十八年任。

马　辰　密云县人，云骑尉，二十一年任。

郭景淳　密云县人，行伍，二十二年任。

萧成福　宣化府人，行伍，二十五年署。

高清科　奉天锦县人，恩骑尉，二十七年署。

齐广立　昌黎县人，武举，二十九年署。

郭　封　天津县人，行伍，三十年任。

孔广泗　肃宁县人，武生，咸丰二年任。

胡　魁　卢龙县人，行伍，八年署。

白云兴　丰润县人，武举，九年署。

陈联魁　丰润县人，云骑尉，同治元年署。

张　鑫　南皮县人，武举，二年署。

杨国瑞　卢龙县人，行伍，三年署。

陈万年　天津县人，行伍，军功都司衔，四年任。

洋河口汛千总　道光二十二年添设，分防东河南地方，距县城三十五里，额设外委马步守兵八十一名。

孙裕庆　天津县人，行伍，道光二十二年任。

马殿魁　平泉州人，武举，二十四年署。

哈奉恩　密云县人，行伍，二十五年署。

刘宝善　南皮县人，行伍，二十六年任。

崔鸣山　密云县人，行伍，二十七年署。

李现臣　大名县人，行伍，二十七年任。

刘　信　滦平县人，行伍，二十八年调任。

张胜武　天津县人，行伍，二十九年任。

王　魁　本县人，武举投效，咸丰二年署。

白元升　临榆县人，行伍，本汛外委，四年署。

都凌阿　密云县人，武举，军功，七年任。

王得成　天津县人，行伍，十年署。

张　鑫　南皮县人，武举拔补，十一年署。

王西林　静海县人，行伍，同治元年调任。

佟景山　河间县人，行伍，二年任。

傅朝祥　易州人，云骑尉，十三年署。

马　瑞　清苑县人，行伍，光绪元年任。

申占标　大名县人，行伍，元年八月署。

城守营把总　康熙三年由石门路移驻，俸薪银三十一两零四分。近按六成折扣，实领银一十八两六钱，养廉银八十四两六钱。近按六成折扣，实领银五十两零七钱六分。额设官马二匹，冬春每日发给黑豆三升，草二束；夏秋领发马干银一两四钱八分。近按七成折扣，实领银一两零三分八厘。额设马兵十六名，应领饷银三百八十四两。近按七成扣发，实银二百五十二两三钱五分二厘。守兵四十七名，应领饷银五百六十四两。近按七成扣发，实领银三百七十八两一钱五分二厘。除奉调练军马兵五名、守兵十五名，又调永定河守兵一名，现存营马兵十一名、守兵三十一名。每兵每日领米一升，共领米一百五十八石四斗。

赵　朗　康熙十八年任。　　　赵文魁　二十年任。

黄福寿　三十五年任。　　　　杨宗秀　四十七年任。

张守仁　五十九年任。　　　　蔡宗印

王思恭　　　　　　　　　　　陈光祖　福建人，雍正五年任。

赵廷佐　七年任。

王智翰　山西阳曲人，乾隆二年任。

王应麟　迁安人，十二年任。

张福禄　山东陵县人，十九年任。

李　明　迁安人，三十年任。

谭有成　卢龙人，三十七年任。

孙光前　嘉庆二十年任。

戴军胜　宣化人，行伍，二十年任。

汪大猷　乐亭人，行伍，道光二年任。

白凤仪　宣化人，行伍，十年任。

王元汉　本县人，行伍，十三年任。

崔鸣山　密云人，行伍，十四年任。

韦　昭　昌平人，行伍，十七年任。

侯　连　密云人，行伍，二十二年任。

韦　昭　咸丰五年再任。

申占标　大名人，行伍，九年任。

界岭口守备　顺治六年改操守，康熙元年改把总，属燕河营都司，辖马兵三名，守兵三十七名。每岁（奉）［俸］饷马干银五百七十两一钱二分，本色米一百四十四石，本色豆二十七石，本色草一千四百一十束。

何翀云　陕西榆林人。　　　　　李世魁　奉天盖州人。

白玉麟　陕西人，康熙四十二年任。

李报国　山西人，五十三年任。

（门）［阎］玉　河南人，五十七年任。

姚　忠　河南人，雍正二年任。

张报功　直隶人，十二年任。

薛　璧　直隶人，十三年任。

徐良栋　直隶人，乾隆元年任。

陈伦叙　陕西人，九年任。

宋永泰　直隶人，十年任。

哈　耀　直隶人，十六年任。

哈　祥　直隶人，二十一年任。

祁开先　卢龙人，三十二年任。

梁发荣　行伍，嘉庆二十年任。

青山口守备 顺治六年改操守，康熙元年改把总，属燕河营都司，辖守墩兵五十一名，每岁俸饷马干米折等银八百五十六两八钱。今裁。

台头营副将 顺治六年改都司，十二年改操守，康熙元年改把总，属燕河都司，辖目兵五十名。

张邦谟　江南海州人，武进士，顺治年任。

姜文忠　四川人，顺治年任。

黄腾蛟　江南镇江人，顺治年任。

孙自发　康熙二十年任。

孙元锡　直隶人，三十八年任。

刘朝贵　直隶人，五十三年任。

王宪恩　江南人，雍正四年任。

李　祥　直隶人，五年任。

白　麟　直隶人，十一年任。

吴启亮　直隶人，乾隆三年任。

林大节　福建人，五年任。

王应麟　山东人，十七年任。

孙九畴　直隶人，二十九年任。

孙廷栋　山东人，三十三年任。

高　震　嘉庆二十二年任。

抚 宁 卫

案:《明史》:卫指挥使正二品，指挥同知从二品，指挥佥事正三品。凡指挥使及同知、佥事，常以一人统司事，曰掌印，一人练兵，一人屯田曰佥书。凡管理卫事，惟属掌印佥书，不论指挥使、同知、佥事，考选其才者充之，分理屯田、验军、营操、巡捕、漕运、备御、出哨入卫、戍守军器诸杂务，曰见任管事，不任事入队曰带俸差操，征行则率其属，听所命主帅调度。经历，正六品；正千户一人，正五品；副千户二人，从五品；镇抚二人，从六品；所辖百户所十，共百户十人，正六品，升授、改调、增置，无定员。总旗二十人，小旗百人。凡千户一人，掌印一人，佥书曰管军。千户、百户，有试有实，授其掌印，恒以一人兼数印。凡军政卫下于所千户督百户，百户下总旗，小旗率其卒伍，以听令镇抚。无狱事，则管军，百户缺则代之。凡一卫统十千户，一千户统十百户，百户统总旗二，总旗领小旗五，小旗领军十。此洪武二年制也，其后定制，每卫统前、后、中、左、右五千户所，大率以五千六百人为一卫，一千一百二十人为一千户所，一百一十二人为一百户所。每百户所设总旗二人，小旗十人。二十年始命各卫立掌印佥书，专职理事，以指挥使掌印。同知、佥事各领一所，士卒有武艺不娴、器械不利者，皆责所领之官。自卫指挥以下，其官多世袭，其军士亦父子相继，为一代定制。卫仓，户部湖广司带管；卫钞关，贵州司带管山海、东胜、抚宁卫；刑名，刑部云南司带管山海、抚宁、东胜左、东胜右各卫；考察，云南道御史协管。

指挥使 陈斌　孟永　毛纪　林良
　　　　张（宏）[弘] 猷
　　　　吴　汧永乐年任。

指挥同知 孙能　陈英　刘禧
　　　　赵　铭山东邹平人，永乐年任。

指挥佥事 高镛　萧鹏　周常
　　　　吴继璘尚贤孙，升八达岭守备。
　　　　刘荣　曹勇　纪成　宋忠
　　　　凌海　钟楷　夏寅
　　　　张绳武本卫人，升黄花镇守备。
　　　　张耀先本卫人，界岭口提调。
　　　　魏国勋　　吴世忠　　陈交泰

纳级指挥佥事 邱维藩　王尚贤
　　　　周　德本卫人，彻弟，永平游击。

413

卫经历

卫镇抚　陈　得

左所正千户　范　庸　　任　俊　　陈（有）[友]琼本卫人。
程　和

　　副千户　王　祯　　傅　斌　　罗　忠　　胡　琳　　朱　贵

　　百　户　李忄宝　　郭伴儿　　成　原　　董　兴　　苗见儿

　　　　　　杨　安　　方　敬

右所正千户　邱　安　　李　胜

　　副千户　王　德　　汤回子　　贾　锦

　　　　　　陈　兴成化时诰封武略将军。

　　　　　　白　玉　　谢　成　　潘　相

　　百　户　王成辅　　牛　彬　　陈　兴　　陈　贵

　　　　　　陈　旺　　康　贤　　徐　胜　　龚　景

　　试百户　尹　顺

中所正千户　王　兴

　　副千户　白　钦　　毕　达　　袁钦奇　　韩　荣

　　　　　　田　兴　　蔡　智

　　所镇抚　徐　斌

　　百　户　贾　成　　梁　通　　曹保儿　　张　翦　　白　整

　　　　　　康　荣　　李　春　　王宗儒

前所正千户　王　智　　陈　洪　　侯三锡

　　副千户　邸得新　　张　能　　宋　虎　　王　成

　　　　　　黄　忠　　石　玉

　　百　户　魏廷玉　　陈　贵　　解　仕　　贾　兴　　许　能

　　　　　　王　兴　　于　海　　张　堂　　晏　友

后所正千户　余　宣　　王　聚　　王　福

　　副千户　沈　英　　殷　纪　　卢　旺　　张　全

　　　　　　孙　成　　陆　永

　　百　户　吴　真　　王　全　　赵有通　　郝　福

公　谅　　赵　成　　王　敬

试百户 苏　贵

八百户所副千户 荣　春

百　户 苏　良　　李　安　　谭　整　　刘　聪
　　　　　赵　鉴　　于　鉴　　高　镗

案：卫所各官，旧志颇略。自永乐元年置卫，迄顺治年归并山海，几二百四十余年。其间为指挥使、同知、佥事必不止数人。又千户领十百户，则一所当有百户数百员，亦止载数人。在赵公修志时，距并卫不过四十年，故籍尚可移查，遗老犹堪询访，殆以裁官之后，遂莫详考耳。兹就搜采者续录于左。

成化朝

指挥使　毛　绶三年。　　　陈　恺四年。

百　户　郝　铭三年。

宏治朝

指挥使　陈　勋　　赵　鼎　　毛　珍　　孟　聪
　　　　张　辅　　李　玟　　钟　杰十六年。

千　户　阎　玉　　王　受　　钟　洪　　范　寿
　　　　魏　场　　孙　杰十六年。

百　户　温　名　　陈　镇　　陈　闰十六年。

正德朝

抚宁卫指挥　陈　勋

指挥同知　刘　昇

指挥佥事　张　辅　　凌九皋

提调驸马寨等营把总指挥佥事　刘　钦

提调燕河等营指挥佥事　曹　瀚三年。

隆庆朝

燕河营坐营指挥　刘　桐五年。

千百户　王志道　　于　升　　白东青　　牛世武
　　　　解　昂　　王永康　　吕惟志　　张　政五年。

万历朝

抚宁卫掌印指挥　邹良臣二十三年。

界岭口管操　刘　渊二十三年。

巡捕指挥　钟国英

管操指挥　陈绥猷

抚宁卫指挥　张宏业

军政管操指挥同知　孙光启

指挥佥事　吴　鸾　凌效忠

掌印千百户　王　照　沈朝卿

天启朝

钦依抚宁卫守备都指挥　孙承爵

抚宁卫军政操局　吴　宝

燕河营陆营指挥同知　刘　桐

军政掌卢龙卫指挥　凌云汉

抚宁卫掌印指挥　林苍育　罗　燦

抚宁卫指挥佥事　高国士

抚宁卫指挥　毛继用

钦差大安口守备行都指挥事　王　藩

钦差义院口行都指挥事　吴俊杰

管屯指挥　凌国栋

千百户　王世功　韩应科　宋朝用　魏应征

校　尉　郭　的

崇祯朝

千　户　潘惟元

百　户　高崇武　潘应策

国朝顺治朝

抚宁卫守备　杨守成

管　屯　吴邦俊

千　户　贾秉诚

卷之十一

选　举 捐纳、行武、封荫附

九德载采，三物宾兴，虞周不言选举而选举尚矣。春秋讥世卿，尚有同升之僎。战国重策士，遂开逐客之秦。逮至汉兴，始隆选举贤良方正，与茂才异等同科，孝弟力田，偕儒学文吏增设，是犹不失俊造进士之遗意也。抚宁僻处边隅，数经迁徙，方藩镇之雄据，秀才未免从军。迄金、元之割分，土著半多列戍。时当胜国，虽隶畿疆，而守边仍重将材，讲艺终鲜硕彦。兹则户闻弦诵，广储髦士之峨峨，人习韬钤，并育泮宫之矫矫，较之古昔，殆有过焉。他如临邛才子，进以赀郎；定远将军，擢从卒伍。此尤见英贤辈出，文武兼资，不得谓科目之一途，遂足尽铨府之万选也，志《选举》而并及捐纳、行伍。

明进士

《明会典》：洪武三年诏礼部会试，额取举人百名。洪熙元年奏准，会试临期请旨，不过百名。正统五年增额为百五十人。十三年以后仍不拘额数，凡士之举于礼部者，以三月朔日御殿而亲试之，谓之殿试，后率以三月十五日，间以他事更日。

解　贯　宣德庚戌林震榜，太仆寺少卿。

刘　琪　景泰甲戌孙贤榜，刑部员外郎。

赵　绣　成化乙未谢迁榜，行人司行人。

王　春　宏治丙辰朱希周榜，有传。

鲁　铎　壬戌康海榜，有传。

翟　鹏　正德戊辰吕楠榜，有传。

王道中　甲戌唐皋榜，有传。

王（印）][胤]祥　隆庆辛未张元忭榜，有传。

国朝进士

《大清会典》：顺治三年丙戌会试，奉旨首科，人文宜广，准中四百名。四年中三百名。九年中四百名，分南、北、中卷。十五年题准额数一百五十名。案：此后增减不一，今各省额数多寡临期请旨。

田国足　顺治丁亥吕宫榜，江西饶州推官。

温如玉　乾隆乙丑钱维城榜，有传。

吴荫松　嘉庆壬戌吴廷琛榜，有传。

王瑞征　甲戌龙汝言榜，有传。

王兆松　道光癸巳汪鸣相榜，有传。

王兆柏　同治壬戌徐郙榜，即用知县，未就。

傅　桢　壬戌，广西上林县知县，盛铁营人。

明举人

《明会典》：洪武三年诏设科取士，以今年八月为始，直隶府县贡额百人，北平四十人。永乐三年令北直隶府州县于顺天府乡试。洪熙元年定北京国子监并北直隶共五十名。景泰四年南北直隶各增三十五名。万历五年准各房文字合式者，除正卷外，悉将备卷付礼部填入副榜。

吴　杰　永乐辛卯，湖广布政司参议。

姚　政　丁酉，两浙盐运司副使，樊葛庄人。

白　璧　宣德壬子，山西沁水县训导。

刘　钺　正统甲子，浙江布政司布政。

颜　真　景泰癸酉，山东曹州训导。

刘　钺　癸酉，山西介休县知县。

欧阳懋　丙子，浙江宁波府同知。

吴　谦　成化戊子，湖广蒲圻县教谕。

郭　钦　辛卯，河南遂平县知县。

谢仲达　辛卯，河南孟津县知县。

黄　敬　甲午，辽东盖州训导，单家庄人。

金　茂　甲午，山东昌乐县知县，樊葛庄人。

刘　琦　丁酉，山东兖州府通判。

刘　玟　丁酉，河南汝宁府通判。

胡　宪　弘治乙卯，抚宁卫籍，山西大同府通判。

周良臣　正德己卯，山西沁州知州。

翟绍光　嘉靖乙酉，鹏子。

白　经　乙卯，山东寿张县知县。

王调元　万历戊午，有传。

王（印）［胤］吉　崇祯癸酉。

国朝举人

《大清会典》：顺治元年诏以二年秋八月举行乡试。三年二月举行会试，四月初一日殿试，初五日传胪。顺天乡试中式一百六十八名内，直隶生员贝字号一百十五名，北监生皿字号四十八名。试卷文理优长，限于额数者，取作副榜，与正榜同发。康熙元年停止副榜。十一年议准，每正榜中额五名，设副榜中额一名。

田国足　顺治丙戌，见进士。

金蔚昌　康熙乙酉，分发江西知县，樊葛庄人。

程可法　辛卯，大城县教谕。

冯龙会　雍正癸卯，樊葛庄人。

侯伸东　乾隆丙辰恩科，山西宁武知县，改河间教谕，五王庄人。

温如玉　甲子，见进士。

张　澍　庚午，浙江横浦场大使，榆关人。

翟绪祖　庚午，陕西吴堡知县，升太常寺博士，本城人。

杨贺麟　壬申恩科，甘肃正宁知县，三里庄人。

单　槐　壬申，选无极县训导，未就。捐员外郎，本城人，有传。

陈四箴　癸酉，本城人。

才汇征　丙子，陕西华阴知县，卢王庄人。

杨大翿　壬午，原任唐县训导，截取浙江松阳县知县，杨家庄头人。

齐　恭　壬午，广东会同知县，齐各庄人。

李玉柱　壬午，紫草坞人。

宋　赫　戊子，野各庄人，有传。

王　露　庚寅，分发甘肃知县，平市庄人。

王　霁　辛卯，安徽舒城知县，大计卓异，升顺天府治中，平市庄人。

严用中　辛卯，严家山头人。

李　仑　丁酉，武邑县教谕，恩赐国子监学正，朱建坨人。

徐绍薪　庚子，山东平度州知州，本城人。

魏滋莲　癸卯，遵化州学正，黄金山头人。

冯士灏　癸卯，安徽建平县知县，樊葛庄人。

陈　沐　丙午，任邱县训导，嘉庆乙丑会试，恩赐国子监学正，本城人。

郭　城　丙午，深泽县训导，本城人。

翟文炳　丙午，束鹿县训导，本城人。

郭逢年　丙午，东光、满城县训导，王各庄人。

吴荫松　见进士。

徐　馨　戊申，成安县训导，程各庄人。

李廷珍　戊申，东安县教谕，钱家庄人。

张作睿　戊申，本城人。

郑廷梅　戊申，韩家林人。

王鸿飞　戊申，本城人。

王　洁　己酉，甘肃清涧知县，改名潋，本城人。

张国钧　己酉，江西靖江知县，祀名宦，望荆庄人。

赵振清　壬子，旧县人。

徐　越　壬子，山东淄川、益都知县，历署临朐、郓城，改清苑县教谕，本城人。

张廷模　甲寅恩科，山东临清州同知，榆关人。

李芳春　甲寅，龙门县教谕，下李庄人。

冯如芝　嘉庆辛酉，赞皇县教谕，樊葛庄人。

俞　泌　丁卯，定兴县教谕，台头营人，有传。

李青云　丁卯，新河县训导，白玉庄人。

王瑞征　癸酉，见进士。

张化民　戊寅，柏乡县训导，台头营人，有传。

张廷柏　己卯，霸州学正，榆关人。

徐春贵　道光壬午，绍薪子，沧州学正。

王松陵　戊子解元，改名兆松，见进士。

杨碧林　戊子，王各庄人。

金联甲　戊子，南皮县训导，樊葛庄人。

俞　震　辛卯恩科，选栾城教谕，台头营人。

吴际升　壬辰，广宗县教谕，坟坨人。

乔永实　壬辰，樊葛庄人。

张　钧　甲午，台头营人。

王兆柏　乙未恩科，见进士。

张程章　乙未，南新庄人。

傅　桢　己亥，见进士。

常国栋　丙午，樊葛庄人。

陈　镛　丙午恩赐，本城人。

惠庆滋　己酉，内阁中书，分发山西同知，下庄人，有传。

赵椿龄　咸丰辛亥恩科，署大名乡学训导，好马营人。

单汝鹏　辛亥，景山教习，潘官营人。

傅　朴　辛亥，桢弟，成安县训导。

任欲贵　戊午恩赐，良仁庄人。

张兆显　辛酉，考取内阁中书，东新寨人。

张绍曾　辛酉，作睿曾孙，本城人。

惠廷魁　辛酉，下庄人。

侯永芳　同治壬戌恩科。

杨世熙　壬戌，碧林子，王各庄人。

张　衔　甲子，沙坡人。

邹遇隆　甲子，北程各庄人。

杨际虞　光绪乙亥恩科，本城人。

李春培　丙子，大李庄人。

贾銮玺　丙子，沙坡人。

明贡生

《明会典》：洪武十六年奏准，天下府州县学贡生员各一人。二十一年令府学一年、州学二年、县学三年各贡一人。必性资纯厚，学业有成，年二十以上者方许。二十五年令府学一年二人，州学二年三人，县学一年一人。正统六年令府学一年贡一人，州学三年贡二人，县学二年贡一人，遂为定例。洪武十八年令云南所属学校生员有成材者，不拘常例，从便选贡。案：此即选拔之始。宏治八年奏准，以九年起至十三年止，每年该贡一名者许贡二名，三年该贡二名者二年许贡三名，二年该贡一名者每年各贡一名，以后仍照见行例。隆庆二年题准，将各府州县卫学廪膳生员，不拘食廪浅深，通行考试，务取文行兼优、年力精壮者，府学二人，州县卫学各一人，以充恩贡，俱限本年到部听翰林院考校。

恩　贡

李蕴粹　隆庆元年，东昌通判。

萧奇栋　春台子，泰昌元年，南阳府同知。

温克敏　天启元年，汉阳府同知。

选　贡

周宗尧　万历二十九年。

翟凌云　圻俊子，天启元年，兖州府同知。

郭永静　崇祯元年，邵武府同知。

王从正　山东蒲台、莱阳知县，都寨人。

岁 贡

李文《岁贡题名碑》在明伦堂前，字皆剥落，惟篆额可辨。今依
《明史·选举志》考正年分。

明

杨 建　洪武五年，户科给事中。

乔 益　五年，寿州知州。

李 式　六年，工部主事。

朱 奠　七年，光禄寺署丞。

赵 通　八年，韶州府经历。

李 宸　九年，沔阳州知州。

李 昇　十一年，葭州知州。

刘 本　十二年，严州府知事。

周 郁　十三年，垣曲县丞。　　刘 清　十三年，猗氏县丞。

赵 春　十四年。　　　　　　　赵 祯　十五年。

李 显　十六年，户部员外。　　葛 永　十七年，华阴县丞。

袁 节　十八年，青城知县。　　张 鹏　十九年，阳和县经历。

张 建　二十一年。　　　　　　冯 晟　二十二年。

王 辅　二十三年。　　　　　　张 端　二十三年。

王 恂　二十四年，崇德县丞。

张 献　二十五年，太康知县。

陈 洁　二十七年。

张 勉　二十八年，安乐知县。

李 惠　二十九年。　　　　　　王 干　三十年。

赵 璧　建文元年。　　　　　　董 鉴　二年。

刘 俊　三年，滨州判官。

贺 祥　四年，山西按察司经历。

王 春　五年，桐城县丞。

周 密　永乐元年，荥泽知县。

刘　芳　二年。　　　　　　王　瑶　三年，怀庆府知事。

郭　瑄　四年，西乡知县。　　吴　洪　五年，上虞县丞。

俞　让　六年，定远知县。　　马　驯　七年，绥德州判。

韩　昇　八年，定制二年一贡。乔　嵩　十年，长山知县。

冯　彰　十二年，英山县丞。　李　敬　十四年。

赵　宏　十六年。　　　　　张　本　十八年，略阳知县。

陈　琰　二十年，沁水县丞。

朱　吉　洪熙元年，定辽县丞。

金　镛　宣德二年，光禄寺署正。

单　雄　四年，太原知县。　　姚　让　六年，汝州州判。

袁　通　八年，扶风知县。　　白思谦　十年。

乔　忠　正统二年，新野知县。王　绍　四年，思州吏目。

郭　理　六年，通州州判。　　邵　镛　八年。

王　楫　十年，晋府奉祀。

李　麟　十二年，安庆府经历。

张　琦　十四年，祥符县丞，四赵各庄人。

孟　诚　景泰二年，泽州吏目。

张　相　四年，高密知县。　　堵　昶　六年。

李　昱　天顺元年，复州卫训导。胡　英　三年。

李　恕　五年，范县县丞。　　周　南　六年，盐城县丞。

冯世宁　六年，徐州州判。　　王　深　六年。

金　夒　六年，武城县丞。

王廷相　成化三年，衢州照磨。

赵　通　五年。

乔　璜　七年，长洲县丞。　　刘　堂　九年，中书舍人。

袁　奎　十一年。　　　　　陈　翱　十三年，临漳主簿。

贺　表　十五年，宁海主簿。　金　溥　十七年，江浦主簿。

王廷纲　十九年，招远教谕。

赵　铠　二十一年，莱州府教授。赵　武　二十三年。

张　淳	宏治四年，茌平主簿。	郭宗智	六年，赵州吏目。
陈文辉	八年。	姚希贤	九年。
袁　栋	十年。	陈　铛	十一年。
张　诚	十二年，广宁卫经历。		
张　伟	十四年。	陈文质	十九年。
石　坤	十八年，栖霞训导。	马　镮	正德二年。
赵　宏	四年。	徐　行	六年。
潘士英	八年，甘州卫知事。	傅　金	九年，观城知县。
李　儒	十一年，绩溪主簿。		
朱　珍	十二年，京泰仓经历。		
潘　锦	十三年，宝丰县丞。		
谢恩诰	十四年。	杨　润	十六年。
冯学诗	嘉靖元年，武城教谕。		
乔明叙	三年，崇德县丞。	萧　韶	四年。
王　凤	六年，永城主簿。	吴　锦	八年。
袁　锡	十年。	杨　泽	十二年。
鲁　东	十三年，卢氏县丞。	顾　伟	十五年。
赵　钦	十七年，金华知县，卢各庄人。		
朱　跃	十八年，闻喜县丞。		
李　相	十九年。	金　榜	二十一年。
张尚质	二十二年，崇信教谕。		
郭　相	二十三年，临县教谕。		
陈　言	二十四年，顺宁经历。		
黄　镇	二十六年，大同训导。		
黄　钤	三十二年，荥阳训导。		
吕光海	三十四年，太平训导。		
王汝珍	三十六年，延长知县。		
陈　清	三十八年，招远教谕。		
王　卉	四十年，榆社训导。		

赵　相　四十二年，中牟教谕。

赵　轩　四十四年，容城教谕。

朱自新　隆庆二年，太平县丞。

张九三　五年，汝宁通判。

邱维德　万历元年，定兴教谕。

朱正心　三年，房山教谕。

王嘉礼　五年，赞皇教谕。

杨凤仪　七年。　　　　　　　　　周尚卿　九年，米脂知县。

刘朝彦　十一年，南阳府教授。

傅如兰　十三年，沧州训导。　　　周尚赤　十五年，邱县训导。

黄道东　十七年，复州训导。　　　陈所学　十九年。

王学礼　二十一年。　　　　　　　黄道南　二十三年。

金　淳　二十五年，候选训导。　　陈中行　二十七年。

张　曜　二十九年，获鹿训导，都寨人。

袭承德　三十一年，临县训导。

苗来贡　三十四年，定兴训导，所各庄人。

解所蕴　三十六年，南阳府同知。

赵　桂　三十八年，广平府训导，升山西潞安府教授，卢各庄人。

徐应登　四十年，真定训导。　　　翟登云　四十二年。

罗士佳　四十四年，静海训导。

贾继业　四十五年，山东邱县教谕。

郭典学　四十六年，完县教谕。

张东铭　四十七年。

袭　祚　天启元年，怀安卫训导。　王际明　四年，沔县知县。

王之聘　六年，巨野训导。　　　　田大有　七年。

张　汉　崇祯三年，密云训导，升山西洪洞知县。

傅佳（印）[胤]　五年，山海卫教授。　　　徐文耀　七年，庆云教谕。

王德育　九年，蓟州训导。　　　　周之桢　十一年。

魏之璠　十三年，奉天经历。　　姚应光　十五年。

徐　升　十七年，玉田教谕。

国朝贡生

《大清会典》：顺治元年恩诏直省府州县学均以本年正贡改为恩贡，次贡改作正贡。又谕首举选贡，抡才盛典，准先行岁考，补足廪生以拔其尤，顺天府特贡六人，每府学贡二人，州县学各贡一人，如有拔萃奇才，特疏荐举。康熙三十九年议准，选拔之年以陪贡充，停止选拔。六十一年选拔一次。雍正五年，谕拔贡旧例，十二年举行一次，嗣后六年选拔一次。乾隆七年以六年为期太近，仍复十二年之例。顺治二年定顺天乡试副榜五十五名，增、附、准作贡、监、廪生及恩拔岁贡之监，俱免其坐监，即与廷试贡生廷试，以三月十五日吏、礼二部官同翰林院官赴内院阅卷序次。三年题准，四月十五日廷试，又准府州县学不拘廪、增附生，将文行兼优者大学起送二人，小学一人，入监读书，名为贡监。案：此即优贡、优监。康熙二十三年覆准，直省岁贡概免来京廷试，著各学政挨次考准，咨部补授训导，捐纳岁贡亦听验看考选。

恩　贡

俞秉直　顺治元年，阶州同知。

赵君镛　八年，考授通判。

徐延荣　十八年，考授通判，改选新乡县丞，仍六品服俸。

王　简　康熙十五年，驸马寨人，甘肃庄浪知县。

张　复　三十六年，考授县丞。

吴执中　四十七年，坟坨人。

钟蕃祉　五十二年。

徐　显　雍正元年，本城人，有传。

赵应瑞　十三年。　　　　郝宜振　乾隆元年，樊葛庄人。

郭朝儒　十五年，乡饮大宾。　李子铭　十六年，西河南人。

茹纳博　二十六年，台（头）营人。

陈廷鉴　三十六年，本城人。　赵子基　四十二年，洋河套人。

冯德宁　五十年。　张翩骞　五十五年，刘各庄人。

诸金燧　嘉庆元年，本城人。　傅泽商　四年燕沟屯人。

陈　坦　十四年，洋河套人。　刘兆亨　二十三年，刘家庄人。

茹景文　二十五年，台头营人。　杨逢盛　道光元年，后庄河人。

王襄陛　十五年，本城人。　高玉德　二十六年，洼里人。

金锡禄　三十年，阜城教谕，樊葛庄人，有传。

李洪馥　原名相，以字行。咸丰二年，牛蹄寨人。

陈作梅　四年，陈家庄人。　吴维垣　六年。

杜盈科　十年，齐各庄人。　魏瀛山　同治元年，荣家庄人。

党玉清　五年，北庄河人。　张宏文　十一年，降龙山人。

陈熙春　光绪元年，本城人。

选　贡

冯　琛　（康熙）二十五年。　张　珺　三十八年，南新庄人。

李　笃　四十七年，新安教谕。

张冲溥　雍正元年。　鲁祉厚　七年，鲁家庄人。

袁　涵　十三年，广东肇庆府双恩场盐大使、河南布政司巨盈库
大使，官地人。

王　圭　乾隆六年。　才汇征　十八年，见举人。

严用中　三十年，见举人。　吴荫松　四十二年，见举人。

冯士灏　四十二年，见举人。　王　洁　五十四年，见举人。

李士仪　嘉庆六年。　徐春祝　十八年，本城人。

吴际升　道光五年，见举人。　陈利用　十七年。

惠庆滋　二十九年，见举人。　张兆显　咸丰十一年，见举人。

单元亨　同治十二年，本城人。

岁　贡

徐延周　顺治二年，奉天府训导。

李（宏）［弘］涵　蕴粹子，四年，完县训导。

陈　谟　六年，高阳训导。　杨定国　八年，密云训导。

李惟艳　十年。

邹　勷　十四年，萧山知县，燕沟屯人。

张凤羽　十六年。　　　　　田芳标　十八年。

鲁大治　康熙二年。　　　　解起元　八年。

王运恒　十年，庆都训导。

徐廷璂　十三年，乡饮大宾，本城人。

郭永昌　十四年。　　　　　惠即春　十七年，下庄人。

王子遴　十八年，都寨人。　罗唐绣　二十年。

许青云　二十一年。　　　　白重丹　二十三年。

惠可溥　二十四年。　　　　郝存性　二十六年。

冯　瑾　二十八年。　　　　任运泰　二十九年。

冯　骧　三十年。　　　　　杨毓奇　三十一年，三里庄人。

陈治恒　三十二年，新安训导，本城人。

贾景谊　三十三年，官庄人。

王基命　　　　　　　　　　孙芳馨　四赵各庄人。

王占鳌　　　　　　　　　　田国润　阳曲训导。

茹　珩　　　　　　　　　　单　铭

王　琳　　　　　　　　　　高士元

林毓琦　　　　　　　　　　徐　昊

杨秉德　　　　　　　　　　徐　习

杨　恒　　　　　　　　　　李　庆

诸大申　　　　　　　　　　金之琛

徐麟祥　　　　　　　　　　张宗美　官庄人。

黄三朋　雍正二年。　　　　赵　宋

王元相　五年，怀柔训导。　徐升闻　有传。

鲁　荫

杨枝起　十年，青县训导，三里庄人。

徐道中　　　　　　　　　　赵启中　乾隆元年。

王基丰　新乐训导。　　　　徐骏声

王化行　　　　　　　　　齐应魁

孙　理　　　　　　　　　钟　侯

王　铣　　　　　　　　　单鼎祈　十一年，蓟州训导。

俞　棨　　　　　　　　　黄苍璧　十五年，南黄庄人。

贾应元　　　　　　　　　张文曍　十七年。

徐方达　十九年。

才　敏　湖南鄮县知县，卢各庄人。

李　坚　二十三年，官庄人。　周维新　圈子营人。

金　莹　　　　　　　　　徐阜年

杨国祚　三十一年，元城训导，杨家庄头人。

严建中　三十三年，严家山头人。

翟缵祖　三十五年。　　　徐　翼　三十七年。

王民皞　三十九年，大城训导，太和寨人。

王　锐　四十一年，本城人。

徐永泰　四十三年，黄家村人。

吴作霖　四十五年。　　　陈七具　四十七年，本城人。

李景琦　四十九年，北程各庄人。

翟　棻　五十一年。　　　陈　綍　五十三年，陈家园人。

王凤翔　五十五年，太和寨人。

杨锡畴　五十七年，茹各庄人。

王德溢　五十九年，本城人。

徐　醰　嘉庆元年。　　　韩景琦　三年，韩官营人。

金文锦　五年。　　　　　董　睿　七年，胡各庄人。

陈浴日　九年。　　　　　王文言　十一年，王家庄人。

聂　赞　十三年，都寨人。　李　馥　十五年，台头营人。

赵淑章　十七年，大赵各庄人。赵淑典　十九年。

张　雨　府学，十九年，洋河套人。

茹景梁　二十一年，台头营人。

李观澜　二十三年，白玉庄人。

李觐銮　二十五年，北程各庄人。

吴　炽　道光二年，坟坨人。

薛　儒　四年，台头营人。　　盛如桐　六年，河南庄人。

任欲贵　八年，良仁庄人，见举人。

李耀春　十年，戴家河人。　　茹鹏飞　十二年，台头营人。

王毓德　十四年，卢王庄人。　茹景玉　十六年，台头营人。

郭鸣珂　十八年。　　　　　　李芳辰　二十年，牛头崖人。

冯弼臣　二十二年，台头营人。张缙云　二十四年，本城人。

周济川　二十六年，沙子窝人。陈文煜　二十八年，聂口人。

张近光　三十年。　　　　　　丁青云　咸丰二年，狮子河人。

张德明　四年，李官营人。　　常　炽　六年，樊葛庄人。

郑青云　八年。

乔永欣　十年，文安训导，樊葛庄人。

史联盛　同治元年，台头营人，霸州训导。

张临光　三年，榆关人。　　　李之械　五年，黑石人。

金志廉　七年，樊葛庄人。　　王德利　九年，台头营人。

安际唐　十一年，安家庄人。　樊　勰　十三年，燕沟屯人。

张万春　光绪二年。

明准贡（系由廪生报捐）

丁元会　山东乐陵县丞。　　张鹏云　河南灵宝县丞。

郭朝元　考授州同。　　　　刘国玺　山东历城县丞。

王之葵　徐州州同。　　　　王子选　都寨人。

国朝准贡

单九畹　吴桥训导，本城人。

李廷隽　天津府学训导，南桃园人。

王　錡　江西上犹县丞，本城人。

茹兆堂　台头营人。

王　衔　湖北江夏典史，本城人。

侯永芳　见举人。　　　　　王致澄　候选训导，本城人。

王理澄	文安训导，本城人。	田见龙	光禄寺署正，科坨人。
李晋园	邴各庄人。	茹性淳	台头营人。
张恩培		王子清	上官营人。
王树棠	铠子，副贡生，贵州安化县知县。		

附：例贡、例监及他途出仕者

按《明史》，纳例监稍优，其实相仿也。庶民纳粟入监，谓之民生，亦谓之俊秀，得选佐贰及府领官，其授京职者乃光禄寺、上林苑之属，其愿就远省者则以云贵、广西及各边省军卫有司首领及卫学、王府教授之缺用。

明

乔廷柱	宁州吏目。	傅 扬	
张 政	大同县丞。	陈献策	高密县丞。
陈九畴	淇县主簿。	贺 镛	
傅 诱	上虞县丞。	周嗣昌	裕州吏目。
吕希周	自在州吏目。	夏 卿	卫辉照磨。
翟圻彦	重光子，信阳州吏目。		
周尚象	彻子，监生，隰州吏目。		
贺 潜	德府审理。	贺 瀛	南京东城兵马司。
翟承恩	顺天府坝上北马房仓大使。		
杨 桐		杨 相	
金文炤	应州吏目。		
王衍庆	（印）[胤]祥子，鸿胪寺序班。		
傅如箎		惠尚贤	监生。
翟鸿举	凌云子，山海卫经历。		
夏尚质		俞 旸	监生。
杨 梓	监生。	杨 柱	监生。
王 铎	王府典膳。	王 鉴	王府典膳。

王　钥　王府典膳。

王　鹤　监生，山东金乡县主簿、河南河阳县主簿。

王　鹦　监生，邳州吏目。

王　杰　钥子，王府典膳。　　王　鸢　钥子，王府典膳。

王表正　鹤子，监生，庐州府知事。

王家臣　鹤孙，河南卢氏县巡检。

王文华　鹤孙，正途监生，清宁州吏目。

翟圻俊　绍光子，太医院吏目。

傅尚志　蒲城县典史。　　　　王印祜　太医院医官。

黄漳浦　瓜州通判，旧县人。

郭　太　浑源州吏目，杨家庄头人。

王士伟　京卫武学生，山东蒙阴县典史。

王士倜　乡饮大宾，顺治二年入乡贤。

王　带　丰民场大使。　　　　王服休　松江巡检。

国朝

萧　苇　渭南知县。　　　　冯泰运　溧水知县。

冯隆运　长山知县。　　　　冯昌运　沁水知县。

冯永潾　钜野知县。　　　　冯永洁　监生。

张希思　　　　　　　　　　杨仲昌　监生。

唐之迪　　　　　　　　　　冯永濲　监生。

罗国玺　　　　　　　　　　萧　范

侯更新　附贡，分发广东试用知县。

单祚盛　附贡，蓟州训导。

惠　熙　通州教谕，下庄人。

徐鹤年　升闻子，监生，布经历。

陈朝烈　武生，主簿。　　　杨廷栋　吏员，典史。

徐　彧　吏员，杭州府经历。　黄维中　山西老营巡检。

王士重　吏员，怀庆典史。　　谢　镕　兵马司吏目。

苟聿修　公文房吏，南通州税课大使。

姜友召　钱粮吏，安江巡检。

王原向　吏员，湖北简溪巡检。

周汉章　河南典史。

单廷椿　大名乡学训导，本城人。

王大瑄　监生，兵部武库司员外郎，候选知府。

王　铠　附生，署河南巩县典史、明港驿驿丞。

王锡三　　　　　　　　　蔡润田

明武进士

《续文献通考》：凡遇子、午、卯、酉十月武举乡试，次年四月初九日会试，嘉靖十七年议于秋九月举行，永为遵守。案：《通鉴》宋时原有武科及武殿试，自神宗、哲宗以至元时已废。迨明成化始复武举、武进士。崇祯辛未科始复武殿试。《香祖笔记》云："武会试旧无廷对、传胪之例，有之自明末始，从考官方逢年之请也。"

周　径　嘉靖乙未，建子，卫籍舍人。

李天培　万历庚戌，保定游击。

吴　迪　崇祯癸未，守备。

国朝武进士

《大清会典》：顺治二年题准，武乡试定于子、午、卯、酉年十月举行。会试定于辰、戌、丑、未年九月举行。康熙二十三年题准武乡试中额，顺天一百四十名。二十六年准中一百八名，汉军四十名，会试中额二百名。案：此后增减不一。

齐　威　乾隆乙丑，河南南阳镇标游击，五王庄人。

茹　沛　乙丑，江南潜山营守备，台头营人。

陈　炳　丁丑，御前侍卫、广东那扶营都司。

王大猷　辛丑，本城人。

方开甲　道光辛丑，花翎侍卫，柳树沟人。

李连仲　乙巳，东沙河人。

张长春　咸丰壬子，本城人。

马鸿图　庚申状元，乾清门头等侍卫，见任甘肃镇海协副将，榆关人。

马遇春　同治乙丑，赏加二等花翎侍卫。

王泰来　乙丑，侍卫，榆关人。

王万杰　乙丑，侍卫。

吴长庚　甲戌。

明武举

罗　泾　　　　　　　　　　周德明　嘉靖丙子。

周尚文　乙丑

陈复先　万历辛卯，本卫人，钦差罗文峪守备，行都指挥事。

周光祖　癸卯。　　　　　　李干城　癸卯。

国朝武举

萧　篡　顺治乙酉。

惠应诰　丁酉，仪真千总，下庄人。

张　震　康熙壬子。　　　　张正传　甲子。

张允显　壬午，官庄人。　　马鹏程　甲午。

傅义勇　丁酉，考选守备，望荆庄人。

刘文亮　雍正甲辰，山东范县守备，本城人。

李　信　乙卯。

郭祚昌　乙卯，考选守备，东王各庄人。

陈五伦　乾隆丙辰恩科，本城人。

茹　沛　辛酉，见进士。　　齐　威　辛酉，见进士。

武　钜　辛酉，本城人。　　赵光绪　辛酉。

惠振先　甲子，苏州卫守备，下庄人。

郭飞龙　甲子，郭家场人。　张三元　甲子，深河人。

王化隆　丁卯，本城人。　　陈六吉　丁卯，本城人。

张伟烈　丁卯。

王霨　庚午，湖北荆州左卫千总，平市庄人。

惠可举　壬申恩科，下庄人。

冯大成　壬申。

王化博　癸酉，淮安三帮领运千总，本城人。

傅振武　癸酉　　　　　　　惠可伟　癸酉，下庄人。

李吉贤　癸酉。

武绍祖　癸酉，钜侄孙，陕西固原镇标千总，汤山镇千总。

陈炳　丙子，五伦子，见进士。

郭连元　己卯，郭家场人。　　王景云　己卯，本城人。

张朝鼎　己卯，台头营人。　　杨大勇　己卯，杨家庄头人。

张复武　庚辰恩科，傅各庄人。

惠可永　庚辰，下庄人，督运守备。

陈九畴　庚辰恩科，本城人。

侯永邦　庚辰，江南太仓卫千总。

邱永安　壬午，王家湾人。

金珆　壬午，江南安庆卫领运千总。

任熙光　乙酉恩科，台头营人。

陈炜　乙酉，六吉子，湖北三帮押运千总。

王沛　乙酉，本城人。　　　唐国梁　辛卯，台头营人。

王大猷　甲午，见进士。　　　惠之梁　甲午，下庄人。

惠之梅　丁酉，淮安卫领运千总，下庄人。

于尚功　己亥，土心塔人。

董宁川　己亥，湖北兴国营参将，有传。

陈烜　己亥，六吉子，苏州前帮押运千总。

陈国标　己亥，炳子。

刘龙光　庚子，江西赣州卫千总，刘家庄人。

于青云　庚子，土心塔人。　　栾城　庚子，台头营人。

侯辅清　癸卯，五王庄人。　　詹廷元　丙午，台头营人。

杨开甲　丙午，石河人。　　　侯万清　丙午，五王庄人。

周庆云　戊申，宣各寨人。　　王大中　壬子，沛子。

侯起标　壬子，五王庄人。　　侯扶清　壬子，五王庄人。

刘怀德　乙卯，台头营人。　　李克刚　乙卯。

郑国鼎　嘉庆戊午，捐谷加四品衔，五各庄人。

陈慕唐　戊午，本城人。　　张宁邦　辛酉，朱建坨人。

张鹏翔　甲子，宁邦侄。

王大用　戊辰恩科，洁子，池州卫千总。

吴廷槐　戊辰，吴官营人。

傅恩荣　戊辰恩科，北黄家庄人。

王　鑅　庚午，大中子，本城人。

王　录　庚午，大猷子。　　王　玭　癸酉，大猷子。

王　锟　癸酉，大中子，兴武九卫千总。

孙履方　癸酉，建昌营千总，本城人。

贲大猷　癸酉，山东德州千总，沙坡人。

李云鹏　丙子，泥河人。　　张大用　丙子，张家庄人。

于景云　戊寅恩科，尚功子。

杨步洲　己卯，石河人。　　杨梦麟　己卯。

刘辅清　己卯，建昌营胡吉尔图千总，官庄人。

王士铨　道光辛巳恩科，本城人。

武冠军　戊子，大新寨人。　　茹兆熊　戊子，景文子。

张云龙　甲午，署台头营、界岭口把总，燕河庄人。

茹兆麟　乙未，景文子。　　滕德魁　乙未，鼋神庙人。

张献谟　乙未。　　田升华　丁酉，石河人。

武观军　己亥恩科，大新寨人。

方开甲　庚子，见进士。　　李连仲　庚子，见进士。

王佐清　庚子，江西赣州营都司，台头营人。

贲銮仪　丙午，兵部差官，德胜门守备加都司衔，沙坡人。

陈殿甲　丙午，炳曾孙，由燕河营效力署台头营把总，建昌营千
（营）[总]，出师病故，本城人。

王　魁　丙午，署城守营把总，小李庄人。

张得中　丙午，新立庄人。

马壮图　己酉，山西太原营中军守备，有传。

张长春　己酉，见进士。

李作砺　己酉，田各庄人。

贲赓飏　咸丰壬子，兵部差官，沙坡人。

张振侯　壬子，兵部差官，榆关人。

张铭鼎　乙卯，沙坡人。　　　李　鹏　乙卯，后庄河人。

马鸿图　乙卯，见进士。　　　赵国臣　乙卯，好马营人。

王殿魁　乙卯，马场人。　　　杨捍侯　戊午，石河人。

张振邦　戊午，西沙河人。　　王万杰　辛酉。

马雄图　辛酉，壮图弟，兵部差官。

王德刚　壬戌，兵部差官，台头营人。

董麟德　壬戌，胡各庄人。

马鹏图　壬戌，鸿图弟，兵部差官，分发山西，委署代州东路营中军守备。

马遇春　同治甲子解元，鸿图侄，见进士。

王泰来　甲子，见进士。　　　安辅元　甲子，官庄人。

王虎臣　甲子，大新寨人。　　张魁元　甲子，沙坡人。

王　翼　甲子，小李庄人。　　李国臣　甲子，田各庄人。

李镇侯　甲子。　　　　　　　傅开勋　丁卯，曹西庄人。

丁恩波　丁卯，丁家庄人。

吴长庚　庚午，小赵庄人，见进士。

陈建勋　庚午，下徐各庄人。

附：营卫出身

明

萧　升　本卫指挥金事，有传。

周　彻　有传。

钟　杰　本卫指挥佥事，举将材，提调桃林等关把总。嘉靖元年任山海路守备，升独石参将。

邱　陵　本卫指挥佥事，举将材，钦差分守葛峪等处参将。

吴尚贤　本卫指挥佥事，举将材，钦差分守太平寨等处参将。

刘　恩　有传。

曹　纲　本卫指挥佥事，举将材，钦差大水等峪游击。

张绳武　本卫指挥佥事，举将材，升黄花镇守备。

萧继英　升子，本卫指挥佥事，举将材，升遵化守备。

周　德　彻弟，本卫指挥佥事，举将材，升遵化守备，以勇锐调喜峰口，寻转永平游击。

高维祺　有传。

魏邦辅　本卫指挥佥事，举将材，升保安守备，累升三屯营都司，为镇守中军，后任总兵。

吴继璘　尚贤孙，本卫指挥佥事，举将材，升八达岭守备。

谢宗鲁　本卫正千户，举将材，升灰岭口提调。

张耀先　本卫指挥佥事，举将材，升黄土岭关提调，钦差界岭口守备，行都指挥事。

刘　燨　涵之孙，本卫指挥同知，举将材，升义院口关提调，掌卫印。

惠文彦　子永程，崇祯时军门效用，俱给都司衔。

惠　溥　　　　　才定国　　　　　钟国鼎

国朝

萧奇楹　升孙，有传。

王　伟　原任广西游击。

齐干成　威子，监生，湖北德安卫千总。

王维屏　生员，江南安庆卫后帮千总，张各庄人。

王福海　大用子，监生，大河卫三帮千总，本城人，候补游击，加二品衔。

王佐臣 由蒲河营外委以军功荐升总兵,记名提督。

殷彭龄 由武生军功任天津务关路中军守备,加三品衔花翎。遇缺即补都司。

封 爵

明

朱 谦 夏邑人,景泰元年九月丁未以军功封抚宁伯,食禄千二百石。天顺元年追封侯。

封 赠

明

金 禧 以子镛赠光禄寺署正。

姚 斌 以子政赠奉议大夫。

王 荣 以子春赠奉议大夫。

王 春 以子道中封奉议大夫。

鲁 海 以子铎赠承德郎,福建清吏司郎中。

翟 昊 以子鹏赠户部主事。

王 枕 以子(胤)祥一封河南偃城县知县,一封征仕郎、刑科给事中,奉恩诏加四品服。

张 楫 以子九三赠登仕郎,国子监学正。

李□□ 以子蕴粹封承德郎。

萧春台 以子奇栋封文林郎。

国朝

胡景鼎 以子松封奉政大夫。

王 凤 以子度冲封荣禄大夫、左都督。

王永年 以孙瑞征赠通议大夫。

王 济 以子瑞征赠通议大夫。

王 润 以侄瑞征貤通议大夫。

王天祥 以孙兆松封中宪大夫。

王国兴　庠生，以子兆松封中宪大夫。

王名扬　武生，以侄魁封武德骑尉。

王名立　贡生，以侄魁封武德骑尉。

王名显　庠生，以侄魁貤封武德骑尉。

张大业　以孙兆显封奉直大夫。

张廷璐　以子兆显封奉直大夫。

张廷桧　以胞侄兆显封奉直大夫。

张步陵　以胞侄兆显封奉直大夫。

王友贤　以□□□封文林郎。

王　暲　以□□□封文林郎。

张　津　以□廷模貤封儒林郎。

张隆岳　以孙秀芝赠资政大夫。

张　泂　以子廷柏封修职郎。

张　鸿　以子秀芝赠资政大夫。

张　逸　以子振侯封宣武都尉。

齐　斌　以孙威封武翼大夫。

齐化民　以曾孙威封武翼大夫。

齐复显　以子威封武翼大夫。

贾大猷　以侄銮仪封武德骑尉。

贾徽猷　以子銮仪封昭武都尉。

贾宣猷　以侄銮仪封昭武都尉。

贾銮舆　以弟銮仪封昭武都尉。

贾克猷　以子赓飏封武德骑尉。

贾兰香　以弟赓飏封武德骑尉。

张作舟　以侄魁元封武德骑尉。

张作谟　以侄魁元封武德骑尉。

马从云　以曾孙鸿图封武显将军。

马冠英　以孙鸿图封武功将军。

马殿柱　以三子鸿图封武显将军。

马殿梁　以侄鸿图封武功将军。

马鹏图　以侄遇春封武功将军。

马负图　以子遇春封武功将军。

马雄图　以侄遇春封武功将军。

马殿桢　以侄鸿图封昭武都尉。

马河图　以弟鸿图封昭武都尉。

王　悦　以继子泰来封昭武都尉。

王　明　以侄泰来封昭武都尉。

王　怡　以侄泰来封昭武都尉。

王　言　以出嗣子泰来貤封昭武都尉。

王廷凤　以弟泰来貤封昭武都尉。

陈安邦　以子建勋封昭武都尉。

陈鼎勋　以弟建勋貤封昭武都尉。

陈有章　以侄建勋貤封昭武都尉。

王应举　以孙伟封怀远将军。

王德润　以子伟封怀远将军。

惠　乡　以曾孙应诏封荣禄大夫。

惠　吉　以孙应诏封荣禄大夫。

徐道峻　以子馨封修职郎。

王良贵　以子以庆封修职佐郎。

惠文衢　以孙占春封荣禄大夫。

惠应诏　以子占春封荣禄大夫。

惠之桂　以孙庆滋封奉直大夫。

惠昌治　以子庆滋封奉直大夫。

杨美士　以孙捍侯封宣武都尉。

杨　龙　以子捍侯封宣武都尉。

金　振　以孙锡禄貤封儒林郎。

金尚贤　以子锡禄貤封修职郎。

金生华　庠生，以子联甲敕封文林郎。

荫 袭

明

翟重光　鹏次子，恩荫卫辉通判。

朱　永　谦子，景泰二年袭抚宁伯，成化三年进封侯，十五年进封保国公。

朱　晖　永子，袭公爵一世。

朱　麒　晖子，正德七年四月仍袭抚宁侯。

朱　岳　麒子，嘉靖十七年袭抚宁侯。

朱　岗　岳弟，隆庆二年袭抚宁侯。

朱继勋　岗子，万历十九年袭抚宁侯。

朱国弼　继勋子，万历四十六年袭抚宁侯，进保国公，讫于明亡。

陈　鉴　友谅子，正统八年袭抚宁卫左所正千户。

陈　晟　鉴子，成化十二年袭。

陈　经　晟子，正德三年袭。

陈　恩　经子，嘉靖十九年袭。

陈应魁　恩子，嘉靖三十三年袭，三十八年委任大安口左营，因事逮问拟戍。会皇子生，恩诏还职。

陈复先　应魁子，以文生员中武乡试，为堂兄加言昌袭，万历四十六年辩服得袭，崇祯三年以收复遵化、迁安、永平、滦州四城功，授本卫指挥佥事。

陈交泰　复先子，以文生员授指挥佥事，国变后卒。

王　贵　进子，世袭营州左护卫左所正千户，正统九年征富峪川，斩贼首一颗，升明威将军、忠义左卫指挥佥事。

王　玺　贵子，成化三年袭职，传至明亡。

陈　玉　斌子，宣德四年袭，授抚宁卫指挥使。

陈　恂　玉子，正统十八年袭。

陈　勋　恂子，天顺二年恂卒，勋方五岁，弟恺借袭。成化十一年请老，勋始袭，十三年掌卫印。十七年缘事奏调，镌一级，改辽海卫带俸指挥同知，二十年遇赦回卫。

陈　舜　勋子，正德十年袭，历委各边提调。嘉靖二十一年升黄花镇守备，九月在所属（墓）〔慕〕田峪斩犯边贼首一颗，十月复在墓田峪御贼阵亡。

陈世恩　舜子，嘉靖二十一年袭，二十七年卒，无子。

陈世忠　世恩（子）〔第〕，嘉靖二十七年袭，三十六年委界岭口驻操营管操。三十七年九月在青山口黑峪岭斩犯边贼首一颗，四十一年兵部奏奉，实授一级都（指挥）佥事，数年风疾告退。子守荫、孙绥猷相传袭职，至明亡。

王　桢　胜子，洪武十四年袭父职，永乐三年调抚宁左所副千户。

王　智　桢子，永乐十六年袭。

王　瑢　智子，正统十二年袭，成化八年授武略将军，无子。

王　铠　瑢侄，成化十年袭，宏治七年授武略将军，无子。

王　涂　铠侄，正德三年袭，无子。

王　濡　涂弟，正德十三年袭，卒，无子，侄遵道、遵道子德生、德生子詥，詥子新相继袭职，至明亡。

国朝

惠占春　应诏子，世袭二等阿达哈哈番五次。顺治十八年袭，原任沂州等处地方总兵。

惠延祖　应诏孙，康熙三十年袭爵，原任延绥等处地方总兵。

惠世溥　乾隆十三年承袭二等轻车都尉，二十二年奉旨赏给恩骑尉，世袭罔替。

董官保　宁川子，世袭云骑尉，署怀柔城都司、汤泉营守备，代理怀柔营都司，署山永协中军都司，石门路乐亭营、蒲河营都司。

董长生　宁川孙，世袭云骑尉、护理山永协副将，又署右营守备。

董殿元　宁川曾孙，世袭恩骑尉。

王　燮　以曾孙大瑄赠二品封衔。

王德昌　以孙大瑄赠二品封衔。

王　洞　以曾孙佐臣赠建威将军。

王大瑄　候选（知）府，以孙佐臣赠建威将军。

王福同　以子佐臣赠建威将军。

‖ 卷之十二 ‖

名 宦

蟹匡蚕绩，柴高兴成邑之谣；保障茧丝，尹铎布晋阳之政。召伯棠阴，思留去后；朱公桐邑，祠祝生前。自来名宦之传，昭昭史册矣！抚宁自女真立县以来，历有官师，岂无政教？或戢暴锄奸，如庞参之拔薤；或风流儒雅，如潘岳之栽花。或讼清而雀鼠潜消，或德洽而鸥枭尽化。广文官冷，郑虔不愧经师；县佐职卑，梅福犹称仙尉。猥以金元代远，遂令文献无征，故即旧编所载，聊增益以当竹帛之垂，此其前事可师，尚取法以作蓍龟之奉，志《名宦》。

明

娄大方 浙江奉化人，儒士。洪武七年知县事。强干果毅，时值草昧，因旧鼎新，多所建置。寇至，率吏民避兵于兔耳山南，侨立县治，经营区画，屹然有法，士民德之，祀名宦。

姜 镐 河南修武人，举人。成化十九年知县事。廉明勤敏，修建文庙，置祭器，筑社坛，建谯楼，招流亡，士兴弦诵，民乐耕桑，有去思碑树仪门外，祀名宦。

叶宗荫 浙江遂昌人，广西仪卫籍，举人，嘉靖间知县事。资性明敏，兴利除害，一境肃然，致仕去，士民攀送，涕泣如失怙恃。

雷应时 山西芮城人，举人，万历十一年知县事。律身清正，莅事明决，课民纺织，朔望验其勤惰，捐俸修县志，莅政九载，有古循吏风，士民保留，加通判衔，祀名宦。

王 台 字古柏，山东临清人，举人，万历四十三年知县事。敷政宁人，筹边足用，捐俸创建云从书院，课士校文，文风丕振。有生祠在城隍庙侧。

余 爵 字天有，河南禹州人，进士，崇祯四年知县事。长才卧理，百姓安堵，厘奸剔弊，吏胥畏服，历兵部职方司监军，征寇殉难，赠太仆寺少卿，谥忠壮。

孙廷铨 山东益都人，进士。沉静寡言，吏胥不能窥其涯涘，待士民恩礼兼至，历官吏部尚书、内院大学士。

吴 宜 山东滨州人，岁贡，嘉靖二十六年自迁安训导升任抚宁教谕。言坊行表，士子矜式，捐俸置学田三十亩，以赈贫生，有碑记之，祀名宦。

杜 浤 字腾江，直隶定兴人，崇祯十一年由明经任本学教谕。绩学有素，万历己酉七篇中式，已拟本房上卷，因后场讥刺时事，遂被黜。读其闱卷者，咸为之扼腕。初坐皋比，即申饬条约，以端士习为务。时年近七十，讲学竟日忘倦。性尤刚鲠，不事干谒，有为词讼到学、理诎求胜而馈暮夜之金者，挥之不受，庠弟子有忤邑令者，令衔之。走吏索款，一日凡数次，而浤不应，竟以直道不容于时罢去。

国朝

侯一匡 山西人，生员，顺治元年知县事。质直，有吏材。时当鼎革，为吏者多桀骜凌人。公接士以礼，恂恂雅饬，有儒者风。会流寇过境，人心惶惧。公素悉贼淫掠状，咸令妇女避之署中，关城赖以保全。适我大兵入关，绅衿耆老遮道保留，命赐冠带。公由此益自奋励，严守御，抚凋残，减役均徭，刑清政简。惜以朴直忤当事，卒于官。

张毓中 字（泊）[洎]水，号去偏，山西阳城人。明崇祯己卯科举人，顺治元年十一月捧檄来莅兹土。抚邑为东西孔道，旌旄络绎，羽檄旁午，守土者支应为艰。值鼎革之初，亡者未葬，流者未归，疮痍者未起。市儿探丸以肆恶，吏胥舞文以乱法，事多掣肘，不啻衣败絮行荆棘中。公下车，延访耆老，洞悉明季差繁赋重之弊，一人遍累及一户，一户遍累及一甲。久之，人逃地荒，而额税杂需有加无已，里季日鹑衣囊木以充役，岁卒更派，如捕逃兵，事竣而资橐俱尽，甚则卖产鬻儿以代偿。公乃白诸当道，力请蠲贳。至于挽输夫役，阖邑朋应，吏胥缘而为奸，公悉除之，事有不可已者为之计，有无均道里，正用外一无所滥，而十七里始知有生之乐，一切狐冠虎翼，为鬼为蜮之辈，有犯必诛，习俗为之丕变。初，邑承凋敝之余，人文寥落，士子博一第如登天，相沿视诵读为迂途而争营末计。公视事浃旬，即校试诸生，择可鞭策者，立社以课之，多士争相磨（厉）[砺]。甫七月而声誉大起，政绩举畿东第一，擢刑部以去。

  谭　琳　湖广（宗）[崇]阳人，举人，（顺治）[康熙]十年知县事。下车即以兴文教为先，甄别生童，集文理优长者会课书院，一切经费俱捐廉俸，又建魁阁于紫荆山。邑人田化民女许字李得金之子，因婿贫悔婚，诉于官，公为惩化民，给花烛银，命女与李子成婚。养济院口粮奉文裁减，捐俸照旧发给，未几，擢户部去。

  刘　馨　湖广沔阳州人，荫生，（顺治）[康熙]十四年知县事。温厚和平，御下以宽，而民不能欺。捐资协建武庙，设小学，延塾师，重修云从书院，月三次课生童，寒暑不辍。县志自明万历十九年修，散佚者多，公为咨询补续。历任四载，百废俱举，民受安静之福。抚台奖云"政简刑清，不愧民牧"。

  赵　端　字又吕，号立山，浙江钱塘人，贡生，康熙十九年知县事。性和而介，与人蔼如而不可干以私，校士劝农，以兴利除害为任。修书院，课生童，供给不足，每质衣以佐。学使吴公校士永平，独称抚宁文风为一郡最，公之力也。公捐资创建奎星阁于文庙东南隅，复买宅建小学于书院西，建东塾于下庄，南塾于张各庄，西塾于所各庄，北塾于石河庄，各择诸生之文行素优者司之，岁给束修十二金，炊爨之费无缺，士风遂彬彬日盛。朔望集耆老讲乡约，谆谆劝诫，听者兴起。邑既冲瘠，农商流散，其猾者多投充射利，权子母以蚕食平民，狐虎鸱张上下，莫敢谁何？公廉得其恶，悉置之法，尤桀骜者即上其事于部，民始知有三尺法。又念兵燹后游手者众，蹦跚六博之习日炽，局设倾储，祸延比屋，公严惩必行，请托屏迹。于是，偷惰者相戒归田，乃招流亡，劝开垦，务农重本，树果木为恒产，劝绅士捐谷石，广积储以备凶年。编审素多积弊，公矢诸神编审于城隍庙，陋规尽革，老死者去，丁壮者补，不阙不溢，且（豫）［预］示日期，朝至夕返，人无裹粮之苦。又买地置义冢于横山铺北，正库吏仓委之罪，俾挪移出纳之弊无所施，革差役三十六，凡户婚田产之讼有不可已者，诿乡三老议，俾健讼者革心，官不置皂隶，民不识县门。盖前此所无也。诸如修城池，葺仓库、廨署，皆躬亲综理，民不知役。壬戌，乘舆东巡，一切帐殿、行庖、御桥、辇路之工，夙夜经营，上不误而下不困，民尤隐受其福焉。

程大僖　字岵怀，福建莆田人，伊川先生二十四代孙，监生，雍正四年知县事。惩恶安良，兴利除弊。接绅士以谦而不可干以私，待胥役以慈而不敢玩其法。先是，地亩银花户交给催头，每亩得东钱六七百或八九百（东钱以三十六文为一百），公每户给发易知单，将正耗开明，每亩用银六分合大钱六十，按限自封投柜，每岁所省不下万金，详请勒石，以垂久远。莅任甫一载，竟以奏销迟延，罣吏议去，士民至今思之。

裘君弢　字约斯，号退庵，江西新建人，进士，雍正五年知县事。性潇洒不羁，莅任五载，廉洁自持，守前令程公遗规，丝毫不以累民，致仕家居，四壁萧然。

钱鋆　字检亭，江苏常熟人，举人，乾隆九年知县事。下车以课士为首务。时值洋河东徙，亟谋捍筑。越二年，河再东徙，力请上官委员勘护，沿堤栽柳，县城恃以无患，并修建明伦堂，捐置骊城书院膏火田，至今赖之。

陈钟琛　广西临桂人，举人，乾隆三十二年知县事。本文章为吏治，措置裕如，县试必自定甲乙，人服其公。劝武科起家者，新武成王庙，与文庙并重，他务亦次第修举，后升河南南汝光道。

白万程　山东商河人，举人，乾隆五十年知县事。戢盗安良，闾阎不扰，以紫荆山魁阁就圮、文运不振，令近村民立灯竿于阁之旧基，丙午、戊申两科登贤书者十人，公题"先后腾辉"匾于文昌正厅以纪其事。

葛长信 福建侯官人，举人，乾隆五十七年知县事。莅官十二载，与民相习，公事以柔道行之。值川楚军兴，兵差络绎，又蝗蝻数起，履亩驱捕，禾稼不大害。书院弦诵寂然，延闽孝廉赵承烈主讲，士风以振。

李　傮 字吉人，陕西华阴人，进士，道光三年任。整躬率物，执法不挠，严绝苞苴，剔除衙蠹。邑有巨奸滑匪，密侦姓名，急捕之，盗无匿迹，一境肃然。重修云从书院，颁立规条，增置膏火，提奖后学，孜孜不倦，士类咸有成就。岁乙酉飞蝗入境，设法驱捕，请开海禁，转辽东粟以济民食，至今赖之，后公以报最受知于朝，由牧令洊升节钺，清忠亮节，所至有声。咸丰初年，公巡抚山东，督师出境，是时，各路统兵距贼营数百里，而公独捲甲深入，直逼贼营。与当事议不合，为其中伤，以忧愤卒，时论惜之。

喜　禄 字怡山，满洲正黄旗人，江宁驻防，进士，道光九年知县事。坦怀率直，案无留牍。以公事至乡，必减驺从，自乘一骑。署中奴隶皆用衰老者。乙丑，逢东巡大差，供亿繁琐而能预办卒，以京控案致累。尝题堂联云："愿皆为良善民，无干国法；誓不作贪酷吏，有负生平。"盖纪实也。升滦州知州。

李宗城 字宝之，江苏吴县人，举人。道光二十五年署县事。性英敏，有吏才，摄篆一年，积案咸理，与诸生论文，一本先民程式，复捐俸以奖其优者。先是口外民俗素悍，公驭之以道，靡不怗息，群颂曰"风肃关陉"。

许梦兰 字云浦，河南鲁山人，进士。道光十八年，征兵过境，羽檄纷驰，因公勤政恤民，才多干济，由柏乡对调来此，料理兵差，措置裕如，不侮兵、不扰民，车骑传餐，泛应曲当，且折狱片言，案无留牍，胥吏不敢售其欺。尤加意文教，书院一月三课，亲阅其文，凡不利场屋者，辄加改正，偶出拟作卓然，先正名程。十九年，交卸回任，士民（祖）[阻]帐，攀辕追随十数里而不忍舍。二十二年，复莅斯邑。时值沿海设防，屯兵守御，赖公镇抚，兵民相安。又倡捐修葺城垣于海疆要害处，筑炮台、兵房、火药局，并饬东西河南庄沿岸植树万株，以为保障，民心感戴，建立生祠，迄今三十余年，长林翁郁，民获其利，爱之如召棠、莱柏云。

敖星煌　字乾垣，江西萍乡人，进士，咸丰元年知县事。性平易近人，胸无城府。酌减徭役，以省苛繁；实行保甲，以清盗贼。至胥吏之作奸，民情之隐慝，尤能坐照如神，民不敢巧为尝试。解任之日，士民数百人赴府乞留，因格于例不果。

滕开勋　字绍周，安徽婺源人，咸丰元年任邑之典史。性情爽直，守正不阿。公暇移花种竹，诗酒自娱，门无杂宾。时当地方不靖，与同城官绅劝办团练，挨户支更，彻夜巡查，地方赖以安谧。同治元年海防吃紧，孙邑侯劝捐修城，委开勋分段监修，昕夕忘倦。逾二年竟因事撤任，宦囊如洗，亦下僚中之不易觏者，临行赋诗留别，邑人至今尚传诵之。

卷之十三

乡 型 上

来事堪师，芳流百世。匹夫为善，化服一乡。故乡号郑公，黄巾亦为避境堂图；魏野紫禁曾以传观。某邱某水，访钓游之地，皆知有道先生。一事一言，征文字之缘，早企此邦曩哲。第欲发潜而阐幽，尤当循名以责，实怅前徽之俱杳久，切瞻韩殷后学之抗希，何缘御李，爰稽月旦，遥溯风流，凡属缁衣向慕，共睹先型，下如白屋、贤豪皆登列传，志《乡型》。

明

王 春 字景旸，号复庵，宏治丙辰登进士，丁巳改翰林检讨，为寿王讲读官。未几，王出，封寿邸，授右长史。王幼，居京师。春日以《经》《书》参侍讲幄。每对王云："孝事太皇太后，尊敬皇上，恪守祖宗法度，为王第一要务。他如读书循礼，好贤慈下，不可不加意焉。"王礼重之，转左长史，加正四品服俸。戊午，随王之国保宁，途中军卫有以贿赂诱王之左右者，春严禁之。庚申，改周府左长史，王始十岁，春朝夕启迪，养之以善，禁饬左右勿以淫巧惑王志。王将婚，汴中巨室某贿通内竖，谋为元配。春发其奸，选良家袁姓女为王妃，生郡王、郡主二十余人。府之郡王凡六十人，将军几四千人，皆教之以礼，绳之以法。辛酉，汴大水，屡决堤防。或劝以土填门，避之他县。春曰："王国，上有宗庙，下有宫闱，城中官民方在惊疑，王可先去，以为民望乎？"王遂止，水亦不为灾，城中赖以宁戢。封邱郡府庶子应袭封，其兄有花生者，以千金贿求保勘，春正色拒之，庶子遂得袭爵。王府庄田有侵夺民田者，尽法清理，有司军民咸爱戴之。母疾，亲侍汤药，焚香告天，愿以身代，居丧哀毁逾礼。府中宗室官寮启王，具奏夺情。春固辞回籍，经营葬事，庐墓侧。岁余，服阕，复任，随时匡救裨益良多。解组后诗酒自娱，尝与友人李崆峒为濮王赋诗云："万事纲常万世承，何须假借立殊称。汉家典故今虽在，宋室嫌疑孰与兴。服降期年情未古，名隆两考理非恒。纷纷论列人休罢，毕竟尊崇亦旧仍。"有《复庵集》行世，嘉靖十五年，卒。上遣官谕祭，命有司营葬，祀乡贤。

鲁铎 字文振，宏治壬戌进士，授岳州司李。刚正质朴，不畏强御。未几，行取大理评事。执法无私，每讯大狱，多所平反。会逆瑾擅权，有其党系狱，瑾使所亲啗以事解迁官，铎竟抵之罪，忤瑾，谋中伤，乃以他事谪河内县丞。瑾败，起沂水县令。廉明恺悌，吏威民怀。升刑部主事，转员外郎中，沉滞刑曹十余年，同列见俸深，有劝其求迁者，辄拂衣麾去，以是见重台部。适辽海警至，科道交章荐，奉命按辽，清理粮饷，简阅军实，革积弊，严举劾，条奏皆有成法，事竣还朝，辽人如失父母。擢山东按察司佥事，驻劄登州。登俗獷戾剽悍，世族凌驾寒门，铎裁之以法，教之以礼，三年令行禁止，风俗一变。抚按廉其贤能，欲奏绩为第一，以老疾力辞，士民攀辕而送者，数百里不绝。所著有《过庭文集》。卒，祀乡贤。

翟鹏 字扶九，号联峰，正德戊辰进士，授户部主事，抽分河西务。先至者，往往以墨败，僚服咸惜其行。鹏至，首革常例，上不损国赋，下不拂商心，台部重之，转为员外郎，出守卫辉府。历四年，抚按以贤能荐者二十五疏，举卓异者三。及入觐，铨部考，天下第一。时抚河南者，疏请改守开封；按四川者，疏保改守成都。上竟从开封请。鹏至开封，遂有并包之谣。抚按交荐，前后十余疏，咸谓经济之才。迁陕臬，兵备洮岷，转按察司。寻佥都察院，巡抚宁夏，有《筹边录》行于时。会总兵诬排，赖清议东还。至嘉靖二十年，寇犯山西，边镇失利，守臣连疏告急，兵部尚书张瓒及府部会推，鹏以原职督北直、山东、河南等处军务。鹏至，寇平，复命还京，升兵部右侍郎兼右佥都御史，总督宣、大、偏、保等处军务。疏请兵粮以御寇，不报，寻谢事归。无何，寇果深入，复起鹏，照前总督，斩获甚众。捷闻，晋秩兵部尚书兼都察院（左）[右]副都御史，总督军务如故。后以忌者中伤，被逮，卒于京。鹏性慷慨，有气节，多谋略，故所至成功。他如挫逆瑾之党，却白爵之金，修已废之边，擒巨寇之首，奇猷硕画，见于名臣奏疏。因过直，不能俯仰权门，遂不终其位。有诗云："惟有寸丹悬帝阙，更无尺素达权门"，可以知所养矣。隆庆初，追论前功，始复原官，加恤典，赐祭葬如礼，祀乡贤。

附：《明史·列传》：

翟鹏，字志南，抚宁卫人。正德三年进士。除户部主事，历员外郎中，出为卫辉知府，调开封。擢陕西副使，进按察使。性刚介，历官以清操闻。嘉靖七年，擢右佥都御史，巡抚宁夏。时边政久弛，壮卒率占工匠私役中官家。守边者并羸老不任兵，又番休无期，甚者夫守墩，妻坐铺。鹏至，尽清占役，使得迭更。野鸡台二十余墩孤悬塞外，久弃不守。鹏尽复之。岁大祲，请于朝以振。坐寇入，停俸。复坐劾总兵赵瑛失事，为所讦，夺职归。二十年八月，俺答入山西内地。兵部请遣大臣督军储，因荐鹏。乃起故官，整饬畿辅、山西、河南军务兼督饷。鹏驰至，俺答已饱去，而吉囊军复寇汾、石诸州。鹏往来驰驱，不能有所挫。寇退，乃召还。明年三月，宣大总督樊继祖罢，除鹏兵部右侍郎，代之。上疏言："将吏遇被掠人牧近塞，宜多方招徕。杀降邀功者，宜罪。寇入，官军遇敌虽无功，竟赖以安者，当录。若贼众我寡，奋身战，虽有伤折、未至残生民者，罪当原。于法，俘馘论功，损挫论罪。乃有摧锋陷阵、不暇斩首而在后掩取者反积级受功，有逡巡视观望幸苟全，而力战当先者反以损军治罪，非戎律之平。"帝皆从其议。会有降人言寇且大入，鹏连乞兵饷。帝怒，令革职闲住，因罢总督官不设。鹏受事仅百日而去。其年七月，俺答复大入山西，杀掠太原、潞安。兵部复请设总督，乃起鹏故官，令兼督山东、河南军务，巡抚以下并听节制。鹏受命，寇已出塞。即驰赴朔州，请调陕西、蓟、辽客兵八支，及宣、大三关主兵，兼募土著，选骁锐者十万，统以良将，列四营，分布塞上，每营当一面。寇入境，游兵挑之，诱其追，诸营夹攻。脱不可御，急趋关南依墙守，邀击其困归。帝从之。鹏乃浚濠筑垣，修边墙三百九十余里，增新墩二百九十二，护墩堡一十四，建营舍一千五百间，得地万四千九百余顷，募军千五百人，人给五十亩，省仓储无算。疏请东自平（刑）[型]，西至偏关，画地分守。增游兵三支，分驻雁门、宁武、偏关。寇攻墙，戍兵拒，游兵出关夹攻，此守中有战。东大同，西老营堡，因地设伏，伺寇所向。又于宣、大三关（关）[间]，各设劲兵，而别选战士六千，分两营，遇警令总督武臣、张凤随机策应，此战中有守。帝从其议，且令自今遇敌逗留者，都指挥以下即斩，总兵官以下先取死罪状奏请。先是，鹏遣千户火力赤率兵三百哨至丰州滩，不见寇。复选精锐百，远至丰州西北，遇牧马者百余人，击斩二十三级，夺其马还。未入塞，寇大至，官军饥惫，尽弃所获奔。鹏具实陈状。帝以将士敢深入，仍行迁赏。旧例，兵皆团操镇城，闻警出战。自边患炽，每夏秋间分驻边堡，谓之暗伏。鹏请入秋悉令赴塞，画地分守，谓之摆边，九月中还镇。遂著为令。二十三年正月，帝以去岁无寇为将帅力，降敕奖鹏，赐以袭衣。至三月，俺答寇宣府龙门所，总兵官郤永等却之，斩五十一级。论功，进兵部尚书。帝倚鹏殄寇，锡命屡加，所请多从，而责效甚急。鹏亦竭智力，然不能呼吸应变。御史曹邦辅尝劾鹏，鹏乞罢，弗允。是年九月，蓟州巡抚朱方请撤诸路防秋兵，兵部尚书毛伯温因并撤宣大三关客兵。俺答遂以十月初寇膳房堡，为郤永所拒，乃于万全右卫毁墙入。由顺圣川至蔚州，犯浮屠峪，直抵完县，京师戒严。帝大怒，屡下诏责鹏。鹏在朔州闻警，夜半至马邑，调兵食，复趋浑源，遣诸将遏敌。御史杨本深劾鹏逗留，致贼震畿辅。兵科戴梦桂继之。遂遣官械鹏，而以兵部左侍郎张汉代。鹏至，下诏狱，坐永戍。行至河西务，为民家所窘，告钞关主事，杖之，厂卫以闻。复逮至京，卒于狱，人皆惜之。初，鹏在卫辉，将入觐，行李萧然，通判王江怀金遗之。鹏曰："岂我素履未孚于人耶？"江惭而退，其介如此。隆庆初复官。

王道中 字致甫，号黄斋，春子。正德甲戌进士，授安庆府推官。太湖险远，人多避差。有一人至县，即令赔纳，倾家荡产，民甚苦之。道中至，亲诣其所，婉曲晓谕，止令自纳，民皆称便。扬州府知府孙某，为御史张士隆劾奏脏私巨万。朝廷差给事中王俊民同清军御史陈杰会勘，久之，未决。道中一勘即明，科道敬服，连章荐举。时宸濠之变，余党未尽，缉奸细者往往滥及平民。道中查有脏仗旗帜，止坐四人，余三百余人尽释之，人称神明。升刑部主事。嘉靖癸未，转员外郎。甲辰，升鸿胪寺右卿，转左卿。十二年凡侍经筵，小心如一。乙未，改大理寺右卿。己亥，升顺天府尹。辛亥，卒。有《黄斋集》藏于家。

王（印）[胤]祥　字邦瑞，号槐亭，隆庆辛未进士，初授河南偃师县知县。吏治澄清，恩威并著，县前有苦水井化为甘泉。时屡荒，下车后，时和年丰，人咸谓善政之感。行取刑科给事中，丰裁峭厉，遇事敢言，条陈九边要务，上嘉纳之。因劾江陵夺情，外转河南佥事，锄强扶弱，执法无私。进四川提学参议，禁淫俗，正士风，搜遗中解，人咸服其藻鉴。迁陕西按察司副使。适西番告警，祥至，核军实，严守备，剔弊奸，内外肃然，当事特荐者二十余疏，以亲老力辞。祥生平不喜干谒，邑大夫非公事，经年不面。性孝友，乐施予，晚年博览经史，纂释《左传》诸书，闭户却阉宦之馈，捐金建文峰之塔，优游林下十余年，人皆高之。

王调元　字燮甫，万历戊午举人，初署河南嵩县教谕，升山东临朐县知县，调滕县。历任多善政。丁丑，解组归，闭户训饬子孙，不事干谒。邻里址畔有争者辄让之，周贫济乏，时遭横逆亦不校，乡里服其德量焉。

　　附：宋琬《王和阳先生传》

王公，讳调元，字燮甫，号和阳。其先晋人也。明洪武初，始祖孝通迁抚宁之深河里，七世皆力田。公父茝唐公始为儒，折节读书，为诸生有声。公生甫期而茝唐公卒，母王孺人抚之，食贫措挂，无间风雨寒暑；岁时伏腊，抱儿以见于庙，且泣且祝曰："未亡人所不即从地下者，以茕诸孤在也。顾安得见其任衣冠，以一盂麦饭浇尔父冢上草乎？"公为儿时，即崭然露头角，既稍长，痛其早孤，自伤不比于人。于是博极群书，所学大就，十七补博士弟子员。学使者奇爱之，使食饩焉。尝读书维摩方丈中，丙夜咿唔，杂钟鱼梵呗间，朝齑暮盐，二十年如一日。万历戊午，举顺天乡荐。谒台使刘公，涕泣再拜，庐王孺人守节抚孤状以请。刘公为之恻然，疏上，报可，敕有司旌表如仪，乌头棹楔大书于闾曰"故茂才王尧相妻王氏贞节之门"。邻里嗟叹，有泣者，皆曰："王氏有子矣！"辛未，以母老乞署教职，乃除嵩县学谕，仿胡安定教士法，与诸生相切劘，嵩人始知师弟子之礼。势家奴有辱诸生于市者，公曰："士如此，我可去矣。"势家闻之，惶恐谢不谨，乃已，其不畏强御如此。甲戌，升山东临朐知县，太孺人就养于官，退食必告曰："今日听断几何事，大人以为何如？"太孺人称善，乃敢就舍。齐俗夸而好讼，犹有六博蹴鞠、斗鸡走狗之遗风，公一切以宽平简易治之，吏不敢欺，民用大悦。时流寇犯河南，所过郡邑多破，朝廷用言者议，以修城垣、练乡勇、储仓廪、备器械，为守令殿最。朐城故版筑，地高无水，廛闬鳞次，附女墙而居者千余家。令下之日，公曰："城坚不须筑也。"青州道朱公之裔严檄切责，公曰："贼远在二千里外，而使吾民妇子露处，是人心先自解也，虽有金汤之固，吾谁与守？"朱公不得已，单骑来视。高墉屹屹，睥睨相望，而守御之具，纤悉毕备。乃叹曰："公言是也。"御史张公盛美，滕人也，上疏曰："臣邑虽小，而当河南之冲，贼渡黄河，而比暮可至城下也。诚欲为疆土计，臣愚以为，宜选良吏有文武才者。敕抚按推择更调以闻便。"于是当事以公应诏，调知滕县。先是妖贼徐鸿儒之乱，滕人死者无算；又其地邻曹、濮，其人轻剽悍疾，多椎埋探丸之盗，奸吏舞文，与巨猾相表里为民害。公曰："是不可以临朐治也。"令严法必，有犯必诛。于是奸盗屏息，境内肃然。莅滕甫两月，勾稽公帑厂驿及积逋之在民者六万两。太守王公国宾曰："公此举良快，顾吾方有水衡大，农急逋，姑借用而徐偿公，可乎？"公有难色，太守衔之。会邹、峄两令缺，乃以公请摄篆，将以困之也。公言之抚军曰："滕，乱丝也。早夜爬梳，惧犹不理，今舍而之旁邑，譬犹家有积薪而两邻失火，主人自往救之，火未息而室先焚矣。夫一邑令何足惜，如疲邑之民何？"抚军韪之，戒公勿往，而檄太守再择署者。于是太守积不平，曰："此鞅鞅者，难为下也。"居亡何，以戆直论劾罢归。公归二年，而山东数被兵，州县破者十六、七。公率其四子及内外孙若而人，希韝鞠跽，为太孺人寿曰："某以六尺孤，赖大人恩勤抚育，至于今抱孙矣。乃得乞骸骨，归田里，非大人之赐不及此。"太孺人喜为举一觞，已而以病卒。公哀毁逾制，充充如不欲生。丧葬毕，语所亲曰："使吾不以得罪上官斥，安能视慈母之含襚乎？乃知忌者之言，适所以成吾志也。"公家食三十年，足未尝一履公庭，邑宰到门，多以病辞；故人在选部者，数以书招之，且属台使者起之。公笑而谢之曰："乃欲以我为嵇中散耶？"孝廉张君启源，与公为一人之交，以其季女为公子运恒妇。既委禽矣，而张君早世。庚午，滦州城陷，女在兵间，公赎以金帛，而为运恒娶焉。或以为言，公曰："吾岂以死生患难，负我良友哉？"季子运明妻詹氏，父世烈，判禹州而客死。公为归其旅榇，而养其寡妻，诫季子以母事之，凡此皆人所难能者，而公顾毅然为之。虽前史所载范巨卿之与张劭，何以加焉！甲辰五月，寝疾，弥留，诸子侍侧，第以孝谨敦睦，勿忘祖考之艰难为言。卒之日，亲党咸吊，莫不流涕，叹息而去。公生于万历庚辰□月□日，卒于康熙甲辰□月□日，享年八十有五。少宰石公申、仪部郎余公一元尝表志其墓矣。以故子孙世系多不载，为著其大者如此。

宋琬曰：余家青、齐之间，驱车而过骈邑之墟，其父老多言王公之为宰，诚长者也。后余持节右北平，尝一再造其庐。王公辄谢不见，然知其为笃行君子也。及闻张孝廉之事，不以生死盛衰易心，何其深于义耶？夫燕赵古多悲歌慷慨之士，而不少概见，何哉？若王公者，斯无愧焉。呜呼！徒循吏也哉！

李蕴粹 字懿完，读书好古，痛恶挦摭，乡人化之，由恩贡授东昌府通判，修筑河堤，工竣省银万余两缴部，升陕西乾州知州。

徐应登 字子科，号进吾。敦行孝弟，不昧孤侄遗金，乡党推重，以明经授真定广文，教人先德行而后文艺，不计束修之有无。公署敝坏，出家资修理之，群弟子景仰其高。

翟凌云 字昆瀛，由恩拔授山东肥城县令，不畏权势，除巨奸大蠹。擢兖州同知，浚河有功，省帑银四十万，为共事者所忌。罢归林下三十余年，闭门养重，称乡望焉。

萧奇栋 字擎元，由恩拔筮仕山西蒲城县知县。时流寇猖獗，骚扰地方，蒲邑凋残，民不聊生。公至，抚循多方，战守有具，百姓恃以安辑，寻升南阳府同知，卒于官。

温克敏 字明宇，循循雅饬，行孚于乡，足为后学矜式，由恩选授湖广汉阳府同知，卒于官。

王之葵 由贡生任江南徐州河粮厅。智明胆决，不肯阿徇。当流寇之乱，州牧自焚，公亦坚求自尽，士民力救得免。以徐水陆要冲，南北限界，难治易乱，各宪司勉以代篆。公视事三载，抚恤疮痍，流民复业，一时称之。

王德育 字养吾，由明经任苏州训导。介洁质朴，教诲有术，起衰振靡，楷模多士。上台将云"贤良方正，不愧司铎。"

陈友谅 汝阳人。父召二，洪武元年，以军丁从华云龙克永平。十三年，燕藩建，隶燕山右卫中所百户刘成。二十二年，卒，友谅补军。建文元年秋七月癸酉，靖难兵起，从征怀来。八月，耿炳文率师北伐，前锋抵雄。壬子，王渡白沟河，夜半围雄，拔其城，屠之。友谅大战有功，授小旗。九月戊辰，吴高以辽东兵围永平，友谅从王往援。十月壬寅，袭取大宁城。时李景隆引军薄北平，筑垒九门。十一月辛未，友谅从王战于郑村坝，进攻东直门垒，授总旗。十二月，从王征大同。庚申，次广昌。二年春正月丙寅，次蔚州，皆下其城。二月癸丑，至大同。四月，景隆与郭英、吴杰、平安进兵白沟河，友谅从王大战，景隆败走济南。五月癸酉，追至德州，入其城。庚辰，攻济南，败景隆军于城下，围久不克。八月戊申，解还，友谅升本卫百户。三年三月辛巳，与盛庸战于夹河。四月戊戌，遇吴杰、平安军于藁城。七月，房昭屯易州西水寨。友谅从王鏖战，围之。四年正月，克东昌、东平、东阿、汶上等处。四月，夺小河桥。甲戌，大战齐眉山下。二十七日，攻何福军于灵璧县，明日破其营。五月己丑，下泗州。六月乙卯，自瓜州渡江。乙丑，克应天府。友谅以功升孝陵卫中所正千户。永乐八年二月，帝北征，友谅从。五月己卯，追本雅失里于干滩河。丙寅，还，次胪朐河。六月甲辰，阿鲁台伪降，率千骑薄中坚，友谅从帝冲其阵。七月丁卯，次开平。八月，回卫。十二年四月，从征至兴和。六月戊申，击败马哈木，回卫。宣德二年七月，调抚宁卫左所正千户，遂家焉。正统八年十二月，请老，子孙袭职，至明亡。

王　进　县之万家庄社人。洪武三十三年（即建文帝二年），随靖难兵，攻克沧州。十二月，东昌大战。三十四年（建文三年），夹河大战。又三月，藁城大战，全胜。三十五年（建文四年），滹河大战，胜。四月，小河、汴河堤、灵璧县大战，全胜，攻破营圈，升本所副千户。五月，至泗州，过淮河，至盱眙、扬州。六月，至镇江，皆下其城。十三日，平定京师。十一月十四日，升武德将军、营州左护卫左所正千户。永乐二年十二月二十一日，予世袭。十七年，卒。八月二十五日，子贵袭。正统九年，征富峪川，斩贼首一颗。四月十七日，升明威将军、忠义左卫指挥佥事。成化三年，卒，子玺袭，传爵至明亡。

陈　斌　山后锦川州感化里人。父敬文，能骑射，多材略。洪武三年，归附，隶戎籍，拨通州卫前所。老退，斌代役。二十三年，征沙都山，至宁夏。二十五年，拨燕山右护卫中所。二十九年，征胪朐河、黑松林。建文元年七月，靖难兵起，从取居庸、怀来。八月，克雄县、鄚州，攻围真定。九月，接应永平，攻克大宁。十一月，郑村坝大战，全胜，升总旗。十二月，克广昌。明年正月，取蔚州，攻围大同。四月，白沟河大战，全胜。五月，围济南。九月，实授百户。十月，攻克沧州。十二月，东昌大战。又明年在威县、深州败真定截路军马。三月，夹河大战，全胜。闰三月，藁城全胜，就征顺德。十月，攻克西水寨。十一月，升本卫指挥佥事。四年正月，克东阿、汶上、沛县。三月，泚河大战，全胜。六月，渡江。十三日，克金川门。十二月，升怀远将军、燕山左护卫，世袭指挥同知。永乐八年，从征迤北。五月，追（木）[本]雅失里于元溟河。六月，败阿鲁台于静虏镇，有功。八月，升本卫指挥使。十二年三月，从征迤北，至古林，败敌。洪熙元年正月，调抚宁卫指挥使，因家焉。宣德四年，请老，子孙袭职，至明亡。

　　王　桢　其先江南安庆府望江县人。父胜，授承信校尉、福州右卫所管军百户。洪武十四年八月，告老疾，桢袭。十一月，调淮安卫。十七年十二月，调薪贵守御所百户。二十七年五月，予副千户，升凤阳中卫所副千户。二十九年，调防边。五月，迤北口湿地方巡哨。八月，征进五开。三十年，征进大浪等洞，获一功。五月，回卫。永乐三年二月，调辽东东宁卫中所副千户。九月，调抚宁左所副千户，遂家焉。十六年正月，告老疾，子孙袭职，至明亡。

　　萧　升　本卫指挥佥事，举将材，升马兰峪参将。嘉靖癸巳，大同内变，结连外寇。兵部会推，以副将协守大同等处。公至，兵事戒严，内外不通，乃诣军门，献捣巢计，贼遂瓦解。寻进前军都督府都督佥事、钦差镇守三屯等处总兵官。十九年，卒，诏赐恤典，葬祭。

　　周　彻　本卫指挥同知建之子，举将材，累升保定副总兵。嘉靖二十三年，寇犯浮图峪，锋锐甚，京师震动。公夜发兵七千，遇贼蜚狐岭，自辰战至申，箭中贼首，少却，乘胜击之，凡四日而贼北。捷闻，赐玺书奖劳，特升右军都督府同知、钦差镇守三屯等处总兵官。三十一年，兵部会推，用参神机营事，因监造不如法，谪戍，卒。

　　刘　恩　本卫指挥同知，举将材，升龙门守备，寻金万全、钦依山西行都掌印都司。好义乐施，乡党有不能婚葬者，捐资助之。嘉靖十七年岁荒，劝富民出粮七百石，赈活者甚众。子涵，本卫指挥同知，举将材，升遵化守备、钦差神机等营佐击将军。

　　高维祺　本卫指挥佥事，举将材，升蓟州守备。先是缮城，勤劳懋著。丁卯，外寇拥众剽掠，公率众捍御，调度得宜。寇知有备，乃引去。子万里，本卫指挥佥事，举将材，升灰岭口守备、钦差游击。

国朝

郭永静 字上垣，由拔贡授江西上饶知县，以守御功升绍兴府同知。莅任多异政，兵民安戢，士民镌石颂之。服阕，补邵武府同知。

徐延荣 字仁甫，由恩贡考通判，改授河南新乡县丞，仍加六品服俸。居官一载，固辞而归，杜门谢客，不入城市。

邹　勷 字扶皇，由贡生任萧山知县。县素称难治，无久任者。公以慈俭御之，上怜其拙，民乐其宽。六载，解组归，寒素如诸生时。

冯泰运 字羲轩，任江南溧水县知县。吏治精敏，尝捐资二百余金，助修抚宁学宫及制铜祭器二百四十二件，以光春秋祀典。

冯隆运 字明轩，筮仕山东长山令。慷慨豪爽，治政明断，士民钦服。及还里，笃友爱，崇信义，解人之纷，济人之急，乡党重之。

萧奇楹 升之孙，临清左营参将。居官数载，持身冰蘖。林居食贫，无所干谒。

温如玉 字尹亭，号廉圃，台头营人。乾隆甲子科联捷成进士，由翰林院检讨、陕西道监察御史癸酉充广西正考官，升礼科给事中，转刑科掌印给事中。乙亥、己卯，提（督）湖南北学政。甲申，巡视山东漕务，旋以病乞假归。父德厚慷慨，有大志，薄游淮上，入赀为郎。继娶于淮，生二子，次如暄，终国学生；长即尹亭也。天性孝友，髫龄就傅，日诵千言，老生宿儒，咸目为奇器。弱冠回籍，应童子试，冠其军。迨木天翔步，屡掌文衡，所拔尤多卓荦之士。历官清要，廉洁自持。圣眷方隆，因疾引退，以永郡为孤竹遗墟，有廉让风，遂家焉。家藏书万卷，著有《静渊斋诗存》。

王瑞征 字莆田，太和寨人。幼沉默，不轻言笑，与人接，肫肫如也。读书能得间，先辈吴荫松、山长欧阳绍洛亟称赏之。家寒素，自父济困，小试生计益窘。堂叔润轺助之。嘉庆癸酉、甲戌联捷成进士，授刑部主事。研究律例，数月后即练达，老吏不能欺。蒋砺堂相国官西曹时，尝谓："案经王司员办，罪无枉纵。"二十四年，总派秋审，狱苟可疑，必曲为矜全。出署江宁府，案牍久不结者，皆以次审定之。道光八年，入为浙江司员外郎。十年，迁江西司郎中。十一年，发往江苏，以道府用。召见圆明园奏称，旨有"汝本无人保举，今到江南勉为好官"之谕。瑞征感荷国恩，益以清勤自矢。十二年，署常州府篆。时洪湖陡发，高邮堤工漫溢，下流州县俱为巨浸。常地处冲途，灾黎遍野，捐廉倡绅富，设法留养，全活甚众。三月，补常镇通海道兼管河务。关部在在紧要，瑞征勤求水利，清釐榷政，嗣屡奉差委，积劳成疾，卒于官署，旋有贵州臬司之命，至则殁已数日矣。瑞征历奉恩纶，出差十一省，久契宸衷，咸谓"秉节封疆，指日可待"，竟未拜臬司新命以殁，制军陶公澍、中丞林公则徐莫不惜之。

王兆松 字公卜，道光戊子解元，癸巳会魁。由翰林庶吉士改工部主事，补屯田司，掌硝磺库。丁外艰，服阕后，升员外郎，转郎中，监督黄木厂。咸丰癸丑，补山东道监察御史，转贵州道，巡视南城，升兵科给事中，稽察通州西仓，转户科掌印给事中，补鸿胪寺少卿，以母丧归。奉旨督办团练，丙寅卒于家，年六十五。父国兴，字应宸，邑庠生，伉爽质实，治家斩斩有法，教子尤严。公生而岐嶷，孝友诚悫，沉默寡言，为文议论闳博，寝馈大家，服官清要，内介外和，同僚咸仰其丰采。其掌硝磺库也，山东委员解磺到部，书吏勒索规费，公知之，立即斥革积弊，以清掌户科给谏。时闻通州一年内添设油漆铺百数处，恐内藏奸宄，奏请搜访。后大沽有变，悉如公言，由是屡蒙廷召，向用甚殷，鸿胪供职。遇坛庙大典，无不恪恭，将事逮，读礼家居，闭门谢客，不预外事。弟兆柏，以壬戌进士选河间教授不赴任，优游泉石，书史自娱，人比之江东二陆云。

张化民 字雨时，嘉庆戊寅举人。学优品端，游其门者，春秋两闱，多得气飞去。道光间选授柏乡训导，清苦自励。时蜀刘垣宰柏，人捐重赏，以擒巨盗，能吏也。没后归榇无力，眷属羁柏者八年。化民以冷宦时加赒恤，又怂恿后任邀请绅商酿五百余金送之归，旋调井陉。适咸丰辛亥发贼薄城下，化民誓以身殉，给赀驱家属出城，已数日矣。值胜帅提兵过境，城得全。未几，柏乡城破，后任罹，俱焚之惨，知迁调，非偶然也。嗣以老告归，卒年七十三。

惠庆滋 字春农，道光己酉拔贡生，咸丰辛亥举于乡。博学，工诗文，书法尤秀整，授徒十余年，后进无不推为宗匠。考取内阁中书。廉静自持，勤于公事，补缺后，由中书加四级。时同年诸公内至军机，外至封疆，率皆慕其文名，重其品谊，而赋性清介，不喜干谒，人亦不忍干以私，官内阁数年，亲老告近，以同知需次山西，抵晋年余，已居轮补，竟被黉缘者夺去，积愤成疾，卒于省寓。

马壮图 字克臣，渝关人，道光己酉科武举，由兵部差官分发山西，以营守备用。同治二年，到省。三年，派委石楼县辛关防堵，寻补泽州拦军营中军守备。六年，改补太原营中军守备、护理泽州营参将。七年，因防务出力记功二次，委署翔州营都司。八年，护理太原营参将。十月，蒙毅军湖南提督宋札，调随营差委。十月，攻克洪岗等处回寨有功，赏戴花翎并加游击衔，镇守绥远城等处。光绪二年，蒙一等恪靖伯左奏，关陇肃清，以游击尽先升用，题补宁武营都司。壮图器宇宽宏，和平谦让，内而孝友家庭，外而和睦乡里。咸丰十年之变，官民逃匿，提塘仅剩一人，驰递军报，昕夕勤劳，复让己之功，掩人之罪。及防堵辛关，军律严明，民心感戴。同治七年，发逆张总愚扑泽州，战守七昼夜，贼退，所获辎重，兵民均分，己秋毫无取。地界河南两处，民送"威震山河"额，并立德政碑，万民衣缴，嗣留京为提督宋营办理军务，积劳致疾，卒于京寓，年五十一。

以上仕迹。

补遗

刘 钺 景泰癸酉举人，成化初知山西介休县，以廉明称，卒于官（《山西通志》案：抚宁同时有二刘钺，一系正统甲子举人，成化间与昌黎杜谦相继为浙江承宣布政司右布政使，见《浙江通志》）。

李 震 洪武九年岁贡生，宣德初知湖广沔阳州。刚介不阿，善于抚字，修饰学校，后以老去，民不忍舍（《湖广通志》引《明一统志》案："震"，府县旧志俱作"宸"）。

卷之十四

乡 型 下

明

杨　珍　省祭官。母早逝，事父惟谨，侍食侍寝，昼夜无怠，内外咸以孝子呼之。父疾笃，医药无效。珍尝其便泄，以味甘知不起，遂治后事如礼。及葬，庐于墓侧，负土成坟，三年乃归。诏立坊以旌其门。

金　镛　县生员。父禧早逝，母高氏守节抚镛，凛然有松柏操。镛性孝，负米采薪，勤于供养。母偶病即忧形于色，焚香告天，愿以身代，进食必先尝其寒热。由选贡累官至光禄寺署正。以母老乞归，清操俭德，有古人风。

杨有成　县生员。八岁丧父，哀毁如成人。母有疾，汤药亲供。卒之日，水浆不入口者数日。及葬，结庐于侧，日三次哭奠，寒暑不辍。时边报甚急，人多逃匿，有成不为动。墓旧有枯松，逾岁复活，禽鸟恒栖噪其上，人皆以为纯孝所致，诏旌其门。

袁　卉　素敦孝行，母早逝，及父没，庐墓侧三年，蛇驯蓐次，地涌甘泉，世称孝感，按院书匾以旌之。

孙国贤　母没，庐墓三年，诏旌其门。

翟　昊　本卫人，尚书鹏父也。性温厚，与物恂恂，尝受侮而不报，若怯者，然及见义辄勇为，济困扶危，人有辜恩负贷者亦无愠色，苟辞以相较，行谊卓荦，入祀乡贤。

许　敬　邑宣北人。景泰三年，大饥，出粟八百石，赈济之。诏旌其门。

王　信　本卫人，进士王印祥之祖。成化七年大饥，出粮米八百石，赈济之，诏旌其门。

徐　霖　生平积德，以宽忍为务，养孤侄，产金均分，横逆不校，邦大夫高其行谊，给授冠带，三子、九孙无白丁。

王天相　乐善好施，不遗余力，尝捐谷以济军，本县扁旌曰"耕读乐业，泉石幽贞"。

冯守业　捐资活贫，出粟救荒，子孙显达，人以为好善之报。

杨　念　治家严肃，一门雍睦，七世同居，本县旌之。

郭纯学　乐善好施。神宗时岁荒，捐米赈济，本县旌其门。

黄应科　性喜施舍，族人黄大领家贫，转徙失业，科招之回，给田一顷二十亩养之。

钟　钺　孝友倜傥，有大节，扁旌曰"行孚月旦"。

高　鉴　素业农，质朴，未学，而好敦善行，事亲孝，抚两兄孤子，周贫济乏，乡人服其长厚。

王一介　性宽和，恤难周急，乡里称长者。

国朝

徐从新　武庠生，母性严，从新恪遵母训。任侠好施，人服其义。

徐进孝　农人也。父患心痛几死，贫不能延医，祷神许愿，疾愈，愿未偿，疾复作。孝割胸前肉如掌，祷还神愿，疾竟瘳，以肉挂树上，数月不腐，鹰雀亦不食，人谓纯孝之感。

邑人王运恒《纪徐孝子诗十章》云：兔峰之西，乡曰翟田；淳庞萃止，孝子生焉。猗欤孝子，徐氏之息；皇锡嘉名，能称其实。父病沉笃，药石无人；傍徨号泣，求援于神。哀哀祝愿，刲豕刲羊；父病复作，刲腹以偿。捧肉荐神，神心亦痛；监兹血诚，拯其父病。肉悬树间，感孚物类；弗嗛弗餐，鹰饥蝇秽。不败不腐，数月如新；天存懿物，以示世人。载拜敬书，一字一泪；高山景行，俯仰含愧。至孝流芳，编中数见；以身代牲，古今独擅。复哉绝德，邑乘光垂；不惭银管，有道之碑。

刘从性 母李氏，年八十余，病卧不起。性赴关帝庙，刲股祷神，为母借寿，病寻愈。

赵名元 生员。母卒，庐墓，衰绖不去身，晨昏哭奠，三年如一日。本县给扁，督学上其事，予旌。

赵夔龙 兄弟同居，乐举善缘，年登八十，子孙多游庠序，乡人重之。

杨重望 武庠生。赋性和平，乐善好施，义方教子，品隆乡介。

惠文俊 由吏员任海宁大使。清慎老练，士民德之，居乡好礼。巡抚扁旌曰"雅操高风"。享年八十四岁。

单择中 武庠生。持身醇谨，教子严肃，冬月恒舍米薪以济贫，子孙多游庠序。

徐应虎 性耿介，尚义乐施。本县扁曰"一乡善士"。山石道吕扁曰"德寿轶伦"。

张敬铭 尚义急公，孝友信果，寿享耄耋。本县旌扁曰"德副舆情"。

陈王基 武庠生。耕读教子，修建庙宇，不出入公门。

杨启祥 武庠生。性朴直，行敦谨，力田课子，足迹不入公门。

夏正名 台头营人。天性孝友，总角时，即知怀物遗母。闻他人丧亲，辄为涕泣。家贫不能读书，随父国祥营家计，曲尽菽水欢。父殁，哀毁骨立。母有疾，焚香默祝，愿减己算以益母寿。及殁，庐墓三年。时以孝称，卒祀忠孝祠。子生员德厚，亦庐墓三年。

惠尔龙 下庄人，生员惠愉子。幼失怙，以贫废学。母俞氏病，求以身代，延寿八十四岁，至乾隆九年病故。尔龙悲思不已，庐墓三年。郡县上其事，观察方公覆加确察，令本县自行褒奖。

赵景明 兴盛峪人，年九十七，弟光明九十四、册明九十一。康熙甲子邑侯赵端题"同胞三老"四字赠之。每下乡，必与款话。同堂五世，庆集曾玄。景明寿百有十岁，余皆臻百岁，扁至今存。

徐麟祥 岁贡生。年七十，居父丧，依然孺慕，名其斋曰"为善最乐"。又刻"忍让敬恕"于堂，人皆称为有道。邑侯张公奎祥赠

"纯嘏是常"扁。八十初度，邑侯庄公学愈赠"德厚天全"扁，郡守梁公锡蕃赠"盛朝人瑞"扁。

单　槐　字卜黄。乾隆壬申科举人。选广文，亲老不仕。读书乐善，承先人敦睦遗训。丁酉春，创立宗祠，规模宏敞，置祭田千亩，市廛数十间，岁租所入以供祭祀。设义塾，延师教族子弟，冠婚丧葬事有饮，鳏寡孤独月有养。刊立规条，报官存案，至今继继绳绳，子孙食其德云。

张元会　榆关人，监生。乐善好施，族有贫不能婚葬者，恒周恤之。冬月乞人必与之热粥。晚约乡老三四人，作真率会，订期五日，相与话桑麻，训后进。乾隆五十七年卒，寿九十七，五世同堂。

王毓德　字遂明，岁贡生。天性孝爱，母殁，欲庐墓，以父在不果。父殁，乃伸其志。年七十余，墓祭必哀。与人言辄以孝相勉。晚得《孝经衍义》一书，昕夕读之。咸丰己未，学宪万青藜旌以"庸行耆儒"额。

王　举　深河人。天性慈厚，乡里以善人称之。道光十八年，邑侯许梦兰表其门。

李　玉　牛家店人。自明万历三十六年李肇端递传至玉，九世同居。每世率以一人主家政，第五世止二人，曰生芝、兴芝。生芝无子，兴芝生晏、文，以文为生芝后，文后无子。晏生逢太、逢春、逢永，以逢春嗣文。逢太生瑞，逢春生玉、玺、莹、珂。逢永生环、琢，而瑞早卒。妻惠氏有贤能，玉持家政，与弟玺等以瑞妻为本宗长嫂，使主内治，凡事必参议而行。食指五十余人，内外整肃。郡守游公赐额曰"李氏义门"，县令张公赐额曰"风希百忍"。

张廷璐　字宝臣，东新寨人，监生。居家孝友，五世同堂。男妇五十余人，恪守教训。寿八十余，卒。至今子孙奉行，殆追百忍遗风焉。

李永贞　邴各庄人。贫，为人佣。三十二岁妻亡，不娶，恐不能孝母也。无子亦不继。晨夕自炊，入市必买时物遗母，母寿八十四而终。其姊五十余，家贫，无子，将改适，永贞复为养生送死，不遗余力。其至性过人，求之于藜藿家，盖亦难矣。

王起发 黑石堡人。乐善好施，尝捐资修补界岭口外十八盘岭道，前后十里，行人便之。道旁有碑记其事。

张近光 字训斋，榆关河西人。性孝友，乐善好学。年二十八，补博士弟子员。少随任山左。父殁后，丧祭遵古礼。伯叔中有困乏者，让产以居之，置族田，好任恤，乡邻有愿行，相戒曰："毋令先生知也"。年逾八旬，能作擘窠书，尤湛经史。道光庚戌，举孝廉方正，力辞乃止。乡间硕望，以先生为最云。

唐明刚 字叙三，林家翟坨人。性至孝，父尝病泄，久不愈，将危，明刚取其粪尝之，辨其味滑淡，觉无生理，遂呼号吁天，焚香祈祷，求将己寿借父一纪，未晓，父病减，数日果愈。后十余年，父又病泄，恒遗矢于裤，明刚手自涤濯日数次无厌。逾三年，父没，丧葬无不如礼，乡人称之。

熊懋显 县北田庄人，后迁居口外建昌县。父瑚早丧，母张氏，懋显事之最孝。母七旬卒，庐墓三年。建昌犏牛营巡检张曾旌其门，时道光二十三年也。

陈福田 守御所千总衔。生平好施与，重然诺，以孝弟力田世其家。道光十二年，岁大饥，米价昂贵，民食为艰，慨然以施饭济贫为己任。自正月初五日起至十二月二十五日止，按日捐米五六升，午正煮熟，以待村内外之贫苦者，乡人德之。以后无论丰歉，遂沿以为例。道光二十五年，县令李公旌其门曰"乐善不倦"。咸丰九年，福田卒，子庭桂谨守遗训，遵行不怠，迄今已四十余年。

张孝子起凤 牛蹄寨人。父正，母王氏，其母遗腹三月而父卒。孝子生而岐嶷，赋性仁孝。年甫五、六岁即知博亲欢。凡嬉戏之事无不惟母是从，每一出入，必禀命，遇美食必母先尝而后敢食。家素贫，赖母纺织以生。一日，母因劳成疾，孝子年方冠，见母病不起，日夜悲号，母病昏，米浆不入口者数日。孝子侍左右，衣不解带者亦数日。及母病少间，孝子问母所欲食？母伏枕良久，应曰："要食人肉，盖以子无财难以为悦也。"孝子爽然若失，遂唯唯而退，潜往其村三官庙，叩祷于神，曰："他人之肉不可得而食，惟吾之肉可得而食之。食之而疾愈，则吾可以生，食之而疾不愈，则吾亦不能独生。"祝毕，挺然用利刃割左股一脔，怀归，烹以进，母食之，果愈。孝子亦无恙。此事人不知也，母也不知也。厥后，事闻，乾隆丙子邑侯单烺造其里，表其门曰"刲股疗亲"。至今里人尚播为美谈。

俞泌　字邺臣，嘉庆丁卯科亚元，任定兴教谕。品行端方，学问渊博。解组后，犹家居授徒，诲人不倦。道光戊戌，举乡饮大宾，寿八十六而终。

曹震　卢王庄人。性正直，讲明孝友，善治家，有公艺风，一门和睦。郡守王公旌其门。

金锡禄　字荷庵，樊葛庄人。恩贡生，由国史馆誊录议叙选授河间、阜城县教谕。时值土匪窜扰，协同团练守城有功，加六品衔。性笃厚端方，睦乡好义，授徒于家三十余年，成材甚众。凡贫而有志读书者，从不受其修脯，复资助之，以成其学。里中有烈妇冯常氏，尝出资代为请旌，以励风化。年老致仕，教子课孙，乐善不倦，卒年七十七。

单德林　东河南庄人。幼失怙，事母最孝。家赤贫，甘旨无缺，因无以为养。每岁服贾辽东。同治四年冬，关外马贼蜂起，所过杀掠。德林猝不及逃，忽念老母在堂，将不得终养，悲不自胜，欲突围而走。恍惚间，梦神示：少待，盗行且去，保无害也。数日贼果退，得归，母子相抱而哭，遂自誓终身茹素，母年八十，病不能兴，（展）[辗]转床蓐，动必需人，至夜尤甚。德林日夜扶持，须臾不离，未尝委之室人，三年无少怠。母八十三岁卒，德林已六十三岁矣。思母辄泣，绘像悬之于室，每食必奉饭如生焉。其从堂妹适张氏，中年丧夫，母家及夫家皆赤贫，尝就食德林家。德林谓之曰："妹果守义，我有一盂粥，当分妹半盂也。"卒践其言。

王赞臣　平市庄人，生员。父殁，训蒙以养母。每自外归，入门辄呼母，若久违膝下者。母八十余，随侍左右，祁寒盛暑，不少间。及殁，哀毁骨立，年九十五，尚精神矍铄云。

常　炽　字炳图，樊葛庄人。居家孝友，制行端方。同治壬戌，举孝廉方正。

袁　益　字卜谦，邑庠生，祖居县北落轮峪。十三岁，受业于附贡马廷辅，追随十余年，曲尽弟子之仪。同治十三年，师病，遍求医药，终日侍侧，无惰容，潜出己资，备师身后事。又虑师母无资赡养，世兄无力读书，措东钱二千缗，存商生息以供其用。后师愈，却之，而益遵生三事，一之义终视为分所当然。至于同研诸人，或助束修，或给薪水。性情慷慨，望重士林。前邑侯福公匾旌曰"古道可风"，邑侯张公匾旌曰"一乡善士"。

吴连贵　附贡生，陈各庄人。家仅小康，施地三十亩，创建合村义塾，报县存案，时光绪二年也。持身谨饬，足迹不入公门。

王实成　太和寨人。家贫，佣工仅能自给，恐夺母养，遂不娶。母聋且瞽，有心疾，成搏佣值以奉母，饮膳必丰洁，母食辄忘，复大诟呼饥，成每歌以悦之，声达邻右。成既无妇，凡中馈浣盉槭齋诸琐事，皆于农歇时身亲之，如是十余年。母丰泽如无疾，人主者之家感其诚，每助之甘旨，使归贻母，母年七十余卒。

以上行谊。

徐　显　字闇然。少聪颖，母没，哀哭失音，不能读书，为文多新异。年二十四，郡司马赵公摄抚篆，取冠童试军，以疾不获。院考后，赵复署事，已二十六岁，乃首举获隽。明年食饩，赵延之幕中，委以笔墨事，曰："徐子通才，非牖下士也。"及守兴化，邀与俱。雍正癸卯，考取恩贡。年七十九，卒。初，世宗在藩邸，康熙辛丑春，祭告长白，驻显宅，传与语，应对明敏。御书绍书香匾"红药翻阶春，炼句青藜映"。案：夜，修书联赐之。

徐升闻　岁贡生。康熙戊寅，裕亲王祭长白，驻其家，传见，命坐，讲书论文，奖以"鸿才雅望"匾额。

邑人王立柱《徐氏世谱记》云：光绪丙子年，今邑侯张公续修《抚宁县志》，因得观《徐氏世谱》。《谱》作于前明崇祯五年，续修于康熙五年，又修于康熙四十一年，又修于乾隆十八年，为卷凡六世系：第一总录，第二阙，第三神主，第四坟墓，第五行述，第六末附宗法、杂著二卷。第五次续修之时，邑侯袁公芳杏为序，以冠其首。徐氏为骊城著姓。据谱，其始祖自明洪武二十五年来居，至于乾隆年修谱之时，中间掇泮芹者六十八人；食廪饩者九人，与贤书者三人，登仕版者十三人。虽无巍科显仕，而四百余年未尝有一代绝无者，其亦可谓盛矣。袁公之序有曰："源远者流长，栽固者培厚"。由今观之，不信然欤！《谱》经五修，而其文皆洁净简严，如出一手，世系篇内徐廷瑢《五难堪词》一首，徐皐年《抱憾终天记》一首，杂著篇内徐廷玮《廪粮助祭说》一首，尤为卓绝，谨记之，以俟采风者择焉。

吴荫松 字景岚，一字联崖，邑西南坟坨人也。生而颖异，制举文，得其外王父冯龙会孝廉之传，与其外弟冯士灏孝廉齐名，由拔贡生中乾隆丙午科乡举，任东光县教谕。嘉庆壬戌科成进士，任河南沈邱、襄城等县知县。性豪放，不能与世俯仰。在襄城时，郡守某同年友也，知其善楷法，以书寿屏召之，荫松见札艴然，曰"书屏可加以札，则役我矣。吾不能为人役。"终不往。某后竟以他事中（伤）之，改教职，遂请告归。荫松于学无所不窥，而尤长于诗赋及骈体文。时河间纪文达公以鸿才硕学领袖清流，荫松以科名出公门下，受知最深，居公第甚久，文达公晚年著作多俾为捉刀，今所传《遗集》，为后人所搜採。其间，盖有代作之文，然已不可辨矣。家故饶于赀，以仕而贫，然犹逾中人产，既以不合上官，归益纵酒，高会为乐，不足则割膏腴之产，无所惜，座客常满，顾于文独斷斷寡合，学者以龙门太峻恒疑，畏而不敢前。王廉访瑞征未第时，荫松见其文，遽折柬招欲一见，王造门，适值其饮酒高宴，豪贵满座，遽投箸起，降阶出迎，及肃入则一韦布年少也。客相顾动色，已而诸客尽散，独留王论文一室，至十昼夜不倦，谓："子文必且荣世。"王因受业于其门。时其从孙际升亦有声黉序间，荫松则但以乙榜许之，嗣际升由拔贡得隽，屡蹶春闱，卒以磁州教谕，终如荫松言是，则人伦之鉴，实有大过人者，年八十余，卒于家，贫不能葬。其婿单光裕部郎助之资，始克勷事，平生吟咏最富，没后多散佚。

宋　赫　字□□，因所居村名野村，在邑之东北，故自号东野，人皆称东野先生。穷而工诗，中乾隆戊子科举人。性耿介，不与俗谐，久困名场，以舌耕为业。著有《东野诗草》。长洲少宗伯陶凫芗先生辑《畿辅诗传》登诸首选，尝称其诗"朴老苍秀，为永平独步。"

以上文学。

明

高　德　洪武初，从征，累立战功，除授副千户。十四年，奉调征进云南金齿卫等处，所至奏绩。十五年八月，力战于阿白寨，死之。及云南平定，赠明威将军、佥指挥使司事，世袭指挥佥事（案：《云南通志》作"大白寨"）。

周　建　本卫指挥佥事。成化十六年，管界岭驻操营事。三月，寇入境，参将王宣督令截杀，至白石店，夺被掠人畜、辎重。回至椴木岭，遇伏，力战。贼怒，争刃之。事闻，诏加实授指挥同知。孙二：彻、径。彻以武显，径之子尚赤、尚卿以文显。

陈　舜　本卫指挥使，任黄花镇守备。嘉靖二十五年三月，寇入境，奋身率轻骑，持兵截击，以众寡不敌，死之。事闻，诏加都指挥佥事。

杨呈芳　字桂林，生而颖异，敦谨孝友。崇祯十年，由贡生宰河南鲁山县。勤政爱民，劝农养土，一时有"慈父母"称。明季盗贼蜂起。十二年秋，修书院，完城郭，练勇设卡，为守御资。十三年，土匪詹思鸾为乱，呈芳与千总李一鸣谋斩之。十五年，士兵复乱，登南城抚御。思鸾余党乘间贼之，邑大乱，仆吏逃散，士民哀殄，浮厝县廨。事闻，赠汝州知州衔，入祀名宦。门人并立专祠以祀，私谥忠愍。呈芳没后，城陷于流寇。而明社遂墟，干戈满地，道路阻绝。国朝定鼎，子孙始得迎柩归，启视面犹如生，而事实惶遽莫考。道光八年，长白荣誉宰是邑，景仰遗徽，拓修旧祠，春秋祭以少牢，勒碑纪苴宦死事之颠末。十八年，其邑进士许梦兰令于抚，访其后裔，登堂拜像，书联额悬之家祠，并拓荣令碑文，俾载《家乘》，后人始知政绩殉难之详（案:《明史》附《李贞佐传》)。

《鲁山县重修杨公祠碑记》云：杨公祠，祀明邑令桂林杨公。公，山海卫人，讳呈芳，桂林，其字也。崇祯十年秋，由贡生来治斯邑，廉干有为，视民如子。凡民所不便及所欲而未遂者，罢之行之，不俟终日，一时有“慈父”之称焉。顾时方多难，寇盗充斥，而流贼复往来蹂躏，居民惴惴欲逃。公乃为购弓矢，铸神器，召募豪勇，朝夕训练，视要隘设卡，俾村寨各为犄角，互相救援，儆戒备至，贼不敢犯。既复念城垣倾圮，不堪守御，十二年秋七月，乃下令曰:“邑之有城，所以壮观瞻而资保障。颓废若此，何以固吾圉乎？愿相与修之者听。”于是，有力者输力，有财者输财，畚锸云集，救度潮兴，登登之声闻数十里，不半载而金汤屹若矣。明年，修葺学宫，弦诵有所。夏四月，复增筑元紫芝琴台，购屋三楹，以资吟眺。暇辄出郊劳农，或集诸士子课文讲学，教之以孝弟忠信，民大悦服。是年六月，练总詹思鸾等为乱，踞城跋扈，挟以求抚，公阳许之，谍其解，密令千总李一鸣擒杀之，民赖以安。越二年，士兵复为乱，焚掠杀害殆甚思鸾。公亟登南城抚之，贼众方犹豫，会有思鸾余孽窜迹其中，遂为所害。时壬午四月十日也。呜呼！公遇害七月余而城为流贼所陷。明年再陷，又明年，天下土崩，而明之社稷亦不血食矣。悲夫！邑故有祠，其创建之由来不可考，意邑民感公遗爱而为之也。顾祠宇卑陋，且岁久将倾。余钦公之捍患固圉，戢暴安民，于兵戈扰攘之余而能振兴学校，抚前贤遗迹而仰慕增筑之，卒之慷慨，乘城以身死职。虽古之缓带轻裘，单骑见回纥者何以加诸，但其间有幸不幸耳。爰捐资鸠工，彻其旧以新之而加峻焉。并于春秋仲月具一少牢以祭焉，或曰“公已尝祀于名宦，春秋之祭罔间，子之为是不亦赘乎？”余曰:“不然。名宦者，国家旌贤之典也。专祠者，庶民怀德之诚也。余之为是者则以公慈惠忠毅，实足为吾辈、后来者之矜式也。况此祠创建有年，不修则废。《记》曰:‘有其举之，莫敢废也。’新之所以惧其其废也，赘乎哉！”是役也，始丙戌季夏，越一月告成。

邑训导浭阳鲁松书《杨忠愍先生传》后云：甚哉！明季之乱也。寇而日流，非雄据一方者，比泛其波于通都大邑，而僻陋偏区，罔弗遭其汩没。窃意当时筮仕者，将任事则畏缩不前，已任事则委弃而去。不知凡几若夫单车就道，国而忘家，勤政爱民，屡变而不移其志，如忠愍先生者，当不易觏也。先生于崇祯末年授河南鲁山令，邑冲民悍，贼扰年饥。先生治之，裕如也，后士兵不靖，剿抚兼施，临难不苟，从容就义，至今士民思之，祠祭不辍。虽朱邑桐乡之祀，曷以过焉。是可以风矣！公，本抚邑人，籍山海卫，崇祀乡贤。

王际明 字清庵，号泰寰，驸马寨人，岁贡生，崇祯间，授广平府训导。才德优长，以卓异荐升陕西沔县令。莅任未两月，流寇乘夜袭城，明执大铜率家丁、士民奋勇巷战。贼知不可夺，黎明退出，城池、仓库俱无恙，狱中老囚犹不忍逃，曰："不敢以此累贤侯也。"头带重伤，身中数十矢，米浆不入口者数日，具报部院，洪承畴特疏题奏。贼积恨不平，复纠众围攻五十余日，不下。将军祖大器救兵飞集，杀贼数千，地方稍安，城头立有《王侯血战碑》。自是勉强供职，旧伤时作，屡乞休，迟之三年，方许归，百姓爱戴，泣送二百里而返，由湖广买舟东下，因其子之葵任徐州河粮厅摄刺史事，遂至徐，回抵德州。我王师剿贼已入山东界，不得已退还临清，依旧抚令王台家。未几，清兵入城，贼溃，喊声四起。明仰天叹曰："臣受恩不浅，生无以为报，惟一死以报君耳！"遂登楼，举火自焚。我朝李总戎悯其忠而殓之，厥后山左抚按交章入告，部覆方下而闯贼已陷京师，未沾恤典。

国朝

惠应诏 字如纶，明季由武举任蓟辽督标副将。顺治元年，英王略地西徇，应诏首先归诚。二年正月，招降延、宁、甘、固诸营堡，嗣因西安省会要地，留守重任。督抚合疏请以副将管城守事。西安洊经寇祸，军实久虚，刍粮、器械焚弃殆尽。应诏视事阅月，壁垒一新。又闯贼所掠子女露宿风栖，啼号遍野。应诏收问乡贯，行移郡邑，俾得各归桑梓，远近欢声如雷。是年冬，贺珍余孽复炽，围西安，应诏悉力固守。三年正月，率兵击贼城下，大败之，贼始遁。寻升成都总兵官，以收潼川、绵州累功授二等阿达哈哈番，世袭五次。应诏中伤，身故于顺治十八年三月十五日，奉敕书，将亲男惠占春仍袭二等阿达哈哈番，再准袭四次。

　　许永忠　武举，历任都司。康熙三十六年，从征噶尔丹，战殁于阵，照游击例赐恤，世袭云骑尉，无子爵除。

　　董宁川　留守营人，由武举挈兵部差官拣选营千总，升贵州镇远镇标中营守备，历湖北襄阳镇标前营都司、兴国营参将。乾隆六十年二月，奉派胡南等省，出师剿捕贼匪，赏健勇巴图鲁。嘉庆四年四月二十二日，在湖北竹溪县梓桐垭断宁川地方阵亡，时年四十一，世袭云骑尉三次。谕祭葬，恩骑尉，世袭罔替。

　　以上忠烈。

流　寓

明

　　黄象奎　江西赣州人，原姓李，名逢月，天启辛酉科乡荐，官两当知县，以土寇破城，逃匿至滦州，祝发萧寺。诸生蔡君见而异之，劝勉畜发，与共笔砚，开馆横经，后教授抚宁，多所成就，尤邃于《易》，精岐黄之术，施药济人，全活甚众，卒葬于紫荆山下。

国朝

　　荣星吉　字南垣，江西义宁州人，由武生授山东卫千总。练达老成，循声素著。咸丰初，改海运卫千总，裁撤。为长子堃，就亲抚宁，遂寓居焉。慷慨好义，强干有为。同治二年，设立团练，规条、操防、战守之具，皆能凿凿言之；谈论经史，结纳文学士，彬彬有儒雅风。寿七十六，卒，葬城南杨家庄西北。子二：堃，雒口盐大使，保举知县；熙，县丞，试用山东保升知县。

仙　释

　　沈环　深河堡人。幼得仙术，言祸福多奇中。相传，于嘉靖某年元夜，与妻弟某骑木凳腾空跨海，往蓬莱县看灯。环半夜即回，遗妻弟于其处，丐食而归。环后不知所终。

明　见　号弗一，四川人。以国变祝发，住锡卫城隍庙。庙僻无人，弗一孑处诵经，历十余年，以五月七日坐化，面如生。

实　德　邑人，姓杨，名毓栋，少业儒，每疑生从何来？死向何往？二十六岁入邑庠，王灵阳见之，许为再来人，遂延为西席，偶语法偈，觉悟顿生，恍然有脱尘之想，嗣后设教三韩，遇纯真和尚传戒，年五十祝发于水云寺，时康熙五十九年也。茹淡诵经，年八十二自叙行实，勒之石，无疾坐化。

来　修　邑之抓角槐僧也，迁安人。幼祝发，人皆呼为"三和尚"，而性情镇静，与常僧异。康熙间，化缘于石门寨。正值天旱，会有"卖雨买佛"一事，至今所买之佛，尚存寺中，后十余年坐化。有卖油者，遇于洀阳，言为修工募化离寺，匆匆有鞋一双遗于禅房承尘上，嗣后来此，须为捎来。卖油某如言去取，寺众皆错愕，及寻之，果然其师言。此子已成今当周期，伊迩非欲"捎鞋"，实欲"烧鞋"也。于是，将鞋焚化坟塔前，见鞋灰双双腾空西去云。

善　庆　背牛顶布恩寺僧也，山西太原人。行高洁，年二十六，忽一日，谓众曰："吾于七月初二日未时当荼毗。"遂募薪自架火笼，以俟及期大雨。人皆谓其难焚，僧以微火引之即然，坦然升座说偈，曰："火光无情，慈悲观音，风化我尸，随我便行。"烧至骨，其色如黄金，一道青光冲天而上。初遗言曰："吾十二年当一归。"及期，诸僧忘之，忽一丐者来，痴甚，见有蜣螂飞，辄捉而食之。又半吐之，人多叱其秽。及去，视所吐，尽栗皮，人乃悟，僧为戏云。此康熙年间事。

程道真　山东掖县人。康熙末，来住邴各庄关帝庙，颇有道术。乾隆六年自知羽化至期，整肃衣冠，谈笑而卒。里人葬之村北山坡，号为全真道人。

歪老禅师　不知姓名，亦不知何许人。相传，以举人不第，于国初时流寓聂口菩萨庙，削发为僧，人因其口眼歪斜，率以老歪呼之。

学雨书有得，临死语人曰："某日吾将死，将遗雨书枕吾头下以殉之，葬庄南某处，如岁大旱，祷墓侧必助以雨。"至今乡人尚屡祷屡验。

    刘本裕　口外土胡同人，以农夫披剃于广宁山，后归住邴各庄关帝庙及马鞍山，不茹荤酒，戒杀放生，冬日能赤脚行雪中，后卒于县东北科陀寺。死后月余，有人遇之关外，见其负蒲团而行，问之曰："往广宁寺寻师也。"其人到家，方知其死。

‖ 卷之十五 ‖

列 女

昔者，蔚宗作史，不遗失节之文姬；中垒成书，并列宣淫之南子。岂不以中郎爱女见重于曹瞒，卫国小君知钦夫孔圣也哉。然而青闺恒训，不外无非无仪，彤管芳型，惟在能贞能孝，使其才高德薄，虽颂椒咏絮何足多，貌美行污，虽落雁沉鱼亦可丑。范书固滥，刘传亦傎矣。抚宁近在畿甸之间，首沐宫廷之化，从容尽节，巾帼乃有完人，慷慨抚孤，闺房深明大义。洒斑痕于绿竹，秋影堪凄；抱秀色于苍松，冬心独苦。斯已难能而可贵，将欲舍此而焉，求夫杵臼，任其难，犹是男儿血性，匏瓜感无偶，岂同织女独居，故摩黄崖而铭大节，用彰恤纬之茕嫠，亦临碧海而吊贞魂，聊慰衔石之精卫，志《列女》。

明

高氏 樊葛庄金禧妻。年二十五岁，禧故，子镛方二岁，抚孤自守。舅怜其少，勉谕适人，不从。人有慕其容者争求之，氏闭户以艾灼面，勤女红，课镛读书。后以子贵封孺人，年九十终。事闻，诏立坊以旌其门。

王氏 县民乔润妻。年二十六岁，润故，子嵩在抱。氏以节自持，抚子成立，由贡生官山东长山令，诏旌其门。

李氏 县民姚斌妻。年二十七岁，斌故，子政方在襁褓，誓不他适，以纺绩供政读书。政举永乐丁酉科乡试，累官两浙盐使。赠太宜人，诏旌其门。

王氏 本卫人翟昊妻。年二十五岁，昊故，子鹏方三岁。氏矢节自守，闭门绩纺，课鹏读书，虽至亲亦罕见其面。鹏举正德丁卯科乡试，戊辰成进士，授户部主事，赠太安人，诏旌其门，有翰林院修撰康海旌表诗序。

《翟母王太安人身后旌表诗序》云：吾友都察院右佥都御使翟公志南，生四岁而违育于先公。太安人辛苦备尝以抚志南，茕茕一室余三十年，虽邻里姻党，不能识面。远近闻者，莫不以太安人之操为难能。顾籍录戎伍，官曹未有以其事上闻者。迨正德戊辰，志南举进士，为户部主事，会有貤封之恩，太安人被与宠光，安享荣养。值抚宁卫指挥陈勋具奏乞旌表，以励风俗，方下礼部核实，而太安人旋卒京邸。部以时制死者不举其事，遂寝。志南读礼于家，值人有自吴下至者，出大理评事李吉乞旌其母陈氏守节奏牍，刊册与太安人事，若符契比终制。援例恳请于上，有命允旌宅里。志南且喜且痛，以为太安人平生清苦万状，幸获微禄以养而年不逮，享仅及六旬，倏尔沦逝。及蒙旌表盛典，又尔不克躬睹。一时士大夫缙绅闻者莫不伤悼，或为歌诗风咏其事，卷帙画柜，玉映金辉。金宪张君履谦者，志南之乡人也，素重太安人之节，以书抵关内诸公及乡之诸君子，兼求歌咏，以明飏太安人懿德，谓海辱知志南，宜序其事于首简。海闻太安人之德熟矣，顾可以荒野辞耶。当先公之讣初至，号泣之极，滨死者亦屡矣。忽以姑舅高年在堂是思，遂忍死以图终养，虽在寒窭而生事死葬，物备礼尽，悉无遗憾。丈夫所不能而太安人独能之，视古之人奚愧也。志南言：其就学时，太安人教诏之意犹极恳切，每夜诵习则太安人就灯下执女事。一日某长饮于所亲，归晚。太安人责某曰："吾不能为若母矣。"某因长跪请罪。太安人始指某泣曰："尔父宜念也。尔荒怠若此，是能念尔父耶！是使我无面以见尔父于地下。尔何庸愚至是！"志南益自淬砺，以求无负太安人之教，故成名竟德，一时知名之士皆莫之及者。太安人之教深远矣，海惟人之成德，虽本于天资学问，而其薰陶渐染之力亦不可诬也。太安人以苦节自甘终身严毅，而志南克笃孝思，迪哲于明如此；又以见天之所以临监于下者，其感通昭应之妙的有可征又如此。先公之盛德，太安人既以节报之；太安人之节又以志南之孝报之。是虽桴之应鼓，影之应形，何啻哉？圣天子以仁孝化天下，尊用德性，登崇俊良，而志南复以孝道节镇大方，行政施化，吏民寅畏感慕，有韩、范之风，则太安人之泽又将以及于无穷身后之褒赠，方且有加未艾也。岂止于前日表章宅里之一事耶。海不佞愿书以俟之。

嘉靖八年己丑春三月廿又九日甲子赐进士及第、前翰林国史修撰经筵讲官武功康海谨序。

明徐珩《题翟节母旌表图卷》诗云：在山泉水清，出山泉水浊。唐虞去我远，世道罹虔斫。上下数千年，事变几更作。太朴日云散，淳风渐漓薄。谁知纲常者，宇宙仗持握。男子有几人，心肠抱刚确。矧伊女流辈，彝伦谁与觉？贤哉太安人，懿行孔超卓。庄敬自天成，乡邦赖倡率。克相先封君，何尝计丰约。天乎胡不愁，封君遘时瘼。春秋鼎盛年，奄尔嗟沦没。武清讣音至，悲风扬沙砾。安人苦悲痛，叫号动山岳。濒绝仍复苏，几乎莫救药。忍死欲何为？所系匪轻略。上有舅与姑，饔飧实所托。下有宪副公，于时尚婴弱。镫前执女功，孜孜诚勤学。邻里绝往来，心事自酬酢。茕茕三十年，几度更裘葛。节操凌冰霜，懔乎不可夺。正德戊辰岁，奎星辉碧落。蛟龙上天池，雕鹗运溟渤。清阶历户曹，名望时孔硕。迎我太安人，就养享荣乐。娱喜舞斑衣，祝寿献杯杓。安人在堂前，俯仰无愧怍。封君逝地下，含笑复欣跃。邦人表贞节，奏疏上黄阁。核实未及行，安人殂京郭。孝哉宪副公，悲号不可遏。昼夜无停时，肝肠痛如割。禄养伤未终，终天恨难削。援例复恳闻，圣情良惕若。俞旨下秋宗，褒封荷恩渥。宅里生光辉，坊第绚金烁。正气塞乾坤，香名遍河朔。海内刑母仪，史笔纪颠末。流芳千百年，日月同照灼。

明包美《题翟节母旌表图卷》诗云：世俗滋漓异古时，谁将栋干自撑持。节同金石神明鉴，身任纲常天地知。海内无人追母范，朝中有诰表门楣。他年史笔裁贞节，远迈共姜只誓诗。

刘氏 生员许俊妻。年二十四岁，俊故，遗孤幼弱。氏纺绩自给，抚子成立，八十岁卒，诏旌其门。

李氏 县民金鼐妻。年二十八岁，鼐故，无子。氏誓不他适。翁妾张氏、刘氏亦感其贞烈，与之同守，衣食屡乏，节操愈坚。事闻，诏旌曰"一门三节"。

袁氏 生员贾真儒妻。年二十八岁，真儒故，氏绝饮食，将自殉，亲属劝之曰："上有孀姑，下有幼子。若死，将奚赖？"氏悟，勉进饮食。持家勤俭，事姑教子，孝慈兼尽。其子继志，增广生；继业，廪膳生，皆有所成立，母教之力也。年逾七十卒。

贞女华氏 本卫军余华寿女。母潘氏，年二十五岁。寿回籍取讨军资，去无音耗。时女方五岁，母曰："夫去不回，女幼无倚，我将何之？"于是，誓守弱息，贫苦不恤。及女稍长，母欲议婚。女曰："母为我守，我安忍离母哉？"亦誓不嫁，与母共甘苦四十年，母故，厝母枢于床侧，破屋半间，不蔽风雨，衣食屡缺，惟闭户持斋诵经。至万历七年病故，邻里怜之，为之助棺举葬焉。知县徐汝孝上其事，诏旌曰"贞孝之门"。

烈女赵氏 一片石军人赵来住之女。年十四，其母以事入邻家。有驻剳军马铎窥母不在，假借针以挑女，女怒，手批其面，军惊走，遂悲愤自缢死。本府张公世烈勘其事，置军于法，为营葬，树碑立坊以旌之。

王氏 县庠生王尧相妻。年二十一岁，尧相故，昼夜号泣，勺水不入口。姑以姑老子幼谕之，始毁容截发，勉事鞠育。姑病瘘，饮食扶掖，克尽其孝。姑卒，祭葬如礼。子调元领万历戊午乡荐。直指刘公思诲具题旌表有云："铮铮一具铁心，懔懔满腔血性。姑无缺养九泉，子职代供。子赖成名半世，书香不泯。"盖纪实也。

朱氏 李鹤年妻。二十六岁夫故，抚孤天培成名，匾曰"孀节松龄"。

范氏 任子孝妻。二十七岁夫故，茹蘖食苦。匾曰"鹤龄松节"。

惠氏 州同郭朝元妻。二十九岁夫故，抚孤游庠。匾曰"矢柏和丸"。

贾氏　杨枝盛妻。二十四岁夫故，抚孤游庠。匾曰"矢志诒经"。

周氏　温应学妻。二十四岁夫故，抚孤成立。匾曰"贞节"。

祝氏　都司陈复先妻。抚孤成立。匾曰"贞节"。

惠氏　茹英妻，年十九夫故，抚继子苦守终身。匾旌曰"天植贞操"。

傅氏　廪生王有庆妻。二十七岁夫故，抚孤游庠，享年九十。匾曰"松筠节寿"。

张氏　生员萧春育妻。夫故守节，抚孤成立。匾曰"共操孟训"。

徐氏　生员傅大成妻。二十七岁夫故，抚三子皆游庠。匾曰"孝慈贞寿"。

单氏　生员萧奇斡妻。夫故，抚孤游庠。匾曰"节孝可风"。

杨氏　生员钟朝杰妻。二十七岁夫故，抚孤游庠。匾曰"感燕和熊"。

董氏　王隆明妻。二十七岁夫故，抚孤游庠。匾曰"孝慈节寿"。

杨氏　李守敬妻。二十四岁夫故，抚孤成立。匾曰"清节遐龄"。

鲁氏　刘天学妻。守节终身。匾曰"节孝"。

高氏　进士田国足妻。二十七岁夫故，抚孤游庠。匾曰"柏节遐标"。

栾氏　马成爵妻。二十一岁夫故，子方在抱，上有孀姑。匾曰"一门节孝"。

史氏　赵中正妻。夫故，抚孤成立，享年八十。匾曰"高节遐龄"。

张氏　生员田如梁妻。十九岁夫故，抚子游庠。匾曰"节坚金石"。

张氏　罗士俭妻。夫故，抚孤成立。匾曰"节懔冰霜"。

王氏　杨会妻。二十二岁夫故，矢志苦守，抚孤成立。匾曰"节懔秋霜"。

杨氏　张国仕妻。二十二岁夫故，子甫三岁，抚孤守志。匾曰"贞节"。

刘氏　杨凤翼妻。二十四岁夫故，守节抚孤，备尝艰苦。郡守旌其门曰"幽谷之兰"。

田氏 生员陈斯文妻。二十五岁夫故,抚孤成立,苦守六十余年。

党氏 惠应征妻。夫故抚孤,守节终身。

惠氏 生员茹良翰妻。二十七岁,夫故守节,至八十岁而终。

夏氏 生员邱行三妻。夫故,子女俱无,守枢四十余年以殁,亲族为之合葬。

黄氏 焦明卿妻。十七岁夫故,守节终身。

杨氏 朱廷佐妻。二十四岁,夫故守节,抚孤五十余年。

贺氏 孙承宗妻。二十岁,夫故守节,抚孤成立。

郭氏 郑起鸥妻。二十七岁,夫故守节,抚孤成立。

惠氏 钟之彦妻。二十四岁,夫故守节,抚孤成立。

董氏 齐步瀛妻。二十二岁,夫故守节,抚孤成立。

赵氏 齐应聘妻。二十四岁,夫故守节,抚孤成立。

惠氏 傅禀成妻。二十八岁夫故,无子,苦守六十余岁。

张氏 总旗田芳显妻。二十岁夫故,无子,守节六十余年。

傅氏 贾一麟妻。二十岁夫故,子女俱无,守节四十余年,以寿终。

任氏 生员唐之魁妻。二十岁夫故,守节四十余年。匾曰"贞节"。

烈妇孙氏 陈天禄妻。舅姑以无子令改嫁,不从,自缢死。

陈氏 单勉行妻。二十三岁夫故,抚孤守节,寿八十余岁。匾曰"贞节"。

杨氏 生员陈鸿策侧室。夫故,守枢十年余,茹蘗食贫,苦节终身。

陈氏 生员冯永清妻。二十八岁夫故,抚孤成立。匾曰"彤管有光"。

马氏 武生金启成妻。二十七岁夫故,无子,苦守,奉事舅姑,族人怜之,为继侄立后。匾曰"贞节"。

邹氏 杨克礼妻。二十岁夫故,无子,坚志守节,寿八十余。

王氏　知县萧苇妻。二十四岁夫故，抚孤成立。匾曰"节孝德门"。

张氏　王一元妻。十九岁夫故，家贫，姑老子未周岁，苦守五十余年。

张氏　王晏妻；祖氏　王振祖妻。夫故，子皆周岁，苦志守节，抚孤成立。匾曰"姑媳双节"。

陈氏　生员高科妻。二十四岁夫故，子方在抱，抚孤游庠，苦节五十余年。匾曰"贞节"。

赵氏　王址妻。二十五岁夫故，苦守三十六年。

赵氏　武生杨毓英妻。二十七岁，夫故守节，抚孤成立。

刘氏　高庭桂妻。夫故守节，抚孤成立。匾曰"孝慈仁寿"。

（以上旧志未详年代，自李鹤年妻朱氏以下疑有本朝人。）

国朝

陆氏　生员王绍先妻。二十一岁夫故，无子，遗女才六月。矢志殉节，姑谕以抚养，后女复夭，自缢死。康熙二十年旌。

齐氏　赵文炳妻。二十一岁夫故，无子。孝事媚姑，勤纺绩，以供甘旨。抚夫弟，以续宗祀，守节三十余年。康熙五十二年旌。

烈女典姐　宋有怀室女。幼许字蔺姓。夫亡，投缳死。康熙年旌。

李氏　彭瑾妻。

赵氏　郝明飔妻。善事舅姑，夫亡后，孝敬弥笃，姑悯其劳，慰之曰："胡不少憩？"答以"勤动是妇职，且以儆儿女辈耳！"雍正五年旌。

冯氏　郝善继妻。能执妇道，与媚姑赵氏相依，俱以节著。雍正五年旌。

曹氏　孙印蕃妻。二十五岁夫故，纺绩为业，夜分机声不绝，教子读书入泮。雍正二年旌。

刘氏　郭如朱妻。

　　张氏　俞承恩妻。夫贫，就食关外，事孀姑，无缺礼。二十六岁夫故，姑亦寻殁。挈孤子（员）[圆]土为坟，终身不归宁。尝大雪封门，外无人迹，人以为死，而机声外闻。守节至六十三岁。雍正十年旌。

　　祖氏　刘成柱妻。二十七岁夫故，事姑承顺，抚侄娶妇，妇亡，抚孤孙成立。及见曾孙，守节至六十六岁。雍正十年旌。

　　傅氏　吕储元妻。

　　魏氏　吕正德妻。

　　赵氏　刘杰妻。

　　马氏　林凤至妻。

　　王氏　胡宇仁妻。二十岁夫故，遗腹生子自立，孝事翁姑，纺绩度日，守节三十三年。乾隆四年旌。

　　萧氏　生员单鉁妻。二十一岁夫故，善事舅姑，抚子成立，苦节三十年，卒。乾隆四年旌。

　　贺氏　刘琛妻。

　　迟氏　张廷拱妻。二十一岁夫亡，力勤织纺，矢节不移。

　　茹氏　胡连妻。

　　李氏　王三锡妻。二十九岁夫故，子进贤十一岁，奉事翁姑，纺绩度日。乾隆四年旌。

　　王氏　孙文正妻。

　　郑氏　单鉎妻。二十六岁夫故，守节五十九年。乾隆四年旌。

　　王氏　张希闵妻。二十四岁夫亡，遗孤周岁，至五岁而殇。继族孙为嗣。孝事舅姑，茕茕贫苦，志节皎然。乾隆三年旌。

　　王氏　孙文智妻。二十四岁夫故，子女俱无。乾隆四年旌。

　　姜氏　李尚亮妻。二十七岁夫故，子蕃仅三岁，守节四十八年。乾隆六年旌。

　　吕氏　王基勇妻。

　　傅氏　郝凤仪妻。

　　田氏　李蕃妻。二十四岁夫故，子克巍方三岁，守节三十二年，子入邑庠。乾隆六年旌。

李氏 赵宪妻。二十二岁夫故，子女俱无，以翁姑在堂，守节三十三年。乾隆九年旌。

袁氏 单从新妻，吏员德正女。二十五岁夫故，子仅二岁。乾隆十二年旌。

王氏 董朝龙妻。二十一岁夫故，无子。乾隆十二年旌。

高氏 惠来春妻。二十九岁夫故，子振先方周岁。孝事舅姑，教振先中武举。乾隆十二年旌。

徐氏 王诰妻。二十二岁夫故，善事孀姑，抚侄为子。乾隆十二年旌。

徐氏 陈德修妻。二十四岁夫故，子方三岁。事舅姑，克尽孝道。孙允恭入武庠。乾隆十二年旌。

程氏 解朝佐妻。二十六岁夫故，奉事翁姑，抚孤成立。乾隆十二年旌，有石坊。

孙氏 李璇妻，扬州都司孙法秀女。二十八岁夫故，子幼，孝事舅姑，后子夭，与弱媳同守贞节。乾隆十二年旌。

宁氏 李龙泉妻，卢龙生员宁挺女。二十六岁夫故，子无襁褓，堂有舅姑。乾隆十二年旌。

徐氏 方明妻。二十一岁夫故，抚侄为子，善事舅姑，纺绩度日。乾隆十二年旌，有石坊。

程氏 陈心章妻。二十六岁夫故，姑老，子幼，又复夭折。乾隆十三年旌。

严氏 李有功妻。

金氏 杨明妻。二十一岁夫故，子天相方三岁。孝事翁姑，子夭，抚侄孙熙为嗣。乾隆十三年旌。

李氏 暴麟生妻。二十一岁夫故，善事翁姑，丧葬尽礼；教继子文能有义方。乾隆十三年旌。

姬氏 杨天纯妻。二十一岁夫故，子女皆无。孝事翁姑，继侄搰为嗣，守节五十六年。乾隆十四年旌。

赵氏　李献之妻。二十二岁夫故，守节五十四年。乾隆十五年旌。

夏氏　王仑妻。二十七岁夫故，遗腹子化淳，上有翁姑。纺绩是资，守节四十六岁。乾隆十七年旌。

王氏　生员翟琪妻，滕县知县王调元女。二十六岁夫故，抚周岁子，善事孀姑。乾隆十七年旌，有石坊。

徐氏　翟独妻。二十五岁夫故，善事舅姑，抚子培祖入邑庠。乾隆十五年旌。

孙氏　赵秀龄妻。

冯氏　安文杰妻。

李氏　张起云妻。

程氏　吴从义妻。

田氏　杨旺妻。

贞女张氏　幼许字谢焕。七岁失怙恃，抚于孀婶。二十二岁，未嫁而焕亡，奔丧，守节三十四年。乾隆三十年旌。

郭氏　张明德妻。

赵氏　崔国良妻。

李氏　杨作楫妻。十九岁于归数月，夫故，抚继子绪宗成立，代事舅姑，勤于纺绩。乾隆三十六年旌，有石坊。

李氏　袁宗凯妻。二十二岁夫故，奉事衰亲，菽水承欢。乾隆四十一年旌。

穆氏　赵瑛妻。

烈妇李氏　董锐妻，生员董悉愉子妇，卢龙生员李汲女也。十八岁夫故，守节十三年，因遭醉侮，服卤自尽。雍正九年旌。

贾氏　李琬妻。

刘氏　茹潅妻。二十四岁夫故，事衰姑，纺绩自给，抚夫侄景梁为嗣，后充岁贡。乾隆五十三年旌。

惠氏　茹瑛妻。十九岁夫故，抚从侄，苦守终身。康熙九年旌曰“天植贞操”。

傅氏　杨熥妻。

贞女温氏 生员温润女，同邑徐翮聘妻也。幼失怙恃，育于兄嫂，年十五，未婚而翮亡，奔丧守节，赤贫如洗，代养舅姑。嘉庆六年旌。

翟氏 于成妻。

惠氏 俞标妻，生员惠㤠女。二十二岁，夫故三日，生遗腹子文炤，教入邑庠，守节六十二年。

刘氏 程用妻。二十一岁夫故，子女俱无，翁姑在堂。乾隆五十一年旌。

杨氏 王柱妻。

王氏 鲁知止妻，监生王念华女。年二十夫故，继侄为嗣，纺绩是勤，守节四十一年。道光二十九年旌。

邵氏 冯开第妻。二十七岁夫故，翁姑无依，义不可死。守节三十一年。道光十七年旌。

烈妇常氏 冯开樽妻。年二十，夫殁于宁远，自缢以殉。咸丰元年旌。

（以上旌表，入祠）

刘氏 徐洞达妻。二十六岁夫故，上事舅姑，抚堂侄信为子，教训成名，守节六十余年。

诸氏 生员徐信妻。二十二岁夫故，奉事霜姑，勤女红，以供甘旨，继侄文藻为嗣，守节三十余年。

唐氏 贾廷连妻，临邑监生唐世裔女。二十一岁夫故，善事翁姑，抚夫侄应元游庠食饩。乾隆十五年旌。

李氏 王电妻，举人李玉柱女。二十四岁夫故，代事舅姑，继侄得贵为嗣，守节四十三年。嘉庆九年旌。

曹氏 韩察妻，兴盛峪人。年十六适韩。未及一载而察亡，父母怜其少，欲夺其志。氏闻言哭泣，几不欲生。父母知其意坚不从，阳诺之而阴以许人。嫁期将至，事泄。氏托挑菜，逃归夫家，入门大哭。姑问故，道其始终。从此矢志守节，日夜绩纺。虽有娣姒，而奉姑之事，皆一人自任，终身不归宁，卒年七十九。嘉庆十三年旌。

烈妇梁氏 杨黑头妻，因被施瘦头辱骂，服卤死。道光二十三年旌。

王氏 金培瑛妻。二十四岁夫故，翁姑久病，奉侍汤药，守节三十年。咸丰元年旌。

董氏 生员王本源继妻，参将董宁川女。二十九岁夫故，守节。咸丰三年旌。

张氏 李希贤妻。二十四岁夫故，纺绩供养孀姑，姑殁，典衣以葬，守节三十五年。同治三年旌。

傅氏 王化雨妻。二十六岁夫故，纺绩维殷，备尝艰苦，守节四十二年。同治三年旌。

杨氏 贲材妻。二十岁夫故，守节五十四年。同治三年旌。

刘氏 吴琢妻。二十五岁夫故，守节三十二年。

王氏 史俊儒妻。二十四岁夫故，遗一女，奉祖姑与姑廿余年，守节自励。同治四年旌。

（以上准旌，未入祠）

王氏 高瑞征妻，东陈各庄人。年十四养于夫家，姑性悍，日事苛责。氏执妇道惟谨。姑病，刲股和药，因是获瘳，姑乃感泣，为之成礼，益爱怜焉。雍正八年，邑尊裴公奖曰"贤孝可风"。事闻，旌曰"至诚格天"。

李氏 王桢妻，都寨人。十九岁夫故，孀姑垂白，子吉士在襁褓，仰事俯畜，两任其难，守节五十一年。乾隆二十四年旌。

傅氏 赵奎妻。年二十六，恪尽妇道。乾隆十一年四月，姑病，刲股和药以进，病顿瘳。邑侯钱公奖曰"诚心孝姑"。

薛氏 岁贡徐升闻妻。三十二岁夫故，教子卓年游庠食饩。学宪徐奖曰"丸熊画荻"。

陈氏 张选妻，洋河套人。二十五岁夫故，翁姑衰老，子在怀抱，相继而亡，子身孤栖。族党为择子，作摄承嗣，得列邑庠，守节四十四年。乾隆三十五年，学宪倪奖曰"冰霜励操"。

张氏　陈扶妻，枣园人。十八岁夫故，上有翁姑，下无子女，守节五十七年。乾隆五十年，请旌。

聂氏　陈宗尧妻，枣园人。二十四岁夫故，衰翁在堂，子吉方三岁，与伯姑张氏贞操共励，守节四十七年。乾隆五十年，请旌。

马氏　周于德妻，沙子窝人。二十八岁夫故，子魁方三岁，翁姑年皆垂白。氏竭力奉养，持家勤苦。乾隆五十年卒，年八十八，守节六十年，子纳监、孙万入邑庠。

胡氏　温永成妻。二十岁，夫出关服贾，子方三龄，堂有孀姑，永成久无耗。值年荒，糠粃弗给。氏携子乞食以养，姑疾思肉，不可得，乃割臂为羹以进之，姑病良已，乡里微闻之，而氏终不自言，后年七十余，盛夏解衣，邻妪见瘢痕，始实告曰："此一时情急，不足为外人道也。"

陈氏　王有容妻。二十二岁夫故，以家业难理，继侄大谟、大智为嗣。姑撄老疾，氏割臂为羹以进，姑由是愈。

祖氏　孙君德妻，四赵各庄人。十九岁夫故，上有衰姑，下无幼子，家贫食力，尽孝尽诚，数年始立周岁侄为嗣，守节三十余年。乾隆六十年，请旌。

张氏　李琛妻，牛头崖人。二十七岁夫故，翁姑皆逾六旬，无子女，以侄逢春兼祧。翁姑没，丧葬如礼，守节三十九年。嘉庆二年，请旌。

陈氏　李珣妻，牛头崖人。二十四岁夫故，遗孤逢春方二龄，与嫂张氏教养成立。姒娣勤于绩纺，守节三十八年。嘉庆二年，请旌。

赵氏　郭琅妻，端士河人。十九岁夫故，翁衰，叔幼，艰苦备尝，守节四十四年。嘉庆十九年，请旌。

韩氏　钟玺妻，东关人。年十七岁，玺病，仓（卒）[猝]成婚，俗谓之冲喜。姑俞氏日夜伴宿，甫八朝，玺以悴卒，依然女身也。守节至七十二岁，卒。

郝氏　杨浴妻，茹各庄人。二十二岁夫故，抚侄若桓为嗣，守节二十九年，卒。

栗氏 刘文新妻，迷雾人。二十九岁夫故，子大奇方五岁，纺绩度日，抚孤成立，苦节四十二年，寿七十一。

郝氏 陈君政妻。三十四岁夫故，堂有孀姑，子谟方幼，守节四十余年。道光十一年，学院沈奖曰"松柏坚贞"。

冯氏 张景岳妻，台头营人，武生冯泳女。二十四岁夫故，子在怀抱，翁姑衰迈，事畜无亏，守节四十四年。道光十二年，请旌。

杨氏 生员冯鏴妻，台头营人。二十七岁夫故，无子，继侄瑞符为嗣，守节四十余年，七十三岁，卒。

韩氏 李作栋妻，深河人。二十八岁夫故，止遗一女，以侄煜兼祧，翁出游幕，姑老病，叔作楫尚幼。氏支持门户，至八十六岁而终。同治八年，学使贺奖曰"节励霜筠"。

季氏 李连用妻。十七岁于归数月，夫故，代养翁姑，纺绩度日，后以侄永泰兼祧，六十七岁卒。

烈妇史氏 乔万选妻。二十七岁，夫病笃，嘱氏改嫁，以图存活。氏泣曰："君死，妾不独生。"夫殁，饮药死。

郭氏 杨伦妻，石河庄人。二十一岁夫故，家贫，事翁姑克孝，丧葬竭力。七十余卒。光绪元年，府尊游公奖曰"节松霜筠"。

陈氏 张炽妻，簸箕营人。二十二岁夫故，家贫食力，子身苦守五十二岁，卒。

周氏 张森妻，山嘴头人。成婚一夜，夫出不归。氏代事翁姑，丧葬如礼。儒学训导李元芳撰文以纪其事，守节六十余年，卒。

王氏 樊尚武妻，崔铁营人。十七岁，于归甫四月而夫故，守节二十九年，卒。光绪元年，府尊游公奖曰"百日千秋"。

张氏 俞跃升妻，台头营人。二十七岁夫故，抚孤成立，守节五十六年，八十三岁卒。

陈氏 张登岳妻，台头营人。二十四岁夫故，子旋夭，抚继子澐入邑庠，守节五十七年，八十一岁卒。

鲁氏 王会征妻，曹东庄人。十九岁，于归甫月余而夫故，守节四十年，五十九岁卒。

孙氏　李克勤妻，台头营人。二十二岁，夫应县试以溺死，无子，抚侄文润为嗣，守节三十二年，五十四岁卒。

贾氏　梁廷玺妻，大新寨人。二十二岁夫故，抚侄惠为子，守节四十四年，咸丰十一年卒。

池氏　董珍继妻，马家峪人。十九岁夫故，抚前妻子作新成立，守节三十年。道光十一年卒。

李氏　张儒位妻，大新寨人。十七岁夫故，抚侄魁为嗣。守节五十五年，同治元年卒。

王氏　杨开识妻，茹各庄人。二十五岁夫故，抚侄凤为嗣，守节五十一年，咸丰八年卒。

杨氏　李开衔妻，茹各庄人。三十岁夫故，抚孤子三人成立，守节五十一年。

金氏　李廷魁妻，茹各庄人。十九岁夫故，抚侄笠为子，守节五十八年。

杨氏　张敏妻，马坊人。二十五岁夫故，守节五十四年。

陆氏　杨皖妻，茹各庄人。二十四岁夫故，抚孤得山成立，守节五十年。

赵氏　高连升妻，枣园头人。二十七岁夫故，抚孤成立，守节四十年。

周氏　陈桐妻，田各庄人。二十四岁夫故，守节三十七年。

陈氏　童生李兆麟妻，田各庄人。二十六岁夫故，抚继子荫檀游庠，守节六十五年。

许氏　张学舜妻，桃园庄人。十九岁于归甫三月，而夫贾于外，五载始归，旋又外出，既而病故。时氏年二十九，闻讣，几不欲生，又念抚孤无人，嗣续将绝，更兼夫柩未返，乃哀乞亲族，助资归榇，殡葬如礼。家仅薄地二亩，土房半间，日夜织纺，教子成立，乡人咸钦重焉，卒年七十一。

张氏　监生王宠陛妻，二十八岁夫故，抚孤守节，上奉舅姑，孝养罔缺。道光三年，姑得痰疾，不能转侧，氏左右扶掖，侍药三年，无倦色，无怨言。姑殁，勤俭持家，尤能训子课孙，俾之成立。咸丰二年二月九日，呼儿孙集前，嘱曰："家传祖训，片纸不入公门。汝等各宜恪守，以遗后嗣。有子孙者，宜以耕读教之，俾有常业，毋怠毋荒。"言讫，无疾而终，时年八十三岁。

王氏 堰沟屯吕琨妻。琨十七岁病故，氏时年二十二，矢志守节，继侄士明为嗣，苦守六十三年，八十五岁卒。

张氏 武举陈国标妻，本城人。年三十夫故，子慕元方五岁，氏矢节自励，辛苦备尝。初，抚胞侄慕夏为子，及慕元长，与慕夏友爱甚笃，相继入武庠。慕元加守备衔，修身立行，得母教为多。氏守节三十余年，卒年六十九。

赵氏 杨若松妻，本城人。二十九岁夫故守节，上奉舅姑，生事死葬无缺礼。下抚四子，茹蘖食贫，备极清苦。卒年七十五。

李氏 王湧妻，本城人。三十岁夫故守节，遗孤幼弱，贫苦难堪。子稍长，服贾于外，衣食得以不缺。氏持家勤俭，苦守五十余年，卒年八十八。

武氏 王士钧继妻，本城人。二十七岁夫故，守节抚孤，事舅姑，孝慈兼尽。子入武庠，后子故，家贫，同孀媳、幼孙典屋而居，饥寒不免，寻其孙又夭，姑媳二人寒灯绩纺，日仅一餐，近族怜其年老无依，时招养之，卒年七十九。

吴氏 邑进士荫松少女也，适城内员外郎衔单光裕为继室。道光十年，氏二十五，夫故，无子。氏闭户毁容，虽族人不能轻识其面，家不甚窘，而矢志独苦，一切服食器用都从节俭，年六十九无疾而终。

杨氏 武童郑世英妻，五各庄人。二十三岁夫故，守节二十四年。

烈妇高氏 蔡锡田妻，城角庄人。于归甫五月而夫故，氏即时仰药死，时年二十一。

陈氏 张宽妻，仁村人。二十八岁夫故，遗二子：曰士文、士武，皆幼。茅屋三间，家无儋石储。有劝之改适者，坚拒之。昼则佣女红，夜则勤纺绩，籴升合糊口。子稍长，为人牧牛，或乞食自给，数年后令作小经营，家渐裕，始各为娶妇，氏服劳如故。士文性至孝，母殁，罄余资以葬。今八十余，话及鞠育恩，犹泫然泪下也。

安氏　王复春妻，河潮营人。二十五岁夫故，守节五十八年。

聂氏　李兆经妻，蒲蓝李庄人。二十一岁夫故，守节六十五年。

王氏　张玉坤妻，口外张家帐子人。二十三岁夫故，守节五十五年。

高氏　刘景顺妻。二十五岁夫故，无子女，夫弟无目亦死，侄远出不归，翁姑残疾。氏以纺绩养生送死，无亲属可依，孑然一身，守节二十余年，五旬余穷饿缢死，闻者伤之。

张氏　王柱妻，小李庄人。克尽妇道，贞节可风。

徐氏　杨开第妻，杨家庄头人。二十四岁夫故，无子，守节二十六年。

王氏　孙耀妻，大李庄人。二十六岁夫故，守节三十年。

陈氏　李鹏云继妻，前石河人。二十三岁于归甫六月而夫故，抚前室五岁孤成立，守节三十余年。光绪元年，府尊游公奖曰"松柏贞操"。

张氏　杨上林妻，河潮营人。二十岁夫故，守节三十余年。同治十三年旌。

徐氏　胡连元妻，胡户头庄人。二十岁夫故，守节三十年。

侯氏　武生侯一清女，张程道妻，南新庄人。二十七岁夫故，子女皆无，守节三十八年。

茹氏　王锡田妻，台头营人，增贡生茹景朱女。二十岁夫故，守节四十年。

祖氏　张克俭妻，齐各庄人。二十九岁夫故，守节二十六年。府尊游公奖曰"操矢柏舟"。

贲氏　杨向荣妻，上徐各庄人，武生贲克猷女。二十一岁夫故，守节三十二年。郡守游公赐匾以荣之。

孙氏　生员王步陵妻，界岭口人。二十三岁夫故，守节三十年。

李氏　王殿明妻，上官营人。二十二岁夫故，守节三十三年。

周氏　张鹏举妻，县城人。二十八岁夫故，遗二子俱幼，翁姑在堂，养葬尽礼，守节二十余年。道光二十八年卒。

汪氏　王希敏妻，邑西南范家庄人。年二十四夫故，抚遗腹子成立，食贫，守节四十二年，咸丰二年卒。郡守游公旌其门曰"贞操天植"。

吴氏　箭杆岭郭从俭妻。二十四岁夫亡，无子，苦守，贤声素著，卒于乾隆五十七年，年六十一，计守节三十八年。

郭氏　张名德妻。十七岁于归后九日，夫卒，孤苦无依，贫不能给，含冰茹苦，历十余载。乾隆三十三年，学使德公申详，奉旨旌表，赐匾曰"大家壶范"。

刘氏　金泰之妻。十八岁夫故，翁姑俱老，子女皆无。矢志全贞，乡邻共慕。道光二十四年，学政冯公奏请，奉旨赐匾曰"励节垂型"。

梁氏　王淑襄妻。旌表，赐"荻影霜清"匾。

卢氏　高玉梅妻。二十三岁守节，冰霜自矢，贫苦度日，至老不少衰。

蒋氏　武庠生詹杰妻。嘉庆二十年夫故守节，卒于同治五年，苦节四十九年，寿七十六。

毛氏　台头营谈玉发妻。二十九岁夫故守节，抚孤成立，苦节四十五年，寿七十四。

王氏　贲魁妻。二十七岁夫故守节，闭门绩纺，课子读书，姑病痿，饮食扶掖，克尽其孝，子大文入武庠，大训入文庠，妇道、母道尽克无遗，年九十卒。

张氏　赵泌妻，城南小赵庄人。二十九岁夫故，守节抚孤，备尝艰苦，衣食屡缺，节操愈坚，历五十五年如一日。

吕氏　武生贲勋妻。二十五岁夫故守节，上事舅姑，妇道无亏，遗孤成室十年即亡。氏继孙承祧，抚训成人，五十七岁卒。

田氏　州同贲大典妻。二十五岁夫故，无子，继侄承祧，上奉孀姑，下抚幼嗣。慈孝兼尽，六十六岁卒。

李氏　陈家园陈世中妻。咸丰六年，时年十九岁夫故，无子，艰苦备尝，誓不他适。同治十三年卒。

烈妇单氏 洋河套张允天之妻，东河南庄人。幼失怙恃，鞠于兄嫂。于归后，夫家赤贫，无隔宿粮。氏孝事舅姑，勤于女红。夫经商，病归，死之。先，氏治殓具，已乃于夜分焚香祝天，誓以身代，引刀刺胁，未遽绝。母族有无赖者，欲构讼，氏力排之，言："吾褓褓丧亲，今又早失所。天胡以生为？且吾嫁十年，家室融融，不闻勃豀，乡邻所悉。若辈借端滋事，使吾死后得悍名，九泉有知当必殛之。"群谋乃寝，越日与夫俱亡，时年二十七。

唐氏 郭连书妻，圈子营人。二十三岁夫故，代养舅姑，抚侄铮成立，耐贫，守节，见年七十六岁。

杨氏 李占元妻，台头营人。二十四岁夫故，见年五十一岁。

周氏 薛景然妻，台头营人。二十岁夫故，无子，翁姑卒，竭力殡葬，守志食贫。光绪二年，准旌，见年六十。

张氏 徐志槐妻，范各庄人。二十四岁夫故，无子，食贫守节，见年六十七。

程氏 徐志柏妻，范各庄人。二十八岁夫故，遗二子，食贫守节，见年六十。

荆氏 朱檀妻。二十八岁夫故，无子女，食贫守节，见年六十。

赵氏 （卷）［圈］子营郭士发妻。光绪二年，府尊游公旌以"劲节凌霜"额。

刘氏 樊各庄常兆兰妻。光绪二年，府尊游公旌以"节比松筠"额。

张氏 杨永清妻。年二十九岁夫故，无子，守节五十余年，见年八十三岁。

崔氏 王揆伦妻，东平市庄人。二十五岁守节，足不越阃外，数十年如一日，见年五十八岁。

杨氏 刘耀春妻。二十五岁夫殁守节，见年五十五岁。府尊游公赐额曰"节苦心贞"。

李氏 张殿升妻。十九岁夫殁守节，见年五十六岁。府尊游公赐额曰"苦节贞心"。

孟氏 金锡勇妻。二十二岁夫殁守节，见年五十八岁。府尊游公赐额曰"贞同松柏"。

金氏 常铠妻。二十五岁夫殁守节，见年六十五岁。府尊游公赐额曰"立志坚贞"。

单氏 东河南庄张喜妻。二十岁于归十年而夫故，氏赋性简默，同居者从未见其疾言遽色。夫家、母家皆赤贫，且无子，有老姑在堂，誓志不嫁，绩纺以奉其姑，终岁常不给。其从堂兄单德林勖其义，尽力周之，见年五十九。

王氏 岳声妻，东桃园人。二十八岁夫故，抚子鲁、詹入邑庠，见年八十岁，曾孙殿邦亦入邑庠。

魏氏 单鸣韶妻，东河南人。十五岁于归甫期而夫故，苦节自守，孝养舅姑，抚幼侄成立。府尊游公奖曰"心坚铁石"。见年七十六岁。孙吉庆妻周氏，十七岁于归逾月而吉庆殁。侍养祖姑，日夜左右之，尝语人曰："祖母寿百年，吾终身有倚矣！"后以哀感成疾，卒时年二十九。

李氏 王汝起妻，卢各庄人。二十六岁夫故，抚孤镰成立，见年七十五岁。

王氏 余跃魁妻，李家庄人。二十五岁夫故，抚孤桐成立，见年八十二岁。

张氏 杨开蔽妻，茹各庄人。二十四岁夫故，抚侄葆为嗣，见年八十二岁。

马氏 李琨妻，台头营人。二十五岁夫故，继侄清玉为子，见年八十一岁。

吴氏 任有廉妻，纸房庄人。十九岁嫁未三月，夫外出不归。氏与娣张氏纺绩自给，孝事媚姑三十年，亲为营葬。以侄尊兼祧，苦节不渝，见年七十九岁。

王氏 杨锐妻，茹各庄人。二十三岁夫故，以侄得全兼祧，见年七十八岁。

李氏　杨时明妻，纸房庄人。二十二岁夫故，继侄伦为嗣，见年七十七岁。

武氏　李稳妻，茹各庄人。二十三岁夫故，继堂侄孙新权为嗣，见年七十五岁。

吴氏　丁荣章妻，洋河丁家庄人。十八岁婚未三月而夫故，继族侄珺为嗣，见年七十五岁。

狄氏　张永虎妻，张各庄人。二十九岁夫故，抚孤治成立，见年七十二岁。

孝女张氏　茹各庄人，张清女。母卒，父年迈，矢志不嫁，以针黹供甘旨，并教弱弟成立，见年七十二岁。

武氏　张云立妻，张家庄人。十六岁夫故守节，见年八十四岁。

陈氏　李麟妻，茹各庄人。二十七岁夫故，抚孤成立，见年七十一岁。

宗氏　儒童郭其宗妻，东王各庄人。二十二岁于归数月而夫故，生遗腹子文郁，抚养成立，孝事翁姑，丧葬如礼，见年七十一岁。

张氏　李发妻，茹各庄人。二十七岁夫故，抚孤成立，见年六十九岁。

高氏　贾兰坡妻，沙坡人，庠生功元女。二十一岁夫故，抚养继子，孝养翁姑，守节四十七年，见年六十八岁。光绪元年，府尊游公奖曰"彤管扬芬"。

俞氏　曾玉妻，台头营人。二十九岁夫故，家贫无子，矢志苦守，见年六十七岁。

宗氏　生员周连科妻，沙子窝人。二十七岁夫故，遗二女，无子，又生遗腹女，以香烟莫继，即欲捐生，因翁姑衰老，代任子职，见年六十七岁。

张氏　马景云妻，麻官营人。二十三岁夫故，二子幼，姑亦旋卒，叔方二龄。氏皆抚养成立，见年六十五岁。

袁氏　柳向青妻，青山口人。十九岁夫故，以侄池兼祧，见年六十四岁。

刘氏 傅文锦妻,枣园头人。二十四岁夫故,抚孤弼成立,见年六十四岁。

吴氏 李作梅妻,田各庄人。二十三岁夫故,抚孤春熙游庠,见年六十三岁。

杨氏 王永妻,深河人。三十岁夫亡于外,遗一子大猷。家甚贫,赖纺绩以活儿,昼拾薪,夜使读书,苦难万状,后子授千总职,孙贵入太学。氏年九十六,无疾而终。乡里题其门曰"节寿双高"。

陈氏 王铨妻,深河人。十八岁于归甫一月,夫随翁经商,卒于逆旅。氏闻讣,痛不欲生。适有夫弟、夫妇相继亡,幸遗一侄,乃抚养之,兼理家务。翁姑年迈,能代事承欢,时终日一餐,而甘旨不缺,见年七十四岁。同治八年,学宪贺奖曰"冰玉为心"。

宋氏 赵鞺妻,深河人。夫素跛废,扶持无怨言。二十岁夫故,代事翁姑,和睦妯娌,抚四龄子凌云成立,充贡生,见年七十四岁。同治八年,学宪贺奖曰"节孝可风"。

王氏 赵开云妻,深河人。二十二岁夫故,一女未周岁,亦夭。代事媼姑,女红自课,抚侄为嗣,见年五十七岁。

刘氏 王奇文妻,深河人。二十岁夫故,无子,姑年九十二岁,欢颜承奉,见年六十一岁,节孝两全,乡里欲为请旌,辞曰:"节是妇人本分事,何用名为?"

王氏 赵稳妻,猩猩峪人。二十八岁夫客死辽东,止遗二女,继姑在堂,伯氏强之分爨,氏独养继姑,贫常不给,宅后近山,昼樵夜绩,处之晏如,守节三十余年,见年五十九岁。

冯氏 监生李逢元妻,端士河人。二十七岁夫故,无子,继堂侄端为嗣,十六岁又殇。氏与媳媳刘氏苦节共励,抚族孙美成立。同治十三年,寿七十一而终。刘氏,见年五十五岁,生员刘居仁女。

萧氏 生员陈珍妻,陈家庄人。二十九岁夫故,遗二子,家本儒素。翁应麟,副贡生,训蒙糊口。不数年,叔夫妇俱亡。氏次子亦夭。抚孤持家,尤勤孝养。翁年八十二,姑年八十九,各以寿终,由侍疾迄丧葬,皆氏躬亲,见年七十岁,常依母家以居。

王氏　陈沐妻，陈家庄人。二十二岁夫故，代事翁姑，和睦妯娌，翁姑没，始与伯氏析产，继子凤俦为嗣，见年七十八岁。

梁氏　秦庄头梁如柏女。如柏先娶张氏，无出；客吉林，又娶孙氏，生二女，长即氏也。年九岁，母孙故，哀毁如成人。依父膝下，祖俊教之读书，通章句，以祖父俱业医，兼读方书，识药性。十七岁，祖俊殁，氏感陈情，表苦衷，绣佛长斋以报祖德。时妹殇，独与父居，针黹自课。二十四岁适李祥。咸丰七年，闻嫡母张氏卒于家，弗克奔丧，为位持服。明年，父捐馆，权祔于孙母墓，痛鲜兄弟，不得已也。又六年而祥故，氏时五十矣。怆然曰："狐死首邱，吾父母返葬抚宁，九京无憾。吾虽非男子，其何敢不力？"乃举二棺，跋涉千八百里，经营毕事，复虑鬼馁无归也，立堂叔如云之子梁顺兼祧，奉父母祀，为之娶妻，置产业，并置祭田数亩俾族人，咸蒙义举。此烈丈夫事，不意于巾帼中见之，见年六十二岁。

耿氏　傅盘铭妻，枣园头人。二十八岁夫故，无子女，欲以身殉，因翁姑劝解，留代奉养。昼夜纺绩，艰苦备尝。姑殁已八年，翁年七十有九，暖酒温茶，始终不懈。尝言："翁殁后，仍伸殉夫之志。"见年五十岁。

李氏　才士俊妻，卢各庄人。三十岁夫故，贫寡自守，纺绩度日，见年五十八岁。府尊游公奖曰"劲节凌霜"。

王氏　张承光妻，榆关人。二十四岁夫故，无出，抚一子一女，相依事祖姑、舅姑，贞顺安闲，训子女皆成立，见年五十四岁。

谭氏　韩家林郑文妻。二十九岁夫故，止遗二女，不数年翁殁，两叔不善治生产，家中落。氏与继姑张氏各就食母家，惟岁时聚晤而已，守节三十年，见五十九岁。

王氏　张连魁妻，杨家营人。二十八岁夫故，家贫翁老，子准甫数岁，翁讽其改适。氏矢志弥坚，纺绩自给。后子娶妇，妇又卒。子数年亦卒，子身嫠老，见年七十一岁。

杨氏　望紫庄人，傅家树妻。二十八岁夫故，守节六十二年，里间无不服敬，见年八十八岁。

王氏　儒童王昆妻，洋河王家庄人。二十九岁夫故，抚孤锡祺游邑庠，见年六十岁。光绪元年，请旌。

孟氏　金锡勇妻，樊葛庄人。二十二岁夫故，家贫无子，近支乏承继者，矢志自守，见年五十八岁。

王氏　生员茹大和妻，台头营人。二十三岁夫故，见年五十六岁。

杨氏　李龙妻。二十五岁夫故，见年五十四岁。

王氏　胡国仲妻，台头营人。十九岁夫故，抚侄春为子，见年五十三岁。

王氏　温志和妻，台头营人。二十九岁夫故，抚孤成立，见年五十三岁。

杨氏　李璧妻，曹东庄人。于二十岁守节，过堂侄李万栒为嗣，抚养成立，见年五十九岁。光绪元年，请旌，入祠。

戴氏　王锡庆妻，东平市庄人。十七岁守节，只影单形，备尝辛苦，见年四十八岁。

鹿氏　彭璠妻，边储屯化庄人。二十五岁而寡，子女皆无。璠兄璋商于外，其妻唐氏愿谨勤于织纴而短于治家，事母教子，一委鹿氏。鹿极孝，姑亦非鹿不欢，尝谓璋曰："汝安心在外，有汝弟妇，吾无忧矣！"后璋与妻相继死，鹿竭力营姑丧葬，抚三侄皆成立，今年已七十。其族孙廪生瑞云欲为请旌，鹿止之曰："吾德薄不堪，恐折子孙福，且为人但修实行，何必务虚名耶？"闻其言者皆韪之。

汪氏　青山口郭武妻。年二十四岁夫故守节，上奉孀姑，子方周岁，见年五十五。

于氏　青山口赵荣妻。二十八岁夫故守节，子仅数岁，抚之成立，见年五十一。

茹氏　马各庄张凤彩妻。二十二岁夫故守节，抚孤成立，见年七十一。

苏氏　周松龄妻，圈子营人。二十九岁夫故守节，抚孤成立，见年八十岁。

杨氏　麻官营周文友妻。二十一岁夫故守节，子仅周岁，抚养成立，至三十八岁子亦故，与孀媳、孤孙形影相吊，见年六十二。

刘氏　常兆兰妻，樊葛庄人。二十二岁夫故，见年五十三岁。

杨氏　邸发继妻，富各庄人。二十岁夫故，抚前室遗孤成立，见年五十岁。

李氏　史春妻，杨家庄头人。十七岁归春未百日，而春以车轹死，时翁姑痛子，氏亦不欲生，以叔婶开导，勉代子职，翁与叔翁随没，独与婶依，勤苦持家，见年五十岁。

章氏　张明遴妻，县城人。二十九岁夫故，遗子鹏翰，艰苦万状，抚孤成立。明遴女兄适张玉田，夫妇继亡，孤甥无依。氏鞠养之，今十余岁矣。甘贫无怨，人以为难。

张丁氏　南新庄人，贡生丁青云之妹，邑庠生张霖苍之子妇也。年二十六岁夫故，遗二子俱在襁褓，家贫守志。常自绝食以哺孤，冬寒无衣被，拥毯独坐织纺，恒终夜不寐，如是者四十年。今二孤成立，俱有生业，然氏已老矣。见年六十五。

安氏　王复春妻。年二十五岁夫故，守节六十余年。见年八十六岁，郡守游公赐匾曰"节挺苍松"。

孟氏　细河鲍文启妻，香营人。嘉庆十八年于归时，年十七岁，未及三月，夫外出身故，守节四十三年。未旌，卒年六十岁。

高氏　庠生史安策妻，台营人。二十八岁，夫故，抚孤子增贡生史庆元成立，卒年九十四岁，计苦节六十六年。光绪元年旌。

补遗

翟氏　生员王辅妻。年三十岁夫故，守节三十余年。匾旌"贞节"。

陈氏　生员茹春芳妻。年二十七岁夫故，抚遗孤良弼、良翰、良佐，如己出，训诲成立，年八十六岁卒，旌。

陈氏　校尉杨凤鸣妻，年二十五岁夫故守节，抚孤成立，年七十卒，旌。

‖ 卷之十六 ‖

志　余

麻砖麻瓦，相传光武时物，未见出何载籍。县境往往陷出古墓，砖瓦皆此式。岂长眠者多汉人耶？

道光戊戌，台头营民掘壕，得柏椁异数十根，于外皆黄肠题凑也。再下则横木平排，不知几层，缝中水上溢，以细竹探之空洞，而深究未见棺，疑井穴也。木归城隍庙修工，壕亦随淤。

石墨生石塘中，状如烟煤，积满石筒，粗砂夹杂，不堪入砚，但染墨线用之，其旁恒有焦木，俗言老君炼山，事虽似不经，理或有之。

兴福庄人家屋内地道，旁行二里许，不知尽境。相传，通荷叶山。道光初，方塞之。燕沟屯谭姓屋亦有穴，与南井通，为避兵汲水计，今井半穴口犹存。宅售王氏，旧迹湮矣，古人藏身未免太拙。

韩家林韩姓先世有文公奉祀，生嘉庆朝，犹袭礼房，文卷具存也。然抚宁旧无文公祠，故《学政全书》载于昌黎。

水云寺，读蔡、杨二碑记，俱载王灵阳先生不犯欲尘，抱道自重，世传为真士。先生家于所各庄，少业儒，长设教于水云寺。蔡（挺）[珽] 负笈来从，遂受业焉。（挺）[珽] 贵后荐之于朝，屡征不起，尝语人曰："妄心不死，真心不见。"伏处岩壑，终身不娶。又精岐黄之术，施药济人，全活甚众，隐居数十年，乡人识与不识，咸景仰其高云。

演印，字庆天，大名府南乐县人。乾隆间，因岁荒逃至抚宁。其父鬻之无瑕峪为僧，年方十一岁。自幼膂力过人，技艺出众。其寺西乱石冈有毒蛇为害，往往伤寺中之羊。牧竖据以告印，印徒手往，正值蛇盘涧底。印举石下击，未中。蛇觉，捕印，印拔路旁合拱枣树与斗，移时始能致毙，肩负而回，首尾拖地，粗大于升。嗣后，每逢合睫即见蛇来索命，因邀匠人象木刻形绘画，置于佛堂供桌下，乃已。至今寺中木蛇犹存。寺距城南二十一里，去马家峪五里。

同治十一年八月二十二日未刻，天无片云，惟兔耳山阳阴云数点，霹雳一声，大雨如注，南至马家峪，北至细河庄，相去十余里，顷刻间平地水深丈许，自西如堵而来，漂去纸房等庄禾稼无数，所幸水势不常，房屋未甚损坏。

距城八里黄金山头庄旧有石塘，石上鸟迹划然，世传丹凤曾集于此。匠人好事者将石扻去一层，下面踪迹依然如故。

印子寺，在山阿中。昔有雪仙炼道于此，鸣钟说法，虎来听经，雪仙尸解后，此钟不敢复鸣，鸣则虎至。

邑东北村名牛蹄寨，因山出怪石，形类牛蹄，一乡多不祥之事。乡人恶而埋之，不数年怪石复见，不祥如故。乃于其地修观音庙以镇之，将怪石埋之佛座下，因以（命）［名］寨。

鸭子峪山有青石，形酷肖鸭，腹背头尾皆备，旁有小石，亦青色，宛类鸭卵。每逢阴雨辄闻鸭声，后移之村中，遂不复鸣。

县治西南三十里许有官庄，旧传有女产一蛇，如线，不忍弃，潜以水蓄之，渐有鳞甲，逢雷雨亡去。每阴雨之夜就乳，女即气绝，去后复苏，女母苦之。于就乳时潜击以刃，误中其尾，遂去不复来。女方惊疑，忽梦物告己曰："吾已得所，在北峪龙潭中矣。"即邑志所载龙潭灵雨处也。事近不经，而至今官庄每逢岁旱祈雨，裹粮赤足，不惮险阻。志云：土民在此潭祈雨者，水取雨随，然皆不若官庄之灵且应也。相传以为外家之见私云。

满井，在城东南二十里许，井水常满，汲取不竭。相传为唐太宗征东遗迹，庄因以名。

昌黎县城西北三十里有安山，抚宁城西南五十里有七王山，两山南北相距二十里许。父老相传，日出时安山见城，七王山见旗，

（特）[时]无定期，人不觉耳。咸丰二年二月朔晨刻，见南北二山云雾迷离，霞光耀目。安山见城郭之像，七王山见旗帜之形，两两相照，如海市蜃楼，移时始散。又七王山顶有平石二：一敲之铜声，一敲之铁声，人谓之铜锣铁鼓。

抚宁城西南五十里翟坨庄东有山岭，名"麪石"矿，矿内石色青白，软而滑，碾细搀谷面、榆皮，可食，味淡无毒。嘉庆十七年、道光十三年，米价昂贵，穷民掘食，活人无算，但多食腹重耳。